21世纪学前教育专业规划教材

学前教育管理学（第二版）

PRE-SCHOOL EDUCATION MANAGEMENT

王雯 编著

北京大学出版社
PEKING UNIVERSITY PRESS

图书在版编目(CIP)数据

学前教育管理学 / 王雯编著 . —2 版 . —北京：北京大学出版社，2020.4
21 世纪学前教育专业规划教材
ISBN 978-7-301-31300-8

Ⅰ.①学… Ⅱ.①王… Ⅲ.①学前教育 – 教育管理学 – 高等学校 – 教材 Ⅳ.① G61

中国版本图书馆 CIP 数据核字 (2020) 第 044550 号

书　　名	学前教育管理学（第二版）
	XUEQIAN JIAOYU GUANLIXUE（DI-ER BAN）
著作责任者	王　雯　编著
责任编辑	李淑方
标准书号	ISBN 978-7-301-31300-8
出版发行	北京大学出版社
地　　址	北京市海淀区成府路 205 号　100871
网　　址	http://www.pup.cn　新浪官方微博：@北京大学出版社
电子信箱	zyl@pup.cn
电　　话	邮购部 010-62752015　发行部 010-62750672　编辑部 010-62767857
印 刷 者	天津中印联印务有限公司
经 销 者	新华书店
	787 毫米 ×1092 毫米　16 开本　21.5 印张　460 千字
	2014 年 12 月第 1 版
	2020 年 5 月第 2 版　2023 年 6 月第 4 次印刷
定　　价	59.00 元

未经许可，不得以任何方式复制或抄袭本书之部分或全部内容。
版权所有，侵权必究
举报电话：010-62752024　电子信箱：fd@pup.pku.edu.cn
图书如有印装质量问题，请与出版部联系，电话：010-62756370

前 言

学前教育管理学是一门研究学前教育管理现象及其规律的学科,它以学前教育管理现象、管理活动及其内在规律为研究对象,阐释学前教育管理的理论体系和操作要点,旨在帮助学前教育管理者正确认识工作领域的有关概念、原理、原则,准确分析实践中所遇到的问题,并善用适当方法去有效解决。本书在哲学、管理学和学前教育学等相关学科理论的支持下,立足于中国学前教育宏观管理和微观管理发展的实际,借鉴部分国家学前教育事业发展和幼儿园管理的经验,系统地阐述学前教育管理的基本原理和操作实务。

首先要说明:为什么将本教材命名为"学前教育管理学"?这主要是出于学理和实际需求两方面的考虑。

第一,命名深受教育管理学学科体系的影响。学前教育管理学是教育管理科学体系的一个分支,其理论和体系深受教育管理理论的影响。教育管理学已有很长的研究历史,已经发展出自己的学科群。我国教育管理学著名专家萧宗六先生认为:"教育管理学是研究教育行政和各级各类学校工作规律的科学。教育管理学有两大分支,一是教育行政学,二是学校管理学。教育行政学是研究国家各级教育行政部门领导和管理教育事业工作规律的科学,学校管理学是研究各级各类学校内部管理工作规律的科学。"[①]他在其代表作《学校管理学》中也重申了这个观点。[②] 事实上,这一观点得到教育管理专业的师生广泛认同。早期的教育管理学著述中,基本上涵盖了这两大分支的内容,之后随着研究的细化,两大部分逐渐分化出来。我国学前教育管理学经过二十多年的发展,也经历了同样的历程,只是研究学前教育行政的比例太少。近年来,已经出版的教材多是以"幼儿园管理"或者"幼儿园组织与管理"为书名,是以微观的幼儿园管理活动为研究对象。

第二,命名源自当前我国大力发展学前教育的管理实践的需要。2010年秋冬开始国家颁布了一系列重视学前教育的政策,令广大幼儿教育工作者感到春天般的勃勃生机,从而有力地推动了学前教育的发展。当前,我国幼儿园的管理处于一个前所未有的宏观背景之中,外围政策环境的重大改变必然会直接影响到幼儿园内部的管理,两方面是密不可分的。近年来,我国学前教育方面的管理新政逐渐为本专业学生所知晓。这是作者将本教材命名为"学前教育管理学"的一个动因。本书不仅

[①] 萧宗六,贺乐凡.中国教育行政学[M].北京:人民教育出版社,2004:11.
[②] 萧宗六.学校管理学[M].第三版.北京:人民教育出版社,2001:8.

探讨幼儿园的组织与管理问题,同时为学前教育政策、行政和体制的阐述留下了足够的余地,有利于扩大探讨面,提升研究深度。本书既可供高等师范院校学前教育专业专科生、本科生和研究生使用,也可作为各类国家级和省级园长培训以及教育行政机关的幼教管理人员培训和研究的参考书。

其次,本书编写体现了如下特点。

1. 注重学科知识的全面性。本书主要涉及两方面的内容:一是国家对学前教育事业的行政管理;二是幼儿园的管理活动及其规律。本书力图清晰地阐述相关的基本概念、原则和理论源头,建构完整的学前教育管理知识体系,让学生对本学科有全面的认识。

2. 关注热点和难点问题。在保持教材内容完整性的同时,力图反映当前我国学前教育管理的新动向和国外的相关经验;同时,积极吸收相关学科的新成果,来整合和补充学前教育管理的研究范围。本书既保证其作为教材的规范性、实用性,也力争具有前瞻性和生命力,能适应更多受众的阅读需求。

3. 体例上有所创新。在章节的编排上,先用三章介绍管理理论和宏观的学前教育行政管理,然后从微观角度全面探讨幼儿园管理中的各类问题。而探讨幼儿园管理问题时,首先从幼儿园组织设置和规章制度建设入手,全面介绍幼儿园的发展规划,然后介绍幼儿园管理的原则和方法、目标和过程等理论性较强的内容,最后依照幼儿园管理所涉及的人、事、财、物等内在逻辑安排实操性的内容。

4. 加强可读性。本书保持了教材的写作特点,结构上各章开头有学习目标、本章导读,末尾有思考与练习等内容。每一章在系统介绍理论知识的同时,适时提供与内容相关联的阅读材料、图表、案例等资源,让读者加深对知识点的理解和记忆,并轻松自然地将理论联系实际。

本书是作者在多年的学前教育管理学教学和研究基础上撰写的一本带有研究色彩的教材。最终成稿,首先要感谢我的老师多年的教导,尤其感激我学士、硕士和博士三个学段的导师沈立明副教授、范先佐教授和孙绵涛教授逐步引导我进入教育管理的学术殿堂;其次要感谢我的领导和同事蔡迎旗、张莉、孙民从、吴航和王任梅等老师长期以来在工作上、精神上给予的帮助和支持;再次要感谢华中师范大学研究生赵瑞桃、向晶、舒娇云、邓易、唐汀露和刘师珈等,她们参与了部分章节的编写,积极搜集资料和案例,校对文字,付出了辛苦的劳动。最后还要感谢我的园长朋友们和提供了宝贵案例资源的其他同行!

本书在编写过程中,参阅了大量前人和同行的研究成果,在此真诚地表示感谢。尽管作者很努力地布局谋篇,力求保证教材的质量,然而,限于精力和学力,不当之处恐难避免,还望得到同行们的批评指正,以便改进完善。

目 录

绪论　学前教育管理学概述 …………………………………………（1）
　第一节　学前教育管理学的研究对象和学科性质 ……………………（1）
　　一、学前教育管理学的研究对象 ………………………………（1）
　　二、学前教育管理学的学科性质 ………………………………（7）
　第二节　学习和研究学前教育管理学的意义 …………………………（8）
　　一、研究和学习学前教育管理学的实践意义 ……………………（9）
　　二、研究和学习学前教育管理学的理论意义 ……………………（10）
　第三节　学前教育管理学的研究方法 …………………………………（11）
　　一、方法论基础 ……………………………………………（11）
　　二、密切关注相关专业理论的发展 ……………………………（13）
　　三、常用研究方法 …………………………………………（13）
第一章　管理与学前教育管理 ……………………………………（18）
　第一节　管理的含义 ……………………………………………（18）
　　一、什么是管理 ……………………………………………（18）
　　二、管理的特性 ……………………………………………（22）
　　三、管理的对象和作用 ………………………………………（23）
　第二节　管理思想和理论的发展 ………………………………………（25）
　　一、中国传统管理思想简介 ……………………………………（25）
　　二、西方管理思想的演进 ………………………………………（26）
　第三节　学前教育管理 …………………………………………（32）
　　一、学前教育管理的含义 ……………………………………（33）
　　二、学前教育管理的必要性 ……………………………………（33）
　　三、学前教育管理的内容和形式 ………………………………（36）
第二章　学前教育行政 ……………………………………………（41）
　第一节　行政与学前教育行政 …………………………………………（41）
　　一、行政的含义 ……………………………………………（41）
　　二、教育行政 ………………………………………………（43）
　　三、学前教育行政 …………………………………………（45）
　第二节　国外学前教育行政的经验 ……………………………………（48）
　　一、对学前教育的认识和立法 …………………………………（48）

1

二、学前教育的机构类型和办学体制 …………………………………… (50)
　　三、学前教育行政体制模式 ……………………………………………… (52)
　　四、学前教育财政投入 …………………………………………………… (53)
　　五、国外学前师资培养的模式和教师待遇 ……………………………… (55)
第三节　我国学前教育行政的发展 …………………………………………… (57)
　　一、我国学前教育行政的萌芽 …………………………………………… (57)
　　二、中华人民共和国学前教育行政的形成 ……………………………… (58)
　　三、当前我国学前教育行政的主要成就 ………………………………… (59)
第四节　学前教育行政对学前教育机构的影响 ……………………………… (65)
　　一、密集推出的政策法规为师范院校和幼儿园
　　　　增添了新的学习内容 ………………………………………………… (65)
　　二、学前教育发展的规划影响到学校和幼儿园
　　　　管理目标的局部调整 ………………………………………………… (69)
　　三、逐步理顺管理体制对幼儿园发展的影响 …………………………… (70)
　　四、国家财政投入对学前教育机构的影响 ……………………………… (71)
　　五、农村学前教育事业得到前所未有的发展 …………………………… (72)
　　六、大规模培训幼儿教师为师范院校和幼儿园
　　　　带来发展空间 ………………………………………………………… (73)

第三章　学前教育管理体制 …………………………………………………… (74)
第一节　学前教育管理体制及相关概念辨析 ………………………………… (74)
　　一、几个相关的体制概念辨析 …………………………………………… (74)
　　二、中外学前教育管理体制 ……………………………………………… (76)
第二节　学前教育管理体制的功能与影响因素 ……………………………… (81)
　　一、学前教育管理体制的功能 …………………………………………… (81)
　　二、影响学前教育管理体制变化发展的因素 …………………………… (82)
第三节　我国学前教育管理体制的变革 ……………………………………… (84)
　　一、我国学前教育行政体制的沿革 ……………………………………… (84)
　　二、幼儿园办园体制的变革 ……………………………………………… (86)
　　三、幼儿园管理体制核心——园长负责制 ……………………………… (92)

第四章　幼儿园的组织与规章制度 …………………………………………… (96)
第一节　幼儿园组织机构的设置 ……………………………………………… (96)
　　一、幼儿园组织机构概述 ………………………………………………… (96)
　　二、设置幼儿园组织机构的目的 ………………………………………… (98)
　　三、设置幼儿园组织机构的依据与原则 ………………………………… (99)
第二节　幼儿园的一般组织结构 ……………………………………………… (103)
　　一、幼儿园的正式组织与非正式组织 …………………………………… (103)
　　二、幼儿园的组织结构具有多样性 ……………………………………… (104)

三、几种类型的幼儿园组织形态 …………………………………………（105）
　第三节　幼儿园的规章制度 …………………………………………………（109）
　　一、幼儿园规章制度的含义及其意义 ………………………………………（109）
　　二、幼儿园规章制度的内容 …………………………………………………（111）
　　三、幼儿园规章制度的层次与类型 …………………………………………（112）
　　四、幼儿园规章制度制定和执行的基本要求 ………………………………（113）

第五章　幼儿园发展规划 …………………………………………………………（117）
　第一节　幼儿园发展规划的理论与实操 ……………………………………（117）
　　一、幼儿园发展规划概述 ……………………………………………………（117）
　　二、如何制定幼儿园发展规划 ………………………………………………（123）
　　三、幼儿园发展规划的实施 …………………………………………………（128）
　　四、幼儿园发展规划的评价 …………………………………………………（128）
　第二节　幼儿园特色培育 ……………………………………………………（128）
　　一、幼儿园特色与特色幼儿园的关系 ………………………………………（129）
　　二、幼儿园特色的类型 ………………………………………………………（129）
　　三、幼儿园特色培育的策略 …………………………………………………（131）
　　四、需要注意的几个问题 ……………………………………………………（132）
　第三节　幼儿园组织文化建设 ………………………………………………（133）
　　一、幼儿园组织文化的含义及意义 …………………………………………（133）
　　二、幼儿园组织文化的内容与特征 …………………………………………（136）
　　三、幼儿园组织文化的结构 …………………………………………………（138）
　　四、幼儿园组织文化的形式 …………………………………………………（140）
　　五、幼儿园组织文化的建设 …………………………………………………（140）

第六章　幼儿园管理的原则与方法 ………………………………………………（149）
　第一节　幼儿园管理的原则 …………………………………………………（149）
　　一、幼儿园管理原则概述 ……………………………………………………（149）
　　二、我国幼儿园管理的基本原则 ……………………………………………（152）
　第二节　幼儿园管理方法 ……………………………………………………（160）
　　一、法律方法 …………………………………………………………………（161）
　　二、思想政治教育方法 ………………………………………………………（162）
　　三、行政方法 …………………………………………………………………（163）
　　四、经济方法 …………………………………………………………………（164）

第七章　幼儿园管理的目标与过程 ………………………………………………（167）
　第一节　幼儿园管理的目标 …………………………………………………（167）
　　一、目标的含义 ………………………………………………………………（167）
　　二、幼儿园管理目标的作用 …………………………………………………（168）
　　三、幼儿园的教育目标与管理目标 …………………………………………（170）

第二节　目标管理在幼儿园的运用 …………………………… (171)
　　　　一、目标管理的由来 ………………………………………… (171)
　　　　二、目标管理的概念 ………………………………………… (172)
　　　　三、幼儿园目标管理思想的运用 …………………………… (173)
　　第三节　幼儿园的管理过程 …………………………………… (176)
　　　　一、管理过程的概述 ………………………………………… (176)
　　　　二、戴明的管理过程理论 …………………………………… (177)
　　　　三、幼儿园的管理过程 ……………………………………… (179)

第八章　幼儿园人力资源管理 …………………………………… (193)
　　第一节　幼儿园人力资源管理概述 …………………………… (193)
　　　　一、幼儿园人力资源管理的含义 …………………………… (193)
　　　　二、幼儿园人力资源管理的意义 …………………………… (194)
　　　　三、幼儿园人力资源管理的目标 …………………………… (195)
　　　　四、人力资源管理的原则 …………………………………… (196)
　　第二节　幼儿园园长及其领导行为 …………………………… (196)
　　　　一、园长的职责 ……………………………………………… (197)
　　　　二、园长的任职资格和素质要求 …………………………… (198)
　　　　三、幼儿园园长集体的构成 ………………………………… (202)
　　　　四、园长的领导行为 ………………………………………… (203)
　　第三节　幼儿园教职员工的管理 ……………………………… (208)
　　　　一、教职员工的任职资格和主要工作职责 ………………… (208)
　　　　二、教职员工的聘用与培训 ………………………………… (210)
　　　　三、教职员工的激励 ………………………………………… (214)
　　　　四、教职员工的考评 ………………………………………… (219)

第九章　幼儿园保育工作管理 …………………………………… (223)
　　第一节　对保育工作及其管理的基本认识 …………………… (223)
　　　　一、幼儿园保育工作的内涵 ………………………………… (223)
　　　　二、幼儿园保育工作管理的地位 …………………………… (224)
　　　　三、幼儿园保育工作管理的内容 …………………………… (225)
　　第二节　幼儿园卫生保健工作管理 …………………………… (227)
　　　　一、幼儿园卫生保健管理的意义和任务 …………………… (227)
　　　　二、幼儿园卫生保健的工作人员及组织 …………………… (227)
　　　　三、幼儿园卫生保健工作的内容 …………………………… (228)
　　　　四、幼儿园卫生保健工作的管理要求 ……………………… (234)
　　第三节　幼儿园安全工作管理 ………………………………… (235)
　　　　一、幼儿园安全工作概述 …………………………………… (235)
　　　　二、幼儿园安全工作管理的内容及方法 …………………… (237)

第四节　幼儿园保育工作档案管理 …………………………………（240）
　　　一、保育工作档案管理的意义 ……………………………………（241）
　　　二、保育工作档案管理的内容 ……………………………………（241）

第十章　幼儿园教育工作管理 …………………………………………（249）
　　第一节　幼儿园教育工作概述 …………………………………………（249）
　　　一、幼儿园教育工作的含义和依据 ………………………………（249）
　　　二、幼儿园教育工作的地位 ………………………………………（251）
　　　三、幼儿园教育工作的特点 ………………………………………（252）
　　　四、教育工作管理的任务 …………………………………………（254）
　　　五、教育工作管理的指挥系统 ……………………………………（256）
　　第二节　幼儿园教务管理 ………………………………………………（256）
　　　一、招生 ……………………………………………………………（256）
　　　二、编班 ……………………………………………………………（257）
　　　三、安排全园教育教学活动的时间 ………………………………（258）
　　　四、资料、教具的管理 ……………………………………………（259）
　　第三节　幼儿园教育过程管理 …………………………………………（260）
　　　一、教育计划的制订和审查 ………………………………………（260）
　　　二、教育计划执行中的检查 ………………………………………（263）
　　　三、教育工作的总结 ………………………………………………（265）
　　第四节　幼儿教育质量管理 ……………………………………………（266）
　　　一、树立全面正确的幼儿教育质量管理观 ………………………（266）
　　　二、建立和健全教育质量管理制度 ………………………………（267）
　　第五节　幼儿园教研、科研活动管理 …………………………………（268）
　　　一、教研活动管理 …………………………………………………（268）
　　　二、科研活动管理 …………………………………………………（272）

第十一章　幼儿园总务工作管理 ………………………………………（278）
　　第一节　幼儿园总务工作概述 …………………………………………（278）
　　　一、幼儿园总务工作的作用和特点 ………………………………（278）
　　　二、幼儿园总务管理的任务和目标 ………………………………（280）
　　　三、幼儿园总务工作的内容 ………………………………………（282）
　　　四、幼儿园总务管理的原则与方法 ………………………………（283）
　　第二节　幼儿园财务管理 ………………………………………………（284）
　　　一、幼儿园财务管理的内涵及其意义 ……………………………（284）
　　　二、幼儿园财务管理的目标和内容 ………………………………（287）
　　　三、幼儿园财务管理的原则和要求 ………………………………（292）
　　　四、幼儿园财务管理人员的职责 …………………………………（293）

第三节　幼儿园设备设施管理 …………………………………… (295)
　　一、幼儿园设备设施管理的对象 ………………………………… (295)
　　二、幼儿园设备设施管理的主体及任务 ………………………… (297)
　　三、幼儿园设备设施管理的要求 ………………………………… (298)
第四节　幼儿园膳食管理 ………………………………………… (298)
　　一、建设好幼儿园食堂 …………………………………………… (299)
　　二、聘用合格的炊事员和采购员 ………………………………… (299)
　　三、成立幼儿园伙食管理委员会 ………………………………… (299)
　　四、健全饮食卫生制度和人员工作制度 ………………………… (299)
　　五、抓好日常的幼儿园膳食管理过程 …………………………… (300)
　　六、做好膳食分析，促进膳食管理良性循环 …………………… (300)

第十二章　幼儿园公共关系管理 …………………………………… (303)
第一节　幼儿园公共关系概述 …………………………………… (303)
　　一、幼儿园公共关系的含义 ……………………………………… (303)
　　二、幼儿园公共关系的作用 ……………………………………… (305)
　　三、幼儿园公共关系的内容 ……………………………………… (306)
　　四、幼儿园公共关系活动的原则 ………………………………… (307)
第二节　幼儿园与家长的公共关系 ……………………………… (309)
　　一、家园共育的价值 ……………………………………………… (309)
　　二、幼儿园家长工作的主要内容 ………………………………… (311)
　　三、幼儿园家长工作的方法和途径 ……………………………… (312)
第三节　幼儿园与社区的公共关系 ……………………………… (314)
　　一、幼儿园与社区合作的价值 …………………………………… (315)
　　二、幼儿园社区合作的主要内容 ………………………………… (316)
　　三、幼儿园社区工作的方法与途径 ……………………………… (316)
第四节　幼儿园与媒体的公共关系 ……………………………… (317)
　　一、幼儿园与媒体公共关系在幼儿园管理中的意义 …………… (317)
　　二、幼儿园与媒体公共关系的内容 ……………………………… (318)
　　三、幼儿园与媒体公共关系的原则 ……………………………… (319)
第五节　幼儿园公共关系危机的处理 …………………………… (320)
　　一、幼儿园公共关系危机概述 …………………………………… (320)
　　二、幼儿园公共关系危机类型的案例分析 ……………………… (323)

参考文献 ……………………………………………………………… (327)

绪论　学前教育管理学概述

1. 了解学前教育管理学的学科性质。
2. 理解研究和学习学前教育管理学的意义。
3. 掌握研究和学习学前教育管理学的方法。

学前教育管理包括国家对学前教育事业的宏观管理、地方教育行政机关和企事业单位等幼儿园主办者对学前教育的中观管理以及具体的幼儿园、托儿所等学前教育机构内的微观管理。从宏观层面上看，当前党和政府努力发展普惠性和公益性学前教育，在经济发展不均衡的全国范围内，解决广大适龄学前儿童的"入园难"和"入园贵"问题，必然有许多新课题值得研究，因此急需我们更深入地探索宏观、中观的学前教育管理活动规律，为宏观调控、中观管理服务。从微观层面上讲，我国 26.67 万所幼儿园[①]在当前充满机遇和挑战的社会中面临着生存和发展的大问题，因此研究幼儿园的管理与研究学前儿童的教育同样重要，二者构成学前教育机构正常运行的"两个车轮"，相辅相成。[②]

学前教育管理学是一门研究学前教育管理现象及其规律的学科，它以学前教育管理现象、管理活动及其内在规律为研究对象，阐释学前教育管理的理论体系和操作要点，旨在帮助学前教育管理者正确认识工作领域的有关概念、原理、原则，准确分析实践中所遇到的问题，并善用适当方法去解决问题。

学前教育管理学是学前教育学科群中不可或缺的一部分。它有特定的研究对象、研究性质，具有独特的研究和学习意义。此外，还有一系列必要的研究方法、学习方法，值得厘清。

第一节　学前教育管理学的研究对象和学科性质

一、学前教育管理学的研究对象

作为一门相对独立的学科，学前教育管理学有特定的研究对象和研究领域。概

---

① 中华人民共和国教育部门户网站. 2018 年全国教育事业发展统计公报[EB/OL]. http://www.moe.edu.cn/
② 刘晓晶. 2018 年全国学前教育宣传月启动仪式在沪举行[EB/OL] http://sh.eastday.com/m/20180519

括地说,它是以学前教育管理活动所涉及的各个方面作为自己的研究对象,需要研究宏观、中观、微观各层次的学前教育政策制度、组织规划、指导评估,考察学前教育资源(如人、财、事、物、时间、空间、信息等因素)的配置情况,结合管理的基本原理和学前教育的特殊性来探求各层次学前教育管理的一般运作规律。它遵循的是来源于实践,然后上升为理论,最后服务于实践的研究逻辑。

(一)学前教育管理学研究对象的三个层次

从纵向层次结构角度区分,学前教育管理学的研究对象可划分出不同的层次,一般人们习惯于用宏观层次与微观层次来划分。我国幅员辽阔,地区差异较大,在学前教育管理领域,地区之间的差异尤为明显,管理行为和实际效益多元化,因此,根据有效管理跨度原则,我们增加了对中间层次的管理研究,即中观的学前教育管理问题的研究。

1. 宏观的学前教育行政

宏观的学前教育管理,也可以称为学前教育行政。它是以整个国家的学前教育事业为管理对象,反映了国家的学前教育宗旨。它涉及学前教育法律的颁布、政策的制定和推行,全国学前教育行政系统、师资培养机构、研究机构及各类幼儿园的设置规划等,意在使有限的学前教育资源尽可能得到合理的配置,达到国家对该项事业的优化管理。比如2010年11月出台了《国务院关于当前发展学前教育的若干意见》("国十条"),2010年12月1日召开全国学前教育工作电视电话会议,部署各省、自治区、直辖市制订"学前教育三年行动计划",2019年5月发布《国务院办公厅关于促进3岁以下婴幼儿照护服务发展的指导意见》,剑指促进0—3岁儿童托育事业的发展等,这类行为都属于国家对学前教育事业的管理。研究宏观的现象,探讨国家的政治、经济、文化等因素对学前教育事业的影响,有助于幼儿园管理者清晰认识幼儿园发展所依附的外部环境,坚持正确的办园方向,把握有利的条件,促进幼儿园管理质量的提高。学前教育行政、幼儿园办园体制、督导评估等专题研究,反映的主要是宏观层次的学前教育管理问题。

2. 中观的学前教育管理问题

中观的学前教育管理主要指有行政管辖权的各省、自治区、直辖市政府及职能部门及其下级市、县、区的教育行政机关,对辖区内学前教育事业的规划组织、引导协调、培育发展。中观管理也包括一些幼儿园的主办方(比如国有企事业单位、军队、街道、公民团体和组织)对幼儿园的设计、投入和管理等。中观的层次划分,是鉴于我国的实情而提出的。我国幅员辽阔,东南西北中各方,甚至于各个地区之间,经济发展呈现出不同的水平,各地方社会成员的文化观念也不尽相同。在这些不同的条件下,各地方对学前教育的理解、投入、目标等必然难以整齐划一。因此,在国家出台了学前教育发展的总体要求的前提下,怎样结合各地实际情况、因地制宜地选择学前教育事业运作模式?这就自然成为各地方教育行政部门必须面对和思考的问题。

同时,我国政府也坚持调动地方办教育的积极性。中华人民共和国成立以来,大量的企事业单位、部队、社会团体、街道、村民委员会等组织设置有幼儿园、托儿所或学前班,数量巨大。类型不同的托幼机构既有共性的管理实务,也有不一样的管理条件和风格特点,在不同的社会背景中的经营管理面临着不一样的挑战。这样,中观的学前教育管理问题也可以相对独立地予以研究,它介于宏观与微观之间,主要的管理活动包括保障国家颁布的学前教育法规在本地区的贯彻实施,制定辖区内的实施细则和相关政策规定,督导评估,培训合格的幼教师资,指导各幼儿园、托儿所的业务工作和托幼机构的主办者对本系统的托幼事业的投资和管理工作等。例如,自2010年年末开始,各省、自治区、直辖市相继制订了三个周期的"学前教育三年行动计划",用以指导2011至2020年各省、自治区、直辖市的区域学前教育管理活动。这就是一个中观的学前教育管理的例证。此外,自20世纪90年代以来,上海市就针对本市制定了学前教育的相关政策法规。事实证明,其地方性的管理理念和做法,保障了上海市学前教育事业的相对稳步健康发展。①

3. 微观层次的学前教育管理问题

微观层次的学前教育管理主要是某一具体的幼儿园或其他的学前教育机构的日常管理问题。在我国现存的学前教育机构主要有幼儿园、亲子园、学前班,将来还会恢复发展托儿所。以幼儿园为例,微观层次的学前教育管理工作主要研究幼儿园的人力、财力、物力、事、时间、空间、信息等资源,如何有效地运用到对幼儿的保育教育中,以求得最好的办园效益。这也是一个系统工程,要求园长在分析必要性和可能性的基础上,制定一定阶段的工作目标,运用好园内人、物、财、事、时、空、信息资源条件,并处理好各因素间的关系,同时还兼顾幼儿园工作与幼儿家庭、所在社区的外部关系,在正确的管理原则的指导下,运用恰当的方法,力争高质量地管理幼儿园。

(二)学前教育管理学研究对象的七大要素

从横向因素分析,学前教育管理学的研究对象可以划分出人、事、财、物、时间、空间、信息等七种要素。关于管理的要素,中外管理学家有过不同的归纳。综合多种观点,结合学前教育的实际需要,本教材选择上面的七种要素划分法。在不同层次的学前教育管理中,这些要素所占的比例不尽相同,但它们基本上都存在,各要素一方面有着相对独立的特点和相应的管理要求,同时又彼此联系,密不可分,构成各层次中管理工作的整体格局。比如,宏观层次上,有管理者和被管理者两方;有学前教育经费投入和管理的"财"的工作内容;有需要部署的事;有些任务可能附有物力支持;规定的任务有时间周期和适应的地区;同时更要注意相关信息的搜集、分析和输出等问题。

以微观的幼儿园管理为考察对象,对人、财、物、事、时间、空间、信息等因素的管理体现在以下几方面。

1. 人

幼儿园管理中人的因素,直接有关者涉及三类:

---

① 何幼华,朱怡华,叶雁虹,黄娟娟.上海学前教育办园体制改革的政策设计[J].教育发展研究,2004(3).

第一类为幼儿园全体工作人员,也即教职员工,他们是直接或间接的施教者。对工作人员的管理应充分调动全员的工作积极性,发掘人的潜力,做到"人尽其才、才尽其用",把人的力量组织到实现幼儿园的"为幼儿服务、为家长服务"的基本目标上。当前,幼儿园履行这项责任的主要是园长和书记。

第二类为幼儿。他们是受教育者。幼儿园的开办者,应根据幼儿园开办的形式和能力,做好一定范围内适龄幼儿的入园管理工作;根据联合国大会通过的《儿童权利宣言》以及我国具体的相关法律法规,如《中华人民共和国未成年人保护法》《幼儿园工作规程》《3—6岁儿童学习和发展指南》等,保障幼儿的人权和受教育权;根据儿童心理发展的规律,运用科学的教育原则和方法,促进幼儿在体、智、德、美各个方面全面和谐地发展。显然,履行这方面职责的主要人员是幼儿园班级教师和保育员,间接的还有后勤人员和管理者。

第三类为幼儿家长。幼儿家长是幼儿成长过程中十分重要的影响源,其看待儿童的观念、家庭教育环境、所秉持的教养方式等均直接影响到幼儿的成长。然而,现实生活中家长们的态度和行为良莠不齐,为了取得相对一致性的教育效果,更好地实现幼儿教育目标,幼儿园有必要通过多样化的形式向幼儿家长宣传正确的育儿观、科学的教养方法、幼儿园教育工作的宗旨要求等信息,以得到广大家长的理解支持,形成教育的合力,更有成效地促进全体幼儿的健康发展。当前,幼儿园中要完成这方面工作,必须由园长、书记、各班教师和保育员共同进行。

2. 财

通常有"人、财、物、事"一说,区别于"物",此处的"财",仅指财政,指幼儿园正常工作启动前和运转过程中收支的经费,以货币的形式表现出来。幼儿园管理者要懂得经营,合理使用资金,做好各个时期经费的预算、检查、监督、审核、决算等具体事务,建立并健全必要的财务制度。当前,幼儿园一般设有专职(少量为兼职)会计做财务工作。

3. 物

必要的物质条件是管理好一个组织的基础。幼儿园同样需要必不可少的硬性条件,诸如成套的幼儿活动房屋、日常生活设施用具、教学教育设备、游戏设施、教具玩具、图书资料等财产物品,它们在数量和质量方面都有较特殊的要求,对幼儿园物的管理要注意妥善保管、勤俭节约,做到"物尽其用"。一般来说,此项工作主要由专职人员或园长、后勤副园长、保管员、门卫人员、班级教师和保育员等负责。

4. 事

幼儿园所要完成的多层次、多方位的任务可概括为事,通常人们形容幼儿园类似于"麻雀虽小五脏俱全"。每天幼儿园里要实行的事种类繁多且需细致处理,需要认真对待。包括对幼儿实施的教育活动,卫生保健工作,后勤保障工作,教师的管理工作,工作人员的积极性调动等,涉及的方面很多,并且复杂多变。对事的管理应紧紧围绕既定的目标,注意各项工作的全面安排与协调,做到人人有事做,事事有人管。

5. 时间

任何事物都处于一定的时间流程之中。幼儿园管理中,时间主要体现为工作的周期性、阶段性、日常工作的规律性等方面。包括制定有针对性的幼儿园各类工作人员的上下班时间表,适合于各年龄段幼儿班级的一日生活作息时间表,公共活动场所的开放时间表,幼儿园的中长期发展规划,以及幼儿园每学期、各个阶段的工作计划安排,等等。

6. 空间

空间主要体现为幼儿活动及工作人员活动的范围区域,包括幼儿园室内外环境的布局和创设、幼儿公共活动空间的创设和运用,以及教职员工办公区域的合理安排等,如一间公共游戏室如何安排才能最大限度地让各班幼儿轮流活动。对空间的管理应考虑如何充分利用环境和有限的空间,尤其是在当前幼儿园面积和容量普遍有限,而入园幼儿人数较多的现实情况下,更有必要利用好空间条件,高效率地服务于幼儿园的中心工作。

7. 信息

管理的过程离不开信息的输入和传递,包括信息的搜集、储存分析、输出和反馈等,如幼儿教育改革的新信息对本园的教育工作的促动,经济变化的信息对园内人员工资奖金、所需耗费的物品、幼儿膳食的冲击,等等。在当前日益信息化的社会中,幼儿园的管理者要敏锐地捕捉与工作有关的信息,以便调整工作目标和管理方法,使幼儿园在适应社会时代需求的同时,也以自身正确的价值和行为向社会输出有价值的幼儿教育信息。

在以上幼儿园管理要素中,一般认为"人"是最核心的,因为其他的要素都需要由人来把握和处理。当然,另外的六个要素也不可或缺,在幼儿园机构的有序运行过程中,需要对所有管理要素进行综合考虑。

(三) 学前教育管理研究要关注到复杂多元的学前教育机构

与其他层级的教育事业发展相似,学前教育事业的发展受到国家社会的政治、经济、文化等众多领域的影响,行业内相关的社会组织和机构也密切联系,互相影响,只有得到系统的管理才能较好地促进该项事业健康发展。

1. 正规与非正规的学前儿童教育机构

从现有的类型来考察,学前教育机构可分为正规婴幼儿保教机构和非正规机构。正规婴幼儿保教机构是指经国家教育行政部门批准而设立的,有目标有计划地对婴幼儿进行具体保育和教育的组织,包括托儿所、幼儿园、学前班等机构。

在我国现阶段,在城市中,有些托儿所单独开设,命名为"亲子园",招收出生至三岁内的婴儿,进行全日制、半日制甚至以小时计的保育。而在绝大多数地方,托儿所附设在幼儿园之内,以托儿班的形式统合在幼儿园里,不单独命名。2019年以后,在新政策的指导下托育机构将会蓬勃发展,呈现出多元的形式。

幼儿园是正规托幼机构的主力军,招收3—6岁幼儿,由专业教育工作者按照教育与保育相结合的原则,实施体、智、德、美全面发展的教育。

学前班主要是针对广大农村地区的学龄前儿童而开设的机构,招收上小学前的适龄幼儿,接受一至两年的学前教育,以弥补农村地区幼儿园不足所带来的学前教育缺憾。在大力发展农村幼儿教育的趋势中,学前班将会逐渐被幼儿园代替。

这三种主要的学前儿童教育机构,严格地说是有差异的,管理时必然会有不同的要求和途径方法。

非正规的儿童教育机构是指那些或未经登记注册,或虽登记注册但缺乏全面明确的被国家和社会认可的管理规范,对学前儿童进行某些培训的组织。如城市中各种少儿英语班、少儿艺术学校等机构,同样存在管理问题。

2. 与幼儿教育密切相关的机构和组织

围绕着儿童教育这个中心,除了数量可观的幼儿园外,社会上还有众多幼儿教育的衍生机构。若将这些机构进行归类,大致可以划分出一些层次。第一层次包括公办和民办的以幼儿教育需求为目标的玩具教具工厂、幼儿园教材和用品的研发公司、为幼儿提供才艺和语言培训的社会机构等。第二层次包括由国家开办的少年儿童出版社及儿童保健医疗机构。第三层次包括多种规格的设有学前教育专业,以幼儿园教师培养为目标的大专和中等师范学校,这些学校数量很多,为幼儿教育培养合格的师资。第四层次包括各省专门的幼儿教育研究机构。这些机构与幼儿园之间关系密切,直接或间接地影响着幼儿教育的质量。其中第一层次的运作虽说由市场调节,但是在幼儿的玩具教具、参考用书等质量方面,国家颁布了标准,需要厂商严格执行。后面几个层次的机构,基本是国家的文教卫事业系统中的单位,国家或地方教育行政部门必然要对这些机构进行更为直接的指导和管理。

综上所述,可得出如下认识。

第一,学前教育管理具有自身特定的研究对象。

其研究对象有别于学前教育学的儿童观,教师观,课程论,体、智、德、美全面发展的目的论等研究对象,也不完全等同于一般教育管理学或者学校管理学的研究对象。例如,在教职工队伍的管理问题上,虽有某些共同之处,但是差别也很明显。校长管理的教职工队伍绝大部分是知识分子,而园长管理的人员性别基本上是女性,职工的受教育程度差异较大,仅仅在班级中,除两名教师外,还有一名保育员,同时幼儿食堂的人员也按照幼儿数量配备,人数多,工作量大,往往也成为管理中的一个重点和难点。中小学的教师往往分科教学,而幼儿园的教师不分科,需要胜任幼儿发展五大领域的教育教学和游戏指导。中小学大多集中精力抓教育教学,然而幼儿园里除了教育教学和游戏,与幼儿的生活照顾、健康安全相关的工作更多。可见,学前教育管理所面临的问题,别的学科无法完全包容,其研究对实践的指导意义别的学科也就无法代替。

第二,学前教育管理的研究对象存在多层次性、多序列性。

从纵向上考察,学前教育的研究对象具有层次性,无论具体划分出几个层次,都反映了全局与部分、上级与下级之间的关系。横向的几个管理要素是并列的关系,我们可以依据管理过程中各要素出现的顺序或者重要性,将它们理解为具有序列性。这些研究对象可予以单独研究,但相互间又有不可分割。

第三,管理因素在纵横两方面都是密切联系的。

七大管理要素在不同层次的学前教育管理中都存在,它们不是各自独立的,而是彼此联系着的。从纵向上看,每一种要素存在着上下级的影响方式。宏观层次的人、财、物、事、时间、空间、信息的管理政策,既要来源于基层的实践,又要准确地反映国家的意图和发展的方向,从而规范着中观层次的多类管理,最终影响微观层次的各学前教育机构的人、财、物、事、时间、空间、信息的管理观念和策略。从横向上看,它们互为联系,共同构成一个层次的完整的管理活动和过程。它们统一在管理的动态过程中,在外部环境和内部运作的共同推动下,相互影响着,完成一个又一个管理的循环周期,实现组织所确定的管理目标。

在学前教育管理学的研究者看来,规范的学前教育管理应是:学前教育行政人员和托幼机构管理者按照幼儿保育和教育工作的客观规律,以党和国家的教育方针为准则,确立恰当的工作目标,依据科学管理理论的指导原则,采用优良的工作方式,将人、财、物、事、时间、空间、信息等有形和无形的资源合理地组织起来,最大限度地获取兴办学前教育的效益。这是一套较为复杂的工作程序,从培养合格的管理者到成功地实施学前教育管理,中间有很长的过程,最好以一定的学科和理论为指导。离开理论的牵引和指导,仅依靠个人的智慧和经验显然是难以适应当前学前教育蓬勃发展且健康发展的国家需求。认识到这一问题,有利于澄清少数人对于学前教育管理研究的模糊或偏颇的认识,不再将它与相邻学科混淆不清,而是充分理解它作为一门学科兴起和发展的必要性和可行性。

概括起来说,学前教育管理学是以研究学前教育领域的管理活动及其规律为主要对象,以学前教育机构运转的效率和质量为主要考察点,研究机构内部各因素之间的关系,以及学前教育机构与家庭、社会和整个教育系统等外部因素的关系,分析现象,探求内外各种关系之间依存互动的规律性的一门学科。

通过上述分析,可见学前教育管理学的研究范围是很广的,有待于众多有识之士共同长期地研究。本书仅选取其中的部分对象进行探讨:对宏观、中观层次的管理进行初探,在此基础上,重点研究微观层次的幼儿园管理问题。视角既立足于现在又面向未来,力求有所创新。

二、学前教育管理学的学科性质

学前教育管理学是教育管理学的一个分支,是在教育管理理论的指导下,在学前教育及其管理的实践基础上产生的,其学科性质表现在两方面。

(一) 学前教育管理学是一门边缘学科

学前教育管理学是一门边缘学科,或者说是一门交叉学科,它与邻近的多种学科或多或少有着联系。

首先,从学前教育管理的理论体系建构来看,它一方面深受教育管理学的影响,另一方面幼儿教育机构的组织形式、运作方式又明显地有别于基础教育和高等教育等,因而学前教育管理中的理论问题又必须依据学前教育的特点和规律而构建。很显然,学前教育管理学首先是学前教育学与教育管理学的结合。另外,学前教育管理学还间接地受其他一些早已确立的学科的影响,如社会学、行政学、教育学、管理学、心理学、领导学等,这些学科中有着与教育管理学相关的部分和某些共同研究的领域,学前教育管理学需从它们中间吸取有价值的成分,建构和丰富自己的理论体系。

其次,从学前教育管理的研究方法来看,它也与一些较基础的学科存在联系,包括马克思主义哲学、系统论、控制论、信息论等科学,以及毛泽东思想、邓小平理论习近平新时代中国特色社会主义思想中的教育精神中的某些基本原理。

(二) 学前教育管理学是一门应用型学科

各种科学分属于两大部类:基础理论科学和应用科学。基础理论科学以研究事物的某一规律为主要任务,它的理论结论常常对广泛的领域都具有指导意义,但它并不直接解决某一具体领域中的应用问题,而应用科学以研究某一具体领域中的特殊规律为主要任务,它与实践问题的联系更为紧密,不仅是提出原理,同时还解决怎么做的问题。

学前教育管理学不是一门纯学理的学科,而是一门应用性很强的学科。它在学前教育理论和管理理论的指导下,对学前教育的过程、内外因素进行分析,提出解决管理过程中各种矛盾的思路、视角和方法,从而为学前教育行政干部和幼儿园园长实施正确的、优质的管理提供科学依据,使其在设计良好的幼儿教育工作环境中调动全体人员的积极性,从诸多可能性方案中选择最佳方案,做出理智的管理决策。

在强调这门学科的实用性时,我们并不忽略它的理论性。它并不停留于工作手册、工作指南这一类读物的水平上。学前教育管理学虽也会针对一定时代中具体管理案例而做出分析,但它更侧重于从具体到抽象,从特殊到普遍,致力于提供学前教育管理所应遵循的一般原理,运用充足的材料,较科学地去反映这一行业管理的客观规律。

第二节 学习和研究学前教育管理学的意义

学习和研究学前教育管理学,显然涉及学习者和研究者两方面。学习者学习这门学科,首先能够获得对学前教育管理的理论认识,初步训练相应的能力,以备未来工作之需;其次也能完善学习者的专业知识结构,提升学习者的综合能力。研究者去建构和研究该学科,首先是对丰富的学前教育管理实践的梳理和反映,并试图为一线管理者提供理论指导;其次有利于丰富学前教育和教育管理两个专业的学科体系。学习者的学习与研究者的研究,殊途同归,都是为了更好地服务于学前教育事业。

下面,我们将从实践意义和理论意义两个方面详细剖析学前教育管理学的意义。

一、研究和学习学前教育管理学的实践意义

(一) 研究学前教育管理学是我国学前教育事业发展的客观需要

根据学前教育史的研究,我国的学前公共教育机构出现于清朝末年。至中华人民共和国成立,社会上的学前教育机构数量有限,1946 年全国仅 1301 所托儿所、幼稚园,其中大多数为教会和私人开办,由正规教育部门开办的很少。[①] 当时少数教育家开办的幼稚园教育特性鲜明,大多数托幼机构作为慈善机构而存在。在国家的教育行政部门内,尚未出现专门司职学前教育管理的机构和人员。在我国学前教育实践刚起步的历史时期,学前教育领域的学科理论仅处于萌芽阶段,学前教育管理学因该项教育事业的规模小和发展缓慢而缺乏产生的现实基础。

中华人民共和国成立后,确立了社会主义制度,社会中男女平等,妇女参加社会生产劳动成为必然,相应地,为解除家长工作的后顾之忧而建立的托儿所和幼儿园大量涌现。数以万计的托幼机构主办者和管理者凭着对工作的责任心和使命感,不断地积累工作经验,一方面对推动学前教育事业的发展壮大,为社会广泛了解和认同学前教育做出了贡献,另一方面也为后来学前教育管理理论的逐渐形成提供了准备。

20 世纪 70 年代末改革开放以来,我国学前教育事业的发展速度变化很快,逐渐成为具有较大规模的教育行业。学前教育行业以 26.67 万所幼儿园为中心,除了幼儿园数量比 1946 年的约多出 205 倍之外,社会上还有与学前教育相关的众多机构,这些机构拥有大量从业人员,他们围绕着学前儿童教育事业而开展着各具特色的工作。改革开放 40 多年来,我国学前教育发展迅猛,已经成长为影响到千家万户的民生事业。

学前教育行业的规模发展,客观上提出了加强管理、探索科学的管理方式和建立适应社会新形势的管理体制的课题,以有利于正确地引导这项事业健康发展的要求。因此,人们有必要运用管理理论,系统地分析、研究学前教育管理活动和现象,掌握学前教育管理活动的一般规律,促进全行业的管理,产生良好的社会效益。这是引发学前教育领域中的人去探究学前教育管理问题的重要现实基础。

简而言之,学习和研究学前教育管理学,既是国家调控好学前教育行业,为人才培养做好奠基工作的需要,也是各幼儿园在市场竞争中谋求生存和发展的需要。

(二) 学习学前教育管理学是培养广大专业管理人才的需要

办好一所幼儿园,办好一个地区的幼儿教育,领导管理干部是很关键的因素。幼儿园这类学前教育机构是有一定特质的社会组织,它以女性为主要从业者(男教师和园长数量正逐渐增长)教育保育着稚嫩可爱的幼儿,但又不是慈善或纯福利的部门,而是作为基础教育的一个重要组成部分而存在,其情况是有些特殊的。这些机构的主管者应具有怎样的知识结构和领导能力,才能较好地胜任工作呢?一个优

---

① 张燕.学前教育管理学[M].北京:北京师范大学出版社,1995:14.

秀的幼儿园教师就一定会是一个优秀的园长吗？一个没有学习任何管理科学的园长，仅凭个人摸索积累的管理经验是否会有局限性？是否有利于幼儿园长足发展？近年来，一线幼儿园工作暴露出的问题很多，有的不良现象（如师德问题）直接威胁到幼儿的生命和安全，妨碍儿童身心两方面的健康成长；有的资源短缺（如入园难、入园贵问题）引发出明显的社会问题。许多行业中的问题需要得到有效的改善，这就需要反思我们的管理。

无数的事实给出的答案是：一个优秀的园长，不仅应该拥有系统的学前教育方面的专业知识，还应当学习有关管理的科学知识；一个优秀的幼儿园教师不一定就会成为一个优秀的园长，因为优秀的园长不仅应有完善的知识结构，还应具备良好的领导素质和能力，乐于奉献，善于协调处理多种关系；不懂得管理的理论和方法，光凭个人经验进行管理的园长在20世纪80年代以前大量存在，其局限性是明显的，在幼儿园内外环境和需求变化迅速的21世纪，若让这种局限性继续存在下去，是十分不明智的。因此，最好的方法是让理论的学习与实际的工作经验相结合，以正确的理论去指导工作，以实际工作的积淀去完善和发展学前教育管理理论，让两者相得益彰。

培训一支高素质的园长队伍是如此，提高学前教育领域其他机构的专业管理人才的职业素养同样如此。研究学前教育管理学科，正是通过理论界与一线实际的管理人员相结合的方式，专门为本领域的各级各类管理人员创设一个学习和反思的平台，共同探索学前教育管理的内在规律，以提高各种学前教育机构管理的效率和效益。从另一方面来看，学习者通过这类学科的研习，了解一般的管理原理在本行业中的运用，把握管理的因素、过程及评价等环节的要点，十分有利于提高其管理意识和能力，从内部和外部环境中理清多种关系，合理利用各种资源，保障学前教育工作高质量、高效率地进行。

二、研究和学习学前教育管理学的理论意义

（一）研究学前教育管理学是本学科自身不断发展完善的需要

改革开放以来，由于学前教育事业的大力发展，管理实践活动积累了经验，也不断地遇上新问题，因此有必要对学前教育管理问题进行研究。在一些专业杂志恢复或创刊以后，相关人员逐渐发表了关于幼儿园管理方面的论文。自1983年开始还陆续出现了一些学前教育管理的研究专著，如1984年项必铭的《幼儿园行政管理概论》、1987年沈立明的《学前教育管理》等。进入21世纪以后，学前教育管理方面的教材就更多了，不过其中绝大多数是以"幼儿园组织与管理"或"幼儿园管理"为书名；除教材外，也出现了部分相关的研究专著。作为一门新兴的学科，其理论水平和体系的不尽完善便在所难免，发展到当前，这门学科的探究应该说还停留在现象研究的水平上，丰富的宏观政策和调控、中微观实践现象令研究者应接不暇，收集和梳理难以跟上变化的节奏，更别提将事实的描述和判断形成完整的理论系统了。学前教育管理学亟待更深入的研究。

(二)研究学前教育管理学有利于丰富学前教育和教育管理学的理论体系

为了满足儿童教育成长的需要,国家、社会组织和个体开办了各种类型的学前教育公共机构,诸如托儿所、幼儿园、学前班等,集体的教育机构必然需要管理好,否则有可能偏离教育的目标。这种社会组织的管理问题应该说是与生俱来的。学界前辈在建构学前教育理论体系的初期,实际上也注意到了学前教育的管理问题,在某些学前教育学的专著和教科书中,往往在最后部分,列有"学前教育机关及其组织和领导"一类的章节。[①] 这就是说,学前教育管理问题被视为学前教育学的一个组成部分而存在。到了后来,人们对学前教育管理问题的研究不断深入,认识日益增多,学前教育管理便逐渐地从学前教育学中分化出来,成为学前教育学科体系中的一门具有相对独立作用的分支学科。这是符合科学发展历程中学科不断分化的趋势的,是学前教育理论发展到一定阶段的必然结果。反过来看,今天人们致力于学前教育管理学的研究,促使其概念、原理、过程、方法等不断成熟、完善,对于整个学前教育学科群的不断发展和完善是有贡献的。

不仅如此,学前教育管理学研究的不断深入,还同教育管理学的繁荣密切相连。作为大教育管理学的一个分支,一方面,学前教育管理学的形成和发展深受管理科学、教育管理学等科学的影响,另一方面,它所研究的内容越全面、准确、深入,则越有利于教育管理学科群的进一步丰富。

基于上述分析,这门学科的来源、功能和地位便凸显出来了。一方面,学前教育管理学要为幼儿教育管理实践服务,为第一线的学前教育管理人才服务,为培养未来合格的学前教育管理者服务;另一方面,即使学生毕业后没有走上领导岗位,只做一线的幼儿园教师,学习这门课程的知识,也有助于他们成为清醒的被管理者和智慧的"议政者",与管理者相互配合,共同努力,推动学前教育事业的健康发展。

第三节 学前教育管理学的研究方法

一门学科的研究方法是否运用得当,是否科学,直接关系到该学科能否有效地获取研究成果。因此,作为一门发展中的新兴学科,学前教育管理学选择研究方法更是显得重要。在学科研究过程中,很多方法会被采用。归纳起来,学前教育管理学的主要研究方法有如下三种类型。

一、方法论基础

(一)哲学基础

以马克思主义哲学和毛泽东思想为认识基础。马克思主义哲学中的辩证唯物主义和历史唯物主义原理及毛泽东思想体系中的方法论观点,能帮助研究者自觉地认识到:学前教育管理学产生于学前教育管理的实际现象,是对实践活动经验的较

---

① 亚德什科,索欣.学前教育学[M].北京师范大学外国教育研究所,译.北京:人民教育出版社,1981:268.

为科学的总结和理论的概括。为此，研究这一学科时必须坚持实事求是的态度，深入实际，进行调查研究，总结管理方面的实践经验，并用合乎逻辑的方法使其逐渐上升为理论。在研究中要认识到许多现象是普遍联系、相互制约的，一切事物都是不断发展变化着的，发展是有内因和外因的。因此，必须运用全面的、历史的观点去观察和分析问题。在一些具体问题上，如管理理论、学前教育行政体制、人员的管理等众多专题，既应纵向地思考，考察它们的过去、现状，判断其发展趋势，将现象和管理活动置于动态系统中加以认识，也应横向地寻找现象与现象之间的联系，分析它们之间互相影响的内在机制，从而有针对性地采取有效措施去解决问题。

可以说，运用辩证唯物主义和历史唯物主义的立场、观点和方法思考问题，是研究学前教育管理学的基本前提。

（二）系统理论

系统科学是以系统为研究对象的基础理论和应用开发的学科组成的学科群。它着重考察各类系统的关系和属性，揭示其活动规律，探讨有关系统的各种理论和方法。系统科学的理论和方法从自然科学和工程技术向社会科学广泛转移，横跨自然科学、社会科学等众多学科。

系统论、控制论和信息论是20世纪40年代先后创立并获得快速发展的三门系统理论的分支学科。虽然这几个理论派别出现不足百年，但已是系统科学领域中的核心组成部分，合称"老三论"，人们摘取了这三论的英文名字的第一个字母，把它们称之为SCI论。[1] 简单归纳一下就是，系统论是一门研究自然界、社会和人类思维中各种系统、系统联系和系统规律的科学。系统论认为，整体性、关联性、等级结构性、动态平衡性、时序性等是所有系统共同的基本特征。控制论是研究生物系统和非生物系统内部通信、控制和调节的一般规律的科学。控制是为了"改善"某个或某些受控对象的功能或发展，信息反馈是控制论的一个极其重要的概念。信息论是一门研究信息传输和信息处理系统中一般规律的科学，它运用数理统计方法来研究信息的度量、传递和变换规律。

对于以上"三论"，钱学森在1986年的一次会议上谈到他对系统学认识的历程，认为"老三论"应归结为系统科学，应该叫"系统论"。[2] 系统理论是反映人们认识和理解世界过程的最基本的观点与方法，与唯物辩证法有着类似的内核。所谓系统是指由相互作用和相互依赖的若干组成部分结合成的、具有特定功能的有机整体。控制是对系统的控制，信息也只有在相应的系统内才有它的意义。从这种理解出发，人们确实常用"系统理论""系统方法"来概括以上的"三论"。

一般的管理学书籍，以及从事实际工作的管理者，十分重视系统理论和系统方法的运用。要进行有效的管理活动，必须对客观存在或可能存在的影响管理过程和效果的各种因素、变量进行系统的分析研究。只有这样，才可能形成正确的决策，实施有效的行动。

---

[1] 吴今培，李学伟.系统科学发展概论[M].北京：清华大学出版社，2010：3.
[2] 姜璐.钱学森论系统科学（讲话篇）[M].北京：科学出版社，2011：3.

系统是普遍存在的。一般来说，每一个系统会从属于一个更大的系统。在学前教育管理领域中，幼儿园等有形的社会组织可以说是系统，幼儿园内部还包含着不同功能的部门，它们各自是幼儿园的子系统；甚至一些无形的幼儿教育目标、方法、过程等也可以是单个的系统。一般认为，每一个系统具有目的性、整体性、层次性、开放性、相互依存性等特征。

在将系统理论运用于学前教育管理问题的研究时，研究者应保持全局观点和整体观点。虽然为了深入研究的需要，研究者可能会对学前教育管理的不同分支相对独立地进行研究，但是他们在头脑中应把它们纳入学前教育管理的有机整体中来分析思考，从而真正认识影响各分支问题运行的纵横交错的因素，并选择恰当的方法综合治理。

将系统理论的原理运用于学前教育管理的研究，是形成现代学前教育管理观念和模式的方法论基础之一。

二、密切关注相关专业理论的发展

教育科学和管理科学的基本理论是研究学前教育管理学的专业理论基础。这两大学科中的一些研究成果，与研究学前教育管理问题密切相关。

（一）教育科学

教育科学学科群里的很多科目，都有助于研究和学习学前教育管理学。如，教育哲学、教育学原理、教育史、课程论、教育科研方法等，均分别从不同角度为研究学前教育管理问题提供了帮助。尤其是学前教育学、学前儿童卫生学、学前儿童心理学、学前课程论、游戏论以及各领域教学法等学科的研究成果，直接影响到幼儿园内部管理和学前教育行政举措。如幼儿园保教目标的导向、"游戏是幼儿的主要活动形式"的观念、幼儿园课程模式的改革、领域教学研究的新成果等问题，势必影响到幼儿园教育教学的组织和管理，冲击幼儿园教师的教育观念和教学行为。学前教育管理学既要关注管理实践的复杂性和动态性，更应高瞻远瞩地预见相互影响的学科对管理可能产生的影响，并及时地吸取相关学科成果。从某种角度上说，关注教育学科（包含学前教育学科）的研究动态，直接影响到学前教育管理研究的广度。

（二）管理科学

管理科学的成就影响着学前教育管理学研究的深度。管理学理论丰富而精彩，是研究学前教育管理问题取之不尽用之不竭的资源。如人本原理、目标管理的原理在幼儿园管理中和行政管理中的运用，是伴随着管理理论的推广，逐渐从其他行业管理中迁移到学前教育管理中来的，在今天广为园长们采用，也自然成为学前教育管理学不可回避的研究内容之一。

吸收教育、管理科学的原理和方法，遵循它们所揭示的有关教育和管理的一般规律，是发展学前教育管理学的必要条件。

三、常用研究方法

研究学前教育管理的若干问题，是教育研究中的有机组成部分，因而，教育研究所提倡的所有具体方法途径,都适用于学前教育管理的研究。教育研究与一般的经验总结、新闻报道不同,它是研究者对教育现象的有目的、有系统的认识过程。教育科学研究属于社会科学研究范畴,具有一般社会科学研究的特征。教育研究方法的类型较多,每一种研究方法也有各自不同的特征。

研究学前教育管理问题也应参照管理学的研究方法。尽管管理学的研究方法的分类角度很多,但与教育研究依然有很多共同点,因为这两大类研究同属于社会科学研究范畴。如,管理哲学研究认为,管理学研究主要可分为科学主义范式与人本主义范式。后来又有观点调整为,管理学方法论可以划分为两大主要范式,分别是实证主义范式和解释主义范式。① 实证主义范式认为社会科学问题能够被客观地测量,它们独立于观察者的价值观和自我感觉,主张用自然科学的研究方法来研究社会科学问题;解释主义范式则认为,社会科学领域人们观察的结果永远不可能独立于观察者的价值观和经验,完全客观地测量人类的管理问题有牵强之嫌。显然,研究社会问题,是需要综合这两大范式的。这类划分与近年来教育研究方法的分类也十分接近。

学习和借鉴教育科学研究和管理科学研究的宝贵经验,依据学前教育管理研究的实际需要,可以将常用的研究方法进行归类介绍,同时明确学前教育管理研究的视角,丰富研究方法体系。

(一)实证研究方法

实证研究指研究者亲自收集经验材料,为提出理论假设或检验理论假设而展开的研究。重点要求在于:直接或间接收集的经验材料在形式上可以是量化的也可以是非量化的,但都必须是可检验的。实证研究包括教育测量法、定量观察法、问卷调查法、教育管理实验法、内容分析法、案例研究法等具体的方法。

1. 教育测量法

教育测量法是指根据某种规则或尺度,以数量化的形式描述教育管理现象或对象的某种属性。它包含着测量的三个要素:事物及其属性;数字或符号;法则。教育测量法的基本特征是获得数量化的结果,并通过进一步分析获得相关结论。它可以将抽象的理论研究成果转化为反映个体发展水平、教育发展状况的方便易行的测量工具,并提供可靠的数据。在学前教育管理研究中,大量反映实际情况的数据来自于测量所得。

2. 定量观察法

定量观察法是按照事先设计的一套明晰而严密的"计量系统"实施的观察,它也被称为系统化的、结构性的、标准化的观察。这套系统包括:明确的观察对象、有严密逻辑性的观察项目系统、确定的观察程序和记录单位,以及物化的观察记录工具。它的长处是能系统地、高效地获得大量真实的、确定的观察资料,容易进行观察记录,而且观察结果便于系统地定量处理和对比分析。它的短处是对观察设计人员和

---

① 杨杜,等.管理学研究方法[M].第二版.大连:东北财经大学出版社,2013:45—47.

观察者的理论和技术要求较高,同时观察过程比较严格,缺乏灵活性。

3. 问卷调查法

问卷调查法是研究者用严格设计的统一问卷,通过书面语言与被调查者进行交流,来收集研究对象关于教育管理问题的信息和资料的方法。这一方法在学前教育管理活动研究中运用得很普遍。

4. 教育管理实验法

教育管理实验法是根据一定的理论假设,有计划地控制教育管理活动中的某些变量,以引起其他因素朝着有利于提高教育管理效果的方向转变,然后检验假设,并由此揭示教育管理活动规律的综合性研究活动。这种实验法常见于幼儿园管理实践中,比如:在幼儿园课程管理方面,园长和教师经过反复论证,按一定的意向进行某项课程改革。为慎重起见,她们常常会选择一个班为实验班试行一学期,认真研究试点班与对照班的异同,然后再决定该项改革能否在全园推广。

5. 内容分析法

内容分析法是对教育文献的内容做客观而系统的量化分析,并以柱状图、散点图、饼图等形式的图表加以描述,从而对相关的教育现象做出事实判断的研究方法。用内容分析法进行研究的文献资料可以是:(1)用文字记录的资料,期刊、教材等内容。(2)用声音记录的资料,包括上课录音、学生谈话录音、竞选会现场的录音,与某个年段的教材配套的录音磁带。(3)用影像记录的资料,包括教学录像、电影、电视、幻灯片、图片。内容分析法具有明显、客观、系统、量化等四个基本特点。内容分析法较多运用于幼儿园园长分析教师的工作态度和能力水平,也常用于分析幼儿的发展水平,当然,在其他管理活动中也有运用这种方法的时机。

6. 案例研究法

案例研究法也称个案法,是对某一个体、群体或组织在较长时间里连续进行调查、了解,收集全面的资料,从而研究其发展变化的全过程及原因的方法。大多数研究者认为,个案研究法应该划分到实证方法之列,它的确具有实证研究的要义,不过在对案例进行深入分析的过程中,也不可避免地要结合解释说明和质的描述等方式。在学前教育管理研究中,案例研究法使用频率较高。比如,树立和推广优秀的先进典型个人、先进班级、优质幼儿园的办园经验,甚至区域性的学前教育行政案例,都适用个案研究法。

(二)质性研究方法

这是与实证研究相对的定性研究。"质性研究"这个词在我国台湾、香港、澳门地区用得比较多,在我国内地有的称其为"质的研究""质化研究";还有的为将其与定性研究、定量研究相比较,称为"定质研究"。所谓质性研究,就是"以研究者本人作为研究工具,在自然情境下采用多种资料收集方法对社会现象进行整体性探究,使用归纳法分析资料和形成理论,通过与研究对象互动对其行为和意义建构获得解释性理解的一种活动"。① 质性研究方法是许多不同研究方法的统称,包括访谈调查法、定性观察法、比较研究法、叙事研究法、文献法等。

1. 访谈调查法

访谈调查法是研究者通过与被调查者面对面进行交谈,以口头问答的形式来了解某人、某事、某种行为态度和教育现象的一种调查方法。它有以下特点:调查过程灵活深入;获取信息完整真实;适用范围更为广泛。访谈调查法的主要局限有:样本量少、费用多、时间长、效率较低;标准化程度较低,难以统计;调查过程容易产生偏差;访谈调查由于非匿名,因此不能完全消除受访者的心理顾虑,这往往会影响受访者所提供信息的客观性。

2. 定性观察法

定性观察法是研究者在一个真实的情境中对被观察的人或事所做的开放性观察,研究者直接观察他人的行为,并把观察结果按时间顺序系统地记录下来。它有以下几种特点:(1)可了解到更为真实的信息;(2)可获得更为完整的资料;(3)可进行多次观察。定性观察法也有局限:首先易受观察者的主观影响;其次观察结果的代表性不够高。

3. 比较研究法

比较是和观察、分析、综合等活动交织在一起的,是一种复杂的智力劳动。比较研究法可以理解为是根据一定的标准,对两个或两个以上有联系的事物进行考察,寻找其异同,探求普遍规律与特殊规律的方法。

4. 叙事研究法

叙事研究法是以叙述故事的方式来描述人们的经验、行为和生活方式,通过所叙述的故事来探究经验、行为的意义,及其蕴含的思想和哲理。在教育研究领域,叙事研究就是通过描述和分析有意义的教学事件、教师生活和教育教学实践经验,来发掘或揭示内隐于日常工作、事件和行为背后的意义,从中发现教育问题,探究教育思想,揭示教育活动特点。

5. 文献法

文献法也称历史文献法,就是搜集和分析研究与课题有关的各种现存的文献资料,从中选取信息,以达到调查研究目的的方法。它所要解决的是如何在浩如烟海的文献中选取适用于课题的资料,并对这些资料做出恰当分析和使用。文献法是科学研究工作中的一个重要步骤,它贯穿于研究的全过程,同样是进行教育科学研究的最常用的研究方法之一。

上述两大类研究方法的区分是相对的,它们之间是有联系的。研究方法很多,新的研究方法还会不断涌现,这就要求学前教育管理研究者认真学习,掌握每一种方法的核心特点和要求,在研究过程中根据需要选择适宜的方法,以达到研究的目的。

---

① 陈向明.质的研究方法与社会科学研究[M].北京:教育科学出版社,2000:12.

阐述完学前教育学管理的研究方法之后，感觉还有必要提一点学习方法方面的建议。我国儒家思孟子在《中庸》一书中，明确地提出了"博学之、审问之、慎思之、明辨之、笃行之"的学习过程理论，虽古老，但是很简明精辟，它强调了学生个人的能动的学习、思考和实践，符合认识规律，应该成为当今大学生学习中的一种观念指南。

此外，有一个非常有现代感的学习观念——理论联系实践，也值得当代大学生借鉴。这要求学习者将课堂中的理论学习，与社会中丰富的学前教育管理实践结合起来。用书本上的理论去观照实践，一方面能解释说明一些管理现象，指导管理实践，另一方面也能用鲜活的实践案例来充实理论体系，修正和发展理论观点。如此学习才富有活力和意义。

 思考与练习

1. 何谓学前教育管理学？其学科性质怎样？
2. 学前教育管理学的研究对象有哪些？
3. 为什么要研究和学习学前教育管理学？
4. 研究学前教育管理学的方法有哪些？

第一章　管理与学前教育管理

 学习目标

1. 掌握管理的概念、作用及特性。
2. 了解中外管理思想的发展过程。
3. 掌握学前教育管理的含义、作用、内容和形式。

【本章导读】　学前教育管理者大多数出自幼儿教育专业,很多人当过一线教师,教育教学能力优良,因工作表现优异、能力较强等因素,被选拔为幼儿园园长或者其他与学前教育管理有关的行政岗位。新岗位对管理素养和能力的要求较高,然而多数人原有的知识结构中管理学知识所占的比例不足。为了改变这一状况,我国在二十多年前就规定:欲当园长者必须先通过考试,取得幼儿园园长任职资格证,才能走上园长岗位。而园长资格证考试中明显有涉及管理学方面的内容。我国教育部在推出《幼儿园教师专业标准》之后,已于 2015 年推出了《幼儿园园长专业标准》,对园长的管理素养提出了更高的要求。为了更好地适应管理工作的需求,园长们补充一些管理学的基本知识是很必要的。

管理学是人类智慧的结晶,管理学的经典著作数量繁多,有许多书籍值得各行各业的管理者去阅读学习。本章从最基本的概念入手,介绍管理学的主要理论发展脉络及部分理论流派,园长们在学习这些管理学知识时,联系学前教育管理的实际,能对工作有启发作用。

第一节　管理的含义

在当今信息化社会中,人们获取信息的途径很多,各种概念不断呈现在受众的眼前,其中,"管理"应该是一个高频词汇,人们对它很熟悉,使用概率也很高,甚至可以按照自己的理解赋予它一个定义。管理学理论又是怎样解释管理的呢?

一、什么是管理

(一)关于管理的非定义化的理解

对于管理,研究者们获得了许多认识,这十分有助于人们洞察管理的本质。其中较典型的观点有如下两个。

1. 管理是人类生活中最普遍的社会现象之一

管理无时不在、无处不在。大至国家的治理、各行各业多个组织的运行,小至主

妇持家及单个人支配自己的时间等,均离不开管理。在这众多的活动中,管理反映的实事是把有限的资源(他人或自己的才能、物质、时间等)分配给众多的目的而进行的安排。应该认为这是对管理的广义理解,在此意义上可见管理与人类的日常生活和重大活动都密切相关,遍及人类活动的许多方面。戴维·B.赫尔茨(David. B. Hertz)曾指出:"管理是心智所驱使的唯一无处不在的人类活动。"[①]不论此断言是否准确,管理是最普遍的社会现象之一,乃是毋庸置疑的。

2. 管理是一个既古老而又年轻的概念

称管理是一个古老的概念,是因为管理的实践源远流长。伴随着人类社会的产生发展而存在和发展。在原始社会,人类以部落、氏族等形式结成有共同目的的组织,以集体力量与自然界相抗衡、相协调,求得生存,在早期原始的集体协作中,支配者与被支配者双方在日常生活中有分工、协作及分配等一系列行为,这些行为便是人类最早的管理实践。以后,随着社会分工的发展,集体的协作活动日趋兴旺,对管理的要求也随之增高。社会的不断发展需要有人建立一定的秩序,对更多的人进行安排和协调,以便取得政治、经济、军事、宗教等活动的理想效果,因此,在社会历史的发展长河中,管理实践非常丰富。说"管理的实践同人类的历史一样悠久"一点也不为过。

而说管理是个年轻的概念,是因为管理作为专门对象被研究,并被广泛地加以宣传的历史不长。管理学成为一门相对独立的学科只有近百年的历史。管理科学是随着工厂管理实践的发展,在20世纪初开始系统形成的,其主要标志是美国的弗雷德里克·泰罗(Frederick W. Taylor)于1911年出版的《科学管理原理》和法国的法约尔(Henri Fayol)于1916年出版的《工业管理与一般管理》两本著作的面世。

显然,在管理的"古老"与"年轻"这一矛盾关系中存在着一定的因果关系。正因为有无数前人管理实践经验的积累,才能有力地促进管理这一门学科的产生。今天的管理学是人类智慧的又一结晶,它正在对社会的发展产生越来越显著的影响。

(二)管理的定义

对于管理的学术界定,可谓众说纷纭,没有一个公认的界定。许多管理学家根据自己的研究对管理进行了定义,仁者见仁,智者见智,他们的观点为后继者的进一步学习和研究提供了参考。下面按照管理学发展的大致时间顺序,介绍若干定义。

1. 著名管理学家对管理的定义

(1) 泰罗的观点

"科学管理之父"、美国管理学家、古典管理学派的代表人泰罗认为,管理就是"确切地知道你要别人去干什么,并使他们用最好的方法去干"。尽管这个定义不太符合当今人们对定义的严密要求,显得过于通俗和口语化,但是却言简意赅,指出了管理的实质。

[①] 周三多,陈传明,鲁明泓. 管理学——原理与方法[M]. 第五版. 上海:复旦大学出版社,2011:1.

(2) 法约尔的管理定义

管理是由计划、组织、指挥、协调及控制等职能为要素组成的活动过程。这是由古典管理理论时期另一位重要代表人法约尔提出的观点,总的来说是有一定道理的。几十年来,它不仅成为管理定义的基础,而且也成为管理职能论的起源,此外,它还为现代的管理过程流派理论提供了理论依据。

(3) 梅奥的观点

人际关系—行为科学学派代表人物埃尔顿·梅奥(Elton Mayo)及其合作者这样阐述管理的含义:管理就是协调人际关系,激发人的积极性,以达到共同目标的一种活动。这个观点突出了管理中人的地位,认为管理学应以研究人的心理、生理、社会环境对人的影响为中心,有针对性、有效地激励职工的行为动机,进而调动人的工作积极性,争取达到良好的工作效果。行为科学的研究,揭示了除物质条件外,影响人的工作效率的还有人的工作情绪。将管理关注的重点从生产过程的效率引向人的因素,这种主张扩展了当时管理学的理论研究领域,促进了管理学由单纯技术过程的研究向兼顾技术与人的协调而转化。这在管理学的研究史上是一个重要的突破。

(4) 德鲁克的观点

现代管理学的奠基人、阐释了目标管理的美国管理学家德鲁克(Peter F. Drucker)认为:"管理就是界定企业的使命,并激励和组织人力资源去实现这个使命。界定使命是企业家的任务,而激励和组织人力资源是领导力的范畴,二者的结合就是管理。"[①]这就是德鲁克对管理的定义。在这个定义中,德鲁克使用了一个关键词:使命。什么是使命呢?使命就是组织存在的原因,即组织的宗旨和目的。关于使命的假设规定了组织把什么结果看作是有意义的,它对整个经济和社会应做出何种贡献。

> **链接 1-1　德鲁克简介**
>
> 德鲁克,1909 年出生于维也纳,1931 年获法兰克福大学法学博士,1938 年前往美国,在美国著书立说、成名成家,2005 年卒于美国。德鲁克是管理学界有着举足轻重地位的人,1954 年,德鲁克提出了一个具有划时代意义的概念——目标管理(Management By Objectives,简称 MBO),它是德鲁克所阐释的最重要、最有影响的概念,已成为当代管理学的重要组成部分。他的管理思想对世人有深远的影响,奠定了其现代管理学开创者的地位,被尊为"管理大师中的大师",也被誉为"现代管理学之父"。

(5) 西蒙的观点

"管理就是决策",这是现代科学管理中决策理论学派的代表人、1978 年诺贝尔经济学奖获得者西蒙(Hervert A. Simon)提出的观点。他指出决策的制定贯穿管理的全过程。他所解释的决策包含分析信息依据、确定目标、付诸实施、做出评价、导致新的决策等系列过程,这样一种决策过程实际上是任何管理的必由之路。从他们

---

① 那国毅. 百年德鲁克[M]. 北京:机械工业出版社,2010:3.

的视角来分析,"管理就是决策"并无太大偏差,产生异议的关键在于如何理解"决策"。

另外的著名管理学家们也有各自对管理的定义。仅就上述列举的五个各不相同的定义来说,各有千秋,各有侧重,触及管理的目的、职能、过程、人际关系和决策等各个方面,应该说每一个定义都合理正确,表达的内容符合人类管理活动的实际需要。这同时也提示我们,人类的管理活动是极其复杂的,管理有多侧面、多角度的表象和内在逻辑,并且随着社会生活内容的更新,而不断地涌现出新的管理要求。学前教育作为人类生活的一个小小的子系统,其管理同样具有多面性、复杂性和动态性特征。领会管理学家们对管理所下的特色鲜明的定义,这样能丰富学前教育管理者的概念系统,能使人多角度地思考管理问题,启发其创造性思维,进而全面准确地处理管理实践中的问题。

2. 管理学教材中管理的定义

(1) 国外教材中的定义

第一,管理就是由一个或更多人来协调他人的活动,以便收到个人单独活动所不能收到的效果而进行的各种活动。[①]

这一见解包含三层意思:①管理的目标通过他人的活动而达到;②管理的过程是通过管理行为的主体(即管理者)协调其他人(即被管理者)的活动而进行;③管理者必须协调两大方面——他人(被管理者)的活动及他人本身。

第二,管理是研究如何为以团队方式工作的个体设计和保持某种特定的环境,从而使其能够高效实现企业既定目标的工作过程。这是哈罗德·孔茨(Harold Koontz)的观点。[②]

(2) 我国相关教材中的定义

第一,我国当代的管理学研究者对管理的解释。

南京大学教授周三多先生将管理定义为:"管理是社会组织中,为了实现预期的目标,以人为中心进行的协调活动。"这一表述揭示了管理的目的是为了实现预期目标,管理的本质是协调,协调必定产生在社会组织中,协调的中心是人,协调方法多种多样。[③]

第二,我国学前教育管理研究者的解释。

北京师范大学张燕教授在多年的教学研究中对管理也有一定的见解,认为:管理是对一定组织系统的人、财、物、事等进行计划、组织、协调和控制的过程,从而高效率地达到组织的目标。[④] 邢利娅教授曾详尽地将管理解释为:管理是指组织中管理者遵照一定的原则,使用各种管理手段,通过组织、指挥、协调各个分工制约的不

[①] 小詹姆斯·唐纳利,等. 管理学基础——职能·行为·基础[M]. 李柱流,等译. 北京:中国人民大学出版社,1982:23.

[②] 哈罗德·孔茨,海因茨·韦里克. 管理学精要[M]. 韦福祥,等译. 北京:机械工业出版社,2005:3.

[③] 这本教材从1993年9月出第一版,至2011年6月出版第五版,20多年来在国内管理学界影响很大。本文此处所引用的管理定义,来自于1997年第二版的第10页。

[④] 张燕. 幼儿园管理[M]. 北京:人民教育出版社,2009:1.

同个人的活动,创造出一种远比个人活动力量总和要大的集体力量或社会力量,从而高效率地达到一个组织的预定目标所进行的活动。[①]

重温学者们对于管理的解释,一方面有助于人们较全面、立体地认识管理的实质,另一方面也表明了管理的确是一种很复杂的社会现象,有着极丰富的内涵,值得认真思考和分析。

3. 我们的解读

综合国内外专家对管理的众多阐释,我们认识到管理涉及以下内涵。

第一,管理的组织性。现代管理定位于研究组织或团体行为。虽然个体行为也有自我管理的必要,但是在管理学研究视域中,关注人群组成的社会组织如何有效互动显得更有必要,这也是社会共同劳动的必然要求。组织中人数愈多,对管理的要求就愈高。

第二,管理的目的性。管理是一种有意识、有目的的人类活动,因而有明显的目的性。管理的目的就是为了最大限度地完成组织的预定目标,追求过程中的高效率,追求结果的好效益。

第三,管理的人本性。管理中主要的人际关系由管理者与被管理者双边构成。人类组织中管理的核心是配置好人力资源,处理好多维的人际关系,激发和调动组织成员的工作积极性。同时,管理还有其他的要素,如财、事、物、时空、信息等资源。

第四,管理的科学性。管理的科学性是指管理活动过程中存在着一系列基本规律。管理是有特定的连续过程的。围绕目标而展开的计划、执行、控制、协调等是管理的基本环节和内在职能。

第五,管理的动态性。管理是在特定社会环境下运行的,随着社会大系统的发展变化,管理的资源和目标等会因循而变。

基于以上分析,我们也尝试对管理的概念作一相对简化的界定:管理是社会组织为了较好地实现预定目标,由一个或一批人去合理运用各种资源、充分发挥各因素潜力的活动过程。

二、管理的特性

管理是人类协作劳动的产物,它普遍存在于人类活动的方方面面。基于对管理内涵几个侧面的理解,依据马克思对管理一般本质的揭示,同时结合众多组织中管理的实际,我们至少可以概括出两对管理的特性。

(一)管理具有刚性与柔性

作为控制组织运行的一门技术和手段,管理兼具刚性与柔性。

管→管辖→控制→坚强有力→刚性→技术

理→理顺→疏导→尊重被管对象→柔性→艺术

人们几乎都有被管理的体验,很多人在被管的同时,也在管理其他人和事。提

[①] 邢利娅.幼儿园管理[M].北京:高等教育出版社,2010:3.

及管理,许多人很容易联想到"严格控制""不得有误"等硬性要求。的确,作为一种常用的技术、手段,管理常体现出这种强而有力的特性。所谓"管",意即管辖、控制。为了控制有序,严明法纪和强制执行是在所难免的,正所谓"没有规矩,不成方圆"。这是管理技术的规范性要求,我们不妨称之为管理手段的硬性,或刚性。

然而,随着社会的进步和人们思想的解放,人的基本权利和人的主体性日益受重视,与人们活动紧密相连的管理必然反映出其弹性来。所谓"理",可理解为理顺、疏导。而疏理成功,必须建立在尊重被疏导对象的客观规律基础上,正所谓"水能载舟,亦能覆舟"。"理"若是对人而言,则应表现出真正的关心和爱护,因人而异,讲究方法,将被管理者引向管理者期望的发展方向。这表现为管理手段的柔性。

现实中大量事实证明,优秀的管理者一般都十分善于运用管理的刚性要求和柔性手段,以便充分调动组织成员的积极性,更好地实现预定的工作目标。管理是一项既有许多技术性要求的工作,同时又是一种艺术性劳动,只有将二者结合,运用有度,才能获取最大的管理效益。

(二) 管理具有自然属性和社会属性

作为一种社会现象,管理具备自然属性和社会属性这二重性。管理这二重性的提出,源自马克思主义关于管理的阐述。[①]

其自然属性是指,管理是人类社会活动的客观需要,是由社会分工所产生的社会劳动过程中的一种特殊职能,同时管理也是生产力,因为一定组织或社会是否发达,有赖于它所拥有的多种生产资源能否得到有效的利用,有赖于从事社会劳动的人的积极性能否得到充分的发挥,而这两方面恰好取决于管理。管理是劳动分工的一种,是特殊的生产力。这一性质并不以人的意志为转移,也不因社会制度的变化而改变,完全是客观存在着的,所以人们称之为管理的自然属性。

管理的社会属性实质上反映的就是"为谁管理"的问题。在人类历史中,管理在具有其自然属性的同时,从来都是为统治阶级、为生产资料的占有者服务的,它也是一定社会关系的反映。这表现为管理的社会属性。

管理的自然属性与社会属性统一在管理的历史实践中,反映出管理的本质特性,折射出管理的特殊社会价值。

三、管理的对象和作用

在揭示管理概念的过程中,我们难免会涉及管理的子问题,诸如:管理到底管些什么?为什么要管理?思考这些细节问题,有助于将抽象的管理概念与生活工作实际联系起来,加深对概念的理解,进而恰当地将其运用到管理工作中。

(一) 管理的对象

管理的对象,意即管理主体要管些什么。这里要探讨的是管理的对象要素。在人的社会集体实践中,管理的对象是很多的,凡是可能影响到实现组织目标的因素

---

① 周三多,陈传明,鲁明泓.管理学——原理与方法[M].第二版.上海:复旦大学出版社,1997:15—18.

都应给予良好的管理。在系统理论的指导下,我们可以将管理的具体对象概括为如下七类,即:人、财、事、物、时间、空间和信息。大至国家治理,中至行业管理(如经济管理、工业管理、教育管理等任何行业的管理),小至个人的自我管理,都离不开这七类因素所交织而成的结构体系。学前教育的管理同样如此。在这多项因素中,人既是管理的主体,也是最为核心的因素,其他六项因素都与人密不可分。作为社会组织主体的人总是运用各种方式去理财、用物、做事、安排时间、利用空间、分析和处理信息,这些管理资源之间也是相互影响的。

(二)管理的作用

人们对管理作用的认识经历了由不自觉到自觉的过程。中外历史上一些著名的建筑工程如金字塔、都江堰等,从设计、施工到使用无不包含着令后人震惊的组织管理技巧和才能。然而,当时管理的技巧和才能未被充分认识并推广运用。随着工业化社会的到来,社会化大生产迫切需要管理,人们对管理的认识日益深化,并自觉地将其运用到生产和社会生活之中。

在探讨管理概念时,本书中已多次出现管理的目的性等字眼,那当然指向管理的作用。人类社会组织中,人性具有复杂性,组织成员的主导需求不尽相同,其他资源条件也千差万别,要想较好地实现每一个时期的组织目标,管理者的有效管理,或者说管理的作用,是很重要的。这里出现了一个问题:是不是所有的管理者都能进行有效的管理呢?显然,不是所有的管理都正确有效。管理者的管理能力是存在差别的。有的管理者能力全面,能够开展理想的管理活动,有的管理者不能合格地履行其管理责任,甚至会产生负面的作用。

所以要谈管理的作用,首先必须至少限定出二元的前提:是良好的管理,抑或是不良的管理?概括地说,理想的管理能够产生高效率、好效益。有效、良好的管理能通过合理组合管理对象的各要素,充分发挥各因素的潜力,消除无效劳动或内耗,而产生高效率、好效益。反之,不良的管理则不仅不能达成组织的预定目标,反而还可能产生内耗,损害组织的"健康"和利益,造成资源的浪费等。有的文章简明地指出,管理的作用就是避免犯错误。这是一个最基本的作用,在此基础上,应该合理地运用各种资源,将人力、物力、财力等各项资源与"事"(即工作任务与目标)合理配置起来,形成单个因素所不可能有的能量,使"整体大于各孤立部分之和",最大限度地实现组织目标。

换言之,管理者的管理能力,是组织的核心竞争力。现实中常见这类现象:一个组织中,人还是那些人,资源还是那些资源,管理者变了,管理行为变了,组织就不一样了,就像厨师做菜一样。这种现象在学前教育管理领域也曾经出现过。负面的案例提醒我们应加强学习管理知识,提高管理者的素质和能力,以便在工作中发挥管理的正面作用。应该说,管理不仅是社会化大生产的产物,更是当代社会发展的强大推动力。越来越多的社会实践表明,以科学技术为核心的生产力发展水平和社会综合治理水平,是推动社会发展的缺一不可的条件。对国家和社会如此,对组织和个人同样如此。

第二节 管理思想和理论的发展

历史是富有哲理的教科书,管理思想发展的历史充满了前人智慧的结晶,是从事管理工作的人们自觉摸索管理经验、规律和典范榜样的起点。中外管理思想和理论极其丰富,不是本学科能解决的问题,本节仅介绍简单知识点如下。

一、中国传统管理思想简介

中国作为世界伟大的文明古国,有着璀璨的历史遗产,包括丰富多彩的管理思想。古代由于受当时生产力发展水平所限,管理思想零星分散,未能形成独立的科学体系,但许多管理思想精华对今天的管理实践仍然具有借鉴价值。

统治中国古代几千年历史的主流思想是三大学派:儒家、法家和道家。这三大学派都产生于百家争鸣的春秋战国时期,其管理思想的基本逻辑结构是:人性假设—管理方式。他们各自提出了对人的基本看法,进而提出了自己的管理方式,各自形成了较为系统的治国营生的管理思想。

中国传统的管理思想,可归纳为宏观管理的治国思想和微观管理的营生思想。现将一些要点概括如下。

(一)组织方面

机构设置要顺"道",指做事要顺应客观规律,这是有一定普遍意义的指导思想。如军、旅、卒、伍的军队建制。在军事方面,留下的记录较多,著名的《孙子兵法》里有很多针对人性和条件而设置的谋略,如"兵以利动""避实击虚""不战而屈人之兵"等体现着在调兵遣将方面的顺"道"智慧。

(二)关于人方面

突出体现在重视人才和讲求人和等方面。

1. 重视人才

表示对人才重视的观点有:"得民是治国之本,得人才是得人的核心","求贤若渴"。表达正确用人重要性的有:《吕氏春秋》提出,"得贤人,国无不安……失贤人,国无不危";诸葛亮在《出师表》中总结汉代的历史经验后指出,"亲贤臣,远小人,此先汉之所以兴隆也;亲小人,远贤臣,此后汉之所以倾颓也";《晏子春秋》则把对人才"贤而不知""知而不用""用而不任"视为国家的"三不祥",并认为其害无穷。

2. 在管制人方面

孔子认为,"其身正,不令而行;其身不正,虽令不从";韩非子认为,"君无术,则弊于上;臣无法,则乱于下",此外有"赏罚二术,君之利器"之说。

3. 讲求人和方面

"天时、地利、人和"被视为事业成功的三要素。"和为贵""和气生财""和能兴邦"等著名说法至今都有巨大影响。战国时期赵国的将相和故事,作为从大局出发讲团结的典范而被传颂至今。

(三) 经营方面

在经营生意方面,我国古人十分重视信誉,守信是普遍尊崇的美德习惯;另有成本核算、统计等方法,更产生过朴素的系统工程思想。其中,有两经典故事值得品味。

其一是《安徽通志》中所记录的"守信"故事。明代徽商唐祁,其父曾借某人钱,对方借据丢失,唐祁照付父债,后来有人捡得借据,向唐祁讨债,他又照付一遍。别人嘲笑他傻,他说:"前者实有是事,而后卷则真也。"后来生意更旺。[①] 另外一则是沈括《梦溪笔谈》中讲述的系统工程故事。宋朝大臣丁谓奉命修复焚毁的皇宫。由于需从远处运来土和建材,他命令工人挖开大路取土,引汴河水进临时渠成河,以船运来各种建材,皇宫修好后又以建筑垃圾填河恢复道路。一项正确决策使取土、运料、处理垃圾结合起来,"一举而三役济,计省费以亿万计"。[②]

(四) 理财方面

我国理财历来以节俭为核心,强调开源节流,崇俭拙奢,勤俭持家,倡导为政清廉,不伤财害命。在打理生意方面,节俭被认为是致富的要素之一,尤其是对企业来说,反对铺张浪费。

(五) 用物方面

中国历来有"利器"的传统,生产要有工具,打仗要有兵器,孔子曰:"工欲善其事,必先利其器",这就是著名的利器说。利器思想在古代被国家管理机构高度重视。近代出现的机器兴邦说也是对利器说的延伸和发展,魏源"师夷长技以制夷"的主张、孙中山先生的实业救国思想,表达的都是利器兴邦的良好愿望。

此外,我国古代还有一些有识之士重视研究对策,如著名的《孙子兵法》中充满着许多妙计,至今被管理学研究者重视。以韩非为代表的法制管理思想,主张法规应公之于众,违者必究,认为法应该有公开性和平等性,这些思想都被应用在当时的国家管理中。孟子、荀子的人性论也很著名,能够对管理者在洞察人性、了解员工方面有所启示。

二、西方管理思想的演进

(一) 古典管理理论

古典管理理论形成于 19 世纪末 20 世纪初。经过产业革命后,科学技术有了较大的发展,许多新发明开始出现,但是管理仍处于师傅带徒弟的方式,经验和主观臆断盛行,缺乏科学的依据。随着社会的发展传统的经验管理越来越不适应管理实践的需要。为了适应生产力发展的需要,使管理脱离粗放和低水平现状,当时在美、法、德等国家都产生了科学管理运动,从而形成了各有特点的管理理论。尽管这些管理理论的表现形式各不相同,但其实质都是采用当时所掌握的科学方法和科学手段对管理过程、职能和方法进行探讨和试验,从而奠定了古典管理理论的基础,并形

[①] 周三多,陈传明,鲁明泓.管理学——原理与方法[M].第二版.上海:复旦大学出版社,1997:43.
[②] 同上书,45.

成了一些以科学方法为依据的原理和方法。

这一时期可称为管理理论的初创时期,时间约在20世纪初。管理科学成为一门独立科学的主要标志为:泰罗于1911年出版的《科学管理原理》一书和法约尔于1916年出版的代表作《工业管理与一般管理》。

1. 泰罗的科学管理

泰罗,美国人,在一家钢铁公司从基层工人成长为总工程师,他的管理思想主要针对生产过程中的技术革新和管理,以降低成本,提高劳动生产率。1911年,泰罗出版了他的管理学专著《科学管理原理》,奠定了科学管理的理论基础,并被称为"科学管理之父"。科学管理理论有以下几个主要观点。

(1) 工作定额

泰罗把每一个工作都分成尽可能多的简单基本动作,把其中没用的动作去掉。同时,选择最适用的工具、机器,然后通过对最熟练工人每一个操作动作的观察,选择出每一个基本动作的最快和最好的方法,把时间记录下来。再加上必要的休息时间和其他延误的时间,得到完成这些操作的标准时间。这就是"合理的日工作量",它构成了每个工作日标准定额的基础。标准定额是对工作进行管理的依据。

(2) 差别计件工资制

泰罗认为,工人磨洋工的一个重要原因是报酬制度不合理。计时工资不能体现劳动的数量。计件工资虽能体现劳动的数量,但工人担心劳动效率提高后雇主会降低工资率,从而等同于劳动强度的加大。针对这种情况,泰罗提出了一种新的报酬制度——差别计件工资制。

(3) 职能工长制

泰罗认为,为了提高劳动生产率,每一个职位都要安排第一流的工人。其标准是:在不损害健康的情况下,他完全胜任该职务的工作;他有工作积极性并愿意从事该项工作;具有坚强的意志力。管理部门的任务就是要为每个雇员寻找最合适的工作,使之成为第一流的工人。

(4) 计划职能与执行职能相分离

泰罗认为,应把计划职能和执行职能分开。提出管理部门要按科学的规律来制订计划,从事计划职能的人称为管理者,负责执行计划职能的人称为劳动者。工人工作效率的高低取决于他们的操作方法和所使用的工具是否合理,以及个人的熟练程度和努力程度。

(5) 例外原则

所谓例外原则,就是指高级管理人员为了减轻处理纷乱烦琐事务的负担,把处理各项文书、报告等一般日常事务的权力下放给下级管理人员,高级管理人员只保留对例外事项的决策权和监督权。

(6) 大饼原理

例外原则后来发展成了管理上的分权化和实行事业部的管理体制。双方只有不断地提高劳动效率,才有利可图。因此,需要增强责任观念,用相互协作代替对抗与斗争,共同把饼做大,这样每个人才能分到更多。

2. 法约尔的一般管理

法约尔是古典管理理论在法国最杰出的代表。他长期担任公司的总经理。由于所处地位的关系,他研究的对象和泰罗的有所不同,泰罗着重于车间、工作场所的生产管理研究,而法约尔着重于企业全面经营的研究,他着重分析研究高层管理的效率和一般管理原则。法约尔的一般管理理论主要包括如下内容。

(1) 重视高层管理

基于对企业经营活动类别的分析,法约尔认为对高层管理人员与基层管理人员的要求应有所不同,阶层越高,管理职能的比重越大,对管理能力的要求也越高。法约尔认为,人的管理能力可以通过教育来获得,所以他强调管理教育的必要性和可能性。

(2) 管理的五个基本职能

法约尔首次把管理活动划分为计划、组织、指挥、协调与控制五项职能,并对这五大职能进行了详细的分析。计划就是探索未来和制订行动方案;组织就是建立企业的物质和社会双重结构;协调就是连接、联合、调和所有的活动及力量;指挥是管理人员的一种技巧,目的是使整个企业取得最大的效益;控制就是注意一切是否按已制定的规章和下达的命令进行。他认为,要实行有效的管理,这五要素是缺一不可的。他的管理职能论备受推崇,被认为揭示了管理的本质。

(3) 管理十四项原则

法约尔首次提出"管理原则"。在他看来,管理应该有如下原则:①分工;②权力与责任;③纪律;④统一指挥;⑤统一领导;⑥个人利益服从集体利益;⑦公平报酬;⑧集权;⑨等级链与跳板;⑩秩序;⑪平等;⑫保持人员稳定;⑬首创精神;⑭集体精神。这十四条原则是法约尔根据自己长期的管理经验概括出来的,他认为,这些原则可以应用于一切事业的管理活动。法约尔是第一个明确提出并阐述"一般管理"理论的人,他的思想和术语至今仍得到广泛应用。

3. 韦伯的行政组织理论

韦伯(Max Weber)与泰罗、法约尔是同一时代人,是德国的古典管理理论的代表人物之一,他在管理思想方面的贡献是:在《社会组织与经济组织的理论》中提出了理想行政组织体系理论,由此被人们称为"行政组织理论之父"。韦伯管理思想的主要内容包括以下几点。

(1) 权力体系

任何组织都必须有某种形式的权力作为基础,每个职位上的组织成员的权力和责任都有明确的规定,并作为正式职责而合法化。

(2) 明确分工,形成层次

成员们按职务等级系列和权力等级进行安排,形成一个自上而下的等级严密的指挥体系。

(3) 明确义务

明文规定组织中的每一个职位的权利和义务。组织中的全部活动可以划分为各种基本作业,并作为任务分配给成员。

（4）理性原则

组织中人与人的关系应完全以理性原则而非个人感情关系为指导。

韦伯注重组织的强制性、权威性,有依法管理的思想。他认为,理想的行政组织体系最符合理性原则,效率最高,能适用于所有的各种管理工作和各种大型组织,如教会、国家机构、军队和各种团体。

从总体上看,泰罗着重从生产技术方面研究管理,为科学管理学派的代表;法约尔和韦伯是组织管理理论的创立者。这三人所倡导的古典管理理论是人类第一次尝试用科学的方法研究管理问题,对提高管理效率和劳动生产率起了显著的作用。他们的共同特点是强调管理的科学化、标准化,注重正式组织的作用。这三位先驱的理论奠定了现代管理学的基础,对当今社会仍有着深远的影响。

（二）人际关系—行为科学理论时期

管理理论发展的第二阶段,是始于20世纪20年代的人际关系—行为科学理论时期,也被称作管理理论的成长时期。

20世纪初,资本主义世界经济进入了一个新的时期,生产规模扩大,社会化大生产程度提高,新技术成就广泛应用于生产部门,新兴工业不断出现。同时,社会经济中的劳资矛盾进一步加剧,工人不满和对抗的情绪日益严重。在这种情况下,古典管理理论重物轻人、强调严格管理的思想,已不能适应新的形势要求。一些管理学者从进一步提高劳动生产率的角度,把人类学、社会学、心理学等运用到企业管理中去,从20世纪20年代开始逐渐形成了行为科学理论。行为科学对工人在生产中的行为及行为产生的动机进行分析,以便调节人际关系,提高劳动生产率。行为科学理论研究的内容早期被称为人际关系理论,以后发展成行为科学。

1. 人际关系理论

早期的行为科学即人际关系理论（又称人群关系理论）,代表人物是梅奥（Elton Mayo）。梅奥是哈佛大学教授,从事心理学和行为科学研究,他的代表作为《工业文明中人的问题》。在该书中,他总结了亲身参与和指导的霍桑试验及其他几个试验的研究成果,详细地论述了人际关系理论的主要思想。梅奥曾参加1924年至1932年在芝加哥西方电气公司霍桑工厂进行的实验。这是一系列有关人的行为的实验,试图探索工作条件对生产效率的影响,寻求提高劳动生产率的途径,这就是著名的"霍桑实验"。通过霍桑实验,梅奥等人提出了人际关系理论。梅奥是继泰罗和法约尔之后,对近代管理思想和理论的发展做出重大贡献的学者之一,其主要论点表现在如下几方面。

（1）职工是"社会人"

古典管理理论把人看作"经济人",他们只是为了追求高工资和良好的物质条件而工作,因此,对职工只能用绝对的、集中的权力来管理。梅奥等人提出了与"经济人"观点不同的"社会人"观点。其要点是:人重要的是同别人合作;个人是为保护其集团的地位而行动的;人的思想行为更多的是由感情来引导。工作条件和工资报酬并不是影响劳动生产率高低的唯一原因。对职工的新的激励重点必须放在社会、心理方面，以使他们之间更好地合作并提高生产率。

(2) 正式组织中存在着"非正式组织"

所谓正式组织，就是为了有效地实现企业的目标，规定组织各成员之间相互关系和职责范围的一定组织管理体系，其中包括组织机构、方针政策、规划、章程等。但人是社会的动物，在组织内共同工作的过程中，部分人可能因性情相投，进而构成一个体系，这就是所谓的非正式组织。这种非正式组织可以满足人的情感、社会心理方面的需要，对人的行为有很大的影响。它同正式组织相互依存，并对生产率的高低产生一定的影响。

(3) 新的领导能力能提高职工的士气

所谓新的领导能力，是指能够区分事实和感情，能够在生产效率和职工们的感情之间取得平衡的能力。这种新的领导能力可以弥补古典管理理论的不足，解决劳资之间以至工业社会的种种矛盾，提高劳动生产率。新的领导能力表现为能通过提高职工的满足度，提高职工的士气，最后达到提高生产率的目的，这就要求企业转变管理方式，重视"人的因素"，采用以"人"为中心的管理方式，改变古典管理理论以"物"为中心的管理方式。

梅奥等人的人际关系理论开辟了管理的社会心理研究新领域。

2. 行为科学主要理论

行为科学理论研究的内容主要包括人的本性和需要、行为动机、生产中的人际关系等。行为科学认为，人的行为是由动机支配的，而引起动机的则是人的需要。因此调动人的积极性的关键是满足其需要，从而激励行为的动机。

(1) 马斯洛的需要层次论

美国人本主义心理学家马斯洛(A. H. Maslow)认为，人的需要是有层次和顺序的，因而提出人的需要从低级到高级依次为生理、安全、归属、尊重、自我实现五个层次。五种需要的满足是按顺序由低到高来实现的，低层次的需要得到满足后，才会出现高一层次的需要。尽管晚年他将五个层次发展成为七个层次，不过最为世人熟知的还是其五个层次的需要层次论。

需要层次论对管理的启示主要在于：管理者应善于了解并注意满足职工的合理需要，注意激发高层次需要，只有这样，才能有效地调动其工作积极性。

(2) 赫茨伯格的双因素论

美国心理学家赫茨伯格(Frederick Herzberg)是研究人的动机的另一位代表人物，他提出了"双因素理论"。他通过研究发现，有两类因素影响人的工作动机：一类是"保健因素"，即有关工作环境或工作关系方面的影响因素，包括工资、工作条件、同事关系等。这些因素如得不到满足，职工就会不满意，难以维持正常工作状态。不过，这些因素不能直接起激励职工的作用。另一类是工作本身或工作内容方面的因素，称为"激励因素"，包括成就、上级赞赏、责任、被提升等。这类因素能真正激励职工的工作动机。

(3) 麦格雷戈的 X—Y 理论

社会心理学家麦格雷戈(Donglas McGregor)在他所著的《企业的人性方面》一书中,提出了著名的"X—Y 理论"的人性假定。

在麦格雷戈看来,每一位管理人员对职工的管理都基于一种对人性看法的哲学或者一套假定。他把传统管理对人的观点和管理方法叫作"X 理论",其要点是:①一般人的天性都是好逸恶劳的,只要可能,就会设法逃避工作。②人几乎没有什么进取心,不愿承担责任,而宁愿被别人领导。③天生就反对变革,把安全看得高于一切。④要使人们真正想干活,那就必须采用严格的控制、威胁和经常不断地施加压力。

Y 理论对人性和人的行为动机另有判断,该理论的要点如下:①人并不是天生就厌恶工作,工作对人们来讲,正如娱乐和休息一样是自然的。②控制和威胁并不是促使人们为实现组织目标而努力的唯一办法。人在参与自己的目标过程中能实现自我指挥和自我控制。③对目标做出贡献是同获得成就的报酬直接相关的。这些报酬中最重要的是自尊和自我实现需要的满足,它们能促使人们为实现组织目标而努力。

Y 理论给管理人员提供了一种对于人的乐观主义认识的视角,而这种乐观主义的看法是争取职工的协作和热情支持所必需的。有人指出,Y 理论有些过于理想化。所谓自我指导和自我控制,并非人人都能做到。人固然不能说生来就是懒惰而不愿负责任的,但是,在实际生活中也的确有些人是这样的,而且坚决不愿改变。对于这一些人,采用 Y 理论进行管理,难免会失败。

行为科学还探讨了不同领导方式对管理效能的影响,并提出要把关心人与关心工作结合起来。人际关系—行为科学理论的最大贡献是以人为中心来研究管理问题,这是管理学发展的一个重大演变。

(三)现代管理科学理论时期

西方现代管理科学理论的形成标志着西方管理理论进入了第三个发展阶段。它是在第二次世界大战后,随着生产力的发展以及社会学、系统科学、计算机技术在管理领域中日益广泛的应用而逐渐形成的。人们通常所说的西方现代管理理论不是一种管理理论,而是对各种不同管理学派理论的统称,如同"管理理论丛林"。当前,具有代表性的理论学派如下。

1. 管理过程学派

过程学派认为管理是一个过程,是在有组织的集体中让别人和自己一起去实现既定的目标。该学派最初的代表人物是法约尔。管理人员在管理活动中体现着计划、组织、领导、控制等若干职能。管理是一个循环的过程,从计划到控制,再从控制到计划,表明了过程的连续性。控制职能确保组织达到其计划的目标。

2. 社会系统学派

该学派认为,人的相互关系就是一个社会系统,它是人们在意见、力量、愿望以及思想等方面的一种合作关系。管理人员的作用就是要围绕物质的、生物的和社会的因素去适应总的合作系统。社会系统学派最早的代表人物是美国的巴纳德（Chester Barnard）。

3. 决策理论学派

决策理论学派的主要代表人物是美国的赫伯特·西蒙。他曾说,"管理就是决策"。认为组织成败的关键不是资源与技术问题,而是有关战略决策问题。决策是管理的核心。

4. 权变理论学派

权变理论是一种较新的管理思想。权变,通俗地讲就是权宜应变。该学说认为,在企业管理中,由于企业内外部环境复杂多变,因此管理者必须根据企业环境的变化而随机应变,没有什么一成不变、普遍适用的"最佳"管理理论和方法。该理论要求管理者根据组织的实际情况来选择最好的管理方式。

5. Z 理论

Z 理论为美籍日本人威廉·大内（William Ouchi）提出的,他将权变理论运用到企业的组织结构、人事管理与领导方式等方面。他所构想的 Z 型组织是一种介于当时的美国式企业组织（A 型组织）与日本式企业组织（J 型组织）之间的新型组织,他在自己的理论中将两类组织的优势吸收进来,避免其不足。指出人既非绝对好又非绝对坏,人有人性的一面,又有非人性的一面,强调企业管理层与职工利益是一致的,两者的积极性可以融为一体。因此,在管理上要上下结合制定决策,鼓励职工创造性地而不是机械地执行上级命令,管理方法上应强制与民主共用,物质与精神结合,奖赏与惩罚并行,提倡和衷共济,共渡难关。

6. 管理文化研究思潮

20 世纪 70 年代末以来,管理研究出现了新的进展。人们发现,不同国家、地区、组织运用相同的管理制度及管理技术,会产生不同的结果,其背后的原因是"文化的限制",因而认为管理是一种文化现象。管理成功的秘诀之一在于组织文化,即组织的理性价值观。这是一个组织成员共同认同的思想作风与行为准则,是组织生存的基础,并且是组织发展的动力与灵魂。管理文化研究是在更高层次上将古典理论与行为科学两学说统一起来,将管理置于文化大背景中进行深层次透视,因而有助于整体把握和全面认识管理的结构与性质。

综上所述,管理理论随着人们对管理现象认识的深化,正在逐步走向成熟,并将对管理实践产生更大的影响。

第三节　学前教育管理

学前教育管理是社会管理中的一个很小的组成部分,它服从管理的一般规律,管理的含义和理论知识为审视学前教育管理这一特殊的社会实践活动提供了可靠的依据。学前教育管理既有一般管理或者教育管理的共性,也具有个性,这是由学前教育事业的构成主体的特殊性所决定的。

一、学前教育管理的含义

这里所界定的"学前教育管理"的概念,有别于本书绪论中的"学前教育管理学",虽然仅一字之差,但其含义是不一样的。学前教育管理针对本行业普遍性的管理事实进行判断和描述,而学前教育管理学是在事实判断的基础上,进一步进行价值判断,按照科学研究的要求而界定的学科概念。也就是说,前者定位于实践层,后者定位为理论层。那么,学前教育管理是指什么呢?

学前教育管理是代表国家意志的各级政府中的学前教育行政人员和托幼机构管理者,为了较好地实现学前教育事业发展的预定目标和具体的幼儿教育目标,采用科学的工作方式,合理运用人、财、物等各种资源,充分发挥各因素潜力的活动过程。显然,这个概念至少包含两个部分:学前教育行政管理和幼儿园管理。前者是指国家和地方政府对辖区内学前教育事业的立法、规划、组织、督导等管理,全国性的行政管理是宏观的,而地方政府的管理因必须体现国家意志,往往与全国性要求一致,这样可以合并进宏观管理中探讨,也可以单独研究,如本书绪论所述用"中观"区别开;后者则是指形式多样的托幼机构的日常性管理,如幼儿园、亲子园、学前班等的正常有序运行。当然,我国的托幼机构以幼儿园为主,故人们常习惯简单地用"幼儿园管理"来代表这一类托幼教育机构的经营和管理。

学前教育管理的这两大类别的管理活动是密切联系的。国家和地方政府的行政管理导向,规定和制约着具体幼儿园的管理方向和主要特征;而管理某一幼儿园,又处在一定的学前教育管理的大背景中,因而不免会受到行业发展的整体要求和大趋势的影响,同时,广大幼儿园管理的实际状况也能反馈到学前教育行政管理部门,从而影响行政管理的变革。

二、学前教育管理的必要性

教育是培养人的社会活动,学前教育是培养社会所需要的合格人才的基础环节,学前教育对幼儿身心健康、习惯养成、智力发展具有重要意义。同时,学前教育事业也是关系到千家万户的民生工程,对广大家长的工作和生活能产生直接的影响,因此有必要加强学前教育管理。20世纪90年代以后的一段时期,我国学前教育行业随社会的发展摸索着前进,暴露出很多问题。如幼儿教育资源短缺,配置不均,导致"入园难、入园贵"问题频发,引发公众对幼儿入园问题的不满。一线幼儿园工作中也有一些不良现象(如师德问题)直接威胁到幼儿的生命和安全,妨碍儿童身心健康成长。许多问题要得到有效的改善,就需要加强对学前教育事业的管理。

(一)提高决策的科学性水平,促进事业长期健康发展

办好一个国家和地区的学前教育,是一个较为复杂的系统工程,因为学前教育事业与社会其他领域的发展密不可分,其规模和发展不断受到政治、经济、文化等的制约。中华人民共和国成立以来,国家一直在主动探索对学前教育的管理,在不同的历史时期提出了不同的幼儿教育方针,采取了一系列相适宜的政策。几十年间取

得了一些成绩,促进了学前教育事业的发展,也出现过反复,留下了一些问题,如20世纪90年代提出的"学前教育社会化",导致公办幼儿园与民办幼儿园格局发生巨变,公立幼儿园数量锐减,逐渐演变为后来的适龄幼儿"入园难和入园贵"现状。究其原因,根源在于决策者和广大社会人士的儿童教育观念和教育管理观念(如怎样看待儿童、怎样看待幼儿教育的地位和作用)出现了偏差。当然,在全社会树立正确的儿童教育观念也会是一个漫长的过程,其间有曲折在所难免。

随着国家经济的高速发展和人民群众生活水平的提高,社会大众对高质量的学前教育的需求日益增加,经济发展也为扩大学前教育规模提供了可能。同时,中国各级官员和研究者越来越活跃地参与国际性的学前教育学术交流,他们的视野扩大了,新的研究成果不断出现,正确的儿童教育观念逐渐深入人心,学前教育的重要性逐步得到重视,这也为实施高质量的学前教育提供了可能条件。

在多重必要性和可能性的催生下,2010年以来我国密集推出了一系列大力发展学前教育事业的政策法规和举措;学界中出现了"顶层设计"一词,其含义是,国家决策机构对国家学前教育事业发展的布局、规划、投入、组织和管理等,遵循一种自上而下的管理逻辑。众所周知,一项工程的"设计"对后期的施工影响很大,因此有所谓"失之毫厘,谬以千里"的说法,而对关系到国家一代代儿童成长的社会事业来说,"顶层设计"更不应出现失误。这需要决策者拥有正确而稳定的儿童教育观念和相应的政策体系,遵循儿童教育规律和教育管理规律办事,追求决策的科学性和民主性,避免走弯路,引导学前教育事业持久健康地发展。

(二) 合理规划安排幼儿园的布局,满足社会对学前教育的基本需求

在我国,无论是社会团体还是个人开办幼儿园,必须到当地教育行政机关登记注册,幼儿园的选址主要由开办者决定,一般受市场调节,优胜劣汰,按理说这是好事。不过事实上,这其中干扰因素较多,幼儿园的开办和关闭随意性也大,造成一定区域里幼儿园的供求关系不相适宜,适龄幼儿无法进入合适的幼儿园接受学前教育。在我国,幼儿园总量本就不足,而广大的城乡地区,现有幼儿园的布局也不均衡。城市里,人口密集区域寸土寸金,新增开幼儿园难度很大,老而旧的幼儿园学位有限,也缺乏扩展空间。新建住宅小区虽有配建幼儿园的规划,然而受限于入住率和小区办普惠性幼儿园的定位,公民个体办幼儿园的投资收益回笼慢,因此个体开办幼儿园的积极性有所下降。在农村地区,幼儿园数量与需求之间的矛盾更加突出。

教育行政机关应主动掌握本辖区内幼儿园的布局以及明显和潜在的幼儿入园需求,畅通幼儿园师资来源的渠道,学习借鉴国内外学校布局的基本规律,主动且有计划地引导公共财政经费或公民个人投资兴办合格的幼儿园,为辖区内适龄幼儿提供学位,满足人民群众送幼儿入园的基本需求。

(三) 合理配置有限的学前教育资源,促进城乡学前教育协调发展

我国人口众多,长期以来形成的教育资源短缺现象,在学前教育领域同样存在。作为发展中国家,一直存在政府投入学前教育的经费长期不足(近八年例外,正在纠

偏过程中,从 2011 年开始增加投入)、幼儿园数量不够、合格师资匮乏、教育教学条件参差不齐等问题,而且资源短缺的状况还将持续相当长的一段时间。面对这种现实,更有必要通过良好的管理,合理配置有限的资源,使其最大限度地为广大城市和乡村的幼儿服务,逐步实现国家对学前教育发展的中长期目标。

《国家中长期教育改革和发展规划纲要(2010—2020 年)》中明确提出:"积极发展学前教育,到 2020 年,普及学前一年教育,基本普及学前两年教育,有条件的地区普及学前三年教育。"并且规划了具体的指标(见表 1-1)。① 同时,国家指出 2010—2020 年国家要重点发展农村学前教育,这十分切合我国学前教育发展的实际国情。提高农村地区学前教育的发展水平,创造条件,促进城乡学前教育的协调发展是很有必要的,有利于早日实现幼儿教育公平。为此,国家政府采取了幼儿教育经费向农村地区倾斜、大规模培训农村幼儿园教师、利用中小学学校布局调整后富裕的校舍来兴办乡村中心幼儿园、培训中小学教师转岗成为幼儿园教师等一系列积极措施。这些正是当前阶段合理配置有限的学前教育资源的管理举措。

表 1-1　教育事业发展主目标中的学前教育目标

指标	单位	2009 年	2015 年	2020 年
学前教育				
幼儿在园人数	万人	2658	3400	4000
学前一年毛入园率	%	74.0	85.0	95.0
学前两年毛入园率	%	65.0	70.0	80.0
学前三年毛入园率	%	50.9	60.0	70.0

(四)校长用心经营,培养优质的幼儿园教师队伍

学前教育领域中,有一部分力量很重要,那就是幼儿园师资的培养机构。我国有多层次的学校可以职前培养合格的幼儿园师资,包括高等师范大学里的学前教育学院或学前教育系、少数以培养学前教育师资为主的本科师范学院、办学规模较大的幼儿师范高等专科学校、数量巨大的幼儿师范学校,还有很多含有学前教育专业的高职高专。这些学校的办学历史和办学条件各有特点,招生途径不尽相同,生源不同,学校自身的专业教师师资水平不同,对学生的培养目标也存在一定的差异。然而,无论办学基础和能力存在多大的差别,这些学校的校长们都应该尽最大努力,创造条件,提高人才培养质量,为学前教育事业输送一批批合格的师资和工作人员。

当然,校长的内部管理是保证合格师资的一个重要方面,国家和各省市教育行政部门对各级幼儿师范学校的统筹安排和具体支持也是不可缺少的一方面。政府和社会要积极提高幼儿园教师的工作待遇,畅通就业渠道,吸引优质生源进入幼儿师范类的专业和学校。教育行政管理对这些学校若布局安排得当,管理效能高,则也能避免师资供不应求或供过于求等结果,既能保持学校的可持续发展,也能满足

---

① 中华人民共和国教育部.国家中长期教育改革和发展规划纲要(2010—2020 年)[EB/OL]. http://www.gov.cn/jrzg/2010-07/29/content_1667143.htm

一线城乡幼儿园对师资的需求。在培养合格和优质的幼儿园教师问题上,我们任重而道远。

(五)园长带领教师们精心管理,保障幼儿教育质量

我国现有26.67万多所幼儿园,办园水平参差不齐。既有办园水平和保教质量很高的优质幼儿园,也有硬件条件和软性的保教水平都不够好的幼儿园,中间状态的幼儿园也或多或少存在着各方面的不足。这些年来,媒体披露出来的关于幼儿园管理的负面事件,常常令人痛心,不时地警示着每一个幼儿园园长要认真踏实地管理好幼儿园,避免类似事故的发生。每一个园长一定要意识到自己肩负的使命,树立正确的管理观念,运用适宜的管理手段和方法,带领全园教师和其他工作人员,精心地保育和教育幼儿,保障幼儿的安全健康,促进幼儿身心和谐发展。

除上述几点外,学前教育管理的必要性,还包括其他一些理由,诸如更好地帮助广大幼儿园教师获得生存和发展的条件,创设平台,帮助教师在专业成长的道路上走得更顺畅,更好地实现其人生价值等。

三、学前教育管理的内容和形式

若把学前教育管理视为一个系统,则其中可以相对划分出若干子系统,这些子系统既构成其管理内容,也是研究学前教育管理需要直面的问题。在本书绪论中所叙述的学前教育管理学的研究对象,与这里所说的学前教育管理内容有很多交叉重叠,本书后面也会针对主要的管理内容分章节详细讨论。为了避免重复,在此仅简单地勾勒学前教育管理内容的模块,并顺便描述不同模块可能呈现的管理形式。

(一)学前教育管理的内容模块

所谓模块,又称构件,也是单元之意。内容模块就是指内容的构成单元或部分。这个模块或单元既可以加以独立管理,又与周围的部分相互联系,共同组建成为整体。我们可以从不同的视角出发去分析学前教育管理的全貌,常见的划分有如下几种:

1. 从管理主体和管辖范围来分

管理包含管理者与被管理者,一般认为,管理者是管理行为发出的主体,管理主体要处理的一切人、事、物等都是管理的客体。管理主体可以是人,也可以是权力机关,而管理者通常指人。依照管理主体及其管理范围来分,学前教育管理分为三类。

(1)国家学前教育行政

其管理主体是国家政府和教育主管部门,大多数国家都称教育部,我国有一小段时期将"教育部"更名为"国家教育委员会",现已恢复成为"教育部"。教育部是国家政府的一个职能部门,代表党和国家对全国的教育事业进行管理。学前教育是教育事业的一个组成部分,全国的学前教育事业都接受教育部的管理和指导。对应绪论中宏观层次的学前教育管理,其更多内容将在本书后面设专章分析。

(2)地方学前教育行政管理

主要与前文中的中观学前教育管理内容对应,各省、市、地区由于社会经济文化发展的不均衡,在学前教育管理领域,调控和管理既有共性,也有差异,这是我国学前教育管理体制的必然反映。后文也会专题分析这方面的问题。

(3) 学校、幼儿园管理

即各级幼儿师范学校和幼儿园等具体机构中的管理内容。幼儿师范一类的学校虽在学生性别方面有特殊之处,但是基本上是正常的学校,其管理的理念和一系列内容、原则、方法等,受一般的教育管理学和学校管理学理论的指导。而幼儿园与一般的学校有很大的差异,其管理思路和一系列内容和方法有很大的特殊性,值得单独进行有针对性的研究。

2. 从管理对象来划分

管理学对管理对象的划分有多种方法和结果,本书采用认可度较高的"七因素"说法,即认为学前教育管理中涉及人、财、物、事、时间、空间、信息。在学前教育管理中,关于这七个因素具体涉及的内容,绪论中有较详细的阐述,后面也会专章分门别类地探讨人的管理、事的管理、财与物的管理等。

3. "事"的组成部分

将"事"单独考察,将其具体化,以各种"事"为核心,结合其他资源,可划分出幼儿园常规的事务管理类别:办园体制管理、幼儿园制度管理、幼儿园的卫生保健管理、安全管理、幼儿园教育管理(包含课程管理、游戏管理、教科研管理等)、幼儿园总务后勤管理、社区与家长工作管理等。

4. 幼儿园管理内容粗线条的框架

一般教育机构中,大的工作内容包括:组织管理、环境管理、资源管理、管理过程四个方面。

(1) 组织管理

组织管理主要是对幼儿园机构层级的设置和组织运行的制度建设,要求机构系统的层级设置合理,既具备组织设置的科学性,也适合每个幼儿园的实际;要求幼儿园有健全的规章制度,并能严格执行。

(2) 环境管理

幼儿园环境管理有外部环境和内部环境、物质环境与精神环境之分。幼儿园对外需要把握好教育法制环境,处理好幼儿园的公共关系,与社区和家庭合作培育幼儿;对内则既要创设良好的物理环境,也要形成健康向上的组织文化方面的精神环境。

(3) 资源管理

管理实质上是对组织内外资源的合理配置和使用的过程。要把合适的人用到合适的岗位上,将有限的资金用在最能够创造价值的方面,充分利用好时间和机遇,用好财物等,都是幼儿园资源管理的内容。

(4) 管理过程

上述管理对象和内容,在幼儿园这类教育机构中,都是依时间流程而进行的,体现为一定的管理过程。这个过程包含计划、执行、检查和总结等环节,这四个环节也是部分管理职能。此外,幼儿园的管理过程还有决策、组织、领导、协调、激励和控制等具体职能的体现。将幼儿园管理过程的每一个环节控制好,是取得好的管理效益的保证,也就是说,通过抓好管理的过程,来获得好的管理结果。

(二) 常见的管理形式

从不同角度出发,可划分出很多既有差别又有某种联系的管理形式。

1. 从产生时间角度划分

从产生时间角度划分,先后出现了经验管理、行政管理、科学管理等形式。

(1) 经验管理

经验管理是指依靠管理者个人的才能、智慧和各种直接、间接经验,对组织实行的管理。人类管理实践中,最早出现的是经验管理,至今经验管理还在个人或组织的管理中存在。其优点主要是灵活性和适宜性强;缺点主要是受限于管理者个人的素养和水平,管理效果不稳定,可能高也可能低,管理个性化色彩太强,不具有普适性。经验管理适用面较窄,不适合现代社会组织的管理需求。

(2) 行政管理

行政管理主要是指社会组织中,管理者运用权力对组织自上而下地进行的管理。这是广义的行政管理的含义。狭义的行政管理指国家行政机关对社会公共事务的管理。行政管理是随着历史的演进,在奴隶社会、封建社会等阶段自然产生的占主导地位的管理形式,其重点是以权力为核心,自上而下地进行管理。行政管理缺点主要是太重视权力的制约作用,不灵活,也不利于调动下属的积极性和创造性;优点是有效率,能保证质量,适用于很多社会组织的管理。

(3) 科学管理

科学管理是工业革命后发展起来的,源于泰罗的管理思想。是指运用现代技术收集信息、预测结果、确定目标,统筹分配资源,运用科学方法开展的管理行为。科学管理的优越性较多,不过对管理者的要求也最高。

学前教育管理历史虽然不长,但同样经历了上述三种管理形式。在产生学前教育管理学之前,宏观和微观的学前教育管理都是以经验管理为主的。我国 1903 年幼稚园兴起之后的很多年,经验管理是主要方式,中华人民共和国成立前的私立幼稚园,大都依靠开办者的理想和经验运行。被誉为中国"幼教之父"的陈鹤琴先生 1923 年在南京创办鼓楼幼稚园,自任园长,亲自领导和管理幼儿园的课程、设备等事务,将自己的幼儿教育思想运用在该幼稚园中,这个实验性质的幼稚园和后来他创立的幼儿教育研究中心,为他"活教育"理论和"五指教学法"等著名研究成果做出了贡献。

随着社会管理系统的逐步完善和教育管理的迫切性加强,国家和各级行政机关也担负起了对学前教育管理的责任,它们以国家名义颁布法令、推行政策来规范学前教育行业的业态。中华人民共和国成立以后的很长时期,我国一直是由各级政府对学前教育事业实施行政管理。教育行政机关呈垂直管理体制,幼儿园也都是公立的,工作人员基本是在编人员,幼儿园中园长和书记并存,课程采取全国统一模式,采用国家统编的教材,家长就近送孩子入园,收费标准由主办单位制定等。园长们在幼儿园里也分层级,自上而下开展管理,主要职责是控制好幼儿园的日常运转,并尽量提高保教质量,一般无需为幼儿园的生产和发展担忧。从20世纪50年代直至80年代中期,基本上都是这种行政管理的形式。

改革开放以后,随着国家教育体制的改革,出现了多元化的学前教育发展态势,学前教育行业市场竞争日益激烈,管理者积极寻求更有效的管理观念和方式,提倡科学管理幼儿园,尽管达到科学化管理的程度不一而足,但普遍地,幼儿教育工作者已能树立务实严谨的态度,积极地用现代管理理论来指导管理工作,因地制宜地探索有效的管理途径。

2. 从管理者的态度区分

从管理者的态度来区分,主要有维持型管理和发展型管理两类形式,这主要源于管理者在事业上的进取心和创造精神。显然,维持型管理满足于现状,定位于在熟悉的思路中安全地运行。发展型管理则不满足于现状,反而主动地利用时机寻求改变,试图将工作导向新的局面。两者各有千秋,不能简单地说发展型就一定优于维持型管理。对于管理一所幼儿园来说,应判断变革的必要性和可能性,因时、因事、因地和因人综合选择,适合幼儿园实际的就是好的。事实上,许多幼儿园表面上看一段时期内没有大的发展,然而在一些局部工作上,可能因主动地改变而进步了,甚至有些进步是无意识地缓慢发生的。当然,可能的话,鼓励园长们在维持好正常的保教工作的基础上,抓住机遇,促进幼儿园工作不断地前进。

3. 从管理的着眼点区分

从管理的着眼点来分,管理有很多的形式。为避免与前面的重复,这里就有选择性地介绍人本管理、目标管理、过程管理、质量管理。这些管理学的专有名词的意义既显而易见,同时又有丰富的内涵和要求。在本教材后面的章节中,会结合具体的管理内容对它们展开论述,在此只作最简单的解释。

(1) 人本管理

人本管理即"以人为本"的管理模式,它不同于"见物不见人"或把人作为工具、手段的传统管理模式,而是在深刻认识人在社会经济活动中的作用的基础上,突出人在管理中的地位,实现以人为中心的管理。

(2) 目标管理

目标管理是以目标为导向,以人为中心,以成果为标准,而使组织和个人取得最佳业绩的现代管理方法。

(3) 过程管理

过程概念是现代组织管理中最基本的概念之一。强调过程管理,有利于纠正管理中可能出现的只重视结果而不重视过程的现象。过程管理主要是指对管理当中的每个节点进行质量控制,通过对过程细节进行控制,从而达到全面质量管理。对于教育机构的管理,存在着周期性,从出发点到实现目标有一个过程。因此,重视过程中的管理,是获得理想教育目标的重要保证。

（4）质量管理

质量管理也称全面质量管理，就是一个组织以质量为中心，以全员参与为基础，力争服务对象和组织自身达到双赢，赢得组织长久生命力的管理方式。

上述管理形式各有侧重，最理想的对策是将它们综合地运用于学前教育管理活动中。

情感管理是调动教师积极性的有效方法

有位教师，在工作中思想极不稳定，目中无人、软硬不吃，对领导极为不满，不容易接受意见，当面背后都抵触领导，怨恨领导对她不公平，却从不从自身找原因。在这样的情况下，我觉得这样的教师不容易管，几乎想把她分流出去。但后来我还是冷静下来，向她伸出了友谊之手，多次找她谈心、沟通，采取了以柔克刚的有效方法。并且，在新的学期里，还给她配备了能力较强的副班老师和加班老师。

一段时间来，这位老师在各方面有了一定的提高。由此可见，要调动被管理者工作的积极性，就必须从以下几个方面着手：首先，进行灵活的政治思想教育。政治思想教育，必须理论联系实际，防止空洞的说教，做到融情于教。其次，领导要善于"因材施教"。要针对每个人的特点开展思想工作，在了解熟悉每个人的基础上或给予鼓励，或严格要求。

总之，要对症下药，做到一把钥匙开一把锁。最后，领导者要给被管理者支持和鼓励。工作上哪怕一点微小的进步，都要及时给予肯定，不伤害老师的自尊心。工作中出现了问题，不能只是批评、指责，还要关心、谈心，这样才能取得大家的信任，才能调动大家的积极性，从而全身心投入工作中来。以上几点都强调了一个"情"字，因此，情感管理是调动教师积极性的有效方法。①

 思考：

案例中的"我（园长）"的做法怎样？是否有管理理论方面的依据？

 思考与练习

1. 什么是管理？怎样理解管理的二重性？
2. 理解以下概念：经验管理、行政管理、科学管理、人本管理、目标管理。
3. 什么是学前教育管理？为什么要进行学前教育管理？
4. 学前教育管理包含哪些内容？形式怎样？
5. 西方管理理论经历了哪几大发展阶段？每一个阶段主要的观点有哪些？
6. 中国传统管理思想精要包含哪些？对当今管理的启发作用怎样？

---

① 程凤春.幼儿园管理的50个典型案例[M].上海：华东师范大学出版社，2011.

第二章 学前教育行政

 **学习目标**

1. 掌握教育行政、学前教育行政的概念,并领会其特点和功能。
2. 了解其他国家的学前教育行政的方式和内容,并善于比较不同国家的差异,发现特点。
3. 熟悉我国学前教育行政的发展轨迹,了解当前的主要成就。
4. 理解学前教育行政对具体学前教育机构的影响。

【本章导读】 教育行政学是研究在行使国家权力对教育事务进行管理的活动中,如何有效组织和协调各种管理要素的学科。教育行政学是一门理论性、实践性和政策性较强的学科,在高等院校里,教育行政学是教育学、公共事业管理专业的核心课程之一。作为教育的一个组成部分,学前教育领域也存在相应的教育行政事宜,同样具有研究的必要性。基于构建完整的学前教育管理学的指导思想,本教材设置专门章节从宏观方面探讨国家和地方学前教育管理现象,包含学前教育行政的基本概念、国际上主要的学前教育行政经验、学前教育行政内容与过程,以及我国当前主要的学前教育行政举措对一线幼儿园管理的影响等。

第一节 行政与学前教育行政

"行政"一词,当前在我国得到普遍的使用,如行政工作、行政机关、行政人员、行政管理等。在教育领域,同样也有这些用语,譬如:教育行政机关、教育行政人员,甚至幼儿园内部也将管理层的非班级保教人员简称为行政人员。究竟什么是"行政"? 它与管理有异同点吗? 这是研究学前教育管理学不应回避的问题。

一、行政的含义

(一) 国外研究者对行政的理解

在国外的行政学研究中,对行政的理解存在两种不同的倾向。

1. 从政治角度出发去解释行政

众所周知,西方国家的政权组织形式是"三权分立","三权"是立法、司法、行政三种权力,相应的有议会、司法、行政机构。最早的对行政研究的观点来源于这种政治组织的分工和政治权力的行使。如 1928 年,美国行政学权威魏劳毕在其《行政学管理》中阐释道:"行政是政府组织中权力机构所管辖的事务。"认为行政是政府官吏推行政府功能时的行动。此外,马克思主义也对行政有着简洁明了的论断:"行政是国家的组织活动。"上述观点的共同点在于,将行政置于统治阶级治理国事的高度上去考察,与政治目的关系密切。

2. 从管理的角度去解释行政

英文中,"管理"的动词形式为 manage,名词形式为 management,"行政"的动词和名词分别为 administrate 和 administration。虽然翻译时会混用,但是相对而言,两个词汇是各有侧重的。《韦氏大字典》(*Weblers' Dictionary*)认为,"行政有管理和引导事务之意",并且在适用范围上,行政并不限于对国家或各级政府的事务的管理和引导,而适用于对一切公共团体的事务的管理和引导。在行政学的研究中,也有从管理的角度解释行政的观点,芝加哥大学怀特教授在他的《行政学导论》的第四次修订本中指出:"行政艺术是为完成某种目的对许多人的指导、协调与控制。"此处的指导、协调和控制等是管理学的基本术语,怀特教授用管理术语解释行政,与词典中的解释一样,构成了另外一种认识行政的观点。他甚至加上"艺术"二字,突出行政方法的多样性、复杂性和适宜性等。

上述对行政的两类解释,分别指向对行政的狭义和广义的理解。显然,第一类观点将行政理解为国家众多事务管理中的特定的一种,为国家政权组织形式中的组成部分,它与国家统治权的实现密切相关。从这个角度分析,行政虽有着与管理相近似的动因、技术和过程等,但它只是社会管理这个大系统中最高层的那一部分,这是狭义的行政概念。第二类观点,将"行政"等同于"管理",代表着对一切事务的管理和引导,这是广义的行政概念,也是今天人们随处可听到"行政管理"一说的理论根源。

(二)我国对行政的理解

当前我国对行政问题的研究也同样存在分歧。狭义的行政观认为,行政仅限于国家通过各级政府部门对国家政治、经济、文化、教育、卫生等各方面事务的管理。从这个角度来看,行政具有鲜明的政治性,为国体服务,国家统治权正是通过这些活动而得以实现。随着我国海峡两岸及香港的经济和文化交流的日益频繁,港台的学术著作顺利地进入大陆市场。就能搜集到的台湾出版的有关行政的著作来看,书中所谈的"行政"普遍等同于"管理"。如他们讨论的"教育行政",相当于大陆的教育或学校管理问题。在他们的著作索引中难以见到"管理"二字,代之的则是"行政"。如1996年第三次出版的《幼稚园与托儿所行政》一书,写的是托儿所与幼稚园的管理问题,类似于大陆的《幼儿园管理》之类书籍。不难看出,台湾学术界从广义去理解行政,将行政解释为"一个组织机构有效管理人、事、财、物等行为,以达成目标的过程"。并从行政的主体、客体、方式、本质等方面去考察:行政的主体为人或机构,是事务、行为的发出者;客体是一定部门中的人、财、事、物等;方式包括计划、组织、指导、协调、控制和评析等具体的管理手段;行政的本质则是行为、目标和过程并重。很明显,这是从管理的层面所阐释的行政含义,这种观点与西方社会较多人从管理的角度去解释行政是一致的。

在人们对管理已较为熟知的今天,行政这一概念之所以能在一定范围内经常使用,其主要的原因在于:用行政便于简明地反映管理这一系统中的一种特例,即层次较高的、涉及国家事务的管理活动。因此,教育行政有别于学校管理。当然,行政与管理本质上有很多共同之处,严格来说,只不过是行为主体和客体有一定的区分,以及在不同的语境下有不同的使用需要。行政与管理概念存在交叉之处是可以理解的。

本章基于狭义的行政概念来探讨学前教育行政,侧重于从宏观、中观层面,介绍我国和其他部分国家对学前教育事业进行宏观调控的指导思想和策略,分析我国学前教育行政的发展和特点,讨论当前学前教育行政的效能及其对微观幼儿园管理的影响等。

二、教育行政

(一)教育行政的概念

教育行政(Educational Administration)是指国家对教育事业的组织与调控,它通常主要是由国家各级政府中分管教育的部门,依照法定的权力和科学的程度,代表国家意志对所辖区域内的各项教育事业进行预测、决策、颁行法令、执行、督导、评估等活动,以保证国家教育方针的贯彻落实。简言之,教育行政就是国家对教育事业的行政。

与"行政"相一致,"教育行政"一词也有广义与狭义之分。狭义的教育行政指政府对各项教育事业的立法、规划、经费投入、督导评估等活动。广义的教育行政,除包含上述狭义行政的含义外,还包括学校内部的管理行为,持这种观点的多为我国台湾地区的研究者。

(二)教育行政的类型

从作用范围角度看,教育行政可分为中央教育行政与地方教育行政、学校教育行政。

从层次上区分,教育行政包括宏观的、中观的与微观的教育行政。一般认为,中央教育行政属宏观的教育行政,地方的教育行政属中观的教育行政,学校教育行政属微观的教育行政。

从组织机构方面来看,教育行政既包括教育部门的教育行政,也包括其他国家机关的教育行政。

(三)教育行政的特点

教育行政与其他行政活动既有共同点也有不同点。为便于全面了解教育行政的本质,我们试分析其特点如下。

1. 教育行政重点关注"人"

教育行政的对象是教育,而教育是培养人的社会活动,其终极目的是促进受教育者的健康成长。在教育的各项活动中,人是主动的、稳定的因素,施教方与受教方频繁的、适当的智力、情感交流活动是教育的主旋律,它非常注重人与人之间的关系,所以,教育行政的出发点和归宿都是人。这一点与其他一些行业的行政对象有区别,如工商行政管理更多关注任务目标,出发点可能是人,但归宿点则可能是利润,这类行政管理注重协调人与工作之间的关系。

2. 教育行政投入大,收益慢

教育行政体现着"教育是国家的一种投资"的思想观念,是国家竞争力的根源。我国自古将教育喻为"十年树木,百年树人",培养国家各行各业建设所需要的合格人才,需要投入大量的资金。根据人才培养的一般规律,教育上的投资耗费周期较长,显示效益较慢,常常一个政策推行之后,几年才能看到明显的效果,学生的成才更是需要大约二十年的漫长过程。而企业、商业等领域的行政,往往以生产经营和利润为目标,投资效益有可能立竿见影。所以说教育行政需长期持续进行,投资周期长,收效缓慢。当然,由于教育层级的衔接很严密,幼儿园、小学、中学、大学各个教育阶段,每年都在接收并输出适龄的教育对象,因此每年都有大批合格的人才进入社会各行各业,去创造社会财富。这种波浪式的循环永不停歇,不断推动人类文明的前行。

3. 教育行政方法必须科学

教育行政是一种手段,这种手段兼有强制性,一般针对全国或一定的大区域,作用面大,对于培养合格人才具有直接的导向作用。作为协调全国教育事业的行政举措,教育行政应该追求手段和方法的科学性,一切决策和政令都必须以科学的原理为指导,采用科学的方法慎重研究、稳妥推行。只有这样,才可能收到致广大而尽精微的效果,反之,则可能妨碍人才的培养,造成难以逆转的不良影响。只有通过科学有效的教育行政行为,才能切实促进国家的教育事业健康有效地发展,才能逐渐实现"育才强国"的使命。

(四)教育的行政功能

英国教育家艾伦·鲍尔弗(Alan Balfour Koban)曾表达过如下观点:教育行政的目的,在于使适当的学生于适当的情况下,师从适当的教师,接受适当的教育。四个"适当"韵味无穷,寄托着他对于教育的完美理想,也能代表广大的社会人士对教育的美好诉求。那么,怎样才能达到此番境界?家长、学校责无旁贷,而国家的教育政策和一系列教育行政举措,也是重要的影响因素。科学有效的教育行政能够营造良好的教育大环境,能够培育优良的教师,从而有助于达到美好的教育愿景。这里涉及教育行政的功能,即教育行政应该发挥哪些作用。教育行政的功能可以概括为如下几点。

1. 立法功能

立法功能是指国家通过各级立法机关和政府部门制定各项教育法令和法规,并依法对教育实行管理。它是使教育行政活动正规化的一个重要功能。

2. 计划功能

计划功能是指国家根据本国经济文化等各方面的实际情况和社会发展的需要,在一定时期内对全国教育事业的发展速度、规模做出统一规划,以保证教育事业稳步协调发展。从行政角度来看，计划有时也被称为规划，意在突出规划的全局性和宏观性，而避免计划的局部性和微观性。

3. 组织功能

组织功能是指国家对各级各类学校组织的人力、物力进行资源配置，推动教育事业的正常运转的管理活动。组织功能所涉及的事项较多，如各个省市城乡区域的学校布局、学校的教育经费、人员聘任、学校的招生范围、课程设置和改革等方面，都体现出教育行政的组织功能。

4. 监督功能

监督功能是国家依据有关法令，采取有关教育行政措施，对各个省（市、地区）教育的发展和各级学校教育的实施进行监督。这种功能可以分为法律监督和行政监督两种。

5. 指导功能

指导功能主要是业务层面的指导。国家对地方教育行政部门和学校，就地方教育发展的规模，人才培养的数量、规格，教学内容的确定，课程的设置和课时的安排，以及教学方法的选择等基本业务提供指导和建议，间接地影响地方和学校的工作。

6. 服务功能

服务功能更多侧重于后勤方面为地方教育行政机关和各级大中小学提供保障。国家通过为地方和学校提供政策、咨询、协调、资助等，实现对教育的宏观控制。

教育行政的目的是发展国家的教育事业，不断地为更好地实现教育方针和教育目标而创造适宜的条件，达到育才强国的根本宗旨。

三、学前教育行政

（一）学前教育行政的含义

学前教育行政是国家教育行政的一个组成部分，它以国家教育事业中的学前教育领域的行政管理为基本内容，具有上述一般教育行政的含义、特点和功能。

"行政""教育行政"的概念，可从广义或狭义两个不同的角度去考察。学前教育行政，同样可从狭义的角度去理解。学前教育行政指国家的中央政府及其组成部门，对学前教育事业进行立法、投资、组织、督导、评估。这些行政管理行为，有助于引导和调控国家学前教育事业的发展，既为人才培养打好基础，又为广大家长提供良好的服务，从而实现学前教育的教育性和福利性双重目标。

（二）学前教育行政的构成

学前教育行政有着众多的因素，涉及人员、机构、作用对象、过程方法等。在此，我们将学前教育行政当作一种动态的系统，分析其构成的基本因素。

1. 学前教育行政的主体

宏观上的行政主体，应该说是指国家政府中能对学前教育施政的机构及其专职人员。在我国现阶段，能施行学前教育行政的主体机构为教育部基础教育司内的幼儿教育处，该处工作人员的工作职责便是主管全国的学前教育工作。此外，国家政府的其他相关部门,亦可以在必要时参与对学前教育的立法及监督测评,如劳动人事、财政、卫生、建设、工会、妇联等相关部门。在德国,幼儿教育工作的管理呈现双向系统特点,由联邦青少年福利部(各州府相应为青少年福利局)和私立园主办部门联合会分别主管公立幼儿园和私立幼儿园。在日本,幼儿园归文部科学省管辖,而保育园由厚生劳动省管理,也是二元行政主体。

2. 学前教育行政的客体

行政的对象为学前教育行政的客体。大凡属于主体职责范围内的学前教育机构系统中的各方面都属客体一类,如下属教育行政机关的人员、事情、财务、物资设备、时间、空间及托儿所、幼儿园等,都构成了学前教育行政的客体。

3. 主体与客体之间的连接方式

主体与客体两方面的活动是相互影响的。一方面,行政的主体通过调查研究,分析国家、社会对学前教育的需求而制订出各类规划,并通过颁布相关政策、法规来组织广大基层实施,在必要时予以督导评价等一系列措施,对行政的客体施加影响;另一方面,客体方面的实际情况和发展趋势对主体计划政策的制定等环节也发生影响。一般情况下,在上述作用与反作用的关系中,主体对客体的制约、指导作用占主导地位。

(三)学前教育行政的内容

国家的学前教育行政机关所施行的行为是层出不穷的,分析它们的各种目的,大致可归纳出学前教育行政的主要内容。

1. 研究制定学前教育法规

具备健全的教育法是现代教育的标志,政策、规范一旦上升到法律地位,便强制成为相关人员必须遵守的行为准则。学前教育法规是对学前教育系统进行控制、约束的有效力的手段。在当前许多国家和地区,学前教育立法的步伐是较快而稳健的,如德国各州府有《幼儿园法》。我国现阶段关于学前教育的立法层次较低,尚没有专门的单行法。众多涉及学前教育的政策文件往往是由政府职能部门以工作决议、意见和通知的形式出现的,部分重要的学前教育指导性文件,则是以法律法规体系中层次较低的"条例"和规章制度体系中较高层级的"规程""指南""标准"等形式推出的,如《幼儿园管理条例》《幼儿园工作规程》《幼儿园教育指南》《3—6岁儿童学习与发展指南》《幼儿园教师专业标准》《幼儿园园长专业标准》等。另外,学前教育与一般教育的共性要求包含在有关的教育法之中,如《中华人民共和国教师法》《中华人民共和国未成年人保护法》《中华人民共和国民办教育促进法》等。作为有效的行政手段,它们对于实现学前教育计划中的目标、完成学前教育一贯的任务能持久地发挥作用。

2. 建立并逐步完善学前教育管理体制

与其他行业的管理体制一样,宏观的学前教育管理体制一般由国体与政体的决定,依照宪法和有关政策法规的规定而建立。一定的学前教育管理体制规定着国家中央机关与地方之间,甚至与具体的幼儿园之间的工作关系,它是影响国家的学前教育事业能否得到均衡发展的重要因素。形成和完善适宜的管理体制是学前教育行政能否有效施行的一个中心问题。（教育管理体制等概念将在第三章做重点介绍。）

3. 确定对学前教育的财政投入政策

发展学前教育需要必要的资金，国家对学前教育财政投入的力度，在很大程度上反映着国家的学前教育观念。国家要研究制定适宜的学前教育财政投入政策，包括学前教育经费占教育经费的比重、增减的规律，中央政府与地方政府采用怎样的分担模式，学前教育经费的内部构成、投入的渠道和方式等。国家首先要设计出经费投入的整套方案，其次要让各省（自治区、直辖市）相关的政府部门理解和熟悉国家的政策和办法，然后有计划地投入学前教育经费，还要做好审计和检查，督促经费的落实和发挥作用。

4. 制订发展学前教育的计划

现代的学前教育计划应当与经济发展和社会发展相适应，具备综合性、长期性等特点，以作为一定时期国家对学前教育宏观管理的依据之一。国家通过对全国各地学前教育情况的调研，对学前教育的发展做出较科学的预测，从而制订出各种类型的学前教育发展规划。如，2010年8月发布《国家中长期教育改革和发展规划纲要（2010—2020）》中规定了十年间学前教育的发展目标、重要任务和重点工程等，体现出国家对学前教育的计划意图。2010年12月1日，国家高层召开了全国学前教育工作电视电话会议，要求各省（自治区、直辖市）制订《学前教育三年行动计划》，31个省市地区如期制订并有序实施了这三年行动计划。日本于1994年底出台了"天使计划"，计划中指出了制订计划的背景和指导思想、具体内容、实施措施等。计划有利于地方政府和一线幼儿园在做好常规性学前教育工作的同时，明确当前学前教育工作的新任务、新要求，对于协调全国学前教育的均衡发展能起较大的作用。

5. 培养合格的学前教育师资

合格的师资是学前教育质量得以保证的前提。国家需要大量的幼儿园教师，幼儿园教师的准入标准怎样，幼儿园教师的职前培养和职后提高由哪些学校负责，幼儿园教师的职业地位和待遇怎样，教师培养的经费由哪些方面分担，这些涉及学前教育工作者的切身利益和发展空间的政策，主要依靠国家教育行政部门会同其他职能部门研制并公布，为各省（自治区、直辖市）管理和培养学前教育工作者提供依据和参考。

6. 加强学前教育的督导和评价

学前教育督导是教育行政机关组织学前教育专家，根据国家的学前教育方针政策，按照一定的原则和标准，使用科学的方法，对辖区内学前教育组织系统和保教工作进行视察、监督、指导、建议的一系列活动。督导与视导基本上同义，只是两者在使用上略有区别。督导的强制性和权力性较强，常用于突出监督和检查的场景，以行政权力作为支撑，例如，示范性幼儿园的评审、验收活动；学校出现了安全责任事故时，会有上级领导和专职的督导人员展开调查，并做出处理。而视导则更强调指导、建议,多为非权力性的,如研究人员对学校教育活动的巡视指导,可能无关乎评比筛选,主要是为了研究观察或业务指导。

督导与评价密不可分。评价有时也被称作评估。上级教育行政机关在对幼儿园进行督促的同时,应有针对性地提出指导意见。某一督导过程完毕后,若不做出应有的评价和指导,则没有发挥出教育行政的指导功能。督导人员在审慎分析和评定幼儿园或其他学前教育机构的工作之后,应及时指出成绩和缺点,共同商讨改进措施,提供必要的指导服务。

督导、评价活动具有正确的指导思想和完整的依据是首要前提,同时采用的方式方法还应体现科学性、民主性、合作性、促进性等,发挥督导、评价人员的引导作用,给予被督导的对象有效的评价和指导,增进学前教育行业从业者和相关人员的法规意识,按规律办学前教育,以共同推进学前教育计划目标的完成落实。

链接 2-1　　幼儿园办园行为督导评估办法(教育部)

第一章　总则

第一条　为建立和完善幼儿园督导评估制度,推动各地加强和改进对幼儿园的管理,促进幼儿园规范办园行为,保障幼儿身心健康、快乐成长,依据《教育督导条例》,制定本办法。

第二条　开展幼儿园督导评估应遵循以下原则:

(一)以评促建。推动各地加强对薄弱幼儿园的指导和监督管理,引导幼儿园遵循幼儿身心发展特点和规律,加强自身建设,提高保育与教育质量。

(二)客观公正。以幼儿园实际情况为依据,督导评估程序透明,结果公开,接受社会监督。

(三)注重实效。强化督导评估结果运用,为幼儿园提供指导和帮助,为决策提供依据和建议。

第三条　本办法适用于教育督导机构对面向3—6岁儿童提供保育教育服务的幼儿园(班、点)实施的督导评估。督导评估应以薄弱幼儿园为重点。

第四条　督导评估周期为3—5年,在一个周期内,县级教育督导机构按属地原则对辖区内幼儿园(班、点)至少进行一次督导评估。

第二节　国外学前教育行政的经验

每个国家都有学前教育行政观念和行为。而学前教育是一个较复杂的系统工程,关系到全国的学前教育事业的均衡发展和可持续发展。正确的行政行为建立在对国情的清楚认识和对国际同类活动的了解借鉴的基础之上。本节试图梳理现有的资料,对有代表性的一些西方国家,如美、英、法、日、韩、澳等国的学前教育行政进行描述,以拓展视野,洋为中用。

一、对学前教育的认识和立法

一个国家对学前教育的性质、地位和功能的认识定位,体现着这个国家对学前教育的态度——重视或不够重视,而重视程度可以直接从相关的学前教育法案中显示出来,也直接影响到学前教育的财政投入和师资培养等方面。在此,简要列举一些教育相对发达的国家对学前教育地位和作用的定位,论述中必然会介绍这些国家高层次的学前教育立法情况。

(一)美国

美国是世界上学前教育最发达的国家之一,这与其经济发展和对儿童的重视观念是分不开的。美国联邦政府与国会一直重视学前教育,他们认为:很难想象出有比学前教育有更高效益的投资项目;学前教育投入是社会回报率最高的一项财政投入。1964年美国开始实施"提前开端项目"(Project Head Start),资助处境不利的儿童免费接受早期教育,该计划是美国投入最大、历史最悠久的一项早期儿童教育项目,至今持续了50多年。一直以来,提前开端项目得到了美国两党的支持,并有《提前开端法》(Head Start Act)作为保证来落实。美国国会每年都会拨款给提前开端项目,联邦政府的拨款可以覆盖该项目80%以上的需求。

白宫于1970年和1981年两次做出决定,把发展儿童保育教育事业作为国家最重要最迫切的需要之一。1979年国会通过了《儿童保育法案》(Child Care Act),1990年通过了《儿童早期教育法》(Early Childhood Education Act),同年还通过了《儿童保育与发展固定拨款法》(Child Care and Development Block Grant Bill)。1989年白宫与国会先后通过了重要的《日托法》(Day Care Act),促使各州政府认识到学前教育的重要性,并提供和增加教育经费。30多年来,美国几任总统都很重视学前教育,表2-1简要反映出他们对学前教育的立法和投资等行政举措。

表2-1 美国几任总统发布的文件涉及学前教育的内容

总统	老布什	克林顿	小布什	奥巴马
任期	1989—1993年	1993—2001年	2001—2009年	2009—2017年
文件	1990年《国情咨文》	1994年《2000年目标:美国教育法》	2002年《不让一个儿童落后法》	2009年开始的《0至5岁教育计划》
内容	把每个孩子都受到学前教育作为2000年国家要实现的六大目标之一	进一步增加学前教育的经费,推动学前教育事业的进一步发展	注重提高儿童的教学质量和阅读能力,同时也表明了其对早期儿童教育的重视	投资100亿美元发展美国0至5岁儿童的早期教育。设立"早期学习挑战拨款",促使各州制订和扩大实施早期教育计划,为全美儿童提供普遍的早期教育,支持发展更高标准的早期教育质量评价体系,促进幼儿园教师的培训和专业发展等

(二)法国

法国有一个著名的观念:"教育是国家的事业。"该国政府非常重视教育,确立了教育的优先地位,强调公民受教育的权利和机会均等。法国历来重视学前教育,是世界上学前教育发展最快的国家之一,学前教育的普及率遥遥领先,有九成适龄儿童就读于幼儿学校,且早在1970年,3—5岁幼儿入学率就达到100%。这得益于法国的学前教育完全免费制度,在19世纪后半叶,法国国会通过并颁布的《1881年法》

就明确规定公立的幼儿学校和小学免收教育费。

(三) 英国

英国主流社会中有一种观点:"任何一个忽视学前教育的社会也就是忽视了未来的社会,他们必然要为此付出沉重的代价。"[①]在教育观念上,公平性和全纳性理念得到了广泛而深刻的理解。公平性与全纳性原则是指学前教育要面对所有的孩子,即每一个学龄前幼儿均有受教育的权利。在英国,"所有的孩子"包括不同肤色、不同语言、不同生活习惯的各种族儿童。1995 年国家公布了耗资 7.3 亿英镑的"幼儿凭证计划",对 4 岁儿童发放教育券,实行正规的学前一年免费教育,"幼儿凭证计划"是英国学前教育的一大特色。2007 年,英国政府的儿童、学校和家庭部提出了未来 10 年英国教育的远景规划"儿童计划",指出学前教育具有优先地位。这使得 3—4 岁儿童的入园率从 1998 年的 51%增长到 2008 年的 90%。[②]

(四) 俄罗斯

苏联是学前教育发展较早的国家之一,曾经对我国学前教育产生过很大的影响。苏联解体之后,俄罗斯政府基本保持对学前教育较为重视的态度。1990 年国家教育委员会发布了《学前教育构想》,强调幼年期教育的重要性,指出要根据当代教育科学研究成果来改革学前教育体系,改善幼儿园办园条件。1992 年俄罗斯颁布了《教育法》,要求对包含学前教育机构在内的教育机构进行资格认证和定期评估,从而将学前教育推上了依法治理的轨道。2008 年俄罗斯教育部发布《2020 年前的俄罗斯教育——服务于知识经济的教育模式》的报告,指出在 2020 年前要建立 0—3 岁儿童的家庭教育支持中心和普及 2 年学前教育的目标。[③]

此外,澳大利亚、韩国和日本,都有各自对学前教育的主张,值得我们研究借鉴。总的来说,美国、日本很早就把学前教育发展战略作为国家优先发展战略,尤其关注幼儿教育的创新与发展。2000 年诺贝尔经济学奖得主之一、芝加哥大学教授詹姆斯·赫克曼(James Heckman)对学前教育的人力资本价值进行过充分的论证,认为对贫困儿童个体而言,优质的学前教育有助于他们的全面发展,对他们成年后的学业成就、经济状况、犯罪率减少、家庭关系和健康状况等都有积极影响。美国曾计算过学前教育的投资和回报率,得出过一个著名的结论:对儿童 1 美元的投入,在其 40 岁时,可获得 17 美元的收益。[④] 今天很多人已认识到,一个国家只有从幼儿抓起,才能在不远的未来造就出属于自己国家的人才群,而这些人才群的价值将足以改变国家的命运。

二、学前教育的机构类型和办学体制

学前教育机构的类型与办学体制密不可分。部分国家在学前教育办学体制与机构类型方面呈现出四种主要模式:①政府作为办学主体、机构类型全国统一的法

[①] 李生兰.比较学前教育[M].第 2 版.上海:华东师范大学出版社,2013:67.
[②] 高靓.扫描全球教育:2008,那些国家,那些教育[N].中国教育报,2008-12-30.
[③] 李生兰.比较学前教育[M].第 2 版.上海:华东师范大学出版社,2013:65.
[④] 蔡迎旗.幼儿教育财政投入与政策[M].北京:教育科学出版社,2007:68.

国模式;②办学主体身份多元、机构类型多种多样的美英澳模式;③政府举办公立与扶助私立结合、机构类型双轨并行的日本模式;④办学与项目密切相关、机构设置方便民众的印度模式。[①] 具体如表2-2所示。

表2-2 外国学前教育的机构类型和办学体制

国别	机构名称	对象年龄	办学性质
美国	幼儿园(kindergarten)	5—6岁	公立(附设在小学内)
	托儿所(pre-kindergarten)	3—4岁	公立和私立
	"早期提前开端"(early head start)中心	3—5岁	公立
	全日托儿中心(full day's center)	0—5岁	私立
	部分时间的保育学校和学前班(part-day nursery school and pre-school)	—	私立
	居家保育(family child care homes and group home providers)	—	私立
英国	"确保开端"儿童中心(Sure Start Children's Centres)	0—5岁	公立、私立
	全日托中心(day nurseries centers)	6周—5岁	公立、私立
	保育学校(nursery schools)和保育班(nursery classes)	2—5岁	公立(附设于小学)
	学前班(pre-schools)和游戏小组(playgroups)	2—5岁	公立、私立
	学校保育(school-based care)	5—11岁	公立(附设于小学)和私立
	居家保育(childmider)	0—8岁	私立(绝大多数在保育员家中)
法国	幼儿学校	2—6岁	公立幼儿学校占99%、私立幼儿学校只占1%
	幼儿班	3—5岁	公立(附设于小学)
	托儿所	2—5岁	公立
	保育室(为有紧急需求的家长临时照看学前儿童)		
	流动车(为偏远地区儿童送教上门)		
俄罗斯	托儿所(pre-kindergarten)	0—3岁	公立
	幼儿园(kindergarten)	4—6岁	公立
	托儿所—幼儿园联合体	—	公立、私立
	家庭托儿所	—	私立(即长辈在家照看孩子)

[①] 中国学前教育发展战略研究课题组.中国学前教育发展战略研究[M].北京:教育科学出版社,2010:187.

续表

国别	机构名称	对象年龄	办学性质
澳大利亚	幼儿园	3—5岁	公立、私立
	学前班(preparatory year)	学前1年	公立、私立
	日托中心(Long Day Care，LDC)	从出生到上学	私立
	家庭日托(Family Day Care，FDC)	0—12岁	经注册的居家保育员开办
	临时照看机构(Occasional Care Center，OCC)	从出生到上学	私立
	课后照看(after school care)和游戏小组(playgroups)	从出生到上学	私立

三、学前教育行政体制模式

教育行政体制指的是国家宏观教育的管理体制，是一个国家在一定的历史时期，管理全国教育事业的组织体系和相关制度的总称。教育行政体制涉及教育系统的机构设置、隶属关系及其管理权限划分等方面。教育管理学界对世界范围内的教育行政体制早就开展了研究，主要是从中央与地方政府管理教育权限的分配来分析，认为存在三种典型的教育行政体制：中央集权制、地方分权制、中央与地方的合作制。学前教育作为教育的组成部分，同样存在这些典型的教育行政体制。

（一）中央集权制模式：法国、俄罗斯

这一模式是指国家对全国的学前教育负有管理之责，行政权力集中于中央政府及其教育行政机关，其下属地方政府和下级教育行政机关没有或很少有自主权。一切管理举措、组织方式均以中央或其有关行政机关所制定的法令、政策为依据。又称中央主导型体制，以法国和俄罗斯的学前教育模式为典型。

法国是典型的中央集权制国家，教育由国家全面管理，学前教育也由国家教育部直接负责。法国《教育法典》等文件规定：中央政府拥有学前教育的创建权；国家负责幼儿园教师与行政人员的管理、培训与工资；国家制定统一大纲、安排教育内容、制定教育管理规则等。而乡镇政府只是中央政府直接领导下的贯彻者与执行者，具体负责幼儿学校的建设和维护，也承担幼儿学校与家庭社区的协调、负责幼儿的卫生防疫等管理任务。正是由于国家特别是中央政府在学前教育管理上承担了充分的职责，法国学前教育才得以长足发展。

俄罗斯具有中央对学前教育宏观管理的传统习惯，从幼儿园的开办性质，到幼儿园内部的教育教学组织，都有着统一的国办模式。

（二）地方分权制模式：美国、澳大利亚

美国和澳大利亚都是典型的联邦制、多元民主政体国家，其特征是权力分散，各州主管各自的社会事务，联邦政府不过多干预。因此在学前教育方面，美国和澳大利亚各州政府享有较多的自主权和灵活度。联邦政府也关注学前教育，主要是从全国角度统一政策导向，抓重点和提供必要的服务，如立法、制定投资政策等。如前文介绍到的，这些把握方向的做法实际上也对美、澳两国学前教育的发展起到了非常重要的作用。由于两国都是重视教育的国家,两国州政府都能积极自主地管理本州的学前教育事务,能因地制宜,为本地儿童家庭和社区服务。不过,这种地方分权制模式也存在一定的弊端,即可能造成各地区之间在学前教育模式和质量上产生较大差异。而两国中央政府学前教育职能重在扶助弱势。当前,无论是"提前开端项目",还是《不让一个儿童落后法》,美国国家层面对学前教育发展的重要目标和基本原则是"促进弱势儿童群体的教育与发展,不让一个儿童落后"。

(三)中央与地方合作制模式:英国、日本

英国和日本在学前教育管理模式上存在颇多共同点,总体上均属于中央与地方政府均权型的学前教育行政体制。这种均权型学前教育管理模式能汲取中央集权制与地方分权制二者之长,补单一模式的不足,既能加强中央教育行政部门的统一领导,利用国家资源均衡地发展学前教育,又能充分发挥地方政府的积极性和自主性,因地制宜地发展具有各地特色的学前教育。二者的有机结合促使两国学前教育得到富有成效的持续发展。

综上所述,由于各国政治制度及学前教育发展传统不同,其学前教育行政体制也不尽相同,但总体看来,各国的中央政府和地方政府分担了学前教育的主要职责。

四、学前教育财政投入

财政投入是一个国家学前教育发展的有力保障,不同国家学前教育财政投入呈现不同特点,体现在经费来源结构,财政性经费的投入预算、投入总量及其变化趋势,投入体制以及对非公立学前教育机构的资助方式和资助力度等方面。这是一个很复杂的课题,在此仅介绍西方主要国家的基本做法。

(一)学前教育事业发展经费来源及其构成

当前,各国学前教育事业发展经费来源呈现多元化的特点,即由政府财政投入、社会捐赠和家长交费等多种投入渠道构成,但各个部分投入比例在不同国家有所不同。主要差异有:

1. 国别差异

从整体上看,发展中国家政府投入比例远远低于发达国家。

2. 年龄差异

多个国家以儿童3岁的年龄为界,财政性经费重点向3岁以上儿童的学前教育倾斜,3岁以下由社会和家庭分担大部分教育经费。

3. 类型差异

几个国家可以概括为以下类型:以政府财政投入为主的国家,以社会力量及儿童家庭支付学费为主的国家,还有两者并重的国家。其中,法国、英国、俄罗斯、澳大利亚是政府财政投入为主要学前教育经费来源的代表国家。美国和日本是由政府财政投入、家长缴费和其他社会资源共同承担学前教育的费用。

政府对于学前教育有财政投入,并不等于由政府直接举办所有学前教育机构,而是国家在举办公立学前教育机构的同时,还通过其他渠道投入学前教育,如对私

立学前教育机构的补助,对幼儿家庭的津贴和税费抵扣,设立大型的资助项目等。这样,政府通过财政投入这个杠杆,达到对非公立学前教育机构的引导、管理与扶持目的。

(二) 学前教育财政预算和投入保障条件

预算,本质上是针对一定时期某事业发展需要的经费所做的计划。预算是学前教育财政投入的第一步。一些国家已建立了完整规范的学前教育财政投入预算制度,甚至设立专门针对学前教育项目的专项财政预算。至于使用预算经费的保障条件,理想的方式是通过相关法律政策的规范程序,对学前教育的财政投入进行监督,为学前教育发展提供有力的财政基础和保障。

美国和英国学前教育财政预算各有特色,并具有一些共同的做法与经验,即中央政府对学前教育项目每个财政年度均有专项财政预算。同时通过法律法规保障学前教育预算的实现。例如:美国学前教育项目的财政预算往往直接以法律形式颁布,如著名的《提前开端法》中对"提前开端"项目的预算,《不让一个儿童落后法》中将"早期阅读第一"(Early Reading First)项目的预算直接写在法令中,这些都增强了财政投入的强制性和法律效应。英国有关学前教育的财政投入同样具有严格而规范的预算制度,并以《预算拨款法》($Appropriation\ Act$)予以法律保障和执行。1998年以来,英国政府推行了"确保开端"(Sure Start)项目,加大了对学前教育的财政投入,加强了家庭和社区建设,为学前儿童尤其是弱势儿童的发展提供了更多机会。

(三) 学前教育财政投入总量变化趋势

随着世界各国对学前教育的重视程度逐步提升,许多国家对学前教育财政投入总量持续增加。无论是财政投入总量,还是具体的学前教育项目投入,总体上均呈现持续递增态势。例如,以英国"确保开端"计划为例,2003—2004 年度预算拨款数额约 5.3 亿英镑,而 2007—2008 年度预算拨款的数额约为 17.6 亿英镑,增加了 3 倍多。其他的众多数据也证明了,无论是美国、法国、澳大利亚,还是亚洲的印度、韩国和日本,近年来国家政府对幼儿园或者具体的学前教育项目的财政投入都呈现出持续增加的趋势。

(四) 学前教育中央财政投入渠道

国家财政对学前教育的投入渠道多样,归纳起来,主要有下列方式。

1. 国家财政对公立学前教育的拨付方式

(1) 直接拨付经费给已经立项的国家性大型项目

中央财政直接拨付模式主要用于一些国家重点实施的学前教育项目。例如,美国"提前开端"项目、印度的综合儿童发展服务项目及托儿所项目等。

(2) 中央政府直接将财政经费拨付给公立学前教育机构

(3) 地方政府的二次拨付资助学前教育机构

一些国家的中央政府将经费下拨地方政府,再由地方政府的二次拨付,下拨到学前教育机构。对于大的国家来说,这样做是有好处的。国家层级的管理者难以掌握数目庞大的基层学前教育机构的实际情况和需求,增加地方政府二次拨付这一环节,有利于提高经费使用的准确性和效率,这样,中央定下经费指导意见并拨付下去,地方则负责资金的分配、管理和监督。

2. 国家对私立学前教育和儿童的财政资助方式

(1) 国家直接对私立学前教育机构提供资助

法国规定,凡是与国家签订合同的非公立初等教育机构(包括幼儿学校在内),均可按照合同规定的方式获得国家财政资助,如由国家支付私立幼儿学校教师的工资,支持学校日常运转经费等。在英国,那些愿意提供3—4岁儿童免费早期教育且符合条件的非公立机构能获得政府的拨款。

(2) 国家通过"教育券"或"代币券"等方式补助私立学前教育机构

教育券或代币券一般发放给学前儿童家长,幼儿家长可以持这种代币券向经过认可的私立机构购买幼儿保育服务,私立机构收到教育券后,集中去政府指定部门兑现成货币。这样间接实现了促进私立保育机构提高质量与竞争力、对合格私立机构实行财政资助的目的。

(3) 国家通过金融手段补助弱势群体和私立学前教育机构

这里所说的金融手段是指各种补助、税费减免或税费抵扣等方式,这些方式在美国、英国、澳大利亚等国家是较普遍存在的。澳大利亚联邦政府为弱势家庭儿童提供多项保教资助,主要的两个渠道是:一为家庭提供儿童保育补助,以使适龄儿童能够接受合格的保育服务;二为符合条件的家庭支付儿童保育税费返还,以帮助其获得被认可的儿童保育机构的服务。

五、国外学前师资培养的模式和教师待遇

合格的师资是学前教育质量的保障,是实现国家学前教育目标的关键因素之一。很多国家在学前教育师资队伍建设上,有独到的观念和做法,其中有些经验或许对我国有一定的借鉴意义。

(一) 学前教育师资的培养

学前教育师资的培养主要有职前培养和职后培训两大部分。很多国家都十分重视控制幼儿园教师的职业准入条件,甚至有法规文件规定了幼儿园教师的职业标准。随着社会文明程度的提高,各国幼儿园教师的职前培养、职业准入标准和职后继续教育水平都运行在较高的水平上。表2-3以简要的方式,列举了几个国家学前教育师资的培养模式。

表2-3 外国学前教育师资的培养模式

国别	培养机构	学历或学位	任用条件	职后培训
法国	师范学校 师范大学	大专 大学及以上(学士)	教师资格证书 教学能力证书	每隔5年参加1次法国"紧急计划"专项培训

续表

国别	培养机构		学历或学位	任用条件	职后培训
美国	大学 研究生院 教育学院 社区学院		博士 硕士 学士 准学士	各州政府颁发的教师资格证书 儿童发展协会颁发的儿童发展助理CDA（Child Development Associate)证书①	教师个人在大学研究生院继续学历教育 学前教育研究协会讲座 学术交流活动
	附注：1999年美国公立幼儿园教师中，61%为本科学历，32%为硕士学历，7%为博士学历				
英国	教师	高等院校学习4年 学前教育机构试教1年	大学	教师资格（共分8级）	短期培训班进修 各种会议和学术交流 转换基金提供儿童保育培训
	保育员	专科院校学习2年	大专	资格证书	
澳大利亚	大学教育学院（3年)		大学	儿童教育文凭或证书 注册护士 儿童托育证书 社区服务证书	开设在职培训课程 短期培训 学术交流
日本	教师	大学 短期大学	大学 专科	从教许可证	暑期培训班 全日本保育研究集会 研修交流等
	保育士	短期大学 教员养成机构	大专及以上	资格证书	每年要参加由主管部门举行的保育工作者体育运动会

通过比较，我们很欣慰地发现：我国学前教育界经过近三十年的扎实努力，在我国经济较发达地区，幼儿园教师资质已经与这些国家处于同等水平，职后培训的模式基本类似。当然，我国幼儿园教师数量还严重不足，尤其是广大农村地区，教师水平也有待进一步提高，国家已经通过专项的"国培计划"，逐步改善这一局面。

（二）幼儿园教师的地位和待遇

1. 幼儿园教师的身份地位

有关幼儿园教师的社会身份问题，几个国家认识不一致，可划分为如下类型。

（1）公务员或准公务员身份

日本《学校设立法》规定：公立的各级各类学校（包括幼儿园）的校长、副校长、幼稚园园长、教师、专职教育研究人员以及各地方教育委员会的教育长和教育行政管理人员等，乃是为全体国民服务的教育公务员。其中，国立学校的教职员工为国家

---

① 获得CDA证书和资格认证，需通过相对应的培训，其管理机构是早期儿童专业认证委员会

教育公务员,公立学校的教职员和地方专职教育行政人员为地方教育公务员。而日本在20世纪40年代就推行了《教育公务员特例法》,教育公务员的法定身份为国家或地方公务员。公立的机构的幼儿园教师同样享受完全等同的法律身份,几十年来吸引了众多优秀青年投身到学前教育教师队伍中来,保持了幼儿园教师队伍的稳定与发展。

法国幼儿园教师虽没有明确的公务员身份,但在实际操作中已经享有国家公务员的同等待遇,因此可以认为是享有准公务员身份。

(2) 公务雇员身份

公务雇员即公务员兼雇员身份。美国和英国等国家的幼儿园教师,依据法律及相关规定具有公务雇员的身份。公立机构的幼儿园教师一般由地方政府任用,幼儿园教师需要与地方教育当局签订合同,以合约方式雇用,因而具有公务员和雇员的双重身份。不过,其中雇员的特征更为突出,这种模式在世界范围内最常见。

(3) 项目工作者身份

这是较特殊的一种身份,以印度的学前教育项目工作者最为人知悉,他们以项目工作者的身份参与学前教育项目的教育与保育等服务,但是没有被视为是具有专业性与技术性的教育工作者。

2. 幼儿园教师的待遇

日本、法国和韩国的幼儿园教师均具有较高的工资待遇水平。在日本,公立幼儿园教师的工资比一般国家公务员高出20%左右,保育员的待遇也不断增长,日本政府对志愿任教的大学毕业生实行奖励制度。法国的幼儿园学校教师由于其准公务员身份及中央财政直接拨付工资,所以工资待遇非常有保障,其社会地位也较高。韩国幼儿园教师的地位和薪金与小学、中学教师相当,因而该职位很具有竞争性。

更多国家的幼儿园教师待遇不及上述几个国家。即使在美国,幼儿园教师的年薪在所有教师队伍中,总体上也是偏低的。鉴于美国的学前教育机构形式多元化,相应的教职员构成较复杂,同行中的年薪差别极大。

上述国家的学前教育行政,深受各自国家的价值观念和法制环境的影响,奉行的准则各有千秋,做法很多,其中不乏值得我们借鉴的成功经验。近年来,我国很重视学前教育,不断施行国家宏观和地方中观的学前教育行政行为,在此背景下,尤其需要研究国外的相关经验,取长补短,以提高行政决策的科学性。

第三节 我国学前教育行政的发展

一、我国学前教育行政的萌芽

我国的学前教育行政伴随着学前公共教育被国家认可并制度化而出现。早在清朝,1903年由张百熙、荣庆、张之洞修订了《奏定学堂章程》(以下简称《章程》),又称《癸卯学制》,该学制确立了蒙养院在国家教育体系中的合法地位。《章程》中对蒙养院的设置办法、保育对象、保姆的来源与培训均做了规定。如规定:"蒙养院专为保育教导三岁以上至七岁之儿童,每日不得过四点钟。"该学制于 1904 年正式施行。癸卯学制中对于蒙养院这一级教育所做的规定,虽然相对简单,但它对于我国学前教育的发展意义是深远的:在我国不尊重儿童的独立人格的漫长的封建社会中,一方面反映出清末社会开始对学前儿童公共教育给予了一定的认同和重视,同时因该章程将蒙养院置于学制系统的基础环节,也奠定了国家管理学前公共教育的基础,这一史料标志着我国学前教育行政的发端。

二、中华人民共和国学前教育行政的形成

在我国,党和政府一向重视儿童教育。早在 1938 年的延安时期,毛泽东同志就曾给延安保育院题词"好好的保育儿童"和"为教育后代而努力",之后又题有著名的"好好学习,天天向上"。中华人民共和国成立以来,从中央至地方设立各级学前教育行政机构,颁布一系列文件对全国的学前教育工作进行规范和指导。

(一)行政机构的设置

1949 年 10 月,教育部在当时的初教司内设"第二处",主管全国的幼儿教育工作;后更名为"幼教独立处",直属教育部有关部长领导。这是中华人民共和国第一个学前教育中央领导机构,掌管全国的学前教育工作。相应地,省、市、自治区教育厅、局也设立专门部门或有专人主管幼儿教育。后来经历过名称的变化和主管机关的调整,至今,因级别而异基本上称为"幼教处"或"幼教科"。但无论如何,我国的学前教育有了全国统一的领导管理体系,极大地保证和促进了中华人民共和国学前教育的蓬勃发展。

20 世纪 70 年代以后,伴随着计划生育政策的实施以及国际人才竞争的加剧,儿童的早期教育地位日显重要。1987 年,当时的国家教育委员会召开了全国幼儿教育工作会议,国务院办公厅转发了国家教委等九个部门《关于明确幼儿教育事业领导管理职责分工请示的通知》(以下简称《通知》)。该《通知》首先指出,"幼儿教育工作的管理分工不清,职责不明,影响了幼儿教育事业的进一步发展"。为此,"经过反复研究",九部门从宏观的管理指导思想、有关部门职责分工、协调方式、地方政府的责任等方面提出了重要的意见。《通知》指出:"幼儿教育必须在政府统一领导下,实行地方负责、分级管理和有关部门分工负责的原则。"这样,就将主管学前教育的行政机关归类于教育职能部门。同时,其他相关部门如卫生、计划、财政、劳动人事、城建、妇联、工会等部委在必要时应给予支持,协调一致地管理好国家的学前教育事业。

(二)学前教育法规的施行

学前教育法规系统是学前教育法律与规章的合称,它是学前教育行政机关为该系统的组织运作需要而制定的各项规定。

伴随着学前教育行政机构的逐步设立,保证该系统良好运行所必需的各项有关法规制度也不断地颁行。中华人民共和国 70 年来,针对不同历史时期的社会需求和

教育方针,颁发了一系列相适应的规范性文件,较好地指导了全国各地的学前教育的发展。1952年3月由当时的政务院颁发的《幼儿园暂行规程(草案)》(以下简称《规程》),全面地规定了幼儿园的任务、目标、学制、领导设置、组织编制、经费和入园、教养内容、原则等诸多方面的要求,共和国70年来幼儿教育的发展形态以及幼儿园管理的雏形深受这一《规程》的影响,其中一些主张至今仍有价值。

十年"文化大革命"过后,各行各业迅速拨乱反正。自1979年开始的几年间,教育部和卫生部相继颁布了几个有权威的法令,如,1979年11月教育部出台《城市幼儿园工作条例(试行草案)》,卫生部1980年11月推出《城市托儿所工作条例(试行草案)》,1983年9月教育部制定《关于发展农村幼儿教育的几点意见》,以及1985年12月卫生部、教育部联合制定《托儿所、幼儿园卫生保健制度》等。这些法规对学前教育的顺利发展,无疑产生了极大的影响。

进入20世纪80年代中后期以后,更多的法规相继推出,它们从多个侧面规范着学前教育事业的运行与管理。这一阶段法规推行的主要特点表现为:层次上升,涉及面广泛,科学性增强,更具有针对性和指导作用,同时也更具法律效力。一方面,国家积极参与国际上有关的公约的签署,如《儿童权利公约》我国便是其缔约国之一;另一方面,在国内,与学前教育有着直接与间接联系的法律、规范不断颁布。如《90年代中国儿童发展规划纲要》《中华人民共和国教育法》《中华人民共和国教师法》《中华人民共和国未成年人保护法》《中华人民共和国母婴保健法》等单行法,间接地为学前教育事业的管理提供了法律依据;而行政法体系中的《幼儿园管理条例》(1989年制定,1990年正式实施)和《幼儿园工作规程》是政府加强幼儿教育管理的两个重要行政法规,对我国幼儿教育逐步走上依法治教的轨道,推动幼儿教育事业的健康发展和管理工作的科学化,起到了巨大的促进作用。

此外,法规所涉及的面广,具体的有劳动人事部与国家教委于1987年颁发的《全日制、寄宿制幼儿园编制标准(试行)》,为全日、寄宿两类型的幼儿园人员、师生的配备提供了参考标准;1987年城建环保部会同国家教委制定了《托儿所、幼儿园建筑设计的规范》,从卫生、安全等角度出发,较科学地为托儿所、幼儿园的建造制定了依据;1987年颁布的《关于社会力量办学的若干暂行规定》,在此基础上,1996年出台《关于加强社会力量办学管理工作的通知》为私立幼儿园的发展护航。至于《幼儿园教育指导纲要》《幼稚园课程标准》,则一直是我们关注的重点。

这诸多涉及面广、科学性强的学前教育法规,对当时学前教育及其管理的发展,具有针对性和指导作用,同时也更具法律效力。

三、当前我国学前教育行政的主要成就

我国对学前教育性质、功能的认识,与国际趋势基本一致。我国认为,学前教育是社会主义教育事业的组成部分,具有教育性、福利性和公益性。政府一贯主导国家的学前教育事业,这种主导主要体现在:首先,中央和地方政府引导和保证学前教育的普及和儿童培养质量;其次,以多种形式的国家公共财政支持来实现学前教育的公益性和公平性。

尤其是近年来,在国家主导下,各省市的学前教育行政蓬勃发展,取得了显著的成效。

(一)密集颁发和实施重要的学前教育政策法规

本章第一节阐述过教育行政具有立法功能、计划功能、督导功能等。在学前教育立法方面,虽然近年来我国各阶层一直在呼唤国家设立单行的学前教育法,但还在酝酿之中。不过,近十年,国家很集中地推出了有关学前教育的重要政策法规,也体现了国家对该事业宏观管理的意图,以及学前教育行政的立法功能。其中很多法规已产生预期的政策效果。重要的政策法规有罗列如下。

1.《国家中长期教育改革和发展规划纲要(2010—2020)》(以下简称《纲要》)。《纲要》于2010年8月发布,其中有一章专门谈学前教育,重申学前教育的重要地位和作用,规定学前教育的发展目标。《纲要》中多处涉及学前教育的重要任务和重点工程等。这明显地体现了教育行政的计划功能。

2.《国务院关于当前发展学前教育的若干意见》。这个文件于2010年11月发布,被简称为"国十条",同样具有计划功能,所提的十条意见较明确具体,能对学前教育的发展发挥指导功能。

3.《学前教育三年行动计划》。2010年12月1日,教育部召开全国学前教育工作电视电话会议,国务委员刘延东同志在会上做了重要指示。该会议是对《国务院关于当前发展学前教育的若干意见》的部署动员,"国十条"明确要求各省(区、市)政府要深入调查研究本地区学前教育发展的现状和存在的突出问题,结合本区域经济社会发展状况和适龄人口的既有规模和变化趋势,测算出当地对幼儿园的需求,从而确定发展学前教育的目标,分解年度任务,落实经费,以县为单位编制实施学前教育三年行动计划。根据国务院文件精神和刘延东同志讲话的要求,全国31个省(区、市)如期制定和贯彻落实各地的《学前教育三年行动计划》。实施学前教育三年行动计划是国务院为加快发展学前教育、有效缓解"入园难"问题而做出的一项重大决策。

一方面,这一行政手段体现了教育行政的计划功能,另一方面,31个省(区、市)编制和实施"三年行动计划",也是中观学前教育行政的展示,各地方都充分发挥主动性和创造性,在达到国家的基本要求的前提下,因地制宜地开展了富有特色和成效的学前教育三年行动计划。

4.《幼儿园教师专业标准(试行)》。2012年教育部发布《幼儿园教师专业标准(试行)》,旨在促进幼儿园教师专业发展,建设高素质幼儿园教师队伍。这个文件对广大在职的幼儿园教师具有督导功能,对未来的幼儿园教师来说,是职业准入标准,同样也具有督导功能。此外,教育部于2013年1月下发了《幼儿园教职工配备标准(暂行)》。两个标准结合使用,对于加强学前教育师资队伍的建设具有十分重要的指导作用。

5.《3—6岁儿童学习与发展指南》。2012年10月由教育部颁布,这是贯彻落实

《纲要》和《国务院关于当前发展学前教育的若干意见》的重要举措。对我国幼儿园的教育工作起着指导作用。

6.《学前教育督导评估暂行办法》。2012年2月由教育部公布施行。为了贯彻落实《纲要》和《国务院关于当前发展学前教育的若干意见》(国发〔2010〕41号)的精神,进一步推动各地学前教育三年行动计划的实施,教育部研究制定了《学前教育督导评估暂行办法》。教育部要求全国各地根据本办法要求,结合本地实际情况,制订本省(区、市)学前教育督导评估实施方案,做好督导评估工作。显然,该办法及其落实集中体现了国家教育行政的督导功能。

7.《幼儿园园长专业标准》。2015年1月由教育部颁布。旨在促进幼儿园园长专业发展,建设高素质幼儿园园长队伍,深入推进学前教育改革与发展。在影响幼儿园管理水平和发展方向的众多因素中,园长是核心因素之一。明确并规范各级各类幼儿园园长的专业标准,对于保障幼儿园的办园质量,具有很大的意义。

8.《幼儿园办园行为督导评估办法》。2017年4月由教育部出台。在2017年我国幼儿园发生了几起社会影响力很大的负面事件,引发了社会各界对幼儿园保教质量的担忧,在此背景下,教育部及时推出了该办法,其政策意图为完善幼儿园督导评估制度,推动各地加强和改进对幼儿园的监管,促进幼儿园规范办园行为,保障幼儿身心健康、快乐成长。

9.《中共中央 国务院关于学前教育深化改革规范发展的若干意见》(以下简称《意见》)《意见》于2018年11月印发。这是以习近平新时代中国特色社会主义思想为指导,为全面贯彻党的十九大精神,为办好学前教育,实现幼有所育而推出的一份重要文件。该文件明确要求,到2020年,全国学前三年毛入园率达到85%,普惠性幼儿园覆盖率(公办园和普惠性民办幼儿园在园幼儿占比)达到80%;到2035年,全面普及学前三年教育,建成覆盖城乡、布局合理的学前教育公共服务体系。该《意见》内容十分丰富,涉及学前教育发展的主要目标、指导原则、幼儿园的布局和办园结构、资源供给、经费投入长效机制、教师队伍建设、民办园的规范发展、全行业的监管体系、保教质量、组织领导及学前教育立法等,现实针对性强,势必对未来我国学前教育事业的发展产生重大影响。

10.《新时代幼儿园教师职业行为十项准则》和《幼儿园教师违反职业道德行为处理办法》。教育部于2018年11月,发布剑指幼儿园教师的师德现象,具有鲜明的目的性和可操作性。

11.《国务院办公厅关于开展城镇小区配套幼儿园治理工作的通知》(以下简称《通知》),2019年上半年,国务院办公厅先后发布了两个文件,其一是《通知》是依据2018年11月印发的《意见》中的相关目标和要求而研制的落实性方案。明确了城镇小区配套幼儿园配建、移交、使用等问题。安排了治理工作时间表,责任主体部门及相应职责等具体内容,对业内人士来说,最重要的变化在于:小区配套幼儿园应当由教育行政部门办成公办园或委托办成普惠性幼儿园,不得办成营利性幼儿园。这一规定牵涉面较大,许多已经在小区里运行多年的营利性幼儿园面临转成普惠性幼儿园或退出的选择,需要各地政府和教育行政机关处理好新矛盾。

12. 其二是《国务院办公厅关于促进3岁以下婴幼儿照护服务发展的指导意见》(以下简称《意见》)。这一份《意见》关照3岁以下婴幼儿的照护需求,提出一些发展方向及要求,已经引起学前教育行业的足够关注,会形成0—3岁托育发展的新业态,一些高校在人才培养方案上,开始计划增设托育专业人才培养专业或方向。

(二)学前教育三年行动计划的成就

在国家政府和教育部的主导下,2011年开始,我国各地启动了大力发展学前教育的三年行动计划,取得了丰硕的成就。

1. 幼儿园数量增长,入园率大增

据统计,2018年全国共有幼儿园26.67万所,与2010年的15.04万所相比,增加11.63万所,增长了77%;2017年在园幼儿达到4656.42万人,比2010年增加1679.75万人,增长了56.4%。全国学前三年毛入园率接近81.7%,比2010年增加了25.1个百分点,于2013年就提前实现了"十二五"规划提出的60%的目标。① 三年行动计划的实施,明显缓解了幼儿"入园难"问题,有力地推动了学前教育的快速发展。

2. 经费投入大幅增长,增加普惠性资源

2011年至2013年,在第一个三年行动计划期间,全国财政性教育经费中学前教育占比从2010年的1.7%提高到2012年的3.4%。中央财政学前教育项目经费投入500亿元,带动地方各级财政投入一千六百多亿元。②

为了支持各地实施好三年行动计划,教育部会同财政部、国家发展改革委员会,实施了八个国家学前教育重大项目,重点扶持中西部农村地区和城市薄弱地区发展普惠性和公益性的学前教育。这些项目主要可分为四大类,一是幼儿园建设类,支持中西部农村扩大学前教育资源;二是综合奖补类,鼓励社会参与、多渠道多形式举办幼儿园;三是实施幼儿园教师国家级培训计划;四是建立学前教育资助制度,对家庭经济困难儿童、孤儿和残疾儿童入园给予资助。这些项目发挥了重要的引领和激励作用。

从2011年开始,中央财政通过支持"校舍改建、综合奖补、幼师培训、幼儿资助"等4大类7个重点项目,加快发展学前教育。到2013年,中央财政已累计安排学前教育发展专项资金422.4亿元③,支持利用闲置校舍改建幼儿园和增设附属园6.5万所,新建2.5万余所幼儿园,补助各类幼儿园13.9万所次,普惠性民办幼儿园快速发展,直接惠及幼儿1700万人次,鼓励地方解决了731.9万人次农民工随迁子女入园问题。提前三年实现《纲要》提出的2015年学前教育普及目标,公益普惠的学前教育公共服务体系逐渐形成。

各城市积极研究规范城镇小区配套幼儿园建设和管理的办法,新建、补建、回收

---

① 中华人民共和国教育部门户网站.介绍学前教育三年行动计划有关情况[EB/OL]. http://www.moe.edu.cn/publicfiles/business/htmlfiles/moe/s7880/201402/164592.html
② 同上。
③ 中华人民共和国财政部门户网站.财政新闻:中央财政下达学前教育发展专项资金160.3亿元[EB/OL].[EB/OL]. http://www.mof.gov.cn/zhengwuxinxi/caizhengxinwen/201311/t20131122_1015443.html

了一批配套幼儿园,办成公办园或委托办成普惠性民办园,三年行动计划实行之后,小区配套幼儿园已经成为扩大城镇普惠性学前教育资源的主渠道。

在后两期三年行动计划期间,国家财政一如既往地投入学前教育事业,国家各级财政源源不断为发展幼儿园"输血",成为我国学前教育跨越式发展的坚实保障。

此外,各地普遍建立了学前教育资助制度,全力资助家庭经济困难幼儿。下面这个案例发生在三年行动计划之前,但因其是地方教育行政创造性的体现,是我国首次出现的教育券制度,故而特别值得推荐。

我国第一份学前教育"教育券"[①]

山东省淄博市辛店街道,于2004年10月10日实行教育券(包括学前幼儿和贫困学生),成为全国第一个在学前教育段试行"教育券"制度的地区。发起和承担者是辛店街道党工委和街道办事处。淄博辛店所发行的"教育券"的基本运行机制为:学前幼儿获得政府发放的"教育券",再交纳一定的管理费,就可自由选择经当地政府认可的幼儿园,幼儿园再凭"教育券"到政府领取教育经费;而义务教育段贫困学生凭教育券抵交相关费用,学校凭券换取等额经费。

凡是拥有辛店街道户籍的学前幼儿,每年可享受260元的"教育券"待遇;辛店街道办辖区内凡接受义务教育的贫困学生,每年可享受300元的"教育券"待遇;而因家庭遭受意外灾害、家庭主要成员重大疾病或伤亡造成家庭经济困难的学生每年还将另外享受200元的"教育券"待遇。

实行"教育券"制度之后,幼儿园教师的工资能得到保证,工作积极性提高了。山东省副省长听了淄博市临淄区辛店街道办事处实行"教育券"的报告后批示:"临淄辛店中心校推行'教育券'制度的经验很好,可安排教育厅总结经验,宣传推广。"

3. 幼儿园教师队伍持续壮大,保教质量不断提高

加强师资队伍建设是发展学前教育的关键条件之一。落实3期三年行动计划过程中,各地积极采取多种方式配备补充幼儿园教师,使得幼儿园教师队伍持续壮大。发展到2018年我国幼儿园仅专任教师人数就达到了243.2万人。而且,教师的学历层次大幅度提高,幼儿园教师全员培训制度初步建立,切实提升了广大幼儿园教师的科学保教能力。

为了加强幼儿园教师队伍建设,教育部颁布了《幼儿园教职工配备标准(暂行)》,各地加快核定公办园教师编制,通过特岗计划、小学教师培训后转岗、接收免费师范生、公开招聘等多种途径,充实幼儿园教师队伍。

为扩大幼儿园教师职前培养的数量并提高幼儿园教师的培养质量,教育部一方面批准升格了多所幼儿师范专科学校,另一方面也扩大了各级大中专院校学前教育

[①] 1. 陶继新.山东首张"教育券"实行一年记——淄博市临淄区辛店中心校实行"教育券"的尝试[J].山东教育,2005(33).
2. 中国学前教育发展战略研究课题组.中国学前教育发展战略研究[M].北京:教育科学出版社,2010.

专业的招生指标。对于职后培训,更是加大了培训力度,在全国范围内,广泛开展各种主题的幼儿园教师"国培计划"和省级培训。

发展学前教育的目标,不仅要解决适龄幼儿"有园上"的问题,还要争取让他们"上好园"。好的幼儿园不仅指具有优良的办园条件,更关键的是还要科学保教,提高质量,防止和纠正"小学化"倾向。

为了提高幼儿园的办园水平和保教质量,教育部不断加强幼儿园的规范制度建设,随着对幼儿园管理、幼儿园教师的专业要求、教职工配备标准和儿童学习和发展指南等相关政策法规的落实,各地积极完善幼儿园的准入制度,加强幼儿园收费、安全、卫生、办园质量等方面的管理,提高幼儿园教师专业素质,切实地逐步提高了幼儿教育质量。

4. 农村学前教育状况得到改善

《纲要》第三章"学前教育"中有一段规划为"重点发展农村学前教育。努力提高农村学前教育普及程度。着力保证留守儿童入园。采取多种形式扩大农村学前教育资源,扩建、新建幼儿园,充分利用中小学布局调整富余的校舍和教师举办幼儿园(班)。发挥乡镇中心幼儿园对村幼儿园的示范指导作用。支持贫困地区发展学前教育"。

通过三年行动计划的落实,我国农村学前教育获得了生机。仅仅是第一期三年行动计划期间,我国就利用农村中小学布局调整的富余资源和其他公共资源改扩建幼儿园 3.4 万余所,依托农村小学增设附属幼儿园 4.6 万余所。中央财政学前教育巡回支教项目支持陕西、贵州等 13 个省(区、市)设立支教点 1500 余个,聘用乡村幼儿园教师和志愿者 4000 余名,受益幼儿约 4 万人。此外,各地普遍建立了学前教育资助制度,资助家庭经济困难幼儿超过 400 万人。"国培计划"培训农村幼儿园教师 29.6 万名。[①]

2010 年起,国家启动实施一系列重大项目,重点支持中西部地区发展农村学前教育。仅仅 2013 年,中央财政就下达学前教育发展专项资金 160.3 亿元,用于支持中西部地区和东部困难省份扩大学前教育资源,支持普惠性民办幼儿园发展,帮助农民工随迁子女、家庭经济困难及孤残幼儿接受学前教育,着力解决"入园难"问题。这其中,农村幼儿园和幼儿是资助的重点,三年中中央财政资助地方解决了 731.9 万人农民工随迁子女的入园问题。[②]

随着 2015 年我国各地计划生育政策的调整,"一对夫妇可以生育二个孩子的"政策必然带来人口增加,据有关部门预测,"全面二孩"政策实施后,每年将新增大约 100 万名幼儿。同时我国面临城镇化发展趋势和边远贫困地区人口流动频繁的现实,因此要求各省(区、市)在落实第三个三年行动计划时,统筹兼顾这些变化因素,更严密地预测各级辖区幼儿园的需求量,合理规划,科学布局,在扩大幼儿园资源总量的同时,继续加强幼儿园教师队伍建设,从而保证学前教育质量。

---

① 中华人民共和国教育部门户网站.介绍学前教育三年行动计划有关情况[EB/OL]. http://www.moe.edu.cn/publicfiles/business/htmlfiles/moe/s7880/201402/164592.html

② 中华人民共和国财政部门户网站.财政新闻:中央财政下达 2013 年学前教育发展专项资金 160.3 亿元[EB/OL]. [EB/OL]. http://www.mof.gov.cn/zhengwuxinxi/caizhengxinwen/201311/t20131122_1015443.html

第四节　学前教育行政对学前教育机构的影响

中华人民共和国成立以来,学前教育行政随时代变革而历经了某些反复,而当前是 70 年来我国政府最重视学前教育的历史阶段,被广泛地认为是"学前教育的春天",上一节所列举的成就也佐证了这一观点。应该进一步思考的是,国家在学前教育行政方面举措频出,是否会对一线的幼儿园或者培养幼儿园教师的大中专学校的管理产生直接而深刻的影响?从系统论的视角看,子系统的存在和运行受制于大系统的规定性,当然,子系统也会反馈信息给大系统,以便大系统做出必要的调整。可以肯定地说,宏观行政会给微观机构的管理带来全面而深刻的影响,其中,最明显的影响有以下方面。

一、密集推出的政策法规为师范院校和幼儿园增添了新的学习内容

对于与我们的事业密切相关的政策法规,我们的态度至少应循以下几步:"认知——认同——内化——外显"。通过学习来认识了解,再同化进自身的观念体系中,进而在工作中自然地体现出来。所以,面对这些陆续出现的新文件,幼儿教育工作者必须正视它们。下文为了阐述方便,在谈到各级各类学前教育师资培养机构时,借用"师范院校"这一简洁的表述,改变一下其以往相对固定地指高等师范大学的用法,继续以"院"指代各高等师范大学的学前教育系、非师范类大学里开设的学前教育院系、职业技术学院等,而借其中的"校"字,指代众多的幼儿师范专科学校或中专学校。

(一)重要的学前教育政策法规文件

前文简要介绍了从 2010 年以来国家发布的指导和规范学前教育的一系列政令和指导性文件(见表 2-4)。每一个政令和指南等宏观性文件的产生,都有其特定的背景、原因、意义和目的宗旨,更有各自的内容、要求和作用范围,内容上有繁有简,对施行的要求和注意事宜也是复杂多元的,比如《3—6 岁儿童学习与发展指南》,内容复杂,要求较多,但对一线幼儿园教师来说,却是必须理解和掌握的。这必然要求所有在校学习的学前教育专业学生和广大一线幼儿园教师去学习掌握。

表 2-4　近年来发布的重要指导性文件一览表

序号	颁布时间	颁布者	文件名称
1	2010 年 7 月	教育部	《国家中长期教育改革和发展规划纲要(2010—2020)》(其中有对学前教育的规划)
2	2010 年 11 月	国务院	《国务院关于当前发展学前教育的若干意见》(国发〔2010〕41 号)("国十条")
3	2011 年 3 月	各省(区、市)县	《学前教育三年行动计划》
4	2010 年 9 月	卫生部教育部	《托儿所幼儿园卫生保健管理办法》(卫生部教育部令第 76 号)
5	2011 年 10 月	教育部	《教师教育课程标准(试行)》教师〔2011〕6 号
6	2011 年 12 月	国家发展改革委、教育部、财政部	《幼儿园收费管理暂行办法》发改价格〔2011〕3207 号

续表

序号	颁布时间	颁布者	文件名称
7	2012年1月	教育部	《幼儿园教师专业标准(试行)》〔2012〕1号
8	2012年2月	教育部	《学前教育督导评估暂行办法》(教督〔2012〕5号)
9	2012年9月	教育部	《3—6岁儿童学习与发展指南》(〔2010〕41号)
10	2012年9月	教育部	《教育部关于加强幼儿园教师队伍建设的意见》(教师〔2012〕11号)
11	2013年1月	教育部	《幼儿园教职工配备标准(暂行)》(教师〔2013〕1号)
12	2014年2月	教育部	《中小学幼儿园应急疏散演练指南》(教基一厅〔2014〕2号)
13	2015年1月	教育部	《幼儿园园长专业标准》(教师〔2015〕2号)
14	2016年1月	教育部	《幼儿园工作规程》(中华人民共和国教育部第39号)
15	2017年1月	住建部、发改委	《幼儿园建设标准》(建标175—2016)
16	2017年4月	教育部	《幼儿园办园行为督导评估办法》(教督〔2017〕7号)
17	2018年2月	教育部	《教师教育振兴行动计划(2018— 2022年)》(教师〔2018〕2号)
18	2018年7月	教育部	《关于开展幼儿园"小学化"专项治理工作的通知》(教基厅函〔2018〕57号)
19	2018年11月	中共中央、国务院	《中共中央 国务院关于学前教育深化改革规范发展的若干意见》(央九条)
20	2018年11月	教育部	《新时代幼儿园教师职业行为十项准则》(教师〔2018〕16号)
21	2018年11月	教育部	《幼儿园教师违反职业道德行为处理办法》(教师〔2018〕19号)
22	2019年1月	国务院办公厅	《国务院办公厅关于开展城镇小区配套幼儿园治理工作的通知》(国办发〔2019〕3号)
23	2019年1月	教育部、住房和城乡建设部	《幼儿园标准设计样图》(教发函〔2019〕1号)
24	2019年5月	国务院办公厅	《国务院办公厅关于促进3岁以下婴幼儿照护服务发展的指导意见》(国办发〔2019〕15号)
25	2019年6月	教育部	《幼儿园责任督学挂牌督导办法》
26	2020年3月	教育部	《县城学前教育普及普惠督导评估办法》
27	2020年3月	教育部	《幼儿园新型冠状病毒肺炎防控指南》
28	2020年9月	教育部	《中华人民共和国学前教育法草案(征求意见稿)》
29	2020年10月	中共中央、国务院	《深化新时代教育评价改革总体方案》
30	2021年1月	国务院办公厅	《国务院办公厅关于促进3岁以下婴幼儿照护服务发展的指导意见》

续表

序号	颁布时间	颁布者	文件名称
31	2021年3月	教育部	《关于大力推进幼儿园与小学科学衔接的指导意见》
32	2021年5月	教育部	《关于实现巩固拓展教育脱贫攻坚成果同乡村振兴有效衔接的意见》
33	2021年7月	教育部	《关于实施学前儿童普通话教育"童语同音"计划的通知》
34	2021年7月	中共中央办公厅 国务院办公厅	《关于进一步减轻义务教育阶段学生作业负担和校外培训负担的意见》
35	2021年9月	国务院	《中国儿童发展纲要（2021—2030）》
36	2021年10月	国家发改委	《关于推进儿童友好城市建设的指导意见》
37	2021年10月	第十三届全国人民代表大会常务委员会	《中华人民共和国家庭教育促进法》
38	2021年10月	国家卫生健康委	《健康儿童行动提升计划（2021—2025年）》
39	2021年11月	教育部	《中华人民共和国教师法〈修订草案〉（征求意见稿）》
40	2021年12月	教育部	《"十四五"学前教育发展提升行动计划》
41	2022年1月	教育部	《关于开展中小学幼儿园校（园）长任期结束综合督导评估工作的意见》
42	2022年2月	教育部	《幼儿园保育教育质量评估指南》
43	2022年5月	教育部	《关于开展2022年全国学前教育宣传月活动的通知》
44	2023年1月	教育部等十三部门	《关于健全学校家庭社会协同育人机制的意见》

（二）对师范院校和幼儿园的直接影响

1. 对各级各类师范院校的影响

首先，增加了专业师资培养机构师生的研究和学习内容。在正常的系统专业知识的教学研究之外，教师要及时学习和掌握这些学前教育政策，并能将这些新规定结合到人才培养的过程之中，培养能联系实际的一线幼儿教育机构所需要的合格教师和教育工作者。

其次，促使大专院校成为研究学习新政策法规的摇篮，专业教师迅速成为再培训的教师。凡是培养未来幼儿园教师的各级各类学校，本专业教师自身必须以接受培训或者讨论、自学研究等多种途径，正确领会和理解上述文件的宗旨和要求，包括每一个文件特定的背景、意义、目的宗旨、内容、要求和作用范围等细节，以便能够成为合格的政策推广的宣传员，有效地引导广大一线幼儿教育工作者快速准确地理解和落实国家法规的要求，为培养国家所需要的人才打好基础。

最后，因各级国家培训和省级培训的需要，学校管理者在常规教育管理工作之外，还需增加一些阶段性的管理任务。校长们要协调多方面的关系，组织和落实好培训工作任务，保证国家好的政策能得到贯彻执行。

2. 对幼儿园的影响

幼儿园园长和教师是学前教育最直接主要的生力军,她们的工作直接决定着国家对学前教育的理念和良好设计能否实现。所以要让一线教育工作者顺利地完成"认知——认同——内化——外显"这一套心路历程,组织她们从认真学习各个文件的精神入手,正确领会其内容要求,进而将其融会贯通到自身的学前教育工作之中。具体应做到以下几点。

首先,园长需要学习并真正领会以上重要政策法规的文本内容,出台的背景和意义,对一线工作的具体影响等。园长的学习形式多样化,一般外出接受培训的机会很多,更有必要认真自学,以求贯彻执行好国家的指示精神。

其次,园长要组织全园职工学习以上与幼儿园工作密切相关的各项政策法规,不同岗位的人员应该有不一样的培训计划和要求。园长要结合本园实际,创造条件,开展形式多样具有效果的培训活动。

最后,学习的落脚点尤为重要,即在工作中踏踏实实执行,以保证良好的目标和规划落到实处。

众多的学前教育法令和指南标准,要想在广大幼儿园职工中得以宣传和讲解到位,被她们认识和认同,客观上存在较大的困难,因为培训和学习所需的人力、财力和时间等资源都不一定充足。主观上,一线教职员工的学习愿望和专业基础也存在差异,对培训的学习效果可能会产生一些影响。

案例 2-2

学习贯彻《3-6岁儿童学习与发展指南》

2013年4月27日,浙江省平湖经济开发区中心幼儿园全体教师齐聚多功能活动厅,开展为期半天的《3-6岁儿童学习与发展指南》(以下简称《指南》)解读与实践活动。此次学研活动,全体教师以"幼儿一日生活中的学习与发展"为主题,以"联系《指南》,解读幼儿园一日生活各环节中蕴含的学习机会,提高一日生活各环节中师幼互动的质效"为目标,全体教师在参与中明了,在交流中提升。

活动的第一部分,大家一起梳理了一日生活中蕴含幼儿学习与发展机会的各个环节,如入园/离园、进餐、午睡、餐点、户外活动等。随后以"入园环节"为导入,全体教师仔细观看"入园"的录像片段,边看边思考记录,寻找着入园环节中幼儿的学习和发展机会,如社会交往、做事程序、独立解决问题等。借一个环节的观摩、思考和分析,明晰活动的目的、流程和方法。

活动的第二部分,是分组参与式研讨。为增加教师参与互动的机会,我们将全体教师分成5~6人不等的10个小组,请他们分两次"对照《指南》寻找学习与发展的机会","基于《指南》,讨论我们如何在一日活动各环节与孩子有效互动,从而促进孩子的学习与发展"。

在小组互动研讨的过程中,老师们积极认领一个生活环节为研讨内容,交流讨论热烈,记录形式多样。

小组自主讨论后,每组选派一个代表发言。从小组发言来看,对于一日生活各环节所隐藏的幼儿学习与发展的机会,老师从更为宽阔的视野、更为全面的教育理念出发,认识到幼儿的发展是一个整体,教师要关注孩子的全面发展。

老师们列举着自己发现的问题和改进的方法,还结合自己互动较好的事例及学习《指南》以后的新思考侃侃而谈。

半天研训,两次互动,老师们植根于"幼儿一日生活皆教育"的理念,并相互交流将这一理念付诸实践的方法和策略。接下来,老师们将积极行动,关注幼儿生活,关注幼儿学习与发展的整体性,理解孩子的学习方式与特点,让孩子在生活中健康、快乐地成长。

资料来源:中国幼儿园教师网

二、学前教育发展的规划影响到学校和幼儿园管理目标的局部调整

(一)当前我国学前教育发展规划

业已结束的三年行动计划,给行业内的诸多师范类学校和幼儿园带来了良好的发展机会,有的学校升级,生源增多,获得资助和免费培训机会。

在解决入园难问题上,国家的大致规划为:一是用三年左右时间,以扩大资源为主,首先缓解"入园难";二是再用三年左右的时间,继续扩大资源,在解决"有园上"的同时,加快构建学前教育成本分担和运行保障机制,实现"上得起";三是用三到四年的时间,完善体制机制,实现科学保教制度化,到2020年在全国基本普及"有质量"的学前教育。

显然,在发展幼儿园和提高幼儿园办园质量方面,国家的决心是坚定的,分三步走的大趋势明朗:"三年左右——缓解入园难";"三年左右——有园上和上得起";"三至四年——有质量"。这个宏观大趋势,和中观各省(区、市)已经出现和将陆续出台的详细的行动计划,在一定程度上,会对各级师范院校和幼儿园未来几年管理目标的设置产生影响。

(二)对师范院校和幼儿园管理目标的影响

管理目标是组织在一定时期内对本组织的发展方向和工作成果的选择。管理目标表明了管理者要把组织管理成什么样子,它关系到组织的发展规格问题。对以育人为主要宗旨的教育机构来说,确定正确而适宜的管理目标是很重要的。

1. 对师范院校管理目标的影响

我国师范院校的生存和发展一直处于一种矛盾的状态中,一方面国家和社会都倡导重视"科教兴国",其中教育是培养人才的活动,而师范教育以培养大量社会需要的合格教师为己任,理应相当受重视。然而另一方面,师范院校的发展机遇不尽如人意,获得的办学资源往往比同等级的其他学校差,甚至在招生方面,也是叫好不叫座,不时面临优质生源不足的困境。所以,为了学校的生存,校长们常常不得不将主要精力用于为学校找资金、谋创收等教育以外的工作上。

在国家坚定决心,稳步发展学前教育的历史机遇面前,校长们应该把握机会,抓好学校管理的重心,将主要精力集中到谋求学校的内涵发展上。国家希望2020年前让广大幼儿能上"有质量"的幼儿园,这首先需要大量优良的师资,而未来的幼儿园教师来自于今天的师范院校。相关学校的校长要完善相应的学校管理活动,尽力抓好学校的教学重心,提高人才培养的质量,以质量促办学水平的提升。如,在学校有较好的社会声誉、毕业生受用人单位欢迎的基础上,整合其他办学资源,提升学校的办学档次,从而吸引优秀青年报考学校,良性循环地扩大招生规模。这类学校发展

规划,应该分步骤地以管理目标的形式纳入学校的中长期发展规划之中。同时,为了保证学校的教育质量,还应设计培养和吸引优质教师的局部管理目标,优化课程结构和教学管理的目标,以及后勤保障目标等。

2. 对幼儿园管理目标的影响

国家对学前教育发展的宏观设计,是幼儿园管理的重要依据。要落实"让幼儿上有质量的幼儿园"的终极目标,关键要依靠广大的幼儿园园长和教师,幼儿园是实现这一目标的主力军。幼儿园管理的方向是否与国家对学前教育的发展趋势一致?幼儿园的管理重心在哪儿?保育教育质量能否得到保证并逐步提高?谁来实施高质量的保教工作?一系列相关联的问题摆在园长和全体教职工面前,需要大家统一认识,对幼儿园发展的方向和预期工作成果做出正确的选择。在当前国家各级政府为幼儿园健康发展保驾护航的大环境中,园长们看到的既是规划,又是机遇。要主动把握幼儿园发展的重心和机会,赢得优势。

三、逐步理顺管理体制对幼儿园发展的影响

管理体制是指管理系统的结构和组成方式,具体地说,管理体制是规定中央、地方、部门和具体组织各自的管理范围、权限职责、利益及其相互关系准则的统一体。学前教育的管理体制涉及国家的学前教育理念,各级政府自上而下的管理关系,责任划分等根源问题。明确了管理体制之后,讨论理顺其内在包含的办园体制(谁投资?谁办园?谁受益?)、财政投入体制和师资培养机制等局部体制问题才会有依据。目前,我国学前教育的管理体制基本形态是:各级政府对学前教育统筹协调,教育部门主管、分级管理、各有关部门分工负责。其中的办园体制是:"政府主导,社会参与,公办民办并举。"

(一) 国家主导学前教育是发展趋势

《纲要》里明确提出"政府主导","国十条"里明确提出"地方政府是发展学前教育、解决'入园难'问题的责任主体"。由此可见,不管是国家级政府还是地方政府,都是政府,仅仅是层级不同而已,归结起来主导学前教育的,始终是国家。而从世界范围来看,要发展好学前教育,国家担当十分必要。

链接 2-2

明确政府职责。把发展学前教育纳入城镇、新农村建设规划。建立政府主导、社会参与、公办民办并举的办园体制。积极发展公办幼儿园,大力扶持民办幼儿园。实行成本合理分担机制,对家庭经济困难幼儿入园给予财政补助。完善幼儿园工作制度和管理办法。制定学前教育办园标准和收费标准。建立幼儿园准入和督导制度,加强学前教育管理,规范办园行为。依法落实幼儿园教师地位和待遇,加强幼儿园教师队伍建设。教育行政部门宏观指导和管理学前教育,相关部门履行各自职责,充分调动各方面力量发展学前教育。

《纲要》第三章学前教育(六)

为了发展普惠性、公益性幼儿园,解决社会上普遍存在的"入园难,入园贵"难题,国家主动承担责任,在各省(区、市)开展的三年行动计划中,全国各地的城市和

乡村新办了成千上万的公立幼儿园。国家投入财政性经费,支持公立幼儿园大力发展,扶持公益性较强的民办幼儿园的发展。幼儿园格局从过去一段时期的民办幼儿园占据大半壁江山的状态开始转变,呈现出"公进民退"的态势。

(二)对公立和私立幼儿园的影响

1. 公立幼儿园普遍受益。幼儿园运行处于良好的环境中,只需要专心做好幼儿的保育和教育工作,向社会提供合格的高质量的学前教育,而不必担心幼儿园的生存问题。尤其是,许多正忧虑自己所在的公立幼儿园是否会被卖给社会团体的园长和员工,可以解除焦虑,安心工作。公立幼儿园教职工的权益更能得到保障。

2. 私立幼儿园面临分化和挑战。私立幼儿园中,那些办园动机端正,能为社会提供平价优质服务的民办幼儿园,能得到国家的部分资助,也面临着好的发展机遇。在国家政府提倡办"公益性""普惠性"幼儿园的背景下,部分民办幼儿园有必要思考如何迎接挑战。及时调整幼儿园的发展定位,树立正确的办园指导思想,设置恰当的管理目标,积极地参与到办普惠性幼儿园的队伍中来,同样也能享受到国家主导学前教育的良好际遇。

四、国家财政投入对学前教育机构的影响

前一部分已经列举了贯彻落实《纲要》精神以来,我国财政对学前教育大幅增加投入的数据和成效。今后国家仍会继续投入经费发展学前教育。

(一)政府投资学前教育的理由

政府投资学前教育的原因,已得到不少有价值的认识,对此前文有所介绍。美国经济学家杰弗里·萨克斯(Jeffery Sachs)从投资与产出的角度介绍了国际社会关于幼儿保育和教育的效能研究,研究证实,早期教育投入对于社会具有极高的回报价值,特别在提高国家人口素质、减少贫困、犯罪等社会问题等方面,起到了社会发展问题早期预防的效果,并为国家未来人力资源的开发奠定了基础。现在,各国有识之士已经认识到:

1. 学前教育是准公共产品,其劳动的产出不仅给儿童个体带来效益,更经过儿童成年后的劳动反馈于国家、社会。

2. 学前教育对父母等现实劳动力的帮助意义不容忽视。

3. 学前教育具有十分明显的社会效益,是构建和谐社会的途径之一。

基于上述理由,政府理应担负起投资兴办学前教育的责任。

(二)现在的投入状况

提高国家财政性教育经费支出占国内生产总值的比例,2012年达到4%,到2018年,连续6年保持4%以上。三年行动计划中,中央财政已累计安排学前教育发展专项资金422.4亿元,其中仅2013年学前教育发展专项资金就达到160.3亿元。2018年学前教育发展专项资金为150亿元,2019年在此基础上提高到168.5亿元。[①]

---

① 教育部:增加学前教育发展专项资金[N].中国青年报.2019-4-18.

(三) 对师范院校和幼儿园发展的影响

无论是培养学前师资的学校,还是公立私立的幼儿园,都应该抓住难得的机遇,通过设计合理可行的学校或幼儿园发展规划,来获得国家和地方政府的财政资助,以便积极改善办学条件,吸引和培养优质的教职工队伍,获得相对有利的发展空间,为后续的发展创造良好的条件。

同时,幼儿园还应树立正确的经营意识,做好自身的财务管理,按照国家 2011 年出台的幼儿园收费管理办法,认真执行,主动规范收费管理,实行收费公示制度,接受社会监督,保证幼儿园的普惠性。在收费和财务管理方面做到清正严明,是赢得良好社会声誉的一大法宝,也能为幼儿园的可持续发展打下好的基础。

五、农村学前教育事业得到前所未有的发展

> **链接 2-3**
> 《国家中长期教育改革和发展规划纲要(2010—2020)》中的第二十一章重大项目和改革试点之一:农村学前教育推进工程。支持办好现有的乡镇和村幼儿园;重点支持中西部贫困地区充分利用小学富余校舍和社会资源,改扩建或新建乡镇和村幼儿园;对农村幼儿园园长和骨干教师进行培训。
> 许多省份的三年行动计划中,有农村的乡镇必须设立一所公办的乡镇中心幼儿园。

本节前文已经大致描述了我们农村学前教育的受重视程度和发展成就,能深刻地感受到在国家主导下,农村学前教育取得的可喜变化。对于贫困地区,国家正通过政策倾斜和专项资金来帮其发展学前教育,对于广大农村地区的幼儿园园长和有志于投身农村幼儿园发展的同行来说,正在经历的是我国有学前教育历史以来农村幼儿园发展的最好时期。广阔天地,大有作为。

师范院校要树立使命感,肩负起为农村培养合格幼儿园教师的重任;要制度化地"送教下乡",帮助农村幼儿园管理和教育逐步走上正轨;还应在理论上加强研究农村学前教育相关的问题,有关农村幼儿园发展的规划和管理、课程教育、卫生保健和安全等诸多问题,都是值得幼教人关注的研究课题。总之,师范院校应通过研究发现问题,提出解决问题的合理化建议,进而更有效地促进农村学前教育的健康发展。

农村地区的园长构成较为复杂,有的是内行,有的不是内行。有园长任职资格证和管理经验的内行园长,要积极研究农村幼儿教育的新机遇新问题,尽快成为农村幼儿教育专家型园长,让自己管理的幼儿园成为农村幼儿园发展的榜样,以便辐射周边的有需要的幼儿园。没有园长资格证和管理经验者,则要积极行动起来,认真学习先进的幼儿园管理理念,学习系统的学前教育知识,使自己成为内行的领导者。总之,园长们应带领幼儿园教职工一起,提高农村幼儿园办园水平和保教质量。

城市的幼儿园要积极支援农村幼儿园的发展,互相学习,取长补短,共享资源,共谋发展。

六、大规模培训幼儿园教师为师范院校和幼儿园带来发展空间

> **链接 2-4　　　　　　"国十条"（节选）**
>
> 完善学前教育师资培养培训体系。办好中等幼儿师范学校。办好高等师范院校学前教育专业。建设一批幼儿师范专科学校。加大面向农村的幼儿园教师培养力度，扩大免费师范生学前教育专业招生规模。积极探索初中毕业起点五年制学前教育专科学历教师培养模式。重视对幼儿特教师资的培养。建立幼儿园园长和教师培训体系，满足幼儿园教师多样化的学习和发展需求。创新培训模式，为有志于从事学前教育的非师范专业毕业生提供培训。三年内对一万名幼儿园园长和骨干教师进行国家级培训。各地五年内对幼儿园园长和教师进行一轮全员专业培训。

国家为了解决适龄幼儿的入园困难，提高学前教育的普及率，就必然要增加幼儿园数量，相应地扩大学前教育的师资数量，同时为了保证质量，还必须提高师资培养的质量和规格。这一现实需求，有利于师范院校扩大和优化招生规模，调整学校等级，这对于部分大中专院校来说是难得的发展机遇。第一期三年行动计划实施后的三年间已经有九所学校升级，也有新增的学校或大学新增设了学前教育专业，招生规模不断扩大。

国家级培训和省级培训，都是有专项拨款的，国家包揽了学习费用，不需要幼儿园参训者出学费，而且培训的规格较高，地区交叉，机会难得。许多园长在这几年的培训过程中，极大地扩大了视野，活跃了思维，完善了专业知识结构，增强了实际工作能力。她们也乘此东风，培训了一批幼儿园里的骨干教师，为幼儿园后续的良好发展奠定了良好的基础。

我国的学前教育行政正逐步加强对幼儿园的准入标准的控制，加强对幼儿教育质量的督导评价，这些行政行为也不同程度地影响着幼儿园的管理。按照教育部的部署，今后我国学前教育的行政指导文件会持续出台，不管是已有的还是将出台的，其中的每一项运作起来，都会给学前教育机构带来联动反应。幼儿园园长和校长们应该认真学习，主动把握国家政策法规的要求，争取日常管理工作的主动权，处理好办园自主和符合国家要求的辩证统一关系。园长们应立足本职岗位，抓好幼儿园正常运行的管理环节和管理要素的方方面面，踏实做好幼儿园的工作，以此为己任。同时，应留心学习上级颁发的文件，掌握好政策，及时、有效地促进幼儿园管理和教育的发展。

思考与练习

1. 名词解释：教育行政、学前教育行政。
2. 学前教育行政具有哪些功能，学前教育行政内容包含些什么？
3. 选择你感兴趣的国家，综合描述其学前教育行政手段和成就，并谈谈对我国的启示。
4. 国外学前教育财政投入体制能否对我国提供借鉴作用？若有，请列举分析。
5. 请归纳我国当前学前教育行政的主要成就，进一步思考还存在哪些问题？
6. 你认为当前我国学前教育行政对师范院校学前教育专业的发展有何影响？
7. 学前教育行政对幼儿园会产生哪些影响？
8. 请思考和讨论我国幼儿园教师的职前培养现状并提出建议。

第三章 学前教育管理体制

 **学习目标**

1. 理解教育体制概念和构成;掌握名词:教育管理体制、教育行政体制、幼儿园办园体制、园长负责制。
2. 熟悉并掌握我国学前教育管理体制的发展和现状,了解其他国家的学前教育管理体制。
3. 领会教育管理体制的功能以及影响其变化发展的因素。
4. 掌握当前我国幼儿园办园体制的现状和园长负责制的含义。

【本章导读】 教育管理体制是教育行政的中心和关键。自改革开放以来,"教育管理体制改革"屡见不鲜,成为我国教育行政管理的一项十分重要的内容。教育发展所取得的成就或存在的问题,与教育管理体制密切相关。

同理,学前教育管理体制也是学前教育行政的中心和关键。第二章中曾涉及此概念,但没有充分展开论述,因为教育管理体制有相对独立的研究价值。本章在阐释相关概念的基础上,揭示我国当前的学前教育管理体制,并简介其他几个国家的学前教育管理体制;分析管理体制的功能和其变化发展的影响因素;探讨学前教育行政体制、幼儿园办园体制的发展变化和园长负责制的内涵。通过本章的学习,学生将获得相对全面的关于学前教育管理体制的知识,并能在第二章学习的基础上,加深对学前教育行政的综合理解。

第一节 学前教育管理体制及相关概念辨析

"体制"一词,被广泛地运用于社会管理领域,如"政治体制""经济体制""深化教育体制的改革"等。研究教育管理,不应回避教育管理体制的探究。

一、几个相关的体制概念辨析

为了清晰地界定教育领域的几个常用的体制的概念,有必要从基本的体制概念入手,逐层梳理。

(一)体制

"体制"一词最初为生物学概念,指生物器官的配置形式,后来引申出"组织体系和联系制度"这种含义,迁移于描述社会领域的组织制度,如政治体制、经济体制等。所谓体制,顾名思义,包括体系和制度两部分,体系指的是组织的机构设置系统,制度是保证组织机构系统正常运转的规范。机构系统是制度的载体,制度是机构系统的核心。如果建立了机构而无制度、规范,那机构的设立为何目的,有何效用?反之亦然。载体与规范是结合体、统一体,因此才被称为体制。因此,体制常被界定为关于国家机关、企事业单位的机构设置、隶属关系和权限划分等方面的体系与制度的总称。

(二) 教育体制

教育体制是教育机构和教育制度或称教育规范的结合体、统一体。

其中,教育机构指的是教育实施机构和教育管理机构。教育实施机构指的是各级各类学校,如幼儿园、小学、中学、大学,此外还有其他各类别的学校机构,如成人教育、特殊教育机构等。教育管理机构包括各级教育行政机构(如教育部、厅、局、组等)和幼儿园、学校内部的管理组织(如校长层、主任层等)。

教育制度是指建立并维持教育机构正常运转的各种规范,它们规定着教育机构的职责、权限和机构内的人员与岗位责任等,一般以教育方针、政策及具体的法规、章程、准则等体现出来。

常出现的"教育体制改革"这一提法,就是围绕着机构设置和相应规范而展开的。要么侧重改变教育机构的设置,要么侧重改革教育法规制度,或者两者一起革新。

(三) 学校教育制度

教育实施的具体机构(主要为各级各类学校、幼儿园等)与一定的制度规范相结合,形成了学校教育体制,简称学制。它规定着学校的任务、入学条件、修业年限及彼此之间的关系等方面,学制早已是教育界约定俗成的表述,在本书的分析框架中,也可以说是学校教育体制,如现在基础教育学制通行的是"六三三制"。

(四) 教育管理体制

教育管理机构与一定的制度规范相结合,构成教育管理体制。教育管理体制所要回答的问题包括:一个国家的教育管理权力如何确立和划分?中央和地方各自设置哪些教育管理机构?这些机构之间的隶属关系怎样?一个国家对教育的管理总体上是集权管理还是分权管理?具体的教育机构的管理层级和权限怎样安排?等等。其中还可以依据教育管理机构的不同,进一步分出宏观和微观的两部分,即教育行政体制与学校管理体制;也可以依据教育管理不同的内容,而分解出各有所指的子概念,如领导体制、教育财政投入体制、办学体制、办园体制等。

1. 教育行政体制。教育行政机构与一定的制度相结合,称为教育行政体制。如中央集权制、地方分权制等教育行政体制,反映着一定国家或一定地区内的宏观、中观层面上的教育管理的形态,以及国家管理教育的部门机构的设置、隶属关系和权限的划分等。

2. 学校管理体制(含幼儿园管理体制)。学校内部的管理组织与一定的规范制度相结合,就形成了学校管理体制,如我国现阶段推行的校长负责制。学前教育机构包括师资培养机构和实施学前教育的幼儿园,因此对于师范院校来说,就是学校管理体制,而幼儿园则直接表述为幼儿园管理体制。

上述几个常见概念之间的关系大致可反映为一个结构图(见图 3-1)①。

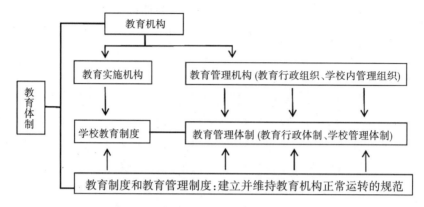

图 3-1 教育体制结构图

图 3-1 反映出教育体制两大因素(机构与制度)的结合关系,廓清了教育体制的种、属子概念及其相互关系。其中,教育管理体制包含两部分:教育行政体制和学校(幼儿园)管理体制。教育行政体制是宏观的,而学校管理体制是微观的,两者紧密联系,相互制约,共同构成教育管理体制的有机组成部分。认识这些关系,有利于我们明晰一些含混不清的认识,有利于理清教育管理体制改革的正确思路。

二、中外学前教育管理体制

根据上文对于"体制"的描述,我们能较清楚地解读出学前教育管理体制的含义。它是学前教育管理机构与规范管理机构正常运转的制度的总称。

(一)学前教育管理体制概念

学前教育管理体制是指学前教育管理系统的结构和组成方式的统一体。它涉及学前教育系统的管理机构设置、职责范围、隶属关系、权力划分和运行机制等方面。具体地说,它规定着中央、地方、部门和具体学前教育机构各自的管理范围、权限职责、利益及其相互关系准则等。权力是管理体制的根源。

学前教育的管理体制间接反映着国家的学前教育理念,其内涵是以权力为核心而配置的关系网络,其外延包括学前教育领导体制、办园体制、投资体制、园长负责制等为核心的一系列教育制度。换言之,学前教育管理体制中,还可以细分出以上的一些更具体的类别。

(二)我国当前的学前教育管理体制

为了更立体地认识当前我国的学前教育管理体制,我们可以从不同视角去思考。

1. 宏观的学前教育行政体制

(1)从理论层面看:中央与地方合作制

我国现阶段的学前教育管理体制是中央与地方合作制。中央与地方合作制又

---

① 孙绵涛.教育管理原理[M].广州:广东高等教育出版社,1999:105.

称综合型的教育行政体制,指在教育行政权力的划分、行使等方面,既不是严格的中央集权,也不是绝对的地方分权,而是强调由中央与地方合作共同办好教育。这种体制克服了单纯的集权制和分权制的不足,综合了两者的长处,既有利于国家教育事业的平衡与协调发展,又注意适当授权给地方,有利于调动各地办教育的积极性,能较顺利地取得良好的教育效益。对于学前教育而言,中央与地方合作的行政体制同样具有以上优势(关于我国学前教育行政体制的发展轨迹和各种体制的优势与弊端,下一节中有较详细的论述)。

(2) 从政策层面看:"地方负责,分级管理"的体制

在我国,学前教育归属于基础教育。1985年在《中共中央关于教育体制改革的决定》里指出,基础教育管理权属于地方。中央负责决定基础教育的大政方针和宏观规划,而具体的政策、制度、计划的制订和实施,以及对中小学、幼儿园的督导评估等一系列责任和权利都交给地方政府及其教育主管部门。省、市(地)、县、乡分级管理的职责怎样划分,也由省(自治区、直辖市)决定。因而,从教育体制改革之初,我国学前教育就随着基础教育一起,施行着"地方负责、分级管理"的体制。随后这一管理体制又得到补充,1987年国务院办公厅转发的国家教委等九个部门联合制定的《关于明确幼儿教育事业领导管理职责分工的请示》中提出,幼儿教育事业实行"地方负责、分级管理"和有关部门分工负责的原则。

应该指出的是,这一体制从字面上看来是地方分权制,但是基于我国的国体和政体,在理论上和实践中都不可能采用类似于美国那样的地方分权制。如,基础教育教学大纲、统编教材、中小学基本统一的开学日期、高考制度等,多年来都是全国统一的,国家对教育管理的影响广泛而深刻。该体制中强调地方负责,原意是破解以往我国教育上中央过于集权的局面,适当分权给各地,以便调动地方管理教育的积极性和创造性,提高教育管理的效能。地方实质上是代表国家意志,履行管理教育的职责,本质上还是中央与地方合作制。

从宏观上看,我国学前教育管理体制最新的表述是"国务院领导、省市统筹、以县为主的学前教育管理体制"[①]。其基本形态是:各级政府对学前教育统筹协调,教育部门主管、分级管理、各有关部门分工负责相结合。

2. 中观的幼儿园办园体制

当前,有关政策文本、专业文献中常出现"幼儿园的办园体制"这一高频概念。学前教育对幼儿身心健康、习惯养成、智力发展具有重要意义。而要积极发展学前教育,就必须明确政府职责。把发展学前教育纳入城镇、社会主义新农村建设规划。建立政府主导、社会参与、公办民办并举的办园体制。"

对于这个使用率较高的专业概念,我们不仅不应回避,反而要努力解答清楚。那么,什么是办园体制呢?

幼儿园办园体制特指规范办园行为的体系和制度,包含办园批准权限、办园规

[①] 《中共中央 国务院关于学前教育深化改革规范发展的若干意见》第三十一条。

划、办园主体、办园经费等,它要解答幼儿园由"谁投资、谁办园、谁管理"的问题。近三十年来,我国城市与农村幼儿园布局失衡、公立与民办幼儿园比例倒挂、高价与低廉收费的幼儿园差距悬殊、优质与劣质幼儿园两极分化等现象,无不起因于深层次的办园体制问题。

办园体制问题是学前教育行政中的组成部分,更是教育管理体制中解答开办幼儿园规则的一个子概念,其作用面小于整体的管理体制,但是另一方面,它又比幼儿园内部的园长负责制的作用范围大,在此姑且将其归为中观体制问题。我国当前倡导的是"建立政府主导、社会参与、公办民办并举的办园体制"。

3. 微观的幼儿园管理体制:园长负责制

学校内部的管理组织与一定的规范制度相结合,就形成了学校管理体制,如我国现阶段推行的校长负责制。学前教育机构,既包括师资培养机构,也包括大量实施学前教育的幼儿园,因此,所谓管理体制,对于师范院校来说就是学校管理体制,而对幼儿园则直接表述为幼儿园管理体制。幼儿师范类院校的学校管理体制与其他学校管理体制的含义一致,要求趋同,如实行校长负责制。而幼儿园是相对特殊的教育机构,其中的管理体制难免有些特殊,比如,幼儿园内部实行园长负责制。因此,我们在这一节谈微观的学校管理体制,就聚焦到幼儿园管理体制这一点上。

幼儿园管理体制是幼儿园的管理组织层次、责任权限、相互关系与支持幼儿园正常运转的制度的综合体。它是学校管理体制的特殊形式,在我国,当前幼儿园的管理体制主要是"园长负责制"。园长负责制是一个结构概念,反映园内领导关系的结构方式,明确了园长对幼儿园工作具有最高行政权,但同时又应该受到幼儿园内正式组织的监督。实行园长负责制的目的是增强幼儿园的办园自主权,使幼儿园成为独立的办园实体。园长作为一园之长,作为幼儿园的法人代表,对外代表幼儿园,对内统一指挥和领导全园工作,对上级承担着幼儿园管理的全部责任。为此,园长要遵纪守法,服从上级教育行政部门和幼儿园主办方的领导,同时,还必须接受幼儿园党组织和教代会的监督,避免管理上的家长作风,从而更好地管理幼儿园。

(三) 国外部分国家的学前教育管理体制

在发展学前教育的国家中,管理体制是客观存在着的,无论主观上是否认识到它。国外一些国家的学前教育管理体制具有动态化、多元化特征,包含的内容很多并且较复杂,这里仅介绍部分国家学前教育管理体制的显性内容。

1. 美国

(1) 学前教育行政体制:地方自主模式

美国是典型的联邦制国家,学前教育的管理体制是地方自主模式,各州享有充分的学前教育发展自主权,各州之间学前教育的发展,除了学前一年(5—6岁)的幼儿园全美相仿以外,其他方面的儿童早期教育存在一些差异。联邦政府的作用主要是间接的和扶持性的,比如每一届政府执政期间提出的学前教育的理念、国会通过的部分著名法令(如《提前开端法》《不让一个儿童落后法》等),对各州不具有真正意义上的强制力,而更多是通过项目合作、拨款奖励、竞争机制等方式间接地促进州政府推进和实施。

(2) 办园体制:非常多元化

在美国,办园体制的多元化十分明显,形成了多样化、多渠道办园的格局。幼教机构种类繁多,包括幼儿园、全日托儿中心、"早期提前开端"中心、幼儿学校(蒙台梭利学校是其中比重很大的一种)和幼儿家庭教育组织等。机构有公立和私立两种,通过政府代理人提供经费并管理的学前教育机构所占比例不到20%,超过80%的学前教育机构是个人、企业团体或教会机构申办并管理的,他们的办园经费来自孩子家长所付的学费。私立学前教育机构的设立由申请人向所在地的州政府提出申办计划(其中内容包括办学场地、规模、开班经费和申请人所具有的学前教育专业背景等),并缴纳申办费和获得营业执照。美国的私立学前教育机构大多由当地政府的教育局和卫生局等部门监管。

(3) 幼儿园管理体制:园长自治

在具体的学前教育机构中,基本上实行园长负责制(鉴于美国学前教育机构名称繁杂,为便于表达,姑且统一称它们为幼儿园,但是一定要注意美国人说的幼儿园不同于我们国家的幼儿园)。美国大多数幼儿园的规模都不大,工作人员也不多,所以管理人员更少,多数情况下是一人兼多职。幼儿园园长负责幼儿园的内部管理,如日常事务的处理、教学活动的开展、人员的管理等,幼儿园有比较大的办园自主权。

2. 英国

(1) 学前教育行政体制:中央与地方均权模式

英国与美国一样,将5—6岁儿童的学前教育纳入义务教育,是国家公共教育管理系统的重要组成部分。现行行政体制为中央与地方均权模式的学前教育行政体制。英国在早期比较侧重于强调地方政府的自主权,中央政府的领导和管理权力有限,后来逐渐地发现问题,进行调整。其中央政府加强了对学前教育发展的统一管理,并颁布了一系列重要政策,如:1998年的"国家儿童保育战略",2003年的《每个孩子都重要:为了孩子而改变》,2006年的《儿童保育法》等。通过这些来加强中央政府对学前教育的领导,并调整了国家对儿童教育的领导机构,2007年将原有的教育和技能部分为两部,其中,新成立的儿童、学校与家庭部主管学前教育事业。

英国的学前教育在宏观管理体制上实行国家、地方、学校三级管理,国家负责制定幼教方针、政策、法规、制度,地方负责国家政策法规的贯彻执行,同时,机构的开设、经费补助和教师聘用等也主要由地方教育行政当局负责管理。

(2) 办园体制多样化

英国的学前教育机构多种多样,不过与美国类似,主要可归为两大类。第一类是属于义务教育体系的机构,主要招收5岁以上学前儿童,具体有幼儿学校和幼儿班,附设在小学中的保育学校(Nursery school)和保育班。第二大类是不属于义务教育的学制外的机构,主要招收5岁以下幼儿,如全日托中心、"确保开端"儿童中心、学前班、居家保育及游戏小组等,分别由社会福利部门、教育部门、私人或民间团体举办。

(3) 校长负责学前教育机构的经营管理

学校由管理委员会聘任校长负责日常事务的具体操作,具体事务的处理由工作人员递交到校长处,经他同意后才可执行。校长除负责日常事务外还负责幼儿学校等机构内工作人员的管理,包括岗位安排、奖惩、考核等,校长有权解聘不负责任的员工,有权奖励表现突出的员工。

3. 俄罗斯

学前教育是俄罗斯国民教育体系的基础和有机组成部分,实施学前教育的机构有托儿所、幼儿园以及托幼混合的一体化机构。此外,还有非传统的教育机构如幼儿园、小学联合体,幼儿园、小学、中学联合体等。在幼儿园,园长是最高行政领导,一切工作都由园长来指挥。苏联解体前,幼教行政管理主要体现为国家对学前教育事业的统一领导与集中管理。苏联解体后,俄罗斯学前教育在很多方面发生了变化,主要表现为:一是在性质、目标和管理体制方面,从把学前教育作为国家的公益和福利事业,实行高度集中统一的管理(包括教育目的与内容的高度统一管理),转变为给联邦和学校更多自主权,教育面向社会和市场,实行民主化管理,教育内容与方法趋向民主化;二是在教育财政和经费渠道方面,从实行单一的公立教育系统,由国家包办教育,注重学前教育普及化和普遍化,转变为促进办学主体多元化,建立非公立教育机构和家庭教育系统,实现经费来源多渠道,重视教育的个性化和家长的不同需求与选择;三是在教育的功能上,以往过分突出政治性而民族色彩淡化,现今各民族都开始复兴自己的文化,俄罗斯传统文化在学前教育内容中的地位日渐增强,甚至教会也开始介入教育。

4. 日本

日本的学前教育属于非强制性教育,但在管理上受国家法律和教育行政机关的保护。学前教育机构包括保育所和幼儿园,分别有私立、公立及国立等办学类型。幼儿园与保育所实施二元化管理,即:幼儿园由文部省管理,属于学校体系,受《学校教育法》的制约,招收3—6岁儿童,主要任务是教育;保育所则由厚生省管理,具有福利性质,受《儿童福利法》制约,招收0—6岁缺乏保育条件家庭的幼儿,主要任务是保育,收费低廉,国家给予较多的公费补贴。当前,日本的教育行政管理由战前的极端集权制逐步趋向合作的形式:中央即文部省和地方公共团体两级管理系统,在中央指导下实行地方分权制。国立、公立及私立学前教育机构的经费分别来自于国家、地方政府及办学团体或个人。一般来讲,私立幼儿园的规模比国立、公立的要大,收费也较高。日本政府除直接拨款资助国立、公立幼儿园外,还通过减免税收、提供园舍设备完善费等方式对私立幼儿园予以扶持。

目前,日本的学前教育机构由保育所、幼儿园和认定儿童园组成。日本的第一所国立幼儿园建于1876年,第一所保育所建于1890年,而第一所"认定儿童园"开始于2006年。"认定儿童园"作为日本一种新型幼儿教育体制,其出现一方面是希望补充日本保育园、幼儿园整体不足的现状,另一方面也试图探索保教合一的新型幼儿教育机构形式。

值得一提的是，在一些论述中，学前教育管理体制有时也被称为幼儿教育管理体制，在很多时候，更侧重于指宏观层面的管理体制。

第二节 学前教育管理体制的功能与影响因素

在讨论了管理体制的相关概念、了解到国内外学前教育管理体制的现状之后，应该进一步发掘其深一层的内容。应该思考：有学前教育事业的国家，其客观存在的学前教育管理体制具有什么样的功能？能发挥哪些作用？体制是否会变化？哪些因素影响到管理体制的改变呢？

一、学前教育管理体制的功能

功能是指事物或方法所发挥的有利作用，也可称为效能。学前教育管理体制的功能，是指合理有效的管理体制能发挥怎样的有利作用。第二章中介绍过教育行政的功能，行政的范畴大于体制，所以体制的功能有别于行政的功能。

（一）权力分配功能

学前教育管理体制要解决中央与地方之间、教育主管部门与幼儿园之间、幼儿园开办者与管理者之间多层次管理机构的关系。这些关系归根到底是权限、责任与利益的关系。适合于一定国家和社会的学前教育管理体制，应该能让参与学前教育的每一层管理机构都按照明确而适当的规则办事，明确各自的权利与义务关系，调动每一方面的积极性，以此为前提，保证学前教育事业的顺利开展。

以微观的幼儿园管理体制为例，权力的分配功能同样存在。

一所幼儿园中存在的关系有：幼儿园与上级教育行政机关的关系；开办者与管理者的关系（有的私立幼儿园开办者与管理者相同）；幼儿园内部管理者与被管理者的关系。只有按照各方认同的规则处理幼儿园的事情，才能保证幼儿园保教活动正常有序地开展，不至于产生混乱。而俗话中的"行规"离科学化程度较高的术语"管理体制"或许只有一步之遥。

（二）分工协作功能

学前教育管理体制中涉及的责任范围的划分直接关系到分工，分工不是目的，分工是提高管理效能的手段，是为了保证整体中的每一部分得到有针对性的管理。同时，学前教育管理工作各部分之间，无论是垂直的层级，还是横向的相关部门都存在联系，需要协调起来，彼此合作，才能将学前教育管理好。教育管理体制含义本身就包含着分工协作的意思，所以管理体制能体现出分工协作功能。

在幼儿园中，管理体制的这一功能同样能得到反映。

幼儿园是一个由多种专业人士组成的教育机构，设置了不同的层级和部门，分别由具有不同权力、责任的人员在不同的岗位司职，这就必然存在分工与合作的需求。幼儿园的管理体制通常会将这些分工与协作关系以制度规范的方式做出明确的界定，以便使各种力量在幼儿园机构中发挥其应有的作用。比如，我国当前实行的园长负责制,若仅望文生义,会认为就是园长一人决定一切,不存在分工合作关系,其实不然,其中也含有多重分工与合作。园长要全面负责管理幼儿园,同时党组织要保证监督,全体教职员工要民主参与管理活动,这样构成了三位一体的协作关系。由正副园长组成的管理层,也会进一步明确分工,分工同时要合作,以保证工作绩效。

(三) 领导指挥功能

相对于管理学前教育的其他制度,学前教育管理体制是牵一发而动全身的,其领导指挥功能是很突出的。其中,在宏观行政体制方面,确定了国家管理学前教育的主管部门,也指出由各有关部门分工负责,这些部门里相关工作人员的主要职责就是引导辖区内的学前教育工作健康发展,出现矛盾时领导们要予以指挥协调。

幼儿园无论大小,想要正常开展幼儿教育工作,都需要一个领导核心。园长作为幼儿园的最高行政人员,对本园的发展负有主要责任,具有决策权、指挥权。有责任人,遇事便有主心骨,易于领导全体职工团结一致努力工作。同时,园长是本园发展的决策者,所以园长的指挥有利于带领全体职工实现幼儿园的管理目标。

(四) 提高效率功能

形成一定的学前教育管理体制的目的何在?自然是为了最大限度地提高学前教育的质量和管理效益。提高效率、追求效益是管理活动的根本宗旨,前面的三项功能最终也是为提高效率而服务的。每当社会条件发生变化后,学前教育管理体制总会随之变化,以适应新条件下提高教育质量和管理效益的需要,因此才会有学前教育管理体制改革之说。为什么要改革?实质上是因为旧的体制已不能完全适应和促进学前教育的发展,需要一些新的体系和制度来提高人们投身学前教育的积极性和效率。可以说,提高效率是管理体制的一项核心功能,离开了效率,学前教育管理体制也就失去存在的价值。

二、影响学前教育管理体制变化发展的因素

事物的发展是有其内因和外因的,学前教育管理体制的变化发展同样受到内外部多种因素的制约。

(一) 受国家政治体制的影响

教育历来是受制于政治而存在和发展的,幼儿教育作为教育中的一部分,也必然受到政治因素的影响。幼儿园这一类教育机构的性质、目的、任务和经营管理方式无不与国家的政策导向有关。如,在幼儿园的发展速度、规模和开办模式上,中华人民共和国建立之初就曾产生过一次大跨越。中华人民共和国成立后,社会主义制度确立,提倡男女平等,妇女参加社会生产劳动成为历史的必然,相应地为解除家长工作后顾之忧而建立的托儿所、幼儿园大量涌现。基本上,各级机关、教育局、军队、企事业单位、街道等,纷纷设立自己的托儿所或幼儿园,接受适龄儿童入托入园,数量从旧中国的一千多所幼稚园快速发展为数以万计的托幼机构。这个历史阶段的幼儿园的办园体制基本上是一元化:公立、福利性质突出,园长和党支部书记配备整

齐等。从中华人民共和国至改革开放之前,我国发展学前教育所依托的社会背景是社会主义公有制基础上的计划经济时代,在这种环境中,政治权力集中,社会观念单纯,人们习惯于听从上级的号召和指挥而开展各项工作。所以,过于集权化的学前教育管理体制适应了当时的现实需求。

1985年,《中共中央关于教育体制改革的决定》明确提出"把发展基础教育的责任交给地方",由此而揭开了我国教育体制改革的序幕。幼儿教育体制的改革更是踊跃,因其不属于义务教育序列,兼具较明显的福利性,所以社会各界参与开办幼儿园的积极性高,可行性大。所以,幼儿园的开办形式呈现出多元化的格局,其管理体制的变化明显。

(二) 受社会经济状况的影响

一个社会的经济发展状况,既为教育的发展提供了可能,也会影响教育的具体内容。在计划经济时期,幼儿园的兴办和发展高度依赖政府,然而,自20世纪80年代中期以来,我国的经济体制发生了极大的变化,特别是90年代后,确立了社会主义市场经济体制,这对我国的教育管理体制触动很大,学前教育管理体制出现了前所未有的变化。90年代以后,我国许多地方出现了新型的幼儿园办园体制,如青岛企业幼儿园的承办制、联办制,温州的股份制幼儿园,上海和南方多地的幼儿教育集团化管理,内蒙古的流动幼儿园等机制灵活的幼儿园,以及大量的民办幼儿园等。逐渐地,幼儿园的办园格局产生了剧烈的变化,一改过去一统天下的公立办园模式,幼儿园的发展迎来了前所未有的机遇,同时,国家对幼儿园的管理也出现了新的挑战。无论是理论界还是教育行政部门都纷纷关注学前教育管理体制的一系列问题,因为管理体制在学前教育发展中起着"龙头"作用,其合理性和有效性在很大程度上决定着学前教育发展的水平。

显然,上述变化是深受社会的经济发展的影响的。在政策的鼓励下,只有当有意兴办幼儿园的社会人士具有必备的资金时,其投资兴办幼儿园才会成为可能。自十一届三中全会以后,社会所积累的经济效益以及人们苏醒的经营意识,已然成为影响学前教育管理体制发展变化的重要因素。

(三) 受国家教育和文化传统的影响

幼儿园教育是一个国家教育体系中的一环,学前教育管理体制的变化发展,难免会受到国家整个教育环境变化的影响。教育和文化的传承又有无法分割的密切联系,文化传统对人们观念和行为的影响是深刻的。例如,我国历史上对兴教是给予了十分崇高的评价的,认为一个人"办学堂"是功在千秋的善举。前三十年计划生育政策的推行,影响着家庭存在方式和价值取向,进而逐渐形成了我国特有的儿童教育文化背景,它对幼儿园的管理也产生了深刻的影响。结合两方面看,我国幼儿园的体制变革首先是伴随着我国教育体制的改革而变的,同时受到传统文化中对筹资兴教行为的肯定和激励,还在一定程度上受家庭结构和"望子成龙,望女成凤"传统观念的影响。部分特色鲜明、收费高昂的民办幼儿园,因能满足部分家庭的需求,故而有产生和存在的可能。

(四) 受国际教育改革潮流的影响

随着全球经济一体化进程的影响,世界各国间的教育正日益成为一个开放的系统,相互间的交流日益频繁,彼此间的影响也越来越大。其中,除研究他国的教育内容、教育方式等细节外,人们也积极地将其他国家教育管理体制改革的经验引为参考,以弥补本国教育管理方面的不足。如,过于依赖分权制管理的教育机构,认识到集权制的某些优势,因而加强改革;而惯于集权管理体制的教育机构也审时度势地适当分权,以求更好地调动各方积极性,高效地促进教育事业的发展。我国的学前教育管理体制就是后一种取向。

(五) 与管理主体有关

从总体上看,学前教育管理体制受上述各种客观因素的影响极大,但也不能否认管理主体在其中所起的作用。因为,不同的管理者对同样的社会制度、管理环境和管理对象所做出的反应会不尽相同。二十年前深圳市的幼儿园管理体制改革巨大,而同时期相邻的其他城市并没有太大的改变。这应该能说明,学前教育管理体制的改变和确立,同当地主政者自身的政治意识、学识修养、对儿童教育奉行的观念等内在因素有着不可分割的关系。

以上制约学前教育管理体制改革的诸因素,相互联系并综合作用,从而对教育管理体制改革产生影响。

第三节 我国学前教育管理体制的变革

我国的学前教育管理体制有其历史发展的演变过程和延续性。温故而知新,回顾我国学前教育管理体制变革的轨迹,能使我们更好地理解和把握当前管理体制的宗旨。下面分别介绍学前教育行政体制、幼儿园办园体制和幼儿园管理体制——园长负责制三者变革。

一、我国学前教育行政体制的沿革

教育行政体制是教育行政组织机构及其运行制度的结合体。从这一视角出发,结合上述对我国学前教育行政机构设置、法规制度发展的分析,及学前教育发展的历史过程,不难考察出我国学前教育行政体制的形态特征。

中华人民共和国成立70年来,学前教育行政体制经历了两种形态。

(一) 中华人民共和国成立至20世纪80年代中期以前:中央集权型的学前教育行政体制

从中华人民共和国成立至20世纪80年代中期,基于当时我国政治、经济、文化等实际形态,与当时国家的教育大政方针相适应,我国学前教育事业是在中央集权的体制中发展的,学前教育的最高管理权集中在国家政府的有关部门中。中华人民共和国成立之初,我国发展学前教育的主要目的之一是,为家长参加社会主义建设解除后顾之忧。所以,让孩子有托儿所和幼儿园可上是头等大事。当时,一个家庭往往有多个子女。20世纪50年代开始，国营企事业单位、部队、厂矿企业、街道等开办了为自己单位职工服务的托幼机构。公有制经济决定着开办的托儿所、幼儿园都是公立性质的。托幼机构微观管理模式单一化现象明显，国家颁发的幼儿教育方针、指南、大纲等，规范着全国各地幼儿园、托儿所的运营模式。

1979年召开了党的十一届三中全会之后，我国实行改革开放国策，不过教育领域的改革，尤其是学前教育的改革略为滞后。那一时期的社会环境和人们的思想观念，为学前教育行政体制打下了深深的烙印，整个学前教育行政体制表现为中央集权的模式。

（二）20世纪80年代中期以后：中央与地方合作型的学前教育行政体制

20世纪80年代中期以来，我国各行业的改革不断推行，教育体制的改革势在必行，作为基础教育的有机组成部分，学前教育的管理体制也逐步确立和完善起来。

1985年，《中共中央关于教育体制改革的决定》明确提出了"把发展基础教育的责任交给地方"。中央负责决定基础教育的大政方针和宏观规划，而具体的政策、制度、计划的制订和实施，以及对中小学、幼儿园的督导评估等一系列责任和权力都交给地方政府及其教育主管部门。这是我国改革中央集权的教育行政体制所迈出的重要一步，体现了中央向地方的适当授权，对于调动地方办教育的积极性和因地制宜地发展全国各地的教育，具有较大的促进作用。作为基础教育的一部分，学前教育也不可避免地置身于这种中央与地方合作办教育的背景之中。

1987年，《国务院办公厅转发国家教委等部门〈关于明确幼儿教育事业领导管理职责分工请示〉的通知》（以下简称《通知》）。《通知》明确指出："幼儿教育事业必须在政府统一领导下，实行地方负责、分级管理和有关部门分工负责的原则。"1989年，国务院批准，国家教委颁布的《幼儿园管理条例》又以法规的形式将这一体制确立下来。

这种中央与地方合作发展学前教育的体制，比较适合我国经济文化发展不平衡的国情，它既能使学前教育事业遵循统一的方针政策发展，又注意到各地方的特殊性，发挥各地的主动性、灵活性，从实际出发采取多样的可行方法措施，发展各地的学前教育。

我国学前教育事业在上述基本原则的指导下，呈现出了丰富多彩、蓬勃发展的局面。譬如办园渠道多样化，不仅各级政府、教育行政部门主办幼儿园，更动员和依靠单位、群众团体及公民个人等社会力量来兴办幼儿园；不仅有全民性质以及集体性质的公立幼儿园，更有许多公民个人举办的私立幼儿园、股份制幼儿园、中外合资或外商独资的幼儿园等，甚至一些企业、团体开办的较有历史的幼儿园也逐步转制为国有民营。

与此同步，幼儿园内部的教育教学活动也从以往课程标准统一化、活动模式单一化向灵活多样化趋势发展。《幼儿园工作规程》试行后，国家鼓励各省（市、区）根据当地的幼儿教育发展水平和实际可能，在贯彻国家幼儿教育根本目标的前提下，制定、推行地方性的工作细则、课程方案、教材教参。至此，20世纪70年代开始使用的全国幼儿园统编教材不再被用作唯一的教材,而成为教学参考书之一。南京、北京、浙江、湖北等省、市相继编制了具有明显的地方特色的幼儿园教材,有效地促进了各地幼儿教育的发展。

中央与地方合作发展学前教育的体制,最大的作用在于能充分调动地方和各有关部门的积极性,共同建设和管理幼儿园。这一体制的转变给学前教育带来了多方面的变化,使得我国的学前教育的理论研究和实践探索呈现出前所未有的活跃态势。

在我国,教育上的中央集权与地方分权相结合,实践时间不太长,一直在"摸着石头过河",加上政治和文化的传统因素,人们在思想观念上对国家的依赖感是较重的,故而,这种体制的融合过程会相对漫长些。学前教育在集权与分权之间也难免产生碰撞,然而实践证明,两种体制的优势能在一定程度上互补。

二、幼儿园办园体制的变革

幼儿园办园体制概指国家规范办园行为的体系和制度,包括办园批准权限、办园规划、办园主体、办园经费等,它要解答幼儿园由"谁投资、谁办园、谁管理"的问题。研究我国办园体制,关键是要考察政府、社会、公民个人投资办园的积极性和生命力。比例是否得当?不同性质的幼儿园在硬件条件、收费、师资、教育质量等方面是否适当?其目的是争取合理配置幼儿教育资源,扩大幼儿教育的有效供给,满足社会发展和个人家庭日益增长的教育需求,实现幼儿教育供求均衡。

(一)解放初至改革开放以前我国的幼儿园办园体制

中华人民共和国成立以来,我国一贯坚持动员和依靠社会各方面的力量,多渠道、多形式地发展幼儿教育,使企事业单位、集体办园在我国幼教事业中占有重要地位。由于在计划经济体制下幼儿园是作为职工的劳保和福利的方式存在着的,因此企业办幼儿园在我国幼儿教育事业的发展中既起到了重要作用,也顺应了当时的经济发展,使幼儿教育得到了稳步健康发展。

1. 在办园体制方面,公立幼儿园一统天下

在办园体制方面,这一时期几乎全是公有制的托儿所、幼儿园。国家各级政府,各企事业单位、街道乡镇、军队等,包揽着幼儿园所必备的人力、财力、物力等各种资源,幼儿园由公有制的单位设立,执行中央和主办单位的行政指令,体现上级的意志。这一阶段,几乎没有私立幼儿园。

2. 托收形式由寄宿逐渐转为全日制

托儿所、幼儿园的举办形式模式单一。20世纪50年代城市里的托幼机构中较大部分是寄宿制的。那一时期每家往往有几个小孩,家长们参加工作的热情空前高涨,所以很多家长将孩子送至托儿所、幼儿园全托,周末回家休息。20世纪到70年代左右,托幼机构的举办形式逐渐变化为以全日制为主、寄宿制为补充的局面。

3. 幼儿园内部领导体制为党支部领导下的园长责任制

在幼儿园、托儿所的内部领导方面,与同时期学校的领导体制一脉相承,中小学

先后经历过委员会制、校长负责制、党支部领导下的校长分工负责制等形式。幼儿园主要表现为党支部领导下的园长责任制，许多大型幼儿园设置专职的党支部书记，同时另外设置园长，园长带领的行政组织接受党组织的领导。那时期的幼儿园十分注重幼儿教育工作者的意识形态问题，重视人的思想政治教育，党支部在幼儿园中发挥了重要的作用。

4. 国家统一规定幼儿园的课程

改革开放以前，托幼机构中对婴幼儿的保育教育活动，依据国家颁布的方针、纲要、统编教材、统一规定的几种教学形式而开展，呈现出典型的中央集权制的办学特色。幼儿园中教育工作者的具体职责便是贯彻执行好国家和上级行政部门的种种规定。

（二）改革开放以来我国幼儿园办园体制的变革

改革开放40年来，在教育改革的环境中，在中央与地方合作制的指导下，我国学前教育事业呈现出了丰富多彩、蓬勃发展的局面。在办园体制方面，变革深刻，投资幼儿园的渠道显著增多，办园体制多元化。

1. 投资渠道多样化，民办幼儿园崛起

在我国改革开放国策实行初期，国家多次颁发文件，鼓励举全社会之力兴办教育。1982年五届全国人大第五次会议通过的《中华人民共和国宪法》中第十九条第四款规定："国家鼓励集体经济组织、国家企业事业组织和其他社会力量依照法律规定举办各种教育事业。"1986年颁布的《中华人民共和国义务教育法》第九条进一步重申："国家鼓励企业、事业单位和其他社会力量，在当地人民政府统一管理下，按照国家规定的基本要求，举办本法规定的各类学校。"幼儿教育虽不属于义务教育阶段，但其作为基础教育的一环，深受基础教育变革的影响。

在政策的鼓励下，在经济发展的基础上，社会各界投资兴教的积极性被极大地调动起来。兴办托儿所、幼儿园的主体迅速增多。不仅各级政府、教育行政部门主办托儿所、幼儿园，更多社会力量（企事业单位、群众团体及公民个人等）也兴办托幼园所。前者往往是用国家财政性教育经费办园，而后者是利用非国家财政性教育经费办园。办园积极性高涨带来的格局是：我国不仅有大量全民性质、集体性质的公立幼儿园，也有许多公民个人举办的私立幼儿园，中外合资或外商独资的幼儿园等。全国各地利用非财政性教育经费开办的幼儿园如雨后春笋般蓬勃发展起来，中华人民共和国建立以来公立幼儿园一统天下的格局改变了。民办幼儿园从无到有，并发展壮大。从20世纪80年代中期开始到90年代后期，我国民办幼儿园处于缓慢的兴起阶段，数量不太多。然而进入21世纪之后，民办幼儿园数量急剧增长，很快占领了幼儿园的大半壁江山。对于这一时期，研究者谓之"公退民进"。20多年来我国民办幼儿园的发展数量如表3-1所示。

表 3-1 20 年来我国民办幼儿园的发展数量

时间(年)	民办幼儿园数量(万)	全国幼儿园数(万)	民办园所占比例
1998	3.0824	18.1368	17%
2000	4.4317	17.5836	25.20%
2001	4.4526	11.1706	39.86%
2012	12.4638	18.1251	68.77%
2015	14.64	22.37	65.44%
2016	15.42	23.98	64.3%
2017	16.04	25.5	62.9%
2018	16.58	26.67	62.17%

在市场经济条件下,我国民办幼儿园发展迅猛,但在实施过程中也逐渐出现了诸多弊端,导致我国学前教育事业发展滑坡,教育公平受到损害,"入园难,入园贵"成为许多省(区、市)市区的严重影响民生的社会问题。同时,某些私立幼儿园办园动机和管理方向也出现了偏差,管理不善,偶尔发生一些负面事件(如 2014 年春天暴露的擅自给幼儿喂药事件,2017 年发生于北京一家红黄蓝幼儿园的事例,社会影响极坏),损害了幼儿的安全健康,也损害了整个幼教行业的社会形象。

自 2010 年秋天开始,国家高层密切关注我国幼儿园的实情,掀起了全国各界重新审视幼儿园发展问题的高潮。先后实施了三个三年行动计划,将我国学前教育事业推入了历史发展的快车道。

2. 办园体制多元化

(1) 办园体制多元化的必然性和意义

改革开放后市场经济多种经济成分的发展不仅为幼儿教育提供了经济的基础,也提供了体制的样板。与上述的幼儿园投资渠道多样化密切伴随的是,幼儿园的办园体制多元化特征显著。办园体制由建国初期的单一化渐变为多元化,这是教育体制改革的必然反映。

办园体制的多元化是所有国家办大教育的必由之路。历史的教训和国外的经验告诉我们,在办学体制上,既不能"破私立公",把私立学校全变成公立,也不能"化公为私",把公立学校全变成私立。幼儿教育在大多数国家都未列入义务教育,更不可能全由国家包办。多元化的目的在于最大限度地增加教育投入,最大限度地提高公办教育经费的使用效益,并且在教育领域引入竞争机制和选择机制,从而推动教育的优质发展和均衡发展。

(2) 我国幼儿园多元体制的类型

我国教育行政部门为了便于分类指导和管理,一般依据办园主体将幼儿园分为教育部门办园、其他部门办园、地方企业办园、事业单位办园、部队办园、集体办园和民办园等类别。这种分类法,来源于教育部网站里教育数据统计栏。在此,笔者试图以不同的办园主体为标准,将我国常见的幼儿园类型归纳如下(见图 3-2)。

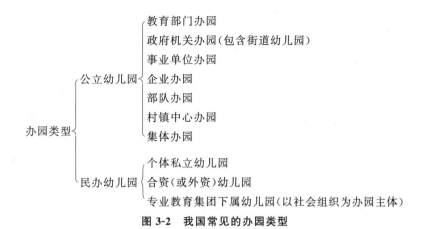

图 3-2 我国常见的办园类型

若以普惠性与否为标准,当前我国幼儿园的类型则呈现为以下构成形态(见图 3-3)。

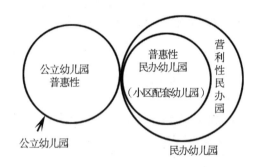

图 3-3 我国普惠性幼儿园构成形态

因办园主体、行政管理上的隶属关系和经费来源的不同,不同体制的幼儿园所占有的教育经费、教师素质等存在较大差异,因而或多或少会导致教育质量的差异。应该说,这是滋生"择园热"的一个原因。正因为存在差异,故而同一区域内不同办园体制的幼儿园之间相互竞争。相对于改革开放前我国幼儿园基本依赖主办单位的情形来看,有竞争是很大的进步,竞争能激发幼儿园工作者的创造性,推动幼儿园焕发新的生机。新开办的民办幼儿园规模一般比公立的规模小些,设备新,人员年轻,幼儿园对社会需求的反应灵敏,办出特色的可能性大。这样,无形中对周围已存在的公立幼儿园形成了一定的压力和挑战,驱使公立幼儿园不断努力开创工作的新局面。

3. 公立幼儿园的转制现象突出

随着我国社会主义市场经济体制的建立和不断完善,借鉴经济领域改革的经验,20 年前,一些公立幼儿园纷纷转制,进行产权变革。这是改革开放以来幼教界出现的又一个活跃问题。公立园转制的现象幼教同仁常能见到,尤其是以企业办园的转制为最,然而,对教育产权的理论,广大幼儿教育工作者往往认识不足。

(1) 何谓产权?

经济学认为,产权就是拥有财产的权利,是人们围绕财产而结成的经济所有制关系的法律表现形式。它包括财产的所有权、占有权、使用权、收益权和处置权。财产权是权责与利益相一致的,谁掌握财产,利益归谁,谁就负责任。既然对特定财产的权利是一组权利,那么可以推论:如果一个主体拥有特定财产的全部产权,那么这些财产的产权是合一的,该主体对财产的产权就是完整的。产权的分解或分离,就是原来掌握全部产权的主体把除所有权以外的占有权、使用权、收益权、处分权等其他产权分解开,或分离出去。

产权的分解是社会分工的必然要求,至于是否分解、多大程度上分解、何时分解、怎样分解,尽管要受制于多种因素,有不同的方式,但从决策意义上看,它们取决于原来的主体或所有者。

> **链接 3-1　权利束详解**
>
> 狭义所有权或归属权即归谁所有,是这一组权利中最基本的权利,决定着其他四项权利,但是不能取代或包含它们。
>
> 占有权是指教育产权主体对自己所有的教育财产的实际占领或控制的权利。占有权既可以由教育财产的所有者享有,也可以由非所有人享有。所有者占有是指产权主体在事实上占领或控制属于自己所有的财产,是所有人直接根据自己的意志而进行的,例如教育者对自身人力资本的占有。非所有人占有是指除所有人之外的人对教育财产的实际占有,例如公立教育机构对学校用地(其所有权者为国家)的占有。
>
> 使用权是教育产权主体为满足自身需要,根据教育财产的性能和用途对该项财产进行利用的权利。与占有权一样,使用权也可以与所有人相分离。
>
> 收益权是指在教育财产上获取某种收益的权利。收益权常常是与使用权联系在一起的,也就是说通过对教育财产的使用而直接获取收益,例如教师通过使用自己的人力资本而获取合同工资等。
>
> 处分权是指教育产权主体对教育财产进行消费、转让、出卖等的权利,处分权涉及教育财产所有权的发生、变更或终止等问题,而占有、使用、收益,通常并不发生产权主体的改变,经过处分,教育产权主体通常便丧失了对该项财产的所有权。比如,国家将公立学校拍卖给个人,公立学校的所有权主体就由国家变更为私人了。
>
> 处分权在大多数情况下由其所有人享有,但是,在某些情况下,非所有权人也能享有财产的处分权。如我国 2002 年颁布的《民办教育促进法》第五十九条规定:"对民办学校的财产按照下列顺序清偿:(一)应退受教育者学费、杂费和其他费用;(二)应发教职工的工资及应缴纳的社会保险费用;(三)偿还其他债务。民办学校清偿上述债务后的剩余财产,按照有关法律、行政法规的规定处理。"由于民办学校作为法人是以其全部财产承担民事责任的,根据我国《中华人民共和国民法通则》的相关规定,在民办学校(特别是少数被审批机关依法撤销的民办学校)终止经营时,对剩余财产的处理应该是收归国家、集体所有或返还第三人。
>
> 总之,对教育财产的所有、占有、使用、收益、处分的权利,共同构成教育产权的完整性。但是,事实上,人们对某一财产拥有的产权可能是变化的或不完整的。
>
> 王雯.公办幼儿园转制过程中若干产权问题探讨.武汉:教育与经济,2004.4

(2)"转制"应该转什么?

转制必然涉及产权问题,并且转制与产权的分解紧密相连。幼儿园的转制通常是在所有权不变的前提下,通过租赁、合作、承办、委托、合并等方式,改变使用权、收益权等,改变幼儿园主办者与办园模式。目前,许多人担心的是公立幼儿园一旦转制,则可能导致国有资产流失,幼儿园高度私营化。这其中需要明确并控制好的一点是,"转制"不等于"出售"。就是说,转制,转的不是所有权,而是占有权、使用权、收益权、处分权中的部分或者全部,具体看双方是如何协商的。

我国教育管理部门也注意到20世纪90年代后期幼儿园数量和质量出现下滑的现实,及时发文表明立场,并提醒各地方严格把好转制关。若各地认真执行国家的文件(如链接3-2所示),就能有效地防止国有资产流失现象的发生。

> **链接 3-2**
>
> 2003年3月,国务院转发文件《关于幼儿教育改革与发展的指导意见》([2003]13号)。文件指出,今后5年(2003—2007年)内幼儿教育改革的总目标是:形成以公办幼儿园为骨干和示范,以社会力量兴办幼儿园为主体,公办与民办、正规与非正规教育相结合的发展格局,不得借转制之名停止或减少对公办幼儿园的投入,不得出售或变相出售公办幼儿园和乡(镇)中心幼儿园,已出售的要限期收回;各级教育部门要加强对企事业单位幼儿园的管理,企事业单位转制后,可以继续举办幼儿园,也可将企事业单位办园资产整体无偿划拨,移交当地教育部门统筹管理,要通过实施联办、承办、国有民办等办园体制改革,提高办园效益和活力。

2003年国务院13号文件一方面确立了公办园的骨干地位以及公办园与民办园的关系,另一方面进一步明确了企事业单位转制后其所属幼儿园的发展方向问题,最后则再次阐明了办园体制改革的总纲领,即实施办园体制改革要保证国有资产不流失,保育、教育质量不下降,广大幼儿园教师合法权益受到保障、整体素质得到提高。

(3) 转制的途径和形式

公立幼儿园的转制主要有委托代理、国有民办、教育股份制等形式。换言之,政府对公办园产权的处理方式有如下三种:第一,保留产权,如政府间协议、合同承包制;第二,委托授权,即放弃经营权和管理权,如采取幼儿教育券、补助等形式;第三,放弃产权,其又可以分为渐进式放权,如出卖股份、公私合作办学,以及一次性放权,如出售、无偿赠予、关停并转的清算等。

以上处理公办园产权的方式从第一种到第三种,市场化程度渐次提高。从中国幼儿园转制和中外国有企业改革的教训中可以发现,政府完全放弃产权、无偿赠予、一次性处理公办园,很容易造成"国有资产的流失"。如果实行该类改革,必须严格评估国有资产和规范操作程序。

公办园产权处理过程给政府留下的减资、撤资和回收资产的余地与机会,如同一面双刃剑,对幼儿教育事业可以产生积极或消极的影响。

4. 民办幼儿园的内部监督机制

由于办园体制的区别,在一些股份制幼儿园和机构不太齐全的民办幼儿园里,股份制幼儿园要以董事会为重要的监督机构;即使是机构不全的小幼儿园,也可以由广大家长发挥监督职能,家长委员会在一定程度上可以承担该项职责。因为民办园更贴近市场,家长的口碑可以决定一个幼儿园的存亡,所以许多民办园的园长十分看重家长的意见。从以上角度看,董事会、家长委员会可以起类似于公立园党支部的监督作用。

三、幼儿园管理体制核心——园长负责制

幼儿园管理体制是幼儿园内部管理组织与相应的制度规范的结合体。我国幼儿园内部的管理组织是以园长为中心的一个团队，经过多年的摸索，现今已公认园长负责制是幼儿园管理体制的核心内容。作为微观的学前教育机构内部的领导体制，园长负责制有其渊源和特定内涵。

（一）园长负责制的依据

1985年，《中共中央关于教育体制改革的决定》中第一次提出："学校逐步实行校长负责制，有条件的学校要设立由校长主持的、人数不多的、有威信的校务委员会，作为审议机构。要建立和健全以教师为主体的教职工代表大会制度，加强民主管理和民主监督。"在我国，幼儿教育是我国学制的基础阶段，是基础教育的重要组成部分，因此，在机构内部管理体制上与基础教育是一致的。中小学实行校长负责制，幼儿园实行园长负责制。

1989年8月20日国务院批准由国家教委颁布《幼儿园管理条例》，其第四章第二十三条中提出，"幼儿园园长负责幼儿园的工作"。1996年6月1日起正式实施的《幼儿园工作规程》中，又一次提出"幼儿园要实行园长负责制"。这就以法规的形式进一步明确了幼儿园的内部领导体制是园长负责制。实行园长负责制给园长充分的人、财、物自主权，调动园长管理幼儿园的积极性、主动性，有利于加强幼儿园的管理工作，增加办园活力。

（二）园长负责制的含义与作用

1. 园长负责制的含义

园长负责制有着特定的内涵，它是以园长责任和职权为主要内容的园内管理体制，它包括上级领导、园长负责、党支部保证监督、教职工民主管理四个相互关联又互有区别的组成部分，目的是建立起统一高效的园内指挥系统。园长负责制明确了园长对园所工作具有最高行政权，园长有决策指挥权、用人权、用财权与奖惩权等，在幼儿园中处于中心地位。目前，我国大多数幼儿园实施园长负责制的管理体制，这意味着园长是幼儿园等托幼机构的行政负责人，是园所的法人代表。园长对内全面领导保育、教育和行政工作，对全体教职工、幼儿负责；对外代表幼儿园，向举办者、幼儿家长及社区负责。另一方面，党的领导是正确实行园长负责制的保证，教职工参与管理，也有助于完善园长负责制。

2. 园长的产生方式和权限

目前，国内大多数城市幼儿园的办园形式主要包括教育部门办园、政府机关办园、企事业单位办园、集体办园、民办园等。

其中，无论是公办幼儿园还是民办幼儿园，园长的产生方式主要呈现出两种方式：幼儿园主办者直接任命；园内推荐评议然后幼儿园开办者任命。目前基本上没有任期的硬性规定，不少园长是终身制的，能上不能下。基本上还未出现规定好任

期、到期自荐竞选而产生园长的方式。当然,任何产生方式都难免有利有弊,这个另当别论。在此值得关注的一点是:园长的权限到底有多大?

一般来说,公立幼儿园的园长主要拥有日常工作的处置权,对幼儿园业务的管理权,而重要的人事权、财权却难以拥有。这与体制有关,在很大程度上不能满足园长全面有力地管理幼儿园的需求。私立幼儿园视情况而异,董事会领导下的私立幼儿园园长,权限类似于公立幼儿园,但是,开办者和管理者合一的民办幼儿园中,园长的权限极大。然而,不管实行何种办园体制,为了激发园长管理的积极性、创造性,激发幼儿园的活力,都应分权给园长,赋予园长应有的权力和责任,实行有效的园长负责制。

3. 幼儿园园长负责制的作用

30多年的实践证明,园长负责制是适应幼儿园管理实际的,是一种有效的领导制度。它作为行政首长领导责任制的一种具体实践形式,能够较充分地体现科层组织在管理运作中的某些优势,尤其是组织权力、个人责任与管理制度的效能可以得到充分体现和发挥。它既保证了党的路线、方针、政策在幼儿园的贯彻落实,又使园长的领导作用得到了充分发挥,同时也调动了教职工参与幼儿园管理工作的积极性,提高了幼儿园的办园质量,提升了幼儿园的社会效益。

(三)园长负责制实施中存在的问题及改进的方向

1. 对园长权力的监控机制尚待完善

少数园长将园长负责制简单地理解为"幼儿园就是园长个人说了算",这就很容易形成园长的个人专权、越级用权和滥用职权,直接导致幼儿园内部管理体制运行不畅、效率低下,阻碍了幼儿园的正常发展。

尽管园长负责制是"上级领导,园内决策,党支部保证监督,教职工民主管理"四个相互联系、不可分割的完整体制,但是在具体的实施和操作中,上级领导、党支部、教职工如何行使自己的权力,发挥自身的作用,对园长权力进行很好的监控,仍是当前需要解决的问题。一般来说,园长往往兼任党支部书记。教职工参与民主管理的程度因人因事而异。有时候教职工参与意识较淡薄,认为幼儿园发展是园长的事情;有时候只要求有知情权,有无参与权并没有特别要求。这样在客观上造成民主管理流于形式,而使园长个人权力高度集中。因此,有必要建立并逐步完善对园长权力的监控机制,使园长负责制更加科学、规范,从而更好地促进幼儿园的发展。

2. 教育行政部门的定位和管理方式需要改变,提高园长负责制的实施力度

受长期权制的影响,各地教育局对幼儿园的行政指令较多,园长很多时候都在传达、落实、监督上级工作在本幼儿园的实现程度,这就造成了园长在责、权、利等方面的不一致,削弱了园长的办学自主权利与管理能力,不太利于了幼儿园园长负责制健康、科学地运行。

因此,应积极改善政府及其教育行政部门同幼儿园的关系,下放办园自主权,确保园长的各项办园权利,增强教育机构办学的动力和活力,并建立和完善相应的法规和政策,依法行政,加强服务。

3. 园长个体及教职工队伍素质亟须大幅提高,确保园长负责制的规范运作

园长作为幼儿园工作的主要负责人,对办好幼儿园的作用是毋庸置疑的。伴随着社会经济的发展,幼儿园在发展过程中也遇到了新的困难和问题,这对园长的个人素质提出了更高的要求。园长不仅要有较高的政策理论水平,还要具备较强的文化专业素质,同时还需要掌握一定的管理艺术,拥有较强的创新能力,这样才能在改革的大潮中立足本园实际,主动调整适应,带领全体教职员工建设好幼儿园。

但事实上,园长的个人素养具有很大的个体差异性,园长负责制的具体实施会因园长个人的能力、素质、个性、领导方式的差异而千差万别。这也给幼儿园的发展带来了不同的命运。如,有的园长缺少创新精神和决断的魄力;有的缺少民主作风,习惯一言堂等。诸如此类的问题会导致园长负责制运行得不畅通。

同时,幼儿园教职工队伍的素养也影响到园长负责制的实施。如,有的教师仍然抱有官本位的思想,认为管理是领导的事情,民主管理意识淡薄;有的教师缺乏法制意识,不知道如何维护自己的合法权利等。这也在某种程度上导致园长负责制政策的实施偏离既定的路线,无法达到既定的目标。

综上所述,学前管理体制的改革近年来取得了诸多成效,然而由于社会政治、经济、文化的发展和教育形势的发展,还有很多管理体制问题值得研究。如政府的教育行政部门和其他职能部门的职责定位、行政的科学性等需要广大教育管理者进一步认真思考和探索;社会力量办园的准入标准需要提高和完善,办园登记注册应由专业的学前教育管理机关来决定;教育行政部门对民办幼儿园的管理权限还需完善;针对幼儿园内部的领导体制,应加强监督机制,预防不当决策的出现和实施,加强幼儿园管理的自律性等。

 案例 3-1

"国培计划"中小学名师名校长领航工程启动

2018-05-15　来源《中国教育报》

为落实《中共中央 国务院关于全面深化新时代教师队伍建设改革的意见》,按照《教师教育振兴行动计划(2018—2022)》工作安排,教育部近日在京启动"国培计划"中小学名师名校长领航工程(简称"双名工程")。"双名工程"是全国中小学教师、校长培养的最高班次,对百名优秀教师和百名优秀校长,进行3年连续性系统化培养,旨在充分发挥名师名校长的示范引领作用,探索教育领军人才培养的有效模式,营造教育家脱颖而出的制度环境,着力建设新时代高素质专业化创新型教师队伍。

- 培训班还开展了为期3天的"中华文化涵养师德"专题培训,培训由北京师范大学主办,共有来自中小学名师名校长领航班学员、培养基地负责人、首席专家、教育部教师工作司有关负责同志共300余人参加。北师大联合全体学员对全国中小学幼儿园教师发出倡议书。倡议广大教师立志做新时代"四有"好老师,不忘初心,牢记使命,传承师道,立德树人,以实际行动为教育事业奉献终身。

思考：

1. "国培计划"的对象包括哪些人？经费来源如何？意义和作用怎样？
2. 幼儿园园长和教师的国培形式有哪些？培训效果如何？是否存在需改进之处？

思考与练习

1. 解释概念：教育管理体制、教育行政体制、办园体制、幼儿园管理体制、园长负责制。
2. 当前我国学前教育管理体制是怎样的？
3. 部分国家的学前教育管理体制有何特点，对我们有何借鉴作用？
4. 学前教育管理体制的功能有哪些？
5. 影响教育管理体制变革的因素有哪些？
6. 综合评论改革开放以来我国幼儿园办园体制改革的成就和问题。
7. 你怎样看待幼儿园的园长负责制？
8. 你认为我国目前学前教育的公共性程度应当怎样？政府在维护学前教育的公平和均衡发展方面应承担怎样的责任？

第四章　幼儿园的组织与规章制度

学习目标

1. 理解组织的含义，设置幼儿园组织机构的意义。
2. 掌握设置幼儿园组织机构的依据。
3. 掌握幼儿园规章制度的制定原则、含义、类型以及执行制度时应注意的问题。

【本章导读】　所谓组织理论是关于组织应当采取何种组织结构才能提高效率的观点、见解和方法的集合。组织理论是人类长期实践的总结，是管理学的重要内容。事实上，管理活动是发生在一定的社会组织之中的，组织的性质、目标、形态和规模等属性在很大程度上决定着管理的理念和行为。组织机构的设置是幼儿园管理中最基本的工作，甚至可以说是首要的工作。本章从探讨组织的概念入手，分析幼儿园组织设置的意义、依据、原则，揭示当前我国多元化的幼儿园组织结构形态。设置组织机构好比是为幼儿园管理搭建最初的框架结构，将幼儿园分出了必要的层级和部门。然而，这些层级和部门各自履行什么职责呢？彼此之间怎样形成协作的整体呢？于是规章制度应运而生，需有一系列规章制度，将组织的各部分连接为一个运转良好的整体。所以，本章还探讨了幼儿园的规章制度，分别就规章制度的作用、类型、制定和执行的基本要求等方面展开系统阐述。

第一节　幼儿园组织机构的设置

在管理理论的初创时期即古典管理理论时期，德国的著名学者韦伯就曾提出过理想的行政组织理论。组织是人类社会活动的一种基本表现形式，每一项社会活动几乎都要以某种组织为其载体，并通过组织的形式表现出来。

一、幼儿园组织机构概述

幼儿园是一种社会组织，这种组织有自身的存在方式和规律。为了准确地把握幼儿园组织的存在形式和运行特点，首先必须明晰其基本概念。

（一）幼儿园组织机构的含义

1. 组织的含义

美国管理学家切斯特·巴拉德(Chester L. Barnard)认为，由于生理的、心理的、物质的、社会的限制，人们为了达到个人的和共同的目标，就必须合作，于是形成群体,即组织。① 所谓组织,是有意识调整了的两个人或更多人的行为或各种力量的系统。这种理解是组织的名词含义,即以组织来表明一定管理活动得以实施的载体,是一种相对稳定的系统,即那些为了实现共同目标而由若干人组合形成的大大小小的系统。这又可看作是组织的静态含义,含有实体、机构之意。

事实上,在不同的历史时期或不同的场合,人们对组织还有动态词性的理解。在我国古代,组织原指将丝线织成布帛,以后逐渐被人们理解为将无序的东西通过有序排列而形成新的构件,产生新的作用。② 当今管理科学中的组织理论认为,组织是指为了有效地实现共同目标和任务,合理配置人力、物力、财力资源及其与各项任务、活动之间的关系的过程。这些阐释的共同之处在于,从动态过程的角度考察组织,使之体现出动词的性质,意即调兵遣将、构建等。

上述对组织的两种理解和使用都是有道理的,有时也是必要的。为了避免混淆组织的静态和动态含义,人们在表达静态(名词)含义的组织时,往往在其后附上"机构"二字,使之演变成为"组织机构"这一用法,以强化组织的系统特征。

2. 幼儿园组织机构

幼儿园是对儿童进行保育和教育的公共教育场所。在我国,正常情况下,一所中型幼儿园常有四五百名幼儿,大型幼儿园则人数更多。对如此众多的幼儿进行良好的教育,单靠个人的力量或者无序自发结成的群体的力量是不可能完成的。由于生理的、心理的、物质的和社会的限制,家长和幼儿教育工作者为了达到促进幼儿全面发展的目的,就必须与人合作,并形成有内在机制的群体。我们可以将幼儿园组织机构理解成按幼儿教育目的和程序而组成的相互合作的层级、部门和个人所构成的系统。作为一种实体的组织,它是为实现特定的教育目标,根据一定的原则而构建起来的体系与机构。

从我国幼儿园产生的历史来看,最初的育儿机构中,教养员(幼儿园教师、保育员的另一称谓)与幼儿两方面人数都很少,主办者也单一,因此对组织机构的严密性要求不高,那时的托幼机构类似于小作坊,具有自发的或初步结成群体的特征,以经验管理为主。随着幼儿园规模的逐渐扩大,人们为了取得更好的合作效益,以顺利地实现教育目标,就要动态地对幼儿园的群体模式加以调整。这样,管理学意义上的组织便逐步产生了,并随着幼儿园行业的发展变化,出现了一些新的幼儿园组织机构形态,如幼儿教育集团、董事会制度下的幼儿园结构等。在我国学前教育管理领域,对幼儿园组织机构的理论研究也在近 20 年内逐渐兴起。

(二)幼儿园组织机构的要素

幼儿园的组织是按一定的目的和程序而组成的较稳定的体系,在多种多样的幼儿园组织结构的表现形式中,有以下四个共同要素。

1. 组织的共同目标

设计一套关于人与事的组织系统,应严格围绕实现组织目标的需要,体现本组

---

① 杨文士,张雁.管理学原理[M].北京:中国人民大学出版社,1994:170.
② 辞源修订组.辞源[M].修订本.北京:商务印书馆,1991:1310.

织的特色。幼儿园是对三至六岁幼儿实施保育和教育的机构,受教育对象年幼,需要成人的悉心照料,所以在人员安排方面,保育员的职位较多,园部的后勤、医务人员也有必要配备。而小学和中学在这方面的职位设计相对就少很多,在教学人员方面安排更充分,因为中、小学是以教学为主的教育机构。总之,组织目标决定组织机构的设置,而合理高效的组织结构又是实现组织目标的重要保障。

2. 纵向的等级

设置幼儿园的组织结构中,首先要划分出纵向的等级系统,确定幼儿园中指挥权、人事权、财权等权利的层级、职位,区分对应的责任。在有一定规模的幼儿园中,从园长、副园长、部门主任、班组长到每一个岗位的职工,通常会建立较严密的上下级关系,上级管理并指导下级,下级接受上级的管理。

3. 横向的部门班组

组织结构在横向方面,显示出的是各平行部门的关系。幼儿园的组织中,常见的部门有教务组、各年级组、总务组、保健组,甚至有的幼儿园还设专门的教学研究组。各部门的工作各有侧重,但又彼此关联,通过有分工的协作,较好地完成幼儿园的保教任务。

4. 明确的活动规则

在幼儿园的组织结构中,层级、部门的关系纵横交错,为了保证各层级、各部门人员的高效互动,就必然要求有明确的活动规则。这是支撑幼儿园组织框架的核心部分,它决定了幼儿园组织功能的发挥程度。

二、设置幼儿园组织机构的目的

(一)幼儿园组织机构设置的显性目的

1. 有利于幼儿园工作的正常开展和目标的实现

在幼儿园管理中,建立高效的管理组织,并使之正常运行,是实现幼儿园工作目标的前提条件。尤其是在现今,幼儿园行业内的竞争日趋剧烈,为了生存和发展,园长动态地调节管理策略,以最合理的资源配置求得最优的效益,这成为幼儿园管理必须解决的一项课题,所以设置适宜的幼儿园组织机构十分必要。适宜的幼儿园组织机构设置可以最大限度地发挥幼儿园组织的功能,从而较好地实现幼儿园的教育目标。

2. 有利于幼儿园合理配置资源,发挥整体功能

幼儿园管理涉及的资源包括人、财、事、物、时间、空间、信息等,其中最核心的是人。组织结构设置的突出任务是:根据幼儿园的实际需要和工作人员的状况、特点,尽量合理、科学地搭配人与人、人与任务的关系,将人与事匹配好,将各具特点的个体扬长避短地连接成整体。幼儿园内的工作人员同别的机构一样,具有不同的专长,本来互不相干的人集中在一起,是为了实现共同的目标,这就是组织的魅力。与此同时,应尽量配置好其他相关的资源,集中各单个因素的力量,以取得良好的整体效益。

3. 方便家长和相关部门与幼儿园的沟通,提高工作效率

清晰明了的组织结构,能为快捷明确地咨询、反映问题提供便利,家长日常的缴

费、社区婴幼儿的保健工作等也能日益有序化。教育行政部门、卫生保健部门、传媒通道与幼儿园之间也要常常沟通、互动,序列化的组织结构必然方便外界与幼儿园进行联系,有利于提高工作效率。

(二)幼儿园组织机构设置的隐性目的

1. 良好的组织系统能为每个教职工的生存和发展提供条件

组织结构一方面通过促使全体成员一致努力,为实现组织的总目标而做出贡献,另一方面又要满足每个成员的物质和精神的合理需要,使他们在付出自己的才智和努力之后得到应有的回报。

从马斯洛的"需要层次论"来思考,生存需要和交往归属需要之上,还有更内在的尊重和自我实现的需要,后者是职业成熟度较高的员工普遍追求的。一个完善的幼儿园组织系统,一般是合理而稳定的结构模式与适当的人力的最佳组合,这就要求管理者充分注意人尽其才,以利于每个个体在职业的发展中寻找到切合点,能够减少人才资源的浪费,并促进个体成员在职业上的成长,为职工自我价值的实现提供适宜的条件。

2. 幼儿园的组织文化能对教职工发挥一定的塑造作用

幼儿园的组织设置及其逐渐形成的幼儿园组织文化,对每一个入职的员工都能产生潜移默化的塑造作用,如等级森严垂直型组织、民主宽松的扁平式组织等不同类型,通过暗示、模仿、从众等方式,或多或少地影响员工的价值观念和行为习惯,进而影响其人格发展和工作的状态。

幼儿园组织设置的上述两大方面的作用常常相互影响。一方面,显性目的即工作任务的完成、目标的实现,十分依赖于每个个体主动积极的工作,依靠多部门成员的协同努力。若每个人职业的优势没有得到发挥,工作积极性低,工作目标是难以顺利实现的。概括地说,组织设置的隐性目的决定显性目的的实现程度。

另一方面,显性目的又反作用于隐性目的。因为幼儿园每个周期的工作任务得以高效完成,反过来也会激励所有成员的使各成员增强工作自信心,产生自豪感,从而使他们更自觉、更主动地投入以后的工作中去。这种积极的工作过程势必能进一步锻炼每个人,增长其才干,促进其价值的体现。反之亦然,若工作目标不能一次次如期实现,人员在长期得不到鼓舞的情况下,在职业发展上难以获得进步,难免信心下降,意志消沉,久而久之,或者养成消极的工作作风,或者不安心工作。因此,应重视幼儿园的组织设置,争取达到人员与工作目标之间的良性循环。

三、设置幼儿园组织机构的依据与原则

(一)设置幼儿园组织机构的依据

幼儿园设置组织机构不能随心所欲,必须考虑内外环境的实际,依据下面三个方面进行合理设置。

1. 法规和政策依据

在我国,不同历史时期,国家教育行政机关为规范幼儿园的工作推出了一些管理文件,已经实施了较长时间的有《幼儿园管理条例》《幼儿园工作规程》《中华人民

共和国民办教育促进法》《全日制、寄宿制幼儿园编制标准（试行）》等。其中，不乏针对幼儿园机构设置的规定。2013年1月，教育部又出台了最新的《幼儿园教职工配备标准（暂行）》，专门规定了幼儿园教职员工的岗位和职数比例。这些较硬性的规定是幼儿园设置组织机构时必须依循的，是"依法治教"和守法所必需的。同时，这些法规之间是相互呼应的。如：早在1996年出版的《幼儿园工作规程》第六章，专门谈"幼儿园的工作人员"，其中第三十四条为："幼儿园按照编制标准设园长、副园长、教师、保育员、医务人员、事务人员、炊事员和其他工作人员。各省、自治区、直辖市教育行政部门可会同有关部门参照国家教育委员会和原劳动人事部制定的《全日制、寄宿制幼儿园编制标准》，制定具体规定。"文中所提及的编制标准于1987年由劳动人事部会同国家教育委员会联合发布，此后，各省（自治区、直辖市）相应制定了体现本地的实际情况和需要，又符合国家标准的实施细则。这些细则是具体幼儿园设置组织机构、配置人员时必须加以考虑的依据。2016年修订后新版的《幼儿园工作规程》，第七章"幼儿园的教职工"，第三十八条为："幼儿园按照国家相关规定设园长、副园长、教师、保育员、卫生保健人员、炊事员和其他工作人员等岗位，配足配齐教职工。"最新的《幼儿园教职工配备标准（暂行）》很完整地规定了城市和农村幼儿园的教职工配备标准，要求新办的幼儿园按照此标准配备教职工，已经开办的幼儿园对照标准，补齐教职工，并且要求将此标准作为办园的衡量标准之一，高度重视幼儿园教师队伍的建设。

2. 事实依据

幼儿园组织机构还应在认真分析本单位实际情况的基础上结合政策的允许而设置。幼儿园的所有制性质、开设类型、人员的状况等因素，都有可能导致幼儿园组织设置的差异。如在某些中小型的民办幼儿园中，由于资金紧张或合格人员不饱和的缘故，一人多用的情况就常有出现，如园长兼某班教师，保健医生兼事务人员（如会计、事务长等）；在大多数公立幼儿园中，教学研究工作由一线教师结合工作的需要而开展行动研究，但少量幼儿园因人员较多，便集中三四位教龄长而且经验丰富的老教师，以他们为中心成立研究组，集中力量研究问题，并负责对青年教师进行传帮带。尽管此类设置的科学性还有待进一步探讨，但它说明了幼儿园组织机构必须切合本园的实际，盲目地照搬照套是行不通的。总的说来，在设置机构时，人浮于事不好；以经费短缺、人员紧张为由，大幅减少岗位也不可取，易造成组织机构不完善，甚至影响幼儿园工作目标的实现。

3. 理论依据

组织理论依据是在分析政策和事实依据的基础上，进一步权衡组织设置的合理性、科学性时，用以参照的指导思想。

依据一定的组织理论是必要的，政策性要求具有一定的时效性，具体幼儿园的实际情况也不是固定不变的，特定时期有特定的状态，具有个别性、动态性特点。因此，在设计幼儿园组织结构形态时更应该寻找稳定的规律性的要求，以追求组织的设计具有生命力，从而发挥组织的聚合放大功能。否则，抛弃理论指导而设置的组织机构，很可能缺乏合理性、严密性和稳定性，导致出现运转不灵、指挥乏力、反馈不畅,甚至人心涣散等不良现象,难以保证工作的顺利开展,更谈不上目标的实现。

管理学中先后出现过多种组织理论,联系我国幼儿园的通行做法,比较有参考意义的组织理论主要有以下几种。

(1)科层制

韦伯通过分析历史上多种社会组织的结构形式,归纳出科层制这一组织结构模式。他认为,组织是一个经过理性设计的科层结构,在这一结构中每一个职位的权利和责任是预先设计好的。个体一旦被安排到某个职位,则相应的会拥其权,履其责。各种职务之间是自上而下的命令关系和自下而上的服从关系。科层制首先强调专业分工,其次强调制度化管理,最后强调专业化,成员的聘用和晋升以专业能力为取向。

一般认为,科层制是社会组织中最常见的、最基本的结构模式。在教育领域中,大学、中小学大多是科层制组织模式,相同体制下的幼儿园也多见该模式。

(2)扁平式组织结构

扁平式组织,正是因科层制组织模式难以适应急速变化的环境而出现的。所谓扁平式组织,就是为改变组织自上而下、高耸垂直的结构,减少管理层次,增加管理幅度而建立的一种紧凑的横向组织,这种组织灵活、敏捷,富有柔性和创造性。扁平式组织形式主要有矩阵型组织、团队型组织、网络型组织等。它强调系统、管理层次的简化,管理幅度的增加与分权。这种组织模式的主要优点是:由于管理的层级比较少,信息的沟通和传递速度比较快,因而信息的失真度也比较低;上级主管对下属的控制也不会太呆板,这有利于发挥下属人员的积极性和创造性。其明显的缺点是:过大的管理幅度增加了主管对下属的监督和协调控制难度,同时下属也缺少了更多的提升机会。

(3)能级原则

所谓能级,是现代物理学中的重要概念,原是指原子核周围的电子按能量的大小进行排列而呈现出的稳定状态,这种状态犹如梯级,所以叫能级。在管理系统中建立一套合理的能级,就是要根据个人的能量大小安排其岗位和任务,做到才职相称,以发挥各层级的能量,保证结构的稳定性和管理的有效性。能级概念对于现代管理理论的深刻启示还在于,稳定的结构不是平均状态或一团混沌,而是具有不同层次、不同能级的复杂系统,在这样的系统中,每一个单元根据本身能量的大小而处于相应不同的地位,以此才能保证结构的稳定性和有效性。理论和实践都证明,稳定的管理结构呈正三角形态(如图4-1所示)。

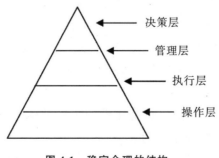

图4-1 稳定合理的结构

幼儿园机构设置的任务是建立一个合理的能级,即在幼儿园管理系统中根据个人能量的大小安排其地位和任务,做到才职相称,以发挥各层级的能量,保证整个幼儿园的稳定性和管理的有效性,确保幼儿园管理结构呈正三角形态。

(二)设置幼儿园组织机构的原则

依据正确的前提而设计的合理的幼儿园组织结构,无论是对实现幼儿园的工作目标,还是帮助幼儿园的成员获得更好的专业发展,都具有不可低估的作用。基于这一认识,在着手设置组织机构时,需要遵循下列原则,以达到设计的初衷。

1. 设岗要实,用人要精

幼儿园的保教工作任务,需要依靠优良的指挥层与高效踏实的执行层的协作才能完成,在此基础上再进一步分解出具体的工作类别。如保教活动中,需有合理比例的幼儿园教师、班级保育员和负责幼儿身体保健的医务人员,以及有能力负责此项事务的指导者,即业务园长或业务助理。在设置岗位时一定要因工作的需要设岗,选择合适人才,反对和避免因人而设岗。

2. 分工协作,达成整体

幼儿园的教育、总务、行政等各部门是在整体规划下的分工。分工是必要的,它可以确定事情有人做,不分工会导致吃大锅饭,责任不明确势必造成工作的低效率。在进行分工时,除了依据工作内容分工外,还应注意管理跨度的有效性。管理跨度(或幅度范围)是指每个管理人员直接指挥和协调的下级人员数量,它应有一个适宜的限度,若超过一定数量,远超出一个人精力所能及的范围,也可能会造成低效率。如果一个园有 20 个班级,其日常的业务管理仅由一位副园长负责,那么指导工作一定是粗放的、笼统的,难以使其准确和有实效。仅检查教师教育活动计划一项业务,20 个班就有 40 位教师,每周集中于一天时间检查 40 份一周教育计划的本子,能仔细得了吗?这种情况只会错失发现问题和指导教师的机会。这时就应增加岗位,如园长助理或副园长,缩小其管理跨度,提高其工作实效。

分工只是手段,并非目的,分工的目的还在于更准确高效地完成幼儿园工作。所以分工是相对的,协作是绝对的。幼儿园中的炊事班主要任务是为幼儿的身体发育提供必需的营养,炊事员的工作时间、食物的制作、提供餐点的具体时间等都必须适合幼儿的特点,也必须严格遵守幼儿园的一日生活作息制度,不能与教师安排的教学活动、游戏活动相冲突。此外,由于他们也会与幼儿有所接触,故要求其言行举止符合文明规范,体现出幼儿园教育者的要求。因此,一方面他们是后勤人员,另一方面他们也是能对幼儿产生影响的教育者。他们与教师、保育员之间应有良好的协作。协作是幼儿园设置组织、配置人员,甚至制定制度时都应体现的。

只有在分工基础上进行协作,形成有效的整合,才能达成整体的工作目标。

3. 权责对等,相对稳定

委以责任、分权给各责任层级也是在设置组织结构时应加以考虑的。这是设计组织、确定岗位的一个必然要求。为了让每个岗位层次上的人都能各尽其责,管理者应赋予各部门、各岗位以相应的权限,使他们有条件对自己所做的事负责。操作的关键在于使责任与权力对等和谐,不超权,也不缺权,并且使这种关系相对稳定,不因人而异。如,既然保健医生的主要职责在于抓防病、抓锻炼、抓营养,那么不妨给予其在全园各班组检查、指导环境卫生工作的权力,所有的受检查者都要接受其正确的指导。这种权力还得保持相对稳定,不因前一任和后一任保健医生的个人性格、能力的不同而改变,无论是谁,只要到这个岗位上来,都既承担主要职责,也拥有相同的权力,享受同等的待遇。

4. 统一指挥,从容调度

无论幼儿园的组织设计如何细致详尽,上述三条要求体现得如何好,都应明确:分工是统一在全园领导范围内的,决策层有权统筹各方。一个组织应既做到分级负责,分层管理,又能集中一致,服从指挥和调度,协调步调,使组织整体的战斗力增强。我国当前幼儿园规模存在两极分化的局面,一些大型公立幼儿园管理层次多,管理队伍较大,分权明确,但协同运转时反应慢;另一些小型幼儿园(尤其是私立幼儿园)管理者少,权力极度集中,几乎没有分工的中间层。处在这两种极端情形中的幼儿园都应注意改良组织设置,实现民主高效的管理。

强调统一指挥和从容调度,实际上是出于组织活力的考虑。有效的组织总是能根据内因和外因的变化,及时地调整机构的局部设置或人事关系,保持自我调节的弹性和较强的适应能力。否则,该组织就易在竞争中被淘汰。

第二节 幼儿园的一般组织结构

一、幼儿园的正式组织与非正式组织

管理学中关于组织的分类有多种角度的划分,其中自古典组织理论以来,管理学界常将正式组织与非正式组织区分开来,以说明组织的内在特性。

幼儿园同其他组织一样,也可划分出这两大类组织形式。所谓正式组织,是根据一定社会组织的目标和章程而建立起来的系统,它是实现组织目标的载体,是组织成员长时间置身其中、作用明显而直接的社会群体。该群体中有明确的上下级关系,有严肃的公事往来,也有必需的协作关系。正式组织对成员具有强制性和权威性。在某些书籍中所说的行政组织就属于典型的正式组织,在一些教育管理的著述中列举的非行政组织,如党支部、团支部、工会、研究小组等团体,本质上也是正式组织。只不过它们在一个单位里不承担与工作任务密切相关的具体行政职能,而只是从不同侧面保证、配合、督促单位的各管理层开展活动。因此,我们可以说它们是正式的,而非行政的。

所谓非正式组织,是指在一般的正式组织内部,由于部分成员的性格相投,爱好兴趣相近,在交往过程中结下比一般同事更密切的朋友关系,并形成特别的小团体。一般来说,这样的小团体中有自然形成的权威或核心人物,也有些约定俗成的共性行为方式。非正式组织没有强制性等硬性约束力,但却因感情、志趣等软性因素对

人产生较大的吸引力,所以能在无形之中对其成员的思想和行为产生较大的影响。

幼儿园中显然也存在着这两类组织。但是有些园长往往忧心园内一些非正式组织的存在,因为有的小团体成员的价值观和工作风格与园长不太一致,易于与园部的工作安排相左,以致逐渐产生矛盾,影响幼儿园的工作成效和风气。然而,客观而言,人的思想是丰富多彩的,一个拥有几十上百人的团队中,不可能人人一样。一个正式的组织不可能排斥非正式组织的存在,关键是如何去处理协调。只要引导得当,协调工作做得好,非正式组织的存在不仅不会对正式组织带来损害,相反还能有助于正式组织工作目标的实现。

二、幼儿园的组织结构具有多样性

组织中的各要素需要经过排列组合,以形成有序而稳定的结构,便于发挥各因素的效能。社会组织的功能不同,结构形态也会相异,这样便逐渐形成了某些较典型的组织结构形式。幼儿园的组织结构形态因幼儿园的类型、规模等因素不同而异。

自改革开放以来,我国幼儿园的开办形式丰富多样。有公立的,有民办私立的;有全日制的,有寄宿制的;有的幼儿园规模很大,有的则较小。随着文化交流的发展,我们了解到其他一些国家的幼儿教育机构形式更是多种多样,他们的各类幼儿园中的组织结构形态相应地也无统一模式。

从我国幼儿园的现实情况来分析,组织结构的多样性的确存在。粗略地概括一下,可以简单地归纳为如下几种。

(一)公立幼儿园与民办私立幼儿园的组织结构有一定的差异

一般而言,公立幼儿园人员充足,自上而下的正式行政组织齐全完备,并设有党团支部、工会等非行政组织,以协助和督促行政工作的开展;而一般私立园不能严格按幼儿园的编制标准来配备各层工作和教育人员,人手较紧张,往往较少设立工会、党团支部,决策与管理灵便,然而信息反馈渠道不畅通,群众监督力度不到位。

(二)全日制与寄宿制的幼儿园的组织机构略有不同

同类开办性质的全日制与寄宿制幼儿园之间的组织层次大体相同(如公立全日制与公立寄宿制之间),一般都设置行政组织与非行政组织,只不过在后勤服务的人员安排方面有点不同,寄宿制往往多于全日制,如保健医生的配置数量会多于全日制,并且上班制度的安排也会与全日制不同,其他涉及安全、服务的后勤人员也会相应增加。幼儿园设置依据因地制宜的原则,社会存在少量全日制和寄宿制一体的幼儿园,即一所幼儿园中,部分班级是全日制的,另外的部分班级则是寄宿制的,因此,寄宿制班级的人员配备和上班制度都有别于日托班级。

此外,大型、中型、小型幼儿园规模不同,其工作实际需求也会有差别,而这种差别必然在组织设置上体现出来。

以上分析存在交叉重叠之处,导致幼儿园组织设计的多样化色彩更浓,如同为公立园,大、中、小型的组织设计会不完全一样,公立全日制与寄宿制也有区别。

然而,表现形式的复杂,并不说明人们在设计幼儿园组织结构时可以随心所欲,不守章法。相反,这是一种反映实际的正常现象。分析具有代表性的幼儿园组织设计形式,有利于人们掌握幼儿园组织设计的要领。

三、几种类型的幼儿园组织形态

以幼儿园的规模大小为分类标准,对不同规模与类型的公立与民办幼儿园的组织形式进行设计时,应明确以下两点。

第一,以规模大小为标准,通常将幼儿园划分为大、中、小型幼儿园。

第二,所谓大、中、小型幼儿园的划分是相对的,无绝对的标准。在不同的历史时期有不同的标准,在不同办园体制中也可有不同的标准,在不同地区也会有不一样的标准。

综合各种情况,笔者提供一个参考标准,供幼教管理者分析问题时使用。假定幼儿园各班的班额以国家相关规定为依据,小班、中班、大班人数分别以 25、30、35 人为限,寄宿制酌减,但具体班设置情况大致相同。在此共同前提下,若幼儿园班级在 5 个班以下者(含 5 个班)为小型幼儿园;班级在 6~11 个班者为中型幼儿园,班级在 12 个班以上者(即小、中、大各年龄段平均 4 个班)为大型幼儿园。当然,这种区分也是相对的,如今,有些幼儿园已经发展成集团化的形式,这种集团化的幼儿园规模相对来说更大,旗下由若干个小幼儿园构成。以下还是以大、中、小型的单个幼儿园为例来描述其组织结构形式。

(一)大型幼儿园的组织结构形式

1. 大型公立幼儿园的组织形式

这类大型公立(含全日制和寄宿制)幼儿园的组织可分出行政组织与非行政组织两类,两者有一定的联系。组织系统如图 4-2 所示。

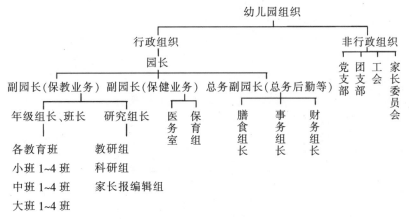

图 4-2 大型公立幼儿园组织系统图

(注:有些大型幼儿园也设 2~3 名业务副园长,但不按教育与保健进行业务分工,而是按班级来分工,分为专门负责小班的副园长,专门负责中班、大班的副园长等。)

2. 大型私立幼儿园的组织形式

大型私立幼儿园的组织形式原则上应与公立幼儿园的行政与非行政系统形式

相仿,在民办教育发展的初级阶段,受经营观念和条件限制,实际表现有所不同。如园长兼管业务或后勤,而减少副园长层的岗位。组织系统如图 4-3 所示。

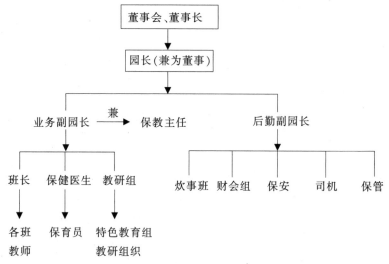

图 4-3 大型私立幼儿园组织系统

在我国台湾,民办幼儿园的发展历史较长,私立园的组织设计与其他管理均较为成熟,并在岛内很有市场。在此介绍其较大型私立幼稚园的组织层次模式,以扩大视野,获取借鉴。值得注意的是,台湾地区的组织形式不一定适用于大陆的幼儿园。台湾较有普遍性的大型私立幼稚园的行政组织结构(如图 4-4 所示),其中的全体教师和园务会议的关系就不符合大陆幼儿园的惯例。

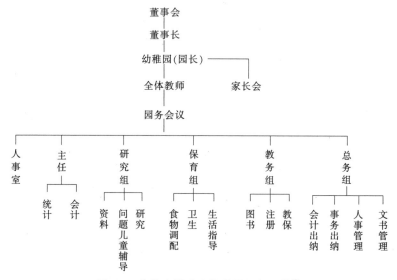

图 4-4 台湾大型私立幼儿园组织系统①

---

① 蔡春美,张翠娥,敖韵玲.托儿所与幼稚园行政[M].台北:心理出版社,1996:99.

(二) 中型幼儿园的组织形式

1. 中型公立幼儿园的组织系统

此类幼儿园一般也设行政组织与非行政组织。与大型园相比,三个层次相同,只是岗位要少一些,如副园长层人数减少(如图 4-5 所示)。

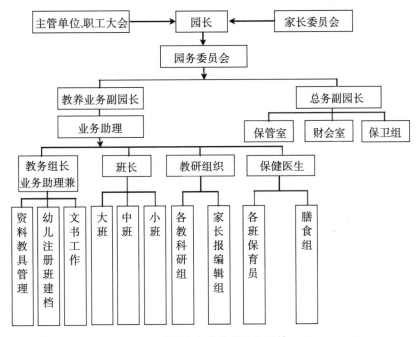

图 4-5　中型公立幼儿园组织系统

2. 中型私立幼儿园的一般组织系统(如图 4-6 所示)

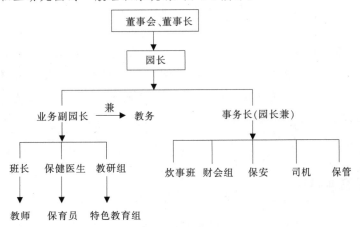

图 4-6　中型私立幼儿园组织系统

(三) 小型幼儿园的组织形式

小型幼儿园多以 3 个班、5 个班、6 个班的规模而出现,这类幼儿园无论是集体、街道等机构设立的,还是个人兴办的,目前在我国都大量存在,而且各级教育行政部门越来越重视对它们进行规范的管理。所以绝不能因其小就不精心设计园内的组织结构。恰恰相反,正因人力、物力、财力管理都有限,更应设好每一个岗位,用好每一个人,以提高管理效率。

小型幼儿园区别于大中型幼儿园的一个显著特点在于,往往一些岗位为兼职而不配置专职,如保健医生兼食堂管理员或兼保管员。

1. 公立小型幼儿园的行政组织结构

公立小型幼儿园一般设园长一人,有条件和有必要的(5～6个班)也可设副园长一人,有的不设专职副园长,而配置一名园长助理,有的幼儿园甚至仅设一名园长,业务和后勤统一归园长一人管理,非行政组织也不一定健全。组织系统如图4-7所示。

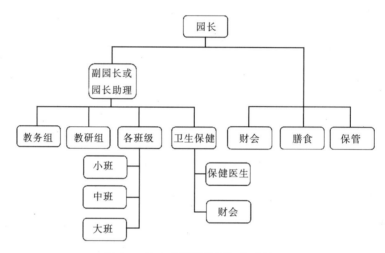

图 4-7　公立小型幼儿园组织系统

小型幼儿园中的副园长或园长业务助理往往兼管业务工作中的教务管理和教研组管理工作而不设专职人员。

2. 私立小型幼儿园的行政组织

一般来说,私立小型幼儿园的行政组织系统与公立小型幼儿园大体相似。它们的共同特点是机构设置简单化,人员兼职化和精简化,大体上都只是由管理者和具体执行者组成,非行政组织与行政组织也不太健全。

美国一小型学前教育机构的岗位分类方案

水平	食品服务	教师	办公室	维护
水平 7			中心管理者	
水平 6				

续表

水平	食品服务	教师	办公室	维护
水平5	营养学家	有经验的教师	会计	
水平4		第二年的教师		
水平3	厨师	第一年的教师	档案管理员	
水平2			维护主管	
水平1	厨师助理	教师助理	文员/打字员	保洁人员

资料来源：改编自《日常人员管理》(亚特兰大：亚特兰大南部教育委员会，1979)

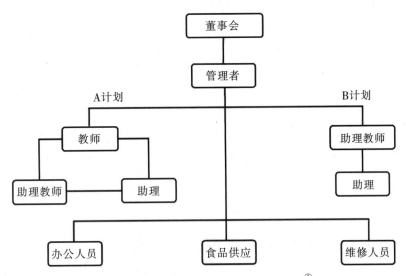

图 4-8 美国小型学前教育机构组织系统[①]

第三节 幼儿园的规章制度

管理是伴随着人类社会的出现而产生的。凡是有人群活动的地方，为了有序地进行共同活动，就有必要建立起协调人际关系的行为规范或准则，这是管理职能的具体体现。现代社会大生产和各种社会化组织更需要有符合自然与社会发展规律的制度来约束人们的行为，协调相互之间的关系。

一、幼儿园规章制度的含义及其意义

（一）幼儿园规章制度的含义

规章制度通常是指，一定的社会组织以条文的形式确定下来，用于规范组织的各项工作及组织成员行为的各种规则、章程和制度的总称。

幼儿园规章制度是为了实现幼儿园整体工作目标，要求全园职工甚至幼儿及其

---

① 帕特丽夏·F.荷尔瑞恩，弗娜·希尔德布兰德.幼儿园管理[M].严冷，等译.上海：华东师范大学出版社，2011：139.

家长共同遵守的行为准则,也是幼儿园各部门按一定程序办事的规矩。俗话说,"没有规矩,不成方圆",幼儿园是根据党和国家的有关方针、政策、法规,按照幼儿教育工作规律和幼儿园的实际情况来制定规章制度。幼儿园的规章制度针对幼儿园工作的各个方面,具有约束力和一定的强制性,故而被称为幼儿园的"法"。制定和执行规章制度,对建立幼儿园的正常工作秩序,提高幼儿园管理的效率,保证幼儿园工作任务的完成,具有重要的意义。

(二) 幼儿园规章制度的意义

幼儿园规章制度的建立,是一项常规性的管理工作,也是实现科学管理的手段,在强化管理、提高工作效能和形成良好园风方面都具有重要意义。

1. 规章制度具有指向作用

幼儿园规章制度有着明确的目的,它表明这个组织提倡什么、禁止什么,应该怎样、不该怎样,既是组织的活动准则,也反映社会的道德规范和优良的文化传统,可以为全体组织成员指明行动方向。

2. 规章制度具有制约作用

规章制度是管理的一项基础性工作。它具有规范性、强制性,能促使组织成员按一定的要求去行动。只有建立健全的幼儿园工作制度,规范各类人员的岗位职责,事事有章可循,人人明确职责,才能形成正常的工作秩序,使幼儿园工作正常运转,高质量运转。

3. 规章制度具有协调作用

规章制度有利于规范人们的行为,协调相互关系,提高管理成效。规章制度起着协调各方面工作和各类人员行为的作用,既分工负责,各司其职、各得其所,又协调配合,使各方面力量有效地服务于共同的组织目标,提高工作效率和管理效能。

规章制度除了具有上述的约束组织成员的硬性特征外,也有其保护全体成员的人性化特性。

4. 通过健全的规章制度保护职工和幼儿的合法权益

职工的合法权益能否得到保证与制度内容的完善程度是相关的。如国家关于劳动方面的法规,为了保障广大女职工的基本权利,对于女职工的某些特殊情况是有规定的。因此,幼儿园内的相关制度应体现出国家法律法规的精神,并切实保证其在本单位内能得到贯彻落实。然而在某些不够规范的幼儿园里,时有侵犯女职工合法权益的事件发生,比如,孕期失业、待产期与哺乳期收入大减等。另外,保障幼儿合法权益的专门法有《中华人民共和国母婴保护法》《中华人民共和国未成年人保护法》等,幼儿园内部也会制定许多直接或间接保障幼儿权益的规章制度。如,膳食管理办法是为了让幼儿吃得健康,伙食费收支的公示制度也是为了保证不损害幼儿的利益。

5. 调动和保持教职工的工作积极性

幼儿园内部规章制度有时会给人以管人卡人的错觉,实则不然,它们往往是针对每个方面做出指导意见,告诉制度的执行者应该如何去做,做得好当然就不存在处罚的可能,相反,通常还会有奖励。因此,制定符合职工和幼儿园双重利益的合理的制度,可以在一定程度上调动员工的工作积极性。如,某幼儿园为了调动教师参与课题研究的积极性,在《科研工作管理制度》中明确提出:"参与区级以上课题研究的实验班和人员由教师自愿报名,经园长办公会议讨论确定。对经专家检验有突出价值的研究课题,可根据实际情况奖励课题研究人员。"这样便给每个教师提供了参与课题研究的机会,激励了教师参与课题研究和做好课题研究的热情。

二、幼儿园规章制度的内容

幼儿园规章制度的管理效能涉及园所工作的各个方面,主要涵盖以下内容。

1. 针对人,确定各类人员的岗位职责和职工的行为规范

每一所幼儿园都是一个由不同层次的多个部门组成的有机整体,有多种岗位,每一岗位上有各自适宜的工作人员,所以要制定出每一岗位上人员的工作职责,便于员工遵照执行。此外,在一定的幼儿园文化的基础上,全体员工应有共性的行为规范。幼儿园要根据教育目标和工作任务,结合教育工作特点与师德要求,提出全园教职工必须遵守的行为规范,以形成良好的行为习惯和工作作风。

新形势下,幼儿园的用人方式有不少变化,因此要及时研究,形成适应性强的用人制度。如,在我国南方的许多地方,幼儿园临时聘用的员工较多,为了保障这部分职工的合法权益,深圳市的一些幼儿园就制定了《临时聘用人员管理实施细则》。

2. 针对部门,制定各部门的工作要求

幼儿园中有多种部门,行政系列中就有园长办公室、教研室、保健室、财务室,有的大型幼儿园甚至有总务室、党总支办公室等。除了占主体地位的小、中、大各年龄层的班级外,仅后勤部门就可分出一些子部分,如食堂、门卫、车队等。

各部门要根据幼教工作规律,建立起稳定、有效的工作秩序,确保各部门的工作能有序有效地运行,从而保证全园工作的正常进行。

3. 针对事务,制定各类活动行动准则和质量要求

幼儿园各部门应开展的业务虽说有很大的联系,然而,具体工作的侧重面是有所不同的,各部门的工作基本上有各自的专业要求,如:班级的教育教学之事与保健室的事有关,但侧重面不同,其他亦然。

4. 针对财物,制定严格的常规制度

幼儿园的财力和物力资源通常是有限的,而需要开支之处却很多,这就更需要良好的管理对策来合理利用和控制资金的收支,物品的采购和使用还涉及严格的财务纪律,所以一定要建立严密的理财用物制度,以规范经办者、使用者的行为,保证幼儿园有限的资源能最大限度地发挥效用。对某些自创自支的幼儿园来说,职工的工资奖金的发放是财务管理的范围,一般会针对这方面制定适合其幼儿园实际同时又符合国家政策的制度,此外财务的预算决算制度、审计制度在大型公立幼儿园中也是常见的,玩具、教具的领用制度是针对物品而制定的,也很常见。

5. 对各类活动协调管理的规定

幼儿园要制定出适当的规章制度对组织活动进行协调和控制,以保证全园各部

门、各类人员在教育和管理活动中步伐一致、协调配合,例如,园内领导班子的分工管理职责制度、家长工作制度、园所各种会议制度、汇报制度等。

三、幼儿园规章制度的层次与类型

(一)幼儿园规章制度的层次

按颁布和制定规章制度的部门划分,幼儿园规章制度大致可分为宏观与微观两个层次。

一是国家立法机关即全国人民代表大会和各级政府及其教育行政部门等统一制定的教育法规和有关的规章制度。如《中华人民共和国教育法》《中华人民共和国教师法》《幼儿园管理条例》《幼儿园工作规程》《中共中央 国务院关于学前教育深化改革规范发展的若干意见》《3—6岁儿童学习与发展指南》等,以及地方制定的幼教行政法规和有关的规章制度。这是国家和各级政府宏观管理各级各类幼教机构的法令、法规,是举办幼儿园必须遵循和贯彻执行的。国家和各级政府的宏观政策是管理幼儿园的根本依据,对于建立幼儿园的正常秩序具有指导作用。幼儿园主办者和管理者要认真学习国家关于幼儿教育的各项法规条例,掌握其精神和内容,并组织幼儿园教职工学习、执行,实现依法治教。

二是幼儿园依据国家法律和教育政策,结合本园实际自行制定的规章制度。这是幼儿园具体实施管理的工具,能使幼儿园工作有正常、稳定的秩序,协调各类人员的行为,提高组织活动的效率。建立健全的幼儿园内部规章制度,是办好幼儿园的一项基础性工作。

(二)幼儿园规章制度的类型

幼儿园的规章制度的类型可谓多种多样,除了适用范围广的宏观层次的法律法规外,微观层面的各个幼儿园内部的制度更是五花八门。制度是为幼儿园的工作服务的,而每一家幼儿园的实际情况千差万别,因此所制定的规章制度也有一定的差异。

有的幼儿园内部的规章制度门类繁多,能多达两百多个;而有的又很简约,仅有十个,一般有安全制度、考勤制度、教研工作制度、家长工作制度、卫生保健制度、膳食管理制度、财产保管制度、财务制度、门卫制度、领导班子工作制度。这十个制度的具体条目,长则十余条,短则五六条,显得简明利落。大部分幼儿园内部的规章制度有几十个,基本上都单独印制成一本小册子,供使用者翻阅。

在名目繁多的制度中,大概可以归纳出几方面的大类来。为了能透过现象看本质,我们暂且将幼儿园规章制度划分为四大类型:各类人员岗位责任制、全园性制度、部门性制度以及考核与奖惩制度。

1. 岗位责任制

岗位责任制是通过明确的规定,使每一个工作岗位的职责明晰化,并将它落实到具体负责人的一种制度。岗位责任制是在将幼儿园的全部工作定员、定编、定岗的基础上,对每一个岗位规定出完成工作的时间、工作质量与数量的制度。它是将一定的工作岗位上的人员,同这个岗位该做的事情之间建立有机联系的一种制度。岗位责任制起着明确职责,调整和处理各个岗位之间的职务、责任、权利和关系的作用,使组织的各类人员能在其位、行其事、尽其责。岗位责任制是幼儿园各项规章制度的核心。

2. 全园性制度

全园性规章制度可以起到指导、组织集体的共同活动,统一各类人员行为,建立工作常规和行为规范的作用。幼儿园应根据园所总目标和优良园风培养的要求,制定出一整套指导集体活动的规章制度,使各部门各类人员的工作、学习和生活有一个统一的规则或准则。另外,还应注意建立接送制度、安全制度、家长联系制度等,并使全园教职工广为熟知且遵照执行。

3. 部门性规章制度

建立和完善幼儿园各部门的规章制度,可以起到明确各层次、各部门工作任务和职责,加强科学管理的作用。比如幼儿园行政管理的各种会议制度、卫生保健部门的制度、保教部门工作制度、总务部门的规章制度等。

4. 考核与奖惩制度

考核是对组织成员履行职责和完成工作任务的情况进行检查和评定。考核的方式有自评、群众互评及领导评价检查。在实施时应将三者结合起来,定期或不定期地进行,并形成制度。奖惩是在考核评定的基础上进行的,对考核结果给予肯定或否定的评价制度,保证岗位责任制和其他制度规章的贯彻执行。否则,没有考核评价就可能造成有章不循,幼儿园各项规章制度就可能流于形式,各项工作就难以落实。

四、幼儿园规章制度制定和执行的基本要求

(一)制定幼儿园规章制度的基本要求

幼儿园规章制度的制定,是一项细致而又十分严肃的工作,应遵循以下基本要求。

1. 目的明确

幼儿园要制定的规章制度较多,每项规章制度要解决什么问题,达到什么目的一定要明确,否则,规章制度就难发挥作用,弄不好就会变成一纸空文。

2. 有法必依

制定和实施幼儿园规章制度是一项政策性很强的工作。因此幼儿园制定的规章制度必须符合党和国家的政策法规,做到有法必依,如幼儿园女职工多,必然牵涉到婚育问题,而国家对此都有明确的规定,幼儿园在制定相关劳动规章制度时一定要以国家相关法规为依据,不要与之相违背。

3. 科学可行

所谓科学可行是指,幼儿园制定的规章制度必须是科学的,能充分体现幼教工作的本质属性,符合教育与管理的客观规律;符合教师的劳动特点,符合幼儿身心发展规律,符合本园实际情况和工作需要,具有可行性。

4. 以人为本

幼儿园制定各项规章制度的根本目的,是有利于实现教育目标。因此,必须充分发挥规章制度作为教育手段的作用。制度的制定,要从人才培养、教育工作的实际需要出发,富有教育意义。制度的制定要让教职工参与,走群众路线,发扬民主精神,集思广益,坚持以人为本。这样,一方面可以使制度更切合实际,另一方面通过制度的制定激发教职工的积极性,明确制度制定的目的,认同制度规定的内容,从而提高制度执行的自觉性,实现自我管理与教育。

5. 完整简洁

幼儿园的各项规章制度要尽量做到完整简洁,各个部门工作所涉及的具体方面都应有相应的制度,以便每个人在工作时都能有章可循。相关的制度之间要相互配套,相互呼应。而每一项制度的内容要简明扼要,文字要准确精练,便于掌握和记忆。

6. 相对稳定

幼儿园的各项规章制度必须保持相对的稳定,以便在一定时间内充分发挥作用,规范各类人员的行为,进而帮助教职工形成良好的思想作风和行为习惯,为幼儿园师生员工创造良好的工作、学习、生活环境。当然,随着形势的变化和认识的深化,幼儿园管理制度也应不断完善。

(二)贯彻执行幼儿园规章制度时应注意的问题

幼儿园的各项规章制度只有在平常的工作中供员工遵照执行,才能发挥作用。所以,每个幼儿园不仅要重视规章制度的制定,更应该重视制度的贯彻执行。在执行规章制度环节应注意做好以下几方面的工作。

1. 注重宣传讲解,使职工熟悉制度

幼儿园的规章制度有时被称为幼儿园"法"。首先,管理者必须让职工知晓这些"法",这是认真执行制度的前提。新加入的员工对单位的制度不熟悉,对于有些修改过的制度,老员工也不一定人人明了。所以,在制度制定之后,还必须以多种形式宣传解释,让制度广为人知。

2. 园长以身作则,做出表率

要使园所各项规章制度顺利实施,成为全体人员所认同和遵守的"法",幼儿园管理者必须以身作则,严格遵守各项规章制度,给全园教职工做出表率,让全体职工都知道本园有"法"必依。尤其是管理者自己,因种种原因违反了相应制度的要求时,一定要认真对待,不可以滥用职权徇私枉"法",这样幼儿园的正气才能弘扬。

3. 执"法"必严,违"法"必究

幼儿园各项规章制度要成为具有约束力和强制性的"法",就要注意"法"的严肃性,要严格要求,认真督促检查,同时将检查与评价奖惩结合起来。领导者要注意深入各部门各班组,了解和检查制度的执行情况,并给予督促、指导,以便掌握有价值的反馈信息,为以后的修订完善做准备。可以定期或不定期地依据制度内容逐项检查,公布检查情况,及时肯定和表彰执行得好的,批评和处罚执行得差的或违反制度的。要坚持制度执行的一致性、一贯性,避免前紧后松、因人而异,使制度作为管理手段切实发挥其应有的作用。

4. 制度化管理与人文关怀相融合

通常而言,规章制度是硬性的管理手段,它体现的是强制的特点,上面所列的几条也正是这类特质的表现。然而,工作实际中的确也会出现某些不以当事人的主观意志为转移的事情,比如,自然界的变化因素导致无法控制的突发事件,教师个人无法预知的其他社会性外因所导致的事件。在极力倡导人文关怀的今天,出于保护教职员工的工作积极性的需要,可以考虑给予相对灵活的处理,让制度的执行既成为约束教职员工行为的过程,也成为使教职员工思想境界升华的过程。

5. 将制度建设和组织文化建设相结合

组织文化是一所幼儿园在长期的办园过程中积淀下来的并为其员工所认同和遵循的价值观念体系、行为规范和物化环境风貌的总和。组织文化对每一所幼儿园来说都是一种客观存在。组织文化一般认为有四个层面:物质文化、制度文化、行为文化、精神文化。在组织文化由浅层向深层、由外化到内化的过程中,规章制度是一种基本的力量。科学完善的规章制度是办好一所幼儿园,形成幼儿园独特组织文化的基础。因此,在规章制度的制定和执行过程中,必须将制度建设与组织文化建设结合起来。

总之,在幼儿园的管理中,应通过规章制度的贯彻执行,引导教职工将外部的规范内化为主体的自觉意识,从而强化职工的责任感,培养其良好的工作习惯和作风,在全园逐渐形成健康向上的风尚和优良的组织文化。

案例 4-1

怎样保护和调动教师继续学习的积极性

近十年来,为了更好地适应幼儿教育改革和自身发展的需要,许多幼儿园的教师纷纷在业余参与多种形式的提高学历段的系统学习,如研究生课程班、函授教育、高等教育自学考试、网络学院的远程学历培训等。这些基本上都是不脱产的在职学习。尽管许多高校针对在职者而开设的班尽量安排在节假日,但由于种种缘故,学习和上班时间难免冲突,如周末安排了毕业答辩,因而那些路途远的幼儿园老师就需要提前请假;高校放假安排课程了,但是少数幼儿园还没有放假等。这样一些进修的幼儿园老师有时会处于两难的选择,如规定的考试、答辩日期需要请假,幼儿园内的工作也需要人手。针对这类事件,许多幼儿园制定了相应的规章制度。如某幼儿园制定有"教师进修制度",其中重要的内容有:"为提高学历而参加专业系统学习的教师,全部学习过程必须全部利用业余时间。目前在读教职工,考试期间,经园长同意,每学期将享有 3 个半天假,以保证考试。"有些幼儿园对待教师的学习政策更优厚,不仅在保证考试时间方面条件更宽松,这些优待条件,极大提高了工作教师工作积极性。

思考：

1. 上述"教师进修制度"反映出该园领导有怎样的管理理念？如果你是正在参加进修培训的该园教师，你希望有怎样的学习进修制度？

2. 你认为上述制度的合理性、可行性程度怎样？分析这一制度研制过程中可能存在的缺陷和应当注意的问题。

思考与练习

1. 名词解释：组织、能级原则、管理跨度、规章制度、岗位责任制。
2. 设置幼儿园组织机构有什么意义？
3. 设置幼儿园组织机构的依据有哪些？原则有哪些？
4. 正式组织与非正式组织的含义各是什么？两者的关系怎样？
5. 幼儿园组织机构的多样性表现在哪些方面？
6. 幼儿园健全的规章制度能发挥哪些作用？
7. 幼儿园规章制度的主要类型有哪些？应包含哪些内容？
8. 制定幼儿园规章制度应注意哪些基本要求？
9. 执行幼儿园规章制度应注意哪些问题？
10. 请结合实习机会，调查一所幼儿园的组织结构形式和规章制度体系，并分析该组织结构和规章制度的优势和可能存在的弊端。

第五章 幼儿园发展规划

学习目标

1. 理解幼儿园发展规划的含义,掌握幼儿园发展规划的内容、类型、制订技术。
2. 领会幼儿园特色的内涵,掌握幼儿园特色的建设策略。
3. 理解幼儿园组织文化的含义及其意义,了解幼儿园组织文化的内容和形式,基本掌握幼儿园组织文化的建设步骤与策略。

【本章导读】 学校发展规划是教育管理界的一种创新的管理理念与操作方法,旨在通过制订学校发展规划,来增强管理的目的性和持续性,更好地实现学校的发展目标。英国倡导和推广了这一概念和做法。当前,我国各级学校都普遍重视编制学校发展规划,其意义不言而喻。幼儿园作为教育系统的基础环节,同样具有教育管理的特性,面临多种发展机遇,所以也应重视研究幼儿园的发展规划。在我国,2015年教育部颁发了《幼儿园园长专业标准》,该标准明确规定了我国幼儿园园长应履行六大职责,第一项便是"规划幼儿园发展"。

本章首先介绍学校发展规划的缘起、含义,并迁移到幼儿园发展规划中,分析相应的内容、类型和制订时的技术要求,帮助读者对幼儿园发展规划获得较全面的认识;其次,讨论幼儿园特色的培育问题;最后,阐述幼儿园的组织文化建设的系列内容。最后两节中的两个议题都是当前我国幼儿园管理中的热点,"营造育人文化"也是园长应履行的第二项职责,许多同类教材将组织文化单列一章加以探讨。本教材认为,幼儿园选择一定的特色和组织文化,是与幼儿园的发展规划分不开的,它们本身也是幼儿园发展规划的重点问题,所以可以合并在一章中做系统介绍。

第一节 幼儿园发展规划的理论与实操

一、幼儿园发展规划概述

随着教育管理观念的发展和校长管理素质的提高,现代的校长大都能自主制订学校的发展规划,为学校未来一段时期(包含近期、中长期)的发展而选择方向、确定重点、制订步骤、组合资源,以促进学校组织的有效发展,提高学校的管理效能。其中,中长期的时间长短不一,有赖于学校的体制、主管领导和校长的任期、学校的稳定性等条件。幼儿园作为学校教育系统的基础环节,其组织的管理规律类同于一般学校的管理,因而研究幼儿园发展规划也很有必要。

(一) 学校发展规划的缘起

学校发展规划(School Development Planning,简称 SDP)是近年来西方中小学教育改革的一个热点,源自 1977 年英国的"学校效能"研究,其目的是通过改善管理来提高学校的效能。学校发展规划是一种创新的管理理念和操作方法,它意在通过制订学校发展规划,来增强管理的目的性和持续性,改进学校管理,提高学校的教育教学质量,更好地实现学校的发展目标。

1. 学校发展规划实践的兴起

英国是学校发展规划实践的发源地。20 世纪 70 年代末 80 年代初,英国某些学校和地方教育当局通过"实地本位规划"(site-based planning)进行学校管理问题的探索,效果显著,影响较大。学校发展规划通过学校共同体成员参与讨论,分析学校的资源、条件,选择学校的优先发展项目,规划学校未来的发展方向,达到充分发挥学校的作用和价值的目的。1988 年,英国出台了《教育改革法》,开始下放学校管理权力,这在一定程度上扩大了基层学校的办学自主权,促使家长和社区参与学校的决策,推动了校本管理的改革。英国科学与教育部积极响应该法,要求各个学校制订学校发展规划。1989 年英国出版了哈格利夫(D. H. Hargreaves)等人写的《学校发展规划:给地方教育长官、校长和学校教师的建议》一书,该书反映了当时英国学校发展规划的研究成果。1991 年,英国教育与科学部又颁发了《学校发展规划实践指南》,并倡导在全国中小学积极推广学校发展规划的制订工作,以提高学校教育管理质量。这两个文本的先后出现,很快使学校发展规划在英国得到大规模推广,成为一个全国性的教育管理改革项目。20 世纪 90 年代后期,英国有教育学家分批次对众多中小学进行调查,证实了发展规划已经成为校长日常工作中的一个必不可少的管理工具。

随后,澳大利亚、丹麦、新西兰、爱尔兰、美国等国家也大力采纳学校发展规划理念,尝试推行学校发展规划的管理方法,并产生了巨大的国际影响。学校发展规划能根据学校的具体特点提出有效对策,满足中小学"校本发展"的需求。基于这一优势,联合国教科文组织、联合国儿童基金会等国际组织给予了积极的推广,以期能提高各国中小学,特别是发展中国家中小学的教育质量。20 世纪 90 年代末,学校发展规划开始伴随国际教育合作项目进入我国学校管理的视野,先在基础薄弱的学校试行,收到成效后逐渐推广,成为我国促进学校发展的重要管理思想和操作方法。

2. 学校发展规划的理论起源

在英国,不仅哈格利夫等人写有《学校发展规划:给地方教育长官、校长和学校教师的建议》一书,布伦特·戴维斯(Brent Davies)和琳达·埃里森(Linda Ellison)所著的《学校发展规划》更被认为是英国学校发展规划领域的代表作。两位作者是英国著名的教育管理研究专家,其专长在于学校发展规划研究、教育发展战略研究。戴维斯和埃里森十分重视规划在办学中的作用,他们在这本书的扉页上写道:"学校如果没有规划,办学必将失败。"认为规划是学校文化的综合和浓缩,折射出学校管理的理性光芒。这本书向读者介绍了英国学校发展规划制订和实施的基本过程,以及相关的技巧和方法,它既反映了英国在学校发展规划理论研究方面的成果,又反映了英国中小学校长在学校发展规划实践方面的最新探索。这本书翻译成中文以后,为我国从事教育管理研究的专业人员提供了参考,也为教育行政干部和中小学校长提供了有益的借鉴。

英国学校发展规划以学校的使命、愿景和目标为基础,对学校的课程管理、教师发展、学生辅导和训育这三个核心做出了部署,另外,也对学校的招生、管理机构和管理方法、物质和财力资源等辅助部分进行了规划。这些共同构成了学校发展规划的内容。

(二)幼儿园发展规划的意义和含义

1. 研究幼儿园发展规划的意义

在我国,研究幼儿园发展规划这一论题,具有明显的实践价值和一定的理论价值。首先,通过幼儿园、社区和主管部门群策群力,分析幼儿园的资源条件,选择幼儿园的优先发展项目,规划幼儿园未来的发展方向,有利于共同促进幼儿的学习与发展,提高幼儿教育质量,促使幼儿园管理取得理想的效能,这是其实践意义。同时,学习和研究学校发展规划的理论,将其运用到幼儿园管理领域,还有助于探索现代幼儿园管理的规律,丰富幼儿园管理的理论,不断提升幼儿园管理研究的广度和深度,这是其理论价值。

2. 幼儿园发展规划的含义

与"组织""计划"等常用管理学词汇类似,"规划"也兼具名词和动词的双重词性。有时人们将"规划"当作一个设计过程,有时又将其理解为已经确定了的一整套计划。动词和名词的交替理解依情境而异,这在实践运用中很正常。所以,在理论研究上,也相应会出现交替使用的状态。

若将"规划"理解为名词,可以认为,幼儿园发展规划是指向未来一段时期幼儿园发展的愿景和目标体系。在我国,教育管理者通常习惯用"三年"或"五年"作为一个中期周期来规划,用十年甚至更久作为长期来规划,这有赖于幼儿园的办园体制、主管领导和园长的任期、幼儿园的稳定性等条件。幼儿园发展规划的通常做法是:由园长主导,发动教职员工、家长、幼儿园主办者和教育主管人员,对幼儿园未来三年、五年或者更长时期的发展,选择方向、确定重点、组合资源、制订步骤和措施,形成一个综合性的规划意见书,作为未来几年里开展管理工作的纲领,目的是提高幼儿园管理的效能,更好地实现幼儿园的管理目标。规划只是为幼儿园发展服务的一种形式,是实现发展的手段,其核心是追求幼儿园的发展。

若从"规划"的动词形态来考虑,可以认为,幼儿园发展规划是幼儿园依据国家相关政策法规的要求和幼儿园的实际情况,集体讨论并制订幼儿园未来中长期发展主要目标和途径的决策过程。其中包括:明确幼儿园发展的方向和目标,寻找幼儿园发展的优势和劣势,利用优势选择幼儿园发展的优先项目,针对劣势提出有效对策,合理配置幼儿园的各种资源。

幼儿园发展规划的特点之一是：自下而上共同设计和制订规划。由幼儿园内外相关的多个主体共同策划，采取一些优化方案来调适幼儿园与环境之间的关系，以求解决幼儿园中存在的问题、提高幼儿教育质量、满足社会对幼儿园的需要、促进幼儿园的持续发展。施行"自下而上"的制订程序，突出了参与人员的广泛性，强调了参与者的主动合作。同时，幼儿园发展规划还很注重目标的持续性、内容的综合性、措施的针对性和可操作性。

幼儿园发展规划体现着主动发展的管理理念。幼儿园发展规划通过将教职工个人的职业发展目标与幼儿园发展目标相结合，形成幼儿园的凝聚力，调动广大教职工的积极性。职工持久且高昂的工作积极性是提高幼儿园教育质量、促进幼儿园可持续发展的强大内驱力。

（三）幼儿园发展规划类型

幼儿园发展规划具有多样性，分类标准不同，可以划分为不同的类型。主要分类如下。

1. 以规划的目的和功能为标准的分类

该分类主要有战略型规划和操作型规划两类。其中，战略型规划是具有系统性、复杂性和战略性的长期规划，指出幼儿园在社会和教育领域中所处的位置，指导并组织管理人员分配组织中的任务，因而统领着幼儿园的全方位发展。具体包括：幼儿园概况的战略分析、幼儿园的愿景与目标设计、战略选择。

操作型规划是对战略型规划的执行，也就是针对战略型规划的目标，提出可实施操作的具体行动方案，包括责任分配、操作执行、评价反馈等。

2. 以规划的对象为标准的分类

该标准分类为幼儿园总体发展规划、校园发展规划、课程教学发展规划、师资队伍建设发展规划。这些规划总属于一个规划体系，它们相辅相成，共同推进幼儿园发展。

幼儿园总体发展规划着眼于幼儿园全局的战略发展，致力于提高幼儿园的办园水平和教育质量，提出幼儿园发展的管理理念和指导思想，确定一定时期内的总目标、总任务和措施。校园发展规划和课程教学发展规划都是由职能部门制订的、用以落实总体规划的部门性规划。其中，校园发展规划着重于幼儿园园内环境的创设，通过部署各部门的任务为幼儿创造良好的学习和生活环境；课程教学发展规划提出幼儿园教学的发展目标，组织幼儿园的教研活动，开发幼儿园的自主课程，发展幼儿园的特色文化。依靠师资队伍建设发展规划是幼儿园对教师素质和专业发展的要求。建设高素质的师资队伍可以提高幼儿园的教育质量，最终促进幼儿的学习与发展。

3. 以时间为标准的分类

以时间为标准的分类有短期规划、中期规划和长期规划。长期规划是具有战略性、综合性的远景规划，规定幼儿园较长时期的总目标和主要行动方案。中期规划是在长期规划的指导下，依据规划期内的实际情况制订的。短期规划是对长期规划和中长期规划的具体落实,确定总目标赖以实现的短期目标,提出具体详细的操作步骤,并依据其短期规划的执行情况不断调整中长期规划。

以上分类是相对的,实际上,规划形式各种各样,有繁有简,也不乏个性鲜明的规划。一般来说,简洁版的规划,省去时间阶段、措施、量化目标等细节,只浓缩最基本的内容,方便张贴上墙,加入幼儿园简介手册,便于全体职工、家长、上级主管人员和同行等认知。详细版的规划则由园长们备案留存,作为每学期、每学年园务计划的依据。

案例 5-1

华中师范大学附属幼儿园的战略型发展规划

办园理念:儿童为本　健康快乐
办园目标:示范园　实验园
办园特色:书香溢园　艺趣沁心
园本文化:童真　认真　率真　情真
共同愿景:快乐工作　幸福生活

(四)幼儿园发展规划的主要内容

幼儿园发展规划是对幼儿园未来特定时期内发展的整体设计和系统规划,包括幼儿园的发展目标、行动方案、资源配置等。一般而言,一个完整的发展规划应该包括幼儿园的办园追求、社区及幼儿园的基本情况分析、幼儿园发展愿景、幼儿园突出的问题、总目标及年度目标等。

1. 办园理念、园训、办园特色

办园理念是幼儿园发展规划的灵魂,制约着幼儿园发展的总体方向,是幼儿园在一定时期内的办园指导思想。它指导着幼儿园群体的教育行为,反映幼儿园的文化特色和办园理想。先进的理念对内是凝聚力和向心力,对外是核心竞争力和品牌。只有在正确的办园理念的指导下,幼儿园才能选择符合本园实际的管理思想和发展模式,选择幼儿园优先发展项目,合理配置幼儿园的各种资源,保障幼儿园持续且良好的发展。幼儿园办园理念既是幼儿园发展规划的重要组成部分,又是幼儿园发展规划的立论基础。因此,办园理念要注意体现国家的教育方针和现代教育思想,体现幼儿园全体教职工的价值追求和发展愿景,体现幼儿园优秀的教育特色。

根据幼儿园的办园特色、风格和人文色彩,不同类型的幼儿园应该提出适合本园发展的园训。园训是全体成员共同遵守的准则、教诲和训导,是一所幼儿园办园目标和办园原则的集中概括,凝聚了幼儿园的教育宗旨与教育特色,承载了与时俱进的组织精神和价值取向。园训是幼儿园组织文化的重要部分,具有潜移默化的教育熏陶和规范约束作用。好的园训可以激励全园教职工和幼儿,也能促使教师、幼儿及家长理解幼儿园的办园理想。

办园特色是一幼儿园区别于其他幼儿园最突出的地方和最有优势的部分。有着自己鲜明的办园风格与特征，展现出具有文化特色的幼儿园风貌，能促进幼儿园发展。但办园特色并不仅仅是指幼儿园简单的特色项目或特色活动，规划幼儿园的办园特色时需要正确把握办园特色的内涵，正确理解幼儿园特色与特色幼儿园的关系。

2. 社区概况及变化

社区通常是以明显的地域界线来划分的社会群体，或者是进行一定社会活动的人类群体及其活动区域。在我国，具体说来，社区在农村主要指行政村或自然村，在城市指街道办事处辖区或居委会辖区以及一些城市新划分的社区委员会辖区。社区是人们社会生活的基本环境，是幼儿成长的重要场所，也是幼儿园的外部环境。幼儿园发展规划描述社区概况，主要包括社区中与教育有关的基本情况以及近年来发生的变化，具体包括社区的政治、经济、法律、文化、人口资源及生源的状况和发展趋势。幼儿园都存在于一定的社区内，社区不可避免地影响着幼儿园。幼儿园应明了所处的外部环境，充分利用社区资源，获得社区的支持和帮助，使幼儿园的未来发展与社区的未来发展相适应，及时把握社区提供的机遇。

3. 幼儿园概况及变化

幼儿园发展规划要准确描述幼儿园的现状和近年来的变化，使全园教职工、家长和社区成员都能了解幼儿园的基本情况、办园水平、办园特色以及在同行中的地位。幼儿园概况首先要了解幼儿园的历史，注意总结本园历史的成功经验，吸取失败的教训，继承本园历史的优秀传统，发挥优势，推进幼儿园的持续发展。其次，要了解幼儿园的现状，即分析幼儿园当前的基本情况，包括管理、教师的知识与技能等业务水平方面，幼儿园组织结构方面，人财物等资源方面，思想、理念等文化方面。通过分析现状，明确幼儿园发展的优势，发现幼儿园存在的问题，从而提出具体的解决方法。

在把握幼儿园现状的同时，还要注意幼儿园的变化，即关注幼儿园上一期规划的实施效果，通过评价上一期规划的目标实现程度，总结幼儿园的发展水平和存在的问题，便于在下一个规划期继承发展或调整工作内容。

4. 幼儿园愿景

愿景是人们的共同愿望、理想或目标，表现为具体生动的景象。幼儿园愿景是全园教职工、家长和社区成员共同表达的对幼儿园未来发展的期望，是大家共同提出并认同的幼儿园的未来发展方向，是幼儿园为之奋斗并希望实现的蓝图。幼儿园愿景概括了幼儿园的未来目标、使命及核心价值，为幼儿园指明了前进的方向。幼儿园愿景不仅是幼儿园的日常行动方式，更是幼儿园办园理念的体现。

描写愿景应包括四个基本要素：期望的（即大家愿意看到的）、主动的（即大家愿意为之努力的）、可接近的（即通过努力可以一步步接近的）、相对稳定的（即三年甚至更长时间内保持不变的）。例如："通过几年的不懈努力，把幼儿园建成办园理念新、文化品位高、教育质量优、社会声誉好的武汉市品牌幼儿园。"

5. 本规划期需优先解决的问题

幼儿园在不同时期可能面临不同的问题。问题就是需要解决的矛盾、需要弥补的缺陷、需要处理的危机。问题必须是真实和具体的,只有这样才能提出有针对性的、可操作的解决方案。幼儿园发展规划要筛选出最重要、最紧迫的问题,一般而言,每个类别下的问题最好不要超过三个,否则这份发展规划就会变成一个面面俱到的文件,看似很全面却不具有操作性,最后只能束之高阁。

6. 本规划期的总目标及分解后的年度目标与活动

在幼儿园发展的总目标统领下,针对本规划期需优先解决的问题,确定本规划期的总目标,依据目标制订具体的活动或措施,从而解决问题并实现目标。"问题—目标—活动(措施)"是一个有机整体。目标的实现需要几项活动或措施,注意目标的制定要切实可行,活动或措施注意逻辑和时间的连贯性、持续性。

7. 附件

一个完整的幼儿园发展规划需要必要的表格来呈现,便于清晰地依时间顺序把握工作节奏,做出及时的评价反馈。表格主要包括实施过程中供监测用的各种表格、中期各年度的实现情况的自评表等,这些都需要附在规划的后面,提高长期发展规划的可操作性,保证其落到实处。

二、如何制定幼儿园发展规划

制定幼儿园的发展规划,应有如下程序:由园长主导,发动教职员工、家长、幼儿园主办者和教育主管人员,共同研讨分析幼儿园面临的资源条件,选择幼儿园在未来几年的发展方向和目标,对优势项目和辅助工作项目进行部署安排,达到提高幼儿园组织的效能,实现幼儿园的价值的目的。在制定规划的过程中,还包含一些技术性的工作。

(一) 幼儿园发展规划的制定技术

1. SWOT 分析法

SWOT 分析法也称态势分析法或自我诊断方法,即对内部优势(strengths)、内部劣势(weaknesses)、外部机会(opportunities)和外部威胁(threats)进行分析。针对幼儿园未来活动的不确定性和变化因素,通过评价影响幼儿园发展的内部因素和外部因素,找出有利因素和不利因素,最大限度地发挥优势,将劣势降低到最低程度,减少威胁并充分利用机会。

利用 SWOT 分析法对幼儿园进行全面的分析,主要有以下步骤。

(1) 分析影响幼儿园发展的关键因素

分析幼儿园的优势与劣势,实际上是对幼儿园如何有效行事的内部审核,所分析的因素属于幼儿园的可控因素。这种分析应该侧重于幼儿园目前的发展水平、教育教学实力和存在的问题等,主要分析幼儿园的地理位置、环境创设、物资设备设施、师资、公共关系、教育质量、生源等硬件、软件方面的优势与劣势。幼儿园只有充分利用和发挥其中的优势,弥补劣势和不足,才能不断提高管理效益。

幼儿园只有正确、全面地分析自身的优劣,才能制定出合理可行的幼儿园发展规划。分析时应成立专门的工作小组,小组成员包括来自幼儿园一线的教职工、不同部门的管理者、最高决策层的领导以及相关专家。小组需要在全面了解幼儿园的历史和现状的基础上,找出影响幼儿园发展的主要问题和矛盾,正视幼儿园发展中的致命弱点,积极制订改进方案。

机会与威胁是影响幼儿园发展的外部因素,包括国家层面和区域层面的政治、经济、法律、政策、法规、文化、社会、人口和环境等方面的有关因素,这些外部因素直接影响着幼儿园的办园方向和管理手段。分析幼儿园的机会和威胁,需要总结幼儿园的历史经验,特别是继承和发展优秀的特色传统。另外,还要分析相关利益群体的需要,确保幼儿园考虑到各方面的利益,为幼儿园的发展储备潜在的资源。对机会和威胁进行分析,需要更多地关注幼儿园外部的竞争环境和发展趋势,及时掌握国家相关政策信息,时刻准备抓住一切有利的机会,与时俱进,避免可能的威胁。

幼儿园发展的关键影响因素,其具体内容可见表 5-1 举例。

表 5-1　SWOT 分析技术表

幼儿园的内部条件		幼儿园的外部环境	
优势	幼儿园有特色传统 幼儿园有现代化的硬件设备 ……	机遇	幼儿园办园体制改革 学前教育相关政策出台 教育资源重新配置 ……
劣势	教师队伍的结构不合理 教育观念陈旧落后 ……	威胁	办园主体多元化引发激烈竞争 家长自主选择优质教育资源 ……

(2) 寻求解决幼儿园发展的策略

将影响幼儿园发展的关键因素组合起来,寻求解决问题的策略。其具体内容如表 5-2 所示。

表 5-2　SWOT 策略分析表

	优势(S)	劣势(W)
机会(O)	SO 策略 ① 环境中出现了机会,而且幼儿园发展有优势 ② 采取开拓性策略	WO 策略 ① 幼儿园有一定机会,但内部条件不佳 ② 采取扭转性策略
威胁(T)	ST 策略 ① 外部环境存在威胁,但是学校有一定优势 ② 采取战术性策略	WT 策略 ① 外部环境存在威胁,而内部状况又不佳 ② 采取防护性策略

（3）采用优选的策略

整合、优化 SWOT 策略当中的四种类型，寻求幼儿园发展的整体策略和过程策略，确立幼儿园发展的基本框架。

2. 问题树法

问题树是利用图画的形式分析一个特定问题的原因和影响，并发现问题、原因及结果之间的联系。问题树通过深入分析一个问题的原因和影响，进而发现解决问题的方法。

制作问题树有助于园长分析造成某个问题的原因，更准确地看到问题的症结所在，同时也可以帮助园长发现解决问题的办法。其制作过程如下：

在一张纸的中心写下问题，在纸的下半部分写出尽可能多的各种原因，并用线条把它们连接起来，在原因的下面再引出原因并标明它们的联系，一直进行下去直到找到最根本的原因。然后，在纸的上半部分写出尽可能多的影响和后果，并将它们用线条连起来，接着引出更深入的影响和后果，并标明它们的联系，直到思考分析满意为止。

利用问题树法，通过在纸上尽可能多地记录原因、结果，这样便于思考者全面把握问题，从而找寻正确有效的解决方法。

3. 排序法

排序是通过比较同类事物从而区分出优先次序的过程，它可以对所搜集到的问题进行细致分析以选出最为紧迫的问题。排序活动能够参考不同人群的不同意见，并对所有意见一视同仁，确定出客观全面的优先顺序。对问题进行排序的基本方法有优先排序和对比排序两类。

（1）优先排序

选择一系列需要区分优先次序的问题。这些问题可以是来自问题树，让访谈对象就这些问题的优先次序提出他们的看法。然后让不同的访谈对象重复这一活动，并把结果列在表 5-3 中。

表 5-3 优先排序表

问题	打分					总分	排序
	A	B	C	D	E		
幼儿园师德素质低	4	3	2	4	5	18	1
幼儿园离学生家远	2	1	5	3	4	15	3
家庭收入水平低	5	4	3	2	3	17	2
幼儿园教育理念落后	1	3	4	5	1	14	4
政府教育经费投入少	3	2	1	1	2	9	5

将需要优先排序的问题列出之后，要求访谈对象给每一个问题的重要程度打分，最重要的打 5 分、最不重要的打 1 分。这种方法简单且容易操作，但只适用于问题较少、统计量较小的情况。

(2) 对比排序

选择需要排出优先次序的问题。将所有问题进行两两比较,记下调查对象的选择,填入表 5-4 中。进行对比排序时需要认真细心,确保每一项都能与其他几项进行对比。

表 5-4 对比排序表

A	B	C	D	E	F	组别	得分	排序
						A		
						B		
						C		
						D		
						E		
						F		

上述 SWOT 法、问题树法和排序法都是源自英国学校发展规划过程中的做法,我们幼儿教育管理人士对这些技术还不够熟悉,也不太习惯用这类相对细致的方法来帮助分类、选择。但应当承认,运用这些技术方法筛查出来的结果,比园长们习惯的口头讨论所得到的结果更客观、更可靠。在我国幼儿园管理中,需要增加一些细致的技术方法,以提高决策的科学性。

(二) 正确陈述幼儿园愿景并将之转化为规划目标

愿景是幼儿园的宏伟目标,指导着幼儿园发展规划的制订。但需要明确的是,愿景不是由园长单独决定的,园长只是一个重要的引领者,必须听取全员、家长(甚至孩子)以及上级主办者的心声,在此基础上进行排序、筛选。另外,愿景要着眼于未来,类同于个人理想,是幼儿园发展的远景规划。但幼儿园愿景是全园教职工、家长及社区成员的共同愿景,因此,对愿景的陈述应该清晰、积极、可信、共享,富有挑战性、现实性和可操作性,能够激发教职工的个人潜能,并促使教职工实现个人价值。

幼儿园愿景的形成一般要经历以下四个阶段。

一是愿景显现与产生阶段。愿景是幼儿园的未来构想,可能仅仅存在于理念世界中,是难以实现的,但却为幼儿园的未来发展指明了方向。

二是愿景传播、成熟并被成员广泛接受阶段。该阶段使愿景更加清晰、成熟、具体、可信,成为人们愿意追求和奋斗的信念。

三是愿景执行与实施阶段。确定愿景之后,园长要将幼儿园愿景合理地转化为规划目标。通过确定优先发展项目,制订出各部门的行动计划,落实各部门的具体目标与具体行动。注意分解出的目标和任务必须是可实现的和可操作的,不能定得过高而脱离实际,也切忌定得过低而毫无挑战性。为了实现目标,需制订具体的落实措施,最终逐步实现幼儿园的愿景。

四是实现愿景阶段。愿景实现的过程是动态变化的,由于环境的变化,应及时检查和反馈愿景的实施过程与结果,以尽早发现问题并进行调整、完善或补救。因此,愿景实现的过程也是生成新愿景的过程,新愿景是在原有愿景实现的基础之上的更高层次的愿景。

(三) 正确处理好制定幼儿园发展规划的三种关系

幼儿园发展规划是为了实现幼儿园发展的目标,在分析现状的基础上提出具体的行动方案。因此,要处理好远期与近期的关系,立足长远发展,通过长远目标指导近期实践,通过分步实践来实现长远目标。同时,在立足幼儿园整体发展的基础上,要促使各部门协同发展,处理好整体与部分的关系。最后还要处理好虚与实的关系,立足于实,防止规划是一套,实施又是另外一套的现象发生,真正制定出具有可操作性的发展规划。

(四) 幼儿园发展规划的制定主体和程序

在幼儿园发展规划中,决策民主化有利于实现决策的正确性,切实反映幼儿园组织成员的意愿和要求,能够充分调动组织成员的积极性和能动性。幼儿园发展规划不只是幼儿园领导层的事情,还涉及全园教职工、家长和社区成员的利益,因此规划的制订需要全部相关利益人群的参与。一般来说,幼儿园发展规划的制订主体是幼儿园的全体教职工和家长委员会代表。他们对规划的认同极大地影响着规划执行的情况,认同度越高,规划执行的效果就越好。其征询意见的方式有多种,包括正式、非正式形式的意见征询;也可以利用问卷法、访谈法或会议的形式获得建议。常用的方法是召开教职工代表及家长委员代表大会,或者将初步调查结果、建议和工作方案文本分发到各年级组、教学组和社区代表手中,直接搜集他们对工作方案的意见和建议。

制定幼儿园发展规划的程序大致有以下三个阶段。

1. 准备阶段

在正式制定规划之前,幼儿园应成立或调整幼儿园发展规划委员会,并组织相关人员的培训,明确发展规划的意义和要求。广泛征询意见,听取社区和幼儿园各方面人士对幼儿园发展的意见、看法和建议。在此基础上,结合幼儿园的基本情况,了解幼儿园的优势和不足,分析内外部环境对幼儿园的威胁和挑战,通过问题树归纳分析幼儿园所面临的主要问题,采用排序法等找出需要优先解决的问题,以便进一步明确具体的解决方法。

2. 草拟阶段

经过前期准备阶段,确定幼儿园发展规划的目标,针对幼儿园需要优先解决的问题提出具体的行动方案。幼儿园发展规划成功的关键,首先是目标必须能被组织成员理解并能被付诸行动,其次方案应得到切实可行的评价验证。

3. 后续或补充阶段

一份幼儿园发展规划总是需要一些派生的部门计划来帮助落实,谓之后续和补充。这一过程,需要园长把握好民主化和科学化的关系。

三、幼儿园发展规划的实施

(一) 实施要点

成功制定的幼儿园发展规划还需要顺利实施,才能最终达到幼儿园发展的目标。幼儿园发展规划必须及时传达到各部门及各人,这是落实发展规划的前提条件,传达过程必须做到及时、准确和有效。幼儿园发展规划必须经历一个"认知—认同—内化—外显"的过程,在全园教职工认知认同的基础上,内化为每个人自己的价值观念,使教职工真正从心里支持幼儿园发展规划,并外化为具体的行动方式。

幼儿园发展规划的实施,必须以明确的战略定位和愿景统领规划的方向,在园长的带领下全员参与,进行幼儿园整体改革,使幼儿园发展规划的制定、实施与评价紧密联系起来,使幼儿园走上自我推动、自我发展的道路。

(二) 实施控制

幼儿园发展规划实施过程中必须进行有效监控,以保障幼儿园的具体行动方案得到落实,在变化的环境中及时调整和完善,利用新的优势和机会,克服新的威胁和弥补缺陷,真正起到监督、调节、诊断和激励的作用。

在制订幼儿园发展规划时,应制订实施规划的绩效标准及偏差预警系统,以防范未来可能发生的困难。应控制规划实施过程中的每一步,及时纠正规划实施过程中出现的偏差,使幼儿园沿着规划的轨道前进。幼儿园应安排几个关键岗位的骨干,对幼儿园发展规划的实施情况进行定期或不定期的反馈,即将活动方案的结果与控制标准进行比较,得出规划实施的结果,并向学校领导汇报,由领导来决定下一步的调整方案,在过程中及时调节,以保证规划的最终实现。

四、幼儿园发展规划的评价

当每段规划期和总规划期到达以后,应对发展规划的实施情况进行恰如其分的评价。评价不仅可以观察规划的实施结果,还有利于幼儿园内部及时总结实施规划过程中的成功经验,进行自我反思和调整。同时,也能促进全园教职工的自我反馈和自我提高,使他们及时认识到自己的进步和需要努力的地方。

评价应有明确的评价标准,标准可以是学期的标准和年度的标准,也可以是整个三至五年规划时期的标准,但所有的标准应尽可能量化;标准应当具有挑战性,并且可以实现。评价内容主要是评价幼儿园发展规划的实际效益,确认目标的实现程度。

第二节 幼儿园特色培育

当今时代具有多元化、个性化的鲜明特征,学校教育也显现出推进素质教育、个性化学习等特点。因此,培育幼儿园特色既是符合时代潮流,也是幼儿园追求自我发展的重要途径。幼儿园通过培育自己的特色，可以在充分利用既有资源的基础上，发掘和扩大优质资源，在国家有限的教育投入下吸引更多的优质教育资源，从而促进幼儿园更好更快地发展。

幼儿园特色体现了幼儿园的个性，通过利用优质资源可以为幼儿提供充分发展天赋和开发潜能的机会；同时，幼儿园特色也是幼儿园管理理念和教育理念的展示，它充分体现了遵循幼儿的个别差异和发展性原则的教育理念。幼儿园特色赋予了幼儿园更多的自主性，使得办园主体能够根据幼儿园的实际情况，规划、配置各种资源，提高幼儿园的办园水平和教育质量。因此，特色是推动幼儿园发展的力量，特色是幼儿园自身发展的生命力。

一、幼儿园特色与特色幼儿园的关系

幼儿园特色是幼儿园某一方面特别优于其他方面，也特别优于其他幼儿园的品质，一般以所谓的特色项目或优势项目表现出来，具有独特性、优质性和创新性的特点。其中，独特性既可以表现为"人无我有，人有我优，人优我精"，也可以表现为"人多我少，人有我无"。优质性是幼儿园的本质属性，体现了幼儿园追求优质的教育质量。创新性可以表现为"人有我新，人新我特"，只有创新才能保持可持续的特色。

近年来，越来越多的幼儿园逐渐认识到了树立特色品牌形象的重要性，但部分幼儿园对于特色的理解还有失偏颇，经常混淆幼儿园特色与特色幼儿园的概念，简单地将幼儿园特色等同于特色幼儿园，一旦发掘出某一特色就大张旗鼓自封"特色幼儿园"。由于这一认识性的错误，常常导致"特色幼儿园"的发展并不成功。特色幼儿园是以特色办园理念为核心，结合本园的实际，从教育教学工作的整体和全局出发而形成的具有稳定性的独特风格和风貌，其优质的办园质量得到了社会的一致认可。形成特色幼儿园的过程，往往伴随着固定的文化模式、特有的组织精神、鲜明的个性风貌等。

幼儿园特色相对特色幼儿园而言，是幼儿园创建特色实践中的项目定位，是建设特色幼儿园的一个组成部分，是不断前进变化的。特色的形成一般有两个阶段：一是初创阶段，幼儿园着重发展本园的优势项目，形成工作方面的特色，具有局部性和发展性的特点；二是成熟阶段，幼儿园在长期的教学实践中创造和形成的办园风格，具有整体性和稳定性的特点。由此可见，幼儿园特色是构建特色幼儿园的基础和保障，特色幼儿园是幼儿园特色的发展和升华。这是一个由局部到整体、以核心带动全局、从不断变化到逐渐稳定的长期渐进的过程。

目前，各地幼儿园的特色创建，大多数只是处于幼儿园特色阶段（优势项目阶段）。幼儿园发展规划中的特色也主要是指优势项目。

二、幼儿园特色的类型

（一）办园思想上的特色

思想决定人的行为，同样，幼儿园的办园思想决定着幼儿园的工作方式和办园

风格,最终影响着幼儿园的办园水平和教育质量。办园思想上的特色,是要在全面贯彻我国教育方针政策的基础上,结合幼儿园的现状,利用优势资源,合理分配各部门的职能任务,形成独特的指导思想。幼儿园特色首先是园长办园思想个性化的表现,园长要有正确、先进的教育思想,具有独到的教育见解,形成坚定的教育信念。只有这样,才能带领全园教职工把幼儿园办出水平、办出特色,形成幼儿园工作的新局面。

(二) 教育模式和课程模式上的特色

教育模式是为了实现一定的教育目标,在相关的理念理论指导下,对某种教育和教学过程加以组织的方式。教育模式作为一种行之有效的教育行为方式,是相对稳定的,实施一定的教育模式时不要片面追求形式,而应注重实效。

课程是教学的依据,体现着一所幼儿园特有的教育理念和相应的教育模式,直接制约着教学过程。同时,课程内容的性质和特点影响着教学方法和组织形式的选择。当前教育改革的核心是改革课程结构,构建科学的课程体系,形成幼儿园课程方面的特色。其中,教学方法改革最为普遍可行,甚至有些教学方法还打上了特定幼儿园的印记,成为幼儿园的特色。

(三) 幼儿园管理上的特色

组织管理是实现幼儿园特色的保障,幼儿园管理特色主要体现在管理思想、管理制度和管理行为三个方面。

在管理思想上,管理者多以某种管理哲学为指导。管理哲学中,当代主客体统一论的价值哲学,超越了行为哲学对人的社会心理层次的关注,进入了对人的行为影响更深远有力的文化价值层面,甚至认为管理在一定程度上就是文化与价值观的同义语。当代幼儿园管理上的一个鲜明特色,就是许多管理者以当代管理哲学为指导,高度重视幼儿园组织文化建设。

管理制度主要是要从微观上解决幼儿园内部办园动力的问题。传统的幼儿园内部管理体制存在严重弊端,影响了办园水平和教育质量的提高。近年来,随着宏观体制改革不断深入发展,幼儿园内部管理制度的改革越来越受重视,各地都出现了不少行之有效的改革典型,形成了自己的管理特色。

在管理行为上,幼儿园的组织管理一般有几种不同的风格,有严、有宽,或二者兼而有之。不同的风格主要体现在幼儿园的不同阶段上:处于创业阶段的幼儿园,多采用以"法治"为主要手段的严格的刚性管理;当幼儿园形成组织文化,即为组织成员所认同的价值观念、道德准则、行为规范等发挥作用时,则多采用以"人治"为主的宽松的柔性管理。严与宽并不是绝对的,绝大多数幼儿园都能做到宽严结合,刚柔相济,并取得了良好的管理效果。

(四) 园舍建设上的特色

园舍是幼儿园的物质基础,是进行教育教学活动的重要场所。园舍建设应严格遵循国家的相关政策规定,如我国城乡建设部与教育部共同颁布的《托儿所、幼儿园建筑设计规范》。园舍建设还应体现幼儿园自身的特色,彰显出幼儿园的物质文化。

需要注意的是,园舍建设的特色并不是外观形象上的出众,而应该体现出幼儿园的教育内涵和教育理念。近年来,幼儿园园舍建设呈现出新的时代特色,如"绿色校园"突出了幼儿园环境与自然环境的和谐。

在实践层面,广大幼儿园的特色较集中于上述第一和第二类型中,即办园理念方面的特殊选择和课程、教育模式的独特方面。后两类也有,然而管理方式和园所环境方面的特色往往取决于办园思想的定位,是为前两者服务的。

三、幼儿园特色培育的策略

(一)战略主导策略

当前我国正处于社会转型期,社会转型是社会剧变的特殊形式。研究认为,中国正在经历社会结构的转型和经济体制的转轨,社会意识形态正从消极被动、自生自灭的生存向积极主动、自由自觉的生存转化,这也是一场深刻的社会文化转型。教育作为社会活动的重要组成部分,承担着为国家和社会培育人才的要务,必然会受到巨大影响。特色战略是幼儿园发展的重要战略。

幼儿园特色战略,通过发掘和发挥本园的优势资源,充分调动了全园教职工的积极性,提高了幼儿园的工作水平,以优质的服务得到了幼儿家长及社区成员或社会公众的支持和帮助,获取了更多的机会和资源,拓宽了幼儿园的发展道路。特色战略是建设幼儿园特色的高层次的组成部分。幼儿园决策者要对社会需求非常敏感,抓住机遇果断决策,将特色培育纳入幼儿园的长期发展规划,确定的特色要突出,有力度,有较深的内涵。

(二)优势生长策略

分析幼儿园的内外环境,结合幼儿园的基本情况,知道本幼儿园的潜在优势在哪里,挖掘特色,寻找突破口,这是幼儿园特色建设的起始点。要立足本园实际,选择那些在本园深深扎根的、具有强大生命力的项目,积极挖掘本土化的地方文化要素。

(三)借机发挥策略

机,即机遇,是事物发展过程中由于出现某一偶然因素而形成的可能改变事物发展现状的特定条件。机遇是一种客观存在,它的出现不以人的意志为转移,但机遇的大小、长短、隐显,除了客观存在的一面,又因人因事而异。"借机发挥"就是要求对出现的机遇当机立断,充分开发机遇的潜能,不坐失良机。

(四)空白填补策略

在尚未有人耕耘的领域,常常蕴含着令人惊喜的机会。幼儿园要善于创新,开发出前所未有的特色,不断激发幼儿园的生命活力。但要注意的是,创新要在结合幼儿园实际情况的基础上进行,脱离实际的创新只能是一种空想。建设幼儿园特色不仅要结合实际,还应提出可信、可操作的具体行动方案,从而提高创新的成功概率。

(五)理想实施策略

上述的几种策略都要从幼儿园的实际情况出发,详细分析和把握幼儿园的内外环境，但还有一种从主观的办园理想出发的策略，即理想实施策略。办园主体通过办学实践使理想变为现实，如我国教育家陈鹤琴为了实现"活教育"的教育理想而在南京创办鼓楼幼稚园，其成功说明了，只要坚持理想不懈努力，理想就有实现的可能。当然，这种策略更多适用于新办园。理想是一座灯塔，理想是一个航标，但理想的实现仍然需要现实的支持，所以幼儿园在采用这一策略培育幼儿园特色时，一定要结合幼儿园的外部环境和实际发展水平，及时修改、补充和完善行动方案。

四、需要注意的几个问题

（一）幼儿园特色不是孤立地突出某个点

由幼儿园特色的内涵可以看到，其特色往往是幼儿园的优势项目或特色项目。幼儿园在培育特色的时候往往需要集中力量，所有工作的展开都围绕特色进行，重点打造独具特色的品牌形象。这原本无可厚非，但若孤立突出特色而放松了幼儿园其他方面的工作，其效果往往得不偿失。培育特色是幼儿园未来发展成功的一个重要手段，但幼儿园只有获得整体工作的成功才能全面提升办园水平和教育质量，形成良好的办园形象和获得巨大的社会声誉。这里要处理好局部与整体的关系，要在做好各方面工作的基础上集中精力突出重点。幼儿园的整体工作能保障幼儿园特色的实现，幼儿园特色的实现过程又进一步促进了幼儿园整体工作水平的提高。两者相辅相成，最终促进了幼儿园的未来发展。

（二）不要片面地标新立异

建设幼儿园特色时，创新性是根本要求。总的说来，幼儿园特色要有自己的独特性和个性化的东西，即区别于其他幼儿园的办园行为和表现。幼儿园特色是时代发展的要求，体现着教育创新的时代精神。在历时性上表示与以往不同是"标新"，在共时性上表示与他人不同是"立异"。幼儿园要形成特色就必须创新，但并不能一味喜新厌旧、标新立异。幼儿园特色的发掘要基于幼儿园的办园背景，分析幼儿园的历史文化传统，在继承优秀传统的基础上进行创新。另外，就幼儿园特色的内容来看，其特色并非必须求奇求异。教育是一项周期长、见效慢的工作，培育幼儿园特色更是一个长期而艰巨的过程，除了要有创新的意识，还需要坚定的信心和坚持不懈的努力。

（三）幼儿园特色不是浮华的外在装饰

幼儿园特色不仅体现在外在的物质环境创设上，更体现在内在品质上，体现在幼儿园独特的教育理念和教育思想方面。没有真正的教育内涵的幼儿园特色，只会是虚夸浮华的"空架子"。培育幼儿园特色，要正确处理好形式与内容的关系，让形式成为思想内容的体现，切忌搞形式主义、做表面文章。

（四）幼儿园特色不是短暂流行的时尚

幼儿园特色顺应了时代发展的潮流，是教育界的时尚，但却不是短暂流行的时尚。幼儿园特色具有内在的优异性品质，是在长期的教育实践中积累沉淀下来的，具有相对的稳定性，经得起时间的考验。

 **案例 5-2**

幼儿园特色课程该怎样建

在建设特色课程的过程中,有些幼儿园挖掘了历史积淀下来的宝贵经验,形成了有益于幼儿发展的优质课程;也有些幼儿园迷失了方向,出现了为突显特色而不顾幼儿的全面发展,一味培养幼儿的一技之长,窄化课程价值和幼儿经验的现象。如,有的幼儿园为了突出"音乐"特色,把幼儿的自由游戏时间全部砍掉,代之以声乐、形体训练等课程教学。有的幼儿园为了突出美术特色,把大部分教学活动实践都用来搞美术教学,健康、语言、科学、社会等领域的教育则不做明确要求。

 思考:

1. 幼儿园特色课程与正常的教育活动之间是什么关系?
2. 如何既突出特色,又促进幼儿的全面发展?

第三节 幼儿园组织文化建设

改革开放以来,我国幼儿教育界人士十分积极地学习各种与工作有关的新信息,用以改进幼儿教育质量和提高幼儿园管理效能。幼儿园组织文化建设就是他们十余年来学来的一个新生事物,发展到当前,俨然已成为幼儿园管理的一项重要内容,成为创立幼儿园品牌的战略手段之一。及至 2015 年,我国颁发的《幼儿园园长专业标准》中将"营造育人文化"作为园长应履行的六大职责之一;明确提出了相应要求。

一、幼儿园组织文化的含义及意义

(一)组织文化的含义

20 世纪 70 年代末 80 年代初,日本经济迅猛崛起,给西方社会特别是美国带来了巨大冲击与震荡,西方管理界开始将目光集中于促进日本经济成功的企业文化上。1979 年,彼特格瑞(Pettigrew)发表了《关于组织文化研究》一文,最早提出组织文化的概念。随后,几乎同时出版的几本运用管理案例诠释组织文化的著作,将组织文化这一概念彻底推上了历史舞台的中心。其中,以下四本书被称为组织文化的"新潮四重奏":威廉·大内(William Ouchi)的《Z 理论——美国企业界怎样迎接日本的挑战》(1981)、托马斯·彼得斯(Thomas Peters)和罗伯特·沃尔曼(Robert H. Waterman)的《追求卓越——美国杰出企业成功的秘诀》(1982)、特伦斯·迪尔(Terence E. Deere)和艾伦·肯尼迪(Allen A. Kennedy)的《企业文化——现代企业的精神支柱》(1982)、理查德·帕斯卡尔(Richard T. Pascale)和安东尼·阿索斯(Anthony G. Athos)的《日本企业管理艺术》(1982)。

大内提出的 Z 理论重点关注组织的文化,把组织文化界定为:"将组织所强调的价值观和信条传递给组织成员时所用的符号、典礼和故事。"①

美国著名社会学教授埃德加·H.沙因在《组织文化与领导》一书中将组织文化定义为:"特定群体所发明、发现和发展的,用于学习应对外部环境和内部整合问题的基本假设的形式,这些形式运作良好足以显示成效,因而他们成为教育员工用以知觉、思考和感受组织问题的实际方式。"②他认为,组织文化是由企业成员所共同拥有的更深层次的基本假设和信念所构成的范式,价值观只是组织文化的表现和形式。

组织文化通常可以通过组织内精神、制度、物质等方面的要素表现出来,如组织的理念、愿景、使命、信念、价值、态度、假设、组织规范与组织制度、组织仪式、故事、传说、英雄人物事迹、组织符号、口号、标志物,以及组织运作程序与模式等。我国研究者认为:"组织文化是组织在其内外环境中长期形成的以价值观为核心的行为规范、制度规范和外部形象的总和。"③

(二) 学校组织文化

学校是社会组织中的一部分,学校组织文化一方面具备一般社会组织的特征,另一方面又有别于其他生产性或事业性的社会组织,构成了具有独特内涵、特征及功能的学校组织文化。我国的学校组织文化研究最初是从"校园文化"开始的,但这是两个不同的概念,不能混为一谈。校园文化一般局限于学校开展的艺术教育和学生的社团活动,而学校组织文化强调文化的组织管理功能。学校组织文化既包括显性的行为活动,又包含隐性的规范制度、思想理念、价值观等,是一个内涵和外延都很丰富的概念。

黄崴在《教育管理学》一书中这样界定学校组织文化:"所谓学校组织文化,是指在一定的社会文化背景下,学校在运作过程中所体现的以教育基本理念为指导的、具有普遍意义的价值规范和行为方式的总和。""其内涵具体表现为:第一,学校组织文化并非一种独立形态,而是受到一定历史时期、一定社会文化因素的制约;第二,学校组织文化是在长期的活动中沉淀、被组织成员认同和遵循的,具有普遍的意义;第三,学校组织文化具体表现为组织的思想理念、信仰、价值观、规章制度、行为方式、物质形态等;第四,'富有特色的思考方式和行事方式'是其区别于其他组织文化的标志。"④

学校组织文化越强,其生产力、适应力及灵活性的效能也越高,因此,改进学校组织文化对学校各方面工作的开展都有极大裨益。

(三) 幼儿园组织文化

幼儿园作为学校教育系统的初始阶段,其组织文化也必然成为影响幼儿园发展的一个关键因素。幼儿园组织文化体现着幼儿园的教育理念和教育思想,是在幼儿

---

① W. Ouchi. Theory Z. Reading[M]. MA: Addison-Wesley,1981:41.
② 朱新秤.教育管理心理学[M].北京:中国人民大学出版社,2008:417.
③ 石伟.组织文化[M].第二版.上海:复旦大学出版社,2010:12.
④ 黄崴.教育管理学[M].北京:中国人民大学出版社,2009:153.

园长期工作实践中沉淀下来的,被组织成员认同和遵循的价值观、行为规范、团体意识、工作态度和思维模式。幼儿园组织文化往往是幼儿园特色的体现,是一所幼儿园区别于其他幼儿园的标志。

赵寄石教授将幼儿园组织文化定义为:"由全体成员认同的价值观念、情感态度、伦理道德、行为准则、习惯传统等凝聚而成的精神力量,其形成的过程一方面受社会的影响,另一方面在本园教育和管理的实践中被创造并逐渐完善。"总的说来,幼儿园组织文化通过公认或默认的价值观念、情感态度、行为准则等,对组织成员起着"软约束"的作用,能够激发全体教职工为了共同的目标而努力奋斗,提高幼儿园的办园效益和质量水平,推动幼儿园的未来发展。

(四)幼儿园组织文化的意义

幼儿园组织文化作为组织管理的一种软性因素,与硬性管理互为补充、相互协调,对幼儿园发展有着重要的意义。

1. 导向作用

幼儿园组织文化的核心是价值观,价值观是全园教职工共同遵循与推崇的价值取向和行为模式,对组织的领导者和教职工起着引导作用。这种导向作用主要体现在以下三个方面:一是指导幼儿园的价值取向,正确的价值取向可以促进幼儿园的发展,使幼儿园领导者做出正确的决策,使共同的价值目标驱使教职工不懈行动;二是目标导向,幼儿园目标的正确制订关系着幼儿园的发展方向,幼儿园组织文化引领着管理者采用科学的方法制订切实可行的目标;三是行为导向,优秀的幼儿园组织文化指导着教职工的具体行为,使其行为符合幼儿园的价值观,并不断促进幼儿园教育目标的实现。

2. 约束作用

幼儿园组织文化是幼儿园组织成员的共同心理和行为中体现出来的心理特征,具有强大的心理制约力量。这种约束作用可以表现为价值取向和教育目标等对组织成员的隐形约束,一般会形成幼儿园的道德规范,约束全体教职工的行为。另外,这种约束作用又表现为硬性的幼儿园规章制度,是幼儿园全体成员必须遵守和执行的。

3. 激励作用

幼儿园组织文化的激励作用,是指组织文化能够满足组织成员的需要,特别是自我实现的最高层次的心理需要,从而激发组织成员的工作动机,充分调动他们的积极性和创造性,最终形成指向幼儿园目标的具体行为。幼儿园组织文化中的情感关怀、民主参与以及价值目标中的自我激励都能起到激励的作用。

4. 凝聚作用

成熟的幼儿园组织文化能形成全园教职工共同认可的价值观念和行为准则,使教职工将自身的目标和幼儿园目标紧密联系起来,自觉调整价值追求,将自身作为幼儿园发展的一部分,从而最大限度地挖掘自身潜力,使幼儿园组织文化发挥整体功效。幼儿园组织文化以人为本,注重公平、民主的领导方式,营造和谐融洽的人际关系环境,强化信任友爱的团体意识,在教职工中形成强大的凝聚力和向心力。幼儿园组织文化的凝聚作用可以体现在以下方面:幼儿园目标、团体意识和共同理想。

5. 辐射作用

幼儿园组织文化作为一种亚文化,能以自有的方式向社会发挥辐射作用。幼儿园组织文化的辐射作用,通过向外界展示幼儿园的独特风貌,对外界产生影响,形成良好的社会效应。幼儿园组织文化的辐射作用方式主要有以下三种。第一,教育硬件辐射。硬件主要指幼儿园的物质文化,包括校园环境、图书资料、文化设施、文化活动等。如通过文化活动,外界可以了解幼儿园的办园思想和理念等,活动也可以使外界人士获得相关文化知识。第二,教育软件辐射。教育软件主要包括幼儿园规章制度、组织结构、价值观念等,其辐射作用如高效率的组织结构必定引起其他幼儿园的学习,或者影响到其他社会组织。第三,教育对象辐射。该辐射作用指幼儿园培育的幼儿,受到幼儿园组织文化的熏陶,必定表现出幼儿园独特的价值观和行为方式,通过与人交往而影响社会。

(五)幼儿园组织文化的负面影响

组织文化存在惯性问题,具体表现为组织文化一旦形成就很难改变。因此,幼儿园发展过程中要避免组织文化成为组织变革和发展的潜在障碍,其障碍的可能性主要表现在以下三个方面:一是改革创新的障碍。幼儿园的内外环境是不断变化发展的,组织文化极容易形成一种思维和行为的定式与惯性,很难进行改革创新。二是多元文化的障碍。幼儿园组织文化对全园教职工具有一致的约束力,在一定程度上抑制了个性的发展,特别是当新成员加入时,会产生文化适应和文化冲突的问题,组织文化的惯性问题妨碍了幼儿园实现兼容并包的多元文化。三是体制转化的障碍。体制转型过程中往往较少考虑文化因素,兼容性差的组织文化会影响新组织的发展。

针对幼儿园组织文化的负面影响,幼儿园应在保持组织文化相对稳定的同时,随着内外环境的不断变化进行动态发展,不断吸收和包容新的文化,形成具有强大生命力的组织文化。

二、幼儿园组织文化的内容与特征

(一)幼儿园组织文化的内容

1. 幼儿园的组织精神

组织精神是组织的灵魂,是组织文化的核心,在整个组织文化里起支配作用。幼儿园组织精神是指幼儿园为了实现办园目标和自身价值,满足社会对幼儿园的需要,在长期的实践过程中逐渐形成的一系列反映群体意识的信念。幼儿园的组织精神体现了幼儿园的价值观念和行为目标,综合了幼儿园的管理哲学、道德风尚、团体意识等,蕴含着全园教职工对本组织的特征、地位、形象、风气的理解与认同,并折射出幼儿园的整体素质和精神风貌。幼儿园组织精神是全园教职工的共同信念和精神源泉,能指导教职工的实践活动。

2. 幼儿园的组织制度

幼儿园的组织制度是幼儿园在遵守国家的教育方针、政策法规的前提下,结合本园的实际情况而制订的有关教育教学、科研、日常管理等的规章制度。组织制度是幼儿园的硬件,对教职工的行为表现具有强制性和规范性,起着保障权利和履行义务的作用,能使幼儿园组织文化得到有效贯彻执行,使幼儿园工作得到有序运转。

3. 幼儿园的组织形象

幼儿园的组织形象是通过外部特征和教育质量表现出来的,是社会公众对幼儿园的总体评价和印象。首先,外部特征是幼儿园组织的表层形象,包括招牌、门面、广告、物质环境等,是人们可以直接观察到的。其次,教育质量是幼儿园组织的深层形象,包括管理水平、教师素质、幼儿发展等,是人们可以间接体会和感受到的。幼儿园通过表层形象可以得到人们的了解,通过深层形象可以得到人们的认同和支持,从而树立良好的社会形象,获得幼儿园的持续发展。

(二) 幼儿园组织文化的特征

幼儿园组织文化是组织文化理论在幼儿园的具体化,除了具有一般组织文化的特征外,还有自身的本质特征,主要有以下几个方面。

1. 教育性

幼儿园作为一种教育组织机构,教育性是其最根本的特征。幼儿园组织文化体现着幼儿园鲜明的办园目标和教育理念,反映了提高办园水平和教育质量的价值追求。幼儿园组织文化应该以正确的价值观念为核心,以共同信念为动力,充分调动全园教职工的积极性和主动性,帮助幼儿健康成长,促进幼儿的学习发展,满足家长和社会对幼儿教育的期望,并发挥幼儿园组织文化的教育辐射作用,推动社会文化的发展。

2. 实践性

幼儿园组织文化的根本目的是指导教育教学和管理实践,最终提高幼儿园的办园质量。所以,幼儿园组织文化具有强烈的实践性。另外,幼儿园组织文化是在长期的教育教学、科研活动、经营管理实践中总结和积累出来的,也只有在具体的实践活动中,幼儿园的组织文化才能持续发展起来。

3. 独特性

在不同的政治、经济、文化背景下,组织文化所面临的历史阶段和发展程度也都是不同的。每一所幼儿园也因其文化传统、领导方式、管理水平、价值追求等的不同,而形成具有本园特色的幼儿园组织文化,在物质环境、办园风格、精神风貌等方面区别于其他幼儿园,展示出本园的独特意义。幼儿园应适应特定的历史环境,结合本园自身的实际条件,建设适合自己需要的幼儿园组织文化。

4. 相对稳定性和动态开放性

幼儿园组织文化是在幼儿园生存和发展过程中逐渐总结、培育和积淀形成的,一旦形成就在一定时期内具有相对稳定性,不因领导层或教职工的变动而变化,新员工进入幼儿园以后应尽快调整自己的价值观和行为方式以适应幼儿园的组织文化。但幼儿园的外部环境是不断变化发展的，组织文化并不是一成不变的。优秀的幼儿园组织文化呈螺旋式上升发展状态，坚持动态开放性，不断吸纳新生文化，适应外界变化，显示出持续不断的巨大生命力。

三、幼儿园组织文化的结构

幼儿园组织文化的结构，是指幼儿园组织文化的组成部分或构成要素。按照由外到内、由表及里的变化过程，幼儿园组织文化包括幼儿园物质文化、幼儿园行为文化、幼儿园制度文化和幼儿园精神文化四个方面。其中，幼儿园物质文化、幼儿园行为文化和幼儿园制度文化是幼儿园精神文化的客观载体，是幼儿园组织文化的显性内容和浅层表现形式，幼儿园精神文化则是幼儿园组织文化的隐形内容和深层表现形式，是幼儿园组织文化的集中体现和总结概括。

（一）幼儿园物质文化

物质文化是组织文化抽象内容的外在物质显现。幼儿园物质文化是幼儿园全园教职工、幼儿及家长在教育教学实践活动中创造的各种物质设施，是幼儿园组织文化的物质形态，如幼儿园的校园环境、建筑风格、园服、雕塑壁画、教学设备、游戏场地等。这种以物质形态存在的文化设施不仅是幼儿园保教活动的重要场所，更体现了幼儿园的价值观念和教育内涵，使幼儿园组织文化得到保存和传递。幼儿园物质文化通常包括以下内容。

1. 幼儿园标志

标志是一种事物存在的实体代表，有着自己独特的含义。幼儿园标志是幼儿园的代表，可以给社会公众留下直观的印象，使人直接联想到幼儿园，如提到某幼儿园的园名，人们就会想到它的"双语教学"特色。幼儿园应根据自身的特色，设计个性化的园名、园徽、园歌、校训等，这些标志不仅传达了幼儿园的办园目标和教育理念，还有助于在全园教职工及幼儿中养成统一的价值观及组织精神。

2. 幼儿园物质环境

幼儿园物质环境的好坏关系到全园教职工的工作效率和情感态度，如舒适、洁净的校园环境可以安定情绪、启迪思想、陶冶情操。幼儿园物质环境应该包括富有童趣的建筑风格，整洁舒适的室内外环境，适宜幼儿探索发现的区角设置和玩具、教具，先进实用的教学设备，安全多样的体育器械设施等。

3. 幼儿园文化设施

建设图书室或阅览室，引发幼儿阅读的兴趣，使幼儿体会阅读的乐趣，同时为教职工提供教育教学的资料和信息。应注意的是，图书资料要丰富，种类要多样，以满足不同幼儿和教职工的需要。由于信息时代知识的迅速更新，图书资料也应及时更新。另外，要注意对图书资料进行有效管理。幼儿园文化设施还包括电教室的建设，通过校园网络，加强教师的继续教育。最后，体现幼儿园精神文化的人文景观也能极大地丰富幼儿园的物质文化，如武汉市某幼儿园内一群幼儿围绕一位老师的雕塑群,体现了该幼儿园互亲互爱的师幼关系。

(二) 幼儿园行为文化

幼儿园行为文化是全园教职工在长期的教育教学实践活动中表现出来的行为准则和交往方式等,是幼儿园精神文化的动态体现,是幼儿园组织文化在教职工行为中的体现,反映了幼儿园的风格特征、道德规范。幼儿园的行为文化可以表现为幼儿园领导的行为、教职工的行为和幼儿的行为。其中,幼儿园领导的行为具体表现为:具有较高的管理水平,能进行合理的人力资源管理,以人为本,重视价值观念和情感态度,努力构建积极向上、民主和谐的管理氛围。教职工的行为文化主要表现为:拥有先进正确的教育理念和方法,拥有高超的教育教学和科研能力,能为幼儿和家长提供良好的服务。幼儿的行为文化是幼儿园组织文化潜移默化的效果,往往体现了幼儿园的保教方式和教育理念。

(三) 幼儿园制度文化

制度是使组织有效运作的保障机制,制度文化是精神文化的产物,同时制度文化支撑着精神文化的实现。幼儿园制度文化主要表现为文本化的传统习惯、仪式、规章制度等,也包括全园教职工对这些制度的认识态度以及制度的制定和实施情况等。幼儿园制度文化具有一定的强制性,能严格约束和规范全园教职工的行为。但在建设制度文化时,应注意结合以人为本的理念,尊重教职工,满足教职工的情感需要和自我价值实现的需要,坚持人本与科学的融合,建立以科学管理手段为途径、以促进人的和谐发展为目的的制度文化体系,实现幼儿园的自主管理。

好的幼儿园制度文化不会束缚教职工的手脚,反而能提高教职工的工作效率。其制定过程需要全园教职工的参与,听取各方面的意见,制定科学可行的规章制度。教职工参与制定制度的过程,也是对制度认同、内化的过程,有利于激发他们遵守和执行制度的行为。

(四) 幼儿园精神文化

幼儿园精神文化是幼儿园组织文化的深层表现形式,是幼儿园组织文化的核心所在。幼儿园精神文化是在一定的社会文化背景和意识形态下,在幼儿园长期的教育教学实践活动中形成的为全园教职工所认同和遵循的价值观念、情感态度、道德规范和思维模式等。它是全园教职工一切实践活动的精神支柱,支持和指导着他们的行为,是幼儿园发展的强大推动力。幼儿园精神文化具体包括共同的价值观和组织精神。

1. 幼儿园共同的价值观

幼儿园价值观是全园教职工在教育教学实践活动中所形成的价值准则,包括对管理、教育教学、服务等活动的基本看法和观点。幼儿园核心价值观即办园宗旨,基本价值观是围绕核心价值观构建的具体工作领域的系统价值观,包括管理观、教学观、儿童观、课程观等。幼儿园价值观决定了幼儿园的本质特性,规定了幼儿园的发展方向。它会产生持久的精神动力,对全园教职工具有导向和规范的作用,为幼儿园的生存和发展提供了精神支持。

2. 幼儿园的组织精神

幼儿园的组织精神是幼儿园在长期发展中形成的一系列反映群体意识的信念。幼儿园组织精神依据幼儿园的现实发展状况产生,是幼儿园内部为教职工认同的主导意识。

四、幼儿园组织文化的形式

幼儿园组织文化以多种形式传递给教职工,能使教职工了解和体会幼儿园既有的和期望的文化,最常用的有故事、仪式、物质象征和语言。

(一)故事

幼儿园内常常会流传一些故事、传奇或神话,这些故事讲述的是关于打破常规、重大成功、成员调动、裁员、重大失败等的事件,这些故事能够起到借鉴作用,还可以为目前的组织政策提供解释和支持,而教职工可通过这类故事学习到幼儿园的组织文化。

(二)仪式

仪式是一系列活动的重复。这些活动能够表达并强化组织的核心价值观、目标、人物类型等。

(三)物质象征

幼儿园的园舍、室内外用具设备、建筑物和设备的颜色、园标、园徽、园服等都属于可见的物质,这些物质都蕴含着文化的意义。

(四)语言

许多组织,以及组织内的许多单位都用语言作为识别本组织文化的标志。学会这种语言之后,组织成员就会接受这种文化,这样又有助于员工坚持这种文化的价值观。在幼儿园组织文化里,典型的语言是教师与幼儿交流时所使用的童趣化语言,这种语言使幼儿易于理解但又不失自然大方。

再优良的物质环境、再完善的规章制度、再完美的教育理念、再美好的行为规范,都必须要人去创造、贯彻和落实。人的精神状态、文化素养及道德水平,是幼儿园文化建设成功与否的关键。

五、幼儿园组织文化的建设

幼儿园组织文化一般是在长期的教育教学实践中,不断吸取有益经验而积淀下来的反映了一系列群体意识的信念和行为规范,其建设过程是一个逐步完善、定型和深化的过程,通常要受到内外部因素的共同影响。

(一)幼儿园组织文化建设的影响因素

1. 影响幼儿园组织文化建设的内部因素

(1) 个人文化因素

个人文化因素,主要指组织领导者和组织成员的思想素质、文化素质和业务素质对组织文化的影响。幼儿园组织文化是全园教职工价值观念和行为规范的结晶,因此他们的基本素质直接影响和制约着本园组织文化的层次和水平。

在个人文化因素中,从传统上来看,创始人对组织的早期文化影响极大。创始人的品质、个性决定了组织的基本类型与特征,其价值观、人格特质、经营哲学、领导方式等决定了组织的发展方向和方式。幼儿园的创始人如果是为了实现自己的教育理想,就会以一种全新的个人思想意识去塑造组织,敢于冒险和不断创新;如果创始人只是为了迎合社会需要,他的目的就是使幼儿园持续运营下去。

在建设幼儿园组织文化的过程中,领导者负有巩固和发展组织文化的重要责任,因为幼儿园的办园宗旨、价值观念、风格特征、道德规范、规章制度、行为方式等一定程度上都是幼儿园领导者价值观的反映,如民主型的领导风格会创建一种和谐发展的组织文化。园长更应该以实际行动来践行幼儿园组织文化,以起到榜样的作用。

个人文化因素中,教职工的价值观念是否与幼儿园的核心价值观一致或相融,直接影响到教职工团队能否形成统一的价值追求。特别是有新进员工或外部权威时,他们带来的全新文化可能会与组织对立而削弱组织的固有文化,也有可能对组织文化起到弥补充实作用而促进组织文化的发展。

(2) 组织传统因素

幼儿园应根据所处的内外环境,分析本园的历史传统,在借鉴历史经验的基础上,挖掘和发挥幼儿园特色,形成独特的幼儿园组织文化。组织文化具有一定的继承性,其形成过程也是组织传统的发育过程,建设幼儿园组织文化在一定程度上是对组织传统"取其精华去其糟粕"的过程。因此,组织传统是组织文化建设的基础,对其发展有着深远的影响。

(3) 组织特征因素

组织文化也受组织特征(如组织的规模和复杂性等)的影响。一般来说,大型幼儿园的教职工较多,其机构设置就较为复杂,在进行任务分配、资源管理的时候往往要考虑更多因素,也可能制定出更多的规章制度来直接规范教职工的行为,在此情况下,教职工的自主性和自由程度就受到影响。一些幼儿园采用报酬和绩效挂钩的激励措施,在此情况下,该园的工作效率往往会有明显提高;而民主管理的幼儿园则容易构建主动、创造的幼儿园组织文化。

2. 影响幼儿园组织文化建设的外部因素

(1) 民族文化因素

作为幼儿园组织文化主体的教职工,首先是作为社会成员而存在的,他们在成为幼儿园一员之前,已经受到民族文化的长期熏陶,所以幼儿园组织文化必然会受到民族文化的影响,而且教职工作为社会成员还会继续受到民族文化的影响,因此,幼儿园应该建设具有本民族特色的组织文化。

幼儿园组织文化是社会文化的亚文化,植根于民族文化的土壤中,民族文化对幼儿园的价值观念、行为准则、道德规范等都会产生深刻影响。幼儿园也应努力适应民族文化的宏观环境,迎合一定民族文化环境下所形成的社会心理状态,但必须以科学的态度进行批判吸收。同时,优秀的幼儿园组织文化也会推动民族文化的发展。

(2) 制度文化因素

由于社会制度不同,不同国家的社会组织所形成的组织文化也不同。制度文化因素一般包括政治制度和经济制度。

政治制度在我国首先表现为社会主义制度,这就要求幼儿园建设有中国特色的组织文化。其次表现为国家制定的有关法规和政策,政府通过教育和文化事业方面的规定,影响着幼儿园组织文化,对其起着制约或促进作用。另外,教育行政当局也有可能对此进行专门的建设,这对幼儿园组织文化有着直接的影响。

经济制度在我国主要是指社会主义市场经济体制,社会生产力的发展水平决定了人们的消费水平、消费机构和消费方式等,因此,幼儿园应该了解国家及当地的经济发展水平、居民收入水平、市场需求等,从而定位幼儿园的办园目标和组织文化建设所应倡导的价值观及行事方式,以顺应经济发展的现状和趋势,满足社会和人们的需要。

(3) 外来文化因素

外来文化是指从其他国家、其他民族、其他地区、其他行业、其他组织中引进的文化。

随着全球经济一体化,我国在不断引进西方发达国家的先进技术和设备的同时,也引入了许多先进的管理思想,如企业组织文化的创新精神、竞争意识、效率观念、质量观念、民主观念等。这些都对我国幼儿园组织文化产生了重大影响。国内不同民族、地区、行业或企业,在进行资本、技术、市场转移的过程中,其组织也会受异质文化的影响。因此,幼儿园必须结合自身的实际情况,有选择地吸收、消化和融合外来文化中的有利因素,警惕、拒绝或抵制其不利因素。

(4) 行业文化因素

不同的行业具有不同的性质,每个行业的社会导向、竞争环境、市场需求、社会期望等特征都会对组织文化产生影响。幼儿园作为国家教育系统的一部分,担负着培育人才的重任,提高幼儿园的办园水平和教育质量是其办园目标,服务于人民和社会是其价值追求,只有这样才能建设优秀的幼儿园组织文化,树立良好的社会形象。

(二) 幼儿园组织文化建设的步骤

由于幼儿园组织文化本身具有一定的抽象性和内省性,加之教职工拥有不同的文化素养、价值观念、社会背景等,因此建设幼儿园组织文化具有长期性和艰巨性。从事物发展的形成过程来看,幼儿园组织文化建设表现出阶段性的特点。

1. 诊断阶段

初创时期的幼儿园组织文化,主要集中反映了创始人对幼儿园的设计和构想,包括办园宗旨、教育目标和发展方向,以及管理方式、规章制度、行为规范等。而在改变和重塑幼儿园组织文化时,应对原有组织文化进行全面深入的分析,了解其优势和缺陷,作为构想新文化的基础。不管是初创还是改变和重塑幼儿园组织文化,首先都应把握组织文化的内容,如幼儿园的目标、领导和教职工的理想信念等;其次在分析幼儿园内外环境的基础上,建设符合幼儿园实际的、具有本园特色的幼儿园组织文化。

2. 发展阶段

幼儿园组织文化要产生影响和发挥作用,并为全园教职工所接受,成为共同的群体意识和自觉的群体行为,必须经过全园教职工的认同,这种认同过程也是幼儿园组织文化的建设阶段。一方面,教职工会逐步接受和认同幼儿园的价值观和组织精神,并内化为自己的行为;另一方面,幼儿园会从教职工的认同反馈中发现组织文化的不足或新文化,进而完善和丰富组织文化,由此形成"认同—强化—提高—再认同—再提高"的循环发展过程。

(三)幼儿园组织文化建设的策略

1. 明确共同的价值观念

共同的价值观念有助于形成幼儿园的凝聚力和向心力,使全园教职工自觉地将组织文化的理念付诸实践。幼儿园组织文化提出的价值观念必须体现办园目标,即促进幼儿的学习和健康发展。幼儿园组织文化的本质是重视人和人的价值,其价值观念必须是教职工乐于接受或至少是自然接受的,能在潜移默化中贯彻执行。

2. 科学确定组织文化内容

幼儿园组织文化内容的确定,应在分析历史文化传统的基础上,正确把握幼儿园的内外环境,合理、可行地进行。从幼儿园组织文化结构出发,重视幼儿园的精神文明建设,建设物质文化、行为文化、制度文化时使其体现出精神文化的特点,能够反映出幼儿园组织文化的价值追求和组织精神,使组织文化成为园内外人员认识和感受幼儿园的窗口。

3. 开展多种形式的活动

组织各种形式的活动,加强幼儿园组织文化的宣传,以得到全园教职工的理解和认同,尽快发挥组织文化的影响和作用。如通过宣传栏和媒体等使幼儿园组织文化的信息得到广泛传播,通过办好图书馆、活动室,开展文艺体育活动等营造一个和谐的文化环境,使教职工耳濡目染幼儿园的组织文化。

4. 民主参与法

在建设幼儿园组织文化的过程中倡导全园教职工的参与管理,可以增强他们的主人翁地位,强化组织认同感和归属感,从而激发他们实现共同目标的积极性和创造性。参与的过程也是实践的过程,民主参与是全园教职工的共同文化的实践,幼儿园组织文化就是集体参与的结果。同时,民主参与不仅尊重了既有的群体文化,加快了群体认同,更为重要的是以群体的智慧不断创造新文化。

5. 树立榜样法

把最能体现幼儿园价值观念的个人和集体树立为典型、榜样,不遗余力地进行宣传、表彰,为广大教职工提供直观的学习榜样。首先,领导者的率先垂范,对员工起着重要的示范作用。领导者必须身体力行、以身作则,信守幼儿园的价值观念,遵守规章制度,通过自己的实际行动向全园教职工灌输幼儿园组织文化。其次,管理者要特别挖掘老园长、老教师的先进事迹,使幼儿园的优秀文化传统得到继承和发扬。对于较快接受和认同组织理念并付诸实践的先进分子,幼儿园应不失时机地将其树立为榜样,使更多的人理解并认同组织理念。

6. 激励法

激励法指幼儿园运用各种激励手段,满足教职工的需要,激发他们的工作动机和热情,使他们自觉主动地去实现幼儿园的目标。激励法可以从物质的方面满足教职工的基本需要,也可以从精神方面使教职工感到自我价值的实现。

xx县某中心幼儿园三年发展规划

一、情况分析

（一）幼儿园概况

1. 本园创建于2014年,是一所环境清幽,面积较小的幼儿园。本园属于乡村幼儿园,占地面积560平方米,建筑面积共为460平方米。共设五个班级,大班两个,中班两个,小班一个,在园幼儿130多人。各项基础设施基本到位,具备整套安全监控安保装置及幼儿大型户外活动场地、玩具、器具等。

2. 教职工队伍。专任教师12人,其中学前教育专业教师4人,其余教师均为小学教师,学历为大专以上。

3. 幼儿情况。我园招生对象为乡镇及周边乡村子女,其中留守儿童占80%,家长中的学历层次普遍较低。

（二）发展分析

1. 现有经验和成绩

（1）办园理念方面。我园有明确的办园理念、办园目标和培养目标,以"促进幼儿全面健康发展"为宗旨,以幼儿体、智、德、美全面发展为目标,充分尊重、关注幼儿的个体差异,加强对留守儿童的关注关爱,努力营造宽松、和谐、信任的人际环境,促进每一个幼儿富有个性、健康的人格形成,这为幼儿园的发展指明了前进的方向。

（2）条件设施方面。办园条件较好,现代化教育设施设备齐全,为幼儿园的发展提供了比较完备的物质保障。

（3）管理方面。制定各种制度,加强了目标管理、计划管理,各种计划已初步形成体系,不断完善园长负责制。为增强内部活力,制订了工资绩效分配方案,调动了教职工的工作积极性。

（4）教师人员方面。保教人员有较强的工作责任心、爱岗敬业、乐于奉献。近年来,我园教师的思想、业务素质有不同程度的提高,她们能勤奋学习,积极进取,不断增强目标意识,教师之间能互相交流互相帮助,通过参观县机关幼儿园和附近同类中心幼儿园提升自己实践操作能力、遇到问题应变能力,同时参与网络研修,提升自己的知识储备量。教师在根据教育目标设计教育活动的基础发展到了更注重对幼儿的观察、评估,教师有了初步的从幼儿中生成课程的意识。

2. 存在的问题和不足

（1）管理工作中需要进一步健全管理网络,增强目标意识和责任意识,使目标管理更规范、科学,并形成体系。

（2）在保教工作方面,还存在重上课轻游戏倾向。新的教育理念还没在教师身上内化,实际教育教学工作中存在着穿新鞋走老路的问题,小学化教育倾向严重。

(3)幼儿园文化环境创设方面,环境创设单一,没有特色。

(4)与自身规模相比较,人员的配置存在不足。

(5)新教师比例较高,青年教师的教科研能力、家教指导能力相对薄弱,需要花费大量的时间精力提高专业素质。

(6)我园部分幼儿父母外出务工,孩子在家多数由爷爷、奶奶负责教养,孩子的行为习惯和自理能力普遍不是很好。

(7)幼儿园整体实力还有待加强,各项设施、设备建设需要大量资金投入,存在资金缺口。

(8)生源都来自农村,由于思想观念陈旧,对幼儿早期教育重视不够,家长又只顾忙于自己的工作,很难配合幼儿园对孩子实施良好的家庭教育。可以说家庭教育与幼儿园教育很难协调一致,形成合力。这给我们的教育工作带来了很大的困惑。

(9)在安全教育方面,幼儿园教师安全意识薄弱,安全教育还需加强;各项安全制度还有待提高,如入园晨检力度不够;对幼儿午睡监管不够;消防安全重视不够等。

二、指导思想

以本市学前教育精神为指导,加大各项基础设施建设,加强师资学习、培训,以合作、和谐的人文管理建构和谐、发展的现代学前教育,形成自身特色。

三、总体工作目标

第一年,2018年1月至2019年12月,规范幼儿园各项工作,建章立制,建立各项工作常规,在构建合作、创设和谐的内部文化环境的同时努力塑造幼儿园的公众形象,提升园所社会效应。

第二年,2020年1月至2021年12月,进一步加强幼儿园的人文和精细化管理,加大教科研力度,搭建教师成长舞台,培养勤学习、会合作、能创新,具有现代教育观和发展观的教师,全面提高保教质量。

第三年,2021年1月至2022年12月,在第二阶段的基础上,强化内涵建设,以科研为先导,在课程上求创新,孕育出幼儿园的特色。

四、幼儿园三年发展分解目标

第一年,2018年1月至2019年12月

(一)园务工作

1. 全园达成共识,各岗位人员订出规划和实施方案、明确职责。

2. 制定各项制度和职责,发挥制度的保障作用和教育引导作用。

3. 加强分层管理力度,进一步发挥中层干部工作的职能,并管理好本部门的人和物。

4. 以"敬业、合作、创新"为主旨,开展有益身心的活动,形成凝聚力。

5. 运用多种形式,积极开展安全教育演练,努力提升师生安全防范意识。

(二)保教工作

1. 建立幼儿园业务管理制度,建立合理的保教工作常规,组织全体保教人员学习并实施。

2. 科学地安排一日活动,保证户外活动、体育活动、游戏和自由活动等时间,保教过程要适宜幼儿年龄特点,组织形式以游戏为主。

3. 以生活、游戏为主题,开展园本教研,定期对实施的情况进行反馈和调整。

4. 结合幼儿生活课程,开展幼儿礼仪教育,培养幼儿良好的行为习惯和生活习惯。

(三)师资建设

1. 加强师德建设,通过政治学习,不断提升教师的专业精神,提高教师的师德修养。

2. 围绕幼儿园三年发展规划,制订教师自我发展规划,并能有计划地分阶段、分层次地实施。

3. 开展青年教师评教活动,为青年教师成才搭建平台。

4. 建立教师成长档案。

(四)教育科研

1. 以案例研究和反思研究为基础,促进教师反思和逻辑判断能力的提高。

2. 成立幼儿园科研室,以园级课题为引领,逐步形成幼儿园科研氛围。

(五)家庭教育

1. 搭建家园交流平台,形成共育氛围。

2. 开设教师家教指导讲座,提高教师的家教指导能力。

3. 鼓励与支持家长参与幼儿园管理,为幼儿园建设和幼儿的发展出谋划策。

(六)卫生保健

1. 建立幼儿园卫生保健管理制度,理顺卫生保健常规工作。

2. 严格执行各类卫生保健制度和消毒隔离制度,加强落实与检查,确保幼儿园安全卫生职责管理到位。

第二年,2020年1月至2021年12月

(一)园务工作

1. 加强制度文化建设,科学合理地完善园所管理制度。

2. 完善幼儿园安全工作保障机制,杜绝责任事故和违反教师职业道德的事件发生。

3. 完善考核激励机制,促进个体发展。

(二)保教工作

1. 完善幼儿一日活动中保育、教育实施细则,明确保教工作规范性。

2. 积极丰富和扩充新教材内容,积累主题活动的资料包。

3. 梳理、提炼保教工作中的亮点,提高一日活动效率和质量。

4. 以幼儿礼仪教育为重点,逐步形成幼儿行为礼仪规范。

(三)师资建设

1. 根据发展的需求,补充高质量的师资力量。

2. 加强骨干教师培养,充实幼儿园骨干力量。

3. 积极构建有利于自我学习、自主发展的多元融合的环境。

4. 对不同层次的教师进行有针对性的指导,提高教师设计、实施课堂教学活动的能力。

(四)教育科研

1. 成立教研小组,定时与不定时围绕教育、教学重点、难点问题展开研究。

2. 鼓励教师结合自己的教育实践与小专题的研究,每年度撰写一篇教科研论文或专题总结。

3. 邀请专家对教师进行科研培训。

4. 组织教师参加各类课题、案例设计比赛,在实践中不断提高科研水平。

(五)家庭教育

1. 对教师实施有针对性的家教指导,提高家教能力。

2. 开设家园联系窗、家长信箱,举办家长讲座、家园亲子报,建立幼儿成长档案等,增进家园有效沟通和互动。

3. 建立家长志愿者队伍,为幼儿园的校园安全、教学活动、教育资源等方面提供资源、参与管理。

(六)卫生保健

1. 完善幼儿园卫生保健管理制度,提高各类卫生保健资料质量。

2. 利用小报、橱窗等形式,有针对性地进行安全健康宣教活动。强化安全管理,提高教职工应急处理能力。

3. 加强对保育员的培训,促进保健员综合能力的提高。

第三年,2021年1月至2022年12月

(一)园务工作

1. 构建科学的管理网络,在宽松、民主、和谐的管理氛围中促进教职工与幼儿园的持续发展,提升办园质量。
2. 激发每位教职员工的积极性、主动性和创造性,激励教职工在各自岗位上创造性地开展工作。
3. 分析、归纳、总结园务管理经验,形成幼儿园管理的新思路,为后续发展奠定基础。

(二)保教工作

1. 以教育科研统领教育教学研究,立足园本教研,聚焦课堂,深化课程建设,提升保教质量。
2. 逐步完善幼儿园礼仪课,形成以礼仪课程为抓手的幼儿美育基础。
3. 开展幼儿安全教育和自我保护教育,教师带动幼儿一起学习简单的急症救助技能。
4. 以艺术教育活动为特色课程,丰富拓展型课程的内涵,初步形成园本特色艺术教育课程体系。

(三)师资建设

1. 进一步补充保教工作人员,形成结构合理的教职工队伍。
2. 注重培养特色教师,促使教师个性化发展。
3. 建立多样化的培训方式,为教师的个性化发展提供服务。
4. 轮流选派教师外出培训学习,全面提高教师综合素质。

(四)教育科研

1. 加强教育教学的研究,提升科研质量,提高教师群体开展课题研究的实践能力。
2. 形成研究能力强、实践能力强的幼儿园科研骨干队伍。
3. 结合幼儿园美育课程,开展综合课题研究。

(五)家庭教育

1. 开展家园互动,形成家园同步教育。
2. 邀请有关专家开展早教培训,提高早教质量和普及率。
3. 每学期组织幼儿深入社区,开展主题教育活动1~2次。

(六)卫生保健

1. 优化卫生保健制度及管理措施,细化工作流程。
2. 加强对日常各个工作环节的管理和指导,保障卫生保健工作的针对性、有效性。
3. 根据季节变化,做好疾病预防。
4. 开展幼儿安全教育和自我保护教育,教师带动幼儿一起学习简单的急症救助技能。

幼儿园成立以园长为组长的规划实施领导小组,全面负责规划的实施、检查工作,进一步调整幼儿园的整体布局,加大资金投入,添置大型玩具及现代化教育、教学设备,努力为幼儿创设良好的生活、游戏活动及学习环境。

点评:案例中的幼儿园,是开办于第二个三年行动计划初期的一所农村乡镇中心幼儿园,令人欣慰的是位于西南某省很普通的乡镇幼儿园,也有了自己的三年发展规划,这应该说与我国2015年颁布了《幼儿园园长专业标准》有关。《幼儿园园长专业标准》规定了我国幼儿园园长要担负六大职责,第一项职责便是"规划幼儿园发展"。该幼儿园能在2017年制订后三年的发展规划,应该是上述园长政策在当地推动的效果显现,尽管这份发展规划存在进一步完善的空间,但总体值得肯定。具体来说,这份发展规划中,优点主要集中于对幼儿园现有优势和问题的分析比较详细,三年发展分解目标也比较具体。还需要进一步完善之处主要在于:需要进一步思考并提炼出正确而鲜明的办园理念;对幼儿园文化建设也需要有所设计,新幼儿园更需要找准定位;三年发展总目标的描述不太得当,应该浓缩现有分述的三部分,综合起来表达希望三年之后幼儿园发展成为什么样子的;年度分目标中管理对策比较薄弱等。

来源:http://wenku.baidu.com/view/845946914793daef5ef7ba0d4a7302768f996f04.html

思考与练习

1. 幼儿园发展规划包括哪些内容？
2. 幼儿园发展规划有哪些制订技术？并做简要介绍。
3. 什么是幼儿园特色？幼儿园特色有哪些类型？
4. 幼儿园特色建设有哪些策略？
5. 什么是幼儿园组织文化？幼儿园组织文化对幼儿园发展有何意义？
6. 幼儿园组织文化的结构的具体内容是什么？
7. 影响幼儿园组织文化的因素有哪些？
8. 请结合实际分析评价一所幼儿园的中长期发展规划。
9. 请结合参观、学习，归纳幼儿园管理实践中有哪些常见的幼儿园特色项目。
10. 留心学习归纳阶段有哪些常见的幼儿园组织文化表述形式。

第六章 幼儿园管理的原则与方法

学习目标

1. 领会幼儿园管理原则的含义和依据。
2. 掌握幼儿园管理原则的具体内涵和实施时应注意的问题。
3. 掌握幼儿园管理的方法,以及各种方法所适用的管理环境和运用时应注意的方面。

【本章导读】 在人类社会组织里,任何管理行为都有一定的指向和目的,也可以说是有其行为动机的。而这些动机源自行为发出者的观念和指导思想,这类指导思想可能是正确的,也可能是有偏差的,因而导致管理行为也有得当和不得当之分。指导人们行动的基本准则谓之"原则",行为方式谓之"方法",两者密不可分,都是管理研究的重要内容。本章从解析幼儿园管理原则入手,分析原则的制定依据,阐述幼儿园管理应该遵循的原则体系,并归类分析幼儿园常用的管理方法。

第一节 幼儿园管理的原则

人类社会的任何管理活动,都是在一定的原则指导下进行的。原则是人们对客观规律的主观认识的反映,是观察问题、处理问题的准绳,是指导人们行动的基本准则。开展有效的幼儿园管理活动,离不开正确的管理原则的指导。幼儿园管理的原则,就是管理者在管理过程中所必须遵循的指导原理和行动准则。它既是办园的指导思想,也是幼儿园实践经验的总结。如若没有科学的管理原则,管理目标的实现只能成为泡影。

一、幼儿园管理原则概述

(一)幼儿园管理原则的含义

管理原则是对管理实践的总结和概括,反映了管理活动的客观规律,是管理过程必须遵循的基本准则。不同的领域,管理原则有其相应的特点。幼儿园的管理原则是开展幼儿园管理活动所必须遵循的基本准则和要求,是实现幼儿园的工作目标,正确处理管理过程中一系列矛盾、关系或问题的指导原则。优秀的幼儿园园长,头脑里应该有一套她认可并愿意奉行的管理原则体系。这样,她在全面管理幼儿园的过程中,才能针对不同事务迅速地知道应该以什么态度和方式去应对,才可能使管理工作收到最好的效果。换言之,幼儿园的管理原则是全面指导幼儿园管理活动的指南,适宜正确的管理原则是园长开展管理活动时必须依据的指导思想。

幼儿园管理的原则,阐发着幼儿园管理的基本思想,它是幼儿园管理目标和实现目标的方法之间的中介。在进行幼儿园管理活动时,要想实现幼儿教育的目标,提高工作的效率,就必须将一切管理活动置于正确的原则指导之下,否则就不能保证管理活动的正常进行,其工作的有效性就无从谈起,工作的目标也难以真正实现。在幼儿园管理实践中,要实现有效的管理,就离不开正确原则的指导。

(二)确定幼儿园管理原则的依据

幼儿园的管理原则是开展幼儿园管理活动时必须遵循的准则和基本要求,是对幼儿园管理的实践经验的科学总结,应能反映管理活动规律。因此,确定幼儿园的管理原则不能主观杜撰,而应有可靠的依据,幼儿教育以及管理的实践与理论是我们确定幼儿园管理原则的依据。

1. 幼儿教育基本规律

幼儿教育的基本规律,从目的和方法上制约着幼儿园的管理活动。幼儿教育的根本功能在于为一定国家和社会的稳定和发展服务,为幼儿个体的发展服务。幼儿教育的这两大功能,制约了幼儿园教育活动的目的和方式。它要求幼儿园肩负起为幼儿服务和为家长服务的具体任务;要求幼儿园的教育活动要能适合儿童的生理和心理发展的水平,保育与教育并重,促进幼儿身心的全面和谐发展。

幼儿教育的上述规律性,在管理活动中的反映是明显的,它要求园长管理幼儿园时要有明确的方向性,实现幼儿园为国家、为民众、为幼儿服务的目的,也要求园长树立正确的管理思想,采用优良的方式方法,使幼儿园的工作有效地开展。

2. 社会管理基本规律

建立在管理实践基础上的现代管理学原理,也是研究幼儿园管理原则的依据。管理学的四大原理,系统原理、人本原理、责任原理和效益原理,对研究我国幼儿园管理的原则体系具有很大的启发作用。

(1)系统原理

系统原理是现代管理科学中的最基本的原理。它是指人们在从事管理工作时,运用系统的观点、理论和方法对管理活动进行充分的系统分析,以达到管理的优化目标。任何社会组织都是由人、物、信息组成的系统,任何管理都是对系统的管理;系统具有整体性、目的性、层次性和相关性等;需要运用整分合原则、动态原则、反馈原则和封闭原则等来达到对系统的控制。

(2)人本原理

人本原理,顾名思义就是以人为本的原理。它要求人们在管理活动中坚持一切以人为核心,以人的权利为根本,强调人的主观能动性,力求实现人的全面、自由发展。其实质就是充分肯定人在管理活动中的主体地位和作用。这是管理理论发展到20世纪末的重要见解。根据人本原理的观点,职工是一个组织的主体;职工参与是有效管理的关键;使人性得到最完美的发展是现代管理的核心;服务于人是管理的根本目的。这一思想对教育管理来说,尤其具有启示作用。

(3) 责任原理

责任原理认为,管理是追求效率和效益的过程。在这个过程中,要挖掘人的潜能,就必须在合理分工的基础上,明确规定部门和个人必须完成的工作任务和必须承担的相应责任,从而提高人的潜能。责任原理的本质是保证及提高组织的效益和效率,强调每个人的职责是挖掘人的潜能的最好的办法,挖掘人的潜能的前提是应有合理的职位设计和权限委授,也主张奖惩要分明、公正而及时。

(4) 效益原理

效益是管理的永恒主题。任何组织的管理都是为了获得某种效益,效益的高低直接影响着组织的生存和发展。效益原理是指组织的各项管理活动都要以实现有效性、追求高效益作为目标的一项管理原理。这条原理强调研究价值,分析投入与产出的关系。教育管理也追求实效,通过有效的教育管理,制造出更多的经济效益与社会效益,为社会的发展做贡献。

在人类社会组织的管理实践中,有众多因素需要管理,人、财、事、物、时间、空间和信息各方面需要管理者加以控制和理顺。在这一过程中,管理原理能发挥基础性的指导作用。社会管理是幼儿园管理原则赖以产生的坚实基础,幼儿园是社会组织的有机组成部分,幼儿园管理活动同样服从这些基本的管理规律。

3. 以解决幼儿园基本关系和矛盾为依据之一

作为社会系统中的子系统,幼儿园有其特定的基本关系和基本矛盾。为了处理好基本的关系和矛盾,需要摸索出有针对性的行为准则,这也是产生管理原则的一个来源。在幼儿园的实际管理活动中,园长要处理好如下四大关系。

(1) 幼儿园与社会之间的关系

幼儿园是社会大系统中的一个子系统,幼儿园的教育和管理虽可形成相对的独立性,并反作用于社会,但就其根本来说,社会的政治、经济、文化、人口等因素对幼儿园这个子系统的制约性很大,它们从幼儿教育方针、培养目标、政策和条件等方面规定和影响着幼儿园的教育和管理。我们必须面对这一现实,处理好两者之间的关系,让幼儿园的发展与社会大系统的发展协调一致。例如,我国当前为解决"入园难""入园贵"等影响民生的问题,积极推行发展普惠性幼儿园的管理政策。这就是解决幼儿园与社会需求之间存在的矛盾。

(2) 人与人之间的关系

在以培养和教育人为主要宗旨的幼儿园中,人与人之间的关系是十分活跃的,包括园长与教职工之间、教职工与幼儿之间、教师与后勤人员之间、教师与家长之间的关系,颇为复杂。处理好则能有利于各项工作的顺利实施,因此园长必须协调好人与人之间的互动关系。

(3) 工作与工作之间的关系

幼儿园内并存有多种分工不同的工作,如保教与总务后勤、保育与教育等工作相互关联,每一项具体工作都处于一种动态的变化进程之中,呈现出阶段性、递进性等特点。因此,有必要在千头万绪的工作中抓住主要矛盾,统筹兼顾好其他各项工作。

(4) 资源的投入与产出的工作成果之间的关系

办园过程中离不开人力、物力与财力等资源的投入。然而,资源的投入并不一定与工作成效呈正比例关系。园长需潜心摸索,分析把握资源的投入与产出之间的关系,争取实现最优化的管理。

上述四大关系蕴含着一系列的矛盾,园长在处理这些矛盾方面要积累宝贵的经验。认真总结管理实践中的经验,探索幼儿园管理的客观规律性,这是形成科学有效的幼儿园管理原则的重要依据。

二、我国幼儿园管理的基本原则

幼儿园管理的基本原则是在管理工作中必须遵循的行动准则,具有科学性、地域性、时代性等特点。因此,在不同的时代、不同的地域,会有不尽相同的幼儿园管理原则。不过,在不同历史时期和不同地区,因为幼儿园管理的本质特性(包括幼儿园的宗旨和任务、幼儿身心发展水平的共同规律、社会组织管理的同质性等)基本相同,所以幼儿园的管理原则总体上看是大同小异的。基于对制定幼儿园管理原则的多方面依据的分析,在借鉴前辈和同行研究成果的基础上,我们也尝试阐述一套幼儿园管理的基本原则。

(一)办园方向性原则

1. 办园方向性原则的含义

管理是一种有目的、有预定进程的活动,它总是指向一定的方向和目标。幼儿园管理的方向性原则是指拥有正确的办园方向,具有和谐一致的长期、中期和近期目标。这一条原则主要用来处理幼儿园与其他社会组织的关系,同时强调幼儿园管理应当有自身的价值目标体系,以及幼儿园管理的目的和任务也要反映社会的需求。

幼儿园担负着双重的任务,我国的《幼儿园工作规程》(以下简称《规程》)明确指出:"幼儿园是对3周岁以上学龄前幼儿实施保育和教育的机构,是基础教育的有机组成部分。是学校教育制度的基础阶段。"《规程》的第三条指出:"幼儿园的任务是实行保育与教育相结合的原则,对幼儿实施体、智、德、美诸方面全面发展的教育,促进其身心和谐发展。幼儿园同时为家长参加工作、学习提供便利条件。"《规程》规定了幼儿园的性质和任务,体现了我国幼儿教育的目的。其"为幼儿服务"和"为家长服务"被业内人士简称为"双重任务",这是幼儿园工作的核心价值。教育好幼儿是为国家人才的培养奠定基础,"十年树木百年树人",这是指向未来的;而为家长服务,则体现为解除家长在保育教育孩子方面的后顾之忧,让家长安心参加到社会生产和建设中。两者之间是辩证统一的关系。

2. 贯彻该原则时应注意的问题

(1)园长要坚持正确的办园指导思想

办园指导思想概指园长用以指导自己开办或管理一所幼儿园的观念准则。

第一,树立良好的办园动机。

人类的一切有意识的行为都是有动机的,动机是人们行为的内驱力。开办一所幼儿园、管理一所幼儿园同样离不开动机的驱动。在这一问题上，现实情况很复杂，园长办园，有的持正确的观念准则和行为动机，而有的观念不明确甚至动机不纯。现实中有少数人办园动机不端正，将幼儿园当成"不冒烟的工厂"去经营，这种不够端正的办园动机，往往是产生负面事件的根源。

园长要真心热爱儿童，坚持以育人为己任，为幼儿的全面和谐发展服务，对家长负责，始终坚持追求高质量的教育效益和良好的社会效益。作为教育性与福利性并存的幼儿教育，不能以营利为办园宗旨和方向。违逆幼儿教育客观规律的要求，而一心谋求经济收益的最大化的办园动机和管理观念，是严重偏离方向的，一定要加以修正。即使是处于市场经济的社会形态中，幼儿园面临经济上的危机之时，也不能本末倒置，而应坚持教育效益。只有保教质量高，幼儿园的声誉和社会形象才会好，随之生源才可能增多，得到的资助多，也才会产生经济效益。反之，若始终以营利为出发点，行为上不可避免地会违背幼儿教育的规律性，并导致保教质量的下降，进而流失生源，严重的甚至导致幼儿园无法继续运营。

第二，坚持党的领导。

坚持党的领导是我国国情的需要，是进行幼儿园教育管理的政治依据，它可从政治上保证幼儿园发展的方向，保证国家的幼儿教育方针和政策的贯彻落实。在幼儿园中坚持党的领导，首先，意味着从大局上自觉接受管理单位的上级党组织对幼儿园工作的领导。其次，在园内要建立党支部，发挥好党员干部和党员群众在工作中的先锋模范作用。园长更要以身作则，一身正气，率领全体成员努力建设优良的园风，形成良好的组织氛围，促使每个职工都能积极向上地工作。

第三，注重优良园风建设。

幼儿园是培养人的场所，要完成教育孩子和服务家长的双重任务，所以，培养好人才，提高师资队伍的素质是关键。幼儿园的管理者要引导全园教职工明确教育培养目标，以正确的、富有感召力的办园目标统一全体教职工的意志与步调，同时强化师德教育，提高教职工的素质，建设优良园风，为完成幼儿园的双重任务而共同努力。

（2）关于目标的确立

工作目标与工作方向是紧密相连的一对概念，二者有时可以重合。一般来说，目标比方向更具体，具有可操作性。现代幼儿园的园长，在工作中一定要树立目标意识，对自己每一时期的工作做到心中有数，目标明确，有计划地实现目标，主动地推动幼儿园工作不断前进，这是科学管理幼儿园所要求的。切忌工作中盲目无序，或者满足于"头痛医头、脚痛医脚"的重复而低效的忙碌。

在正确方向的引导下，园长进一步确定幼儿园工作目标。园长要善于将国家对幼儿教育的总目标、特定历史时期社会对幼儿教育的要求、幼儿的发展规律以及幼儿园的具体情况结合起来思考，通过发扬民主，群策群力，制订出相适宜的幼儿园发展规划，确定合理可行的长期、中期和近期的工作目标，并逐步将目标转化为可行的计划，带领全体成员围绕着工作目标和相配套的计划，分工协作，扎实地开展幼儿各项工作。

在实际工作中,应力求克服"心中有方向,手边无目标"的现象,避免造成管理水平低下、保教质量低劣等局面。因此,提出明确的目标,以丰富和补充方向性原则,很有必要。

(二) 权变性原则

1. 权变性原则的含义

当前,我国的幼儿园管理体制和教育模式,正不断地受到来自于幼儿教育的外部和内部多种因素的影响。社会发展的多元化向幼儿教育和幼儿园管理提出了挑战,幼儿教育内部的观念与行为之间也相继产生了一些矛盾和冲突。这些都使得当前的幼儿园管理面临的问题复杂而尖锐,故步自封不行,急功近利也不行,而必须在坚持正确方向的前提下,内外协调,根据情况的变化采取有针对性的措施,动态地调节管理活动,使管理取得成效。

权变性原则是指幼儿园管理者自觉认识和主动适应外界社会因素和幼儿园内部因素的变化,针对不同的情况采用不同的管理方略,实行动态的调节,解决运行中的幼儿园与外部和内部环境之间的矛盾,有效地实现管理目标。

2. 贯彻权变性原则时应注意的问题

(1) 处理好幼儿园内部各要素之间的关系

幼儿园内部包含有多种因素所结成的关系,包括人员之间、部门之间、工作之间、人与工作之间的关系。园长必须注意协调好内部的种种矛盾关系,只有这样才能推动幼儿园的工作有秩序地开展。

(2) 处理好幼儿园与外部相关部门的关系

幼儿园作为社会大系统的一个组成部分,必然与外界存在着千丝万缕的联系,主要体现在:幼儿园的开办和发展受社会需要的制约;幼儿园的人力、物力和财力等必需资源由外部力量提供;幼儿园的工作产出为社会服务等。所以园长在管理中必须处理好幼儿园与外部环境中相关因素的关系。具体来看,如下几种关系尤其需要协调。

第一,幼儿园与上级主管部门和教育行政机关的关系。

幼儿园开办单位的政策和主管者的管理思想,影响着幼儿园的管理体制和工作方式。园长应主动地采用有效方式向主管部门介绍幼儿园的工作特点,反映本园的实际情况,促使上级主管人员及时正确地了解幼儿园的工作进展,理解幼儿园的需求,并给予必要的指导和支持。此外,所在地区的教育行政机构的业务主管人员,也是一个重要的影响源。园长一方面要自觉接受所在辖区专业幼教干部的指导,另一方面也要形成合作关系,并通过自身的工作为他们提供第一手的业务反馈信息,为他们进行正确的决策提供必要的基础。

第二,幼儿园与社区和幼儿家庭的关系。

社区即社会区域共同体,是指在某个相对独立的地域范围中,共同生活着的人口群体与该区域所结成的人文、自然共同体。社区既具有地理、经济、物质条件的共同性,也具有政治、文化和观念的共同一致性,其中的人们有着共同的利益和共同关心的问题。社区又往往是由许多具体的家庭组成的,而幼儿园一般坐落于一定的社区之中,是社区的有机组成部分,它不可避免地会受到社区的自然和人文条件的影响。园长要通过对外协调,尽量发挥社区中对幼儿教育的有利因素的作用,避免和转变不利因素的影响,使管理活动顺利进行。同时,园长还应通过幼儿园的多种活动,影响社区的文化氛围,发挥更大的社会作用。其中,家庭对幼儿的身心发展起着很重要的作用,但父母或其他长辈教育子女的观念和能力存在差异,需要专职幼儿教育工作者进行指导和协助,以形成良好的教育合力;反过来,幼儿园也应争取家长对其教育和管理的合作和参与,只有这样,才能更好地发挥其主导作用,更有力地促进幼儿身心全面和谐地发展。

第三,幼儿园与托儿所、小学的关系。

托儿所教养与幼儿园的保教之间存在紧密的联系,小学是幼儿的后续教育阶段。对于这两类教育机构,园长应经常联系,深入调查,增进了解,做好衔接,避免教育中的脱节现象或重复现象,以密切配合,争取教育上的步调一致。

第四,幼儿园与其他社会行业的关系。

幼儿园所在地区的经济发展水平、市场供应状况、治安状况、大众传媒等,从物质和精神两方面影响着幼儿园的管理。因此,园长要关心社会状况,及时采取有效的措施去适应和改善相互的关系,提高管理的效益。

此外,幼儿园园长还应注意协调好与学前教育理论界的关系。要关心幼儿教育科学的发展动态,善于分析问题,善于吸收理论研究的成果用以指导幼儿园的教育工作,不断提高保教工作质量。

(3) 处理好内部协调与外部协调的关系

幼儿园的内外协调是相互影响的。基本上以做好内部协调为主。只有搞好了内部协调工作,提高了幼儿园的管理水平和保教质量,才能赢得家长、社会和上级部门的肯定和信赖,从而为做好外部协调提供有利的条件。另外不失时机地搞好外部协调,能够动员和争取更多的社会力量关心并支持幼儿园的工作,这有利于做好内部协调工作。因此,内部协调是基础,外部协调是必要条件,两者相得益彰。

(4) 方向目标的稳定与权变的关系

在幼儿园的管理实际中,应坚持方向正确,目标明确,而且在一定时期内,工作的方向目标应当稳定不变。权变虽表现出以调节、变动为特征,但变化是为更好地实现目标服务的。当幼儿园内部、外部环境中的一些条件产生变化时,管理方式也应灵活地随之改变,有针对性地调节管理策略,以保证工作沿着既定的方向前进,保证目标的实现。权变要以工作目标的需要为基准,变化调节要有利于幼儿园的工作,无原则的变化是不提倡的。

管理过程中的内外协调是权变的具体表现,内部和外部协调无固定的方式,应因人、因地、因事而异。园长在开展各项协调和管理工作时,适度的权变是一个基本的原则。在当前的信息化时代中,各种社会信息资源丰富易得,幼儿园管理的透明度也较高,幼儿园与外部环境的互动日益频繁,在这一背景中,用权变性原则来提醒园长开展好管理活动,较合时宜。

(三) 以人为本原则

1. 以人为本原则的含义

在幼儿园管理的诸要素中,人是核心,管理对象的其他因素需要人去掌握和处理,管理过程需要人去推动。幼儿园中,广大幼儿是最重要的,幼儿的权利至上,幼儿园各项工作的开展,必须以维护每一个幼儿的基本权益为出发点和归宿。同时,教职工是幼儿园的主体,要尊重他们,依靠他们,离开了他们的参与和配合,管理的效果将成为无源之水、无本之木。另外,幼儿家长的合理需要也应得到关注。现代管理思想要求管理者充分调动和发挥人的积极性,并且促使人性得到较完美的发展。做好人的工作是进行有效管理的根本,这是提出以人为本原则的理论依据,目的在于调动幼儿园各方面人员参与管理和教育活动的积极性。

与此同时,阐述幼儿园管理的以人为本原则还有政治依据,是由我国的政治制度所决定的。《中华人民共和国宪法》第二条规定:"中华人民共和国的一切权力属于人民","人民依照法律规定,通过各种途径和形式,管理国家事务,管理经济和文化事业,管理社会事务"。这就表明人民群众是事业的主人,他们既是管理的客体之一,也是管理的主体。只有实行民主管理,充分发挥出他们工作中的主动性、积极性、创造性,才有利于各项事业的发展。

以人为本原则的基本含义是指:幼儿园园长要爱护、尊重幼儿,尊重、依靠和关心教职工,联系家长,发扬民主作风,充分调动各方面人员的积极性和创造性,使园长领导的主导性与全体成员的主动性统一起来,共同参与幼儿园的管理工作,将幼儿园管好办好。

2. 贯彻该原则时应注意的问题

(1) 以人为本是贯彻民主管理的前提

要实行民主管理,园长在思想上要真正了解人、重视人。通过学习管理心理学的理论,对组织中人的心理活动规律要有正确的认识,了解人的多层次的需求和激励的条件,形成正确的人性观念,进一步树立群众是历史的创造者这一唯物主义思想,进而为实行民主管理提供思想上的准备。

(2) 建立民主管理的机制

幼儿园要实行真正的民主管理,便应为群众广泛参与管理创设条件,在组织的设置方面,要建立群众性的监督咨询组织和相应的活动制度。《规程》规定,幼儿园要设立教职工大会、制度,或以教师为主体的教职工代表会议制度、园务委员会、家长委员会,还要设立党的基层组织、工会组织、共青团组织等,为群众创造发表意见的正常渠道和途径。这样做能满足群众被尊重的心理需要,又有利于调动教职工议政参政的积极性,并对工作决议产生心理上的认同感,进而激励他们自觉主动地开展工作。

(3) 充分调动群众参与民主管理的积极性

密切联系群众,"从群众中来,到群众中去",是我国积累的实行民主管理的优良传统作风。园长同样应与群众同呼吸共命运,努力成为教职员工、幼儿和家长的知心朋友。除通过定期的会议获得群众的意见之外,还应随时随地听取群众的呼声,采纳有益的建议,消除不利的思想动向。通过加深了解和培养帮助,做到政治上信任、尊重下属,业务上放手使用下属,生活上关心照顾下属,提高幼儿园的凝聚力,使职工安心于工作,愉快地工作,营造出良好的幼儿园风气和组织文化。

为激发教职工的工作积极性,园长应因人而异地运用多样化的管理方法,注意针对不同对象的主导需要和能力状况,采取适宜的方法。如对刚参加工作不久的年轻教师,园长应以关怀、帮助、锻炼为主;对已相当成熟的教师,以信任、放手为主;对生活困难者,以解决实际问题为主;对成就动机较高者,以创造条件、促进其自我价值更好地实现为主等。

民主管理是调动教职工积极性的必由之路,积极性的充分调动和发挥是人员管理的核心目的,也是开展工作的重要动力。园长一定要养成民主的工作作风,实行民主集中制,处理好民主与集中的关系,更好地实现幼儿园的工作目标。

(四)整体科学化原则

1. 整体科学化原则的含义

幼儿园的工作,可以相对分为多个方面。园长的管理范围很广,人、财、事、物、时、空、信息样样都要管理。然而,在整体的工作中,保教工作最能体现幼儿园这一社会组织的宗旨,它是幼儿园的中心工作。虽然管理人很重要,但是管好人的主要目的,也在于使人能更好地做好幼儿保育教育工作,其他的总务后勤等工作是为了保育和教育好幼儿而设置的。

幼儿保育教育工作是一项专业性很强的工作,有着自身的规律和科学要求,园长管理这一中心工作时必须遵循幼儿教育的科学要求,幼儿园各项资源的配置也应围绕保教工作的需要,合理科学地安排。同时,幼儿园整体工作的科学化构成是保教管理科学化的基础。

整体科学化原则是强调:幼儿园的管理活动要按幼儿教育的规律办事,注意采用理论上的新主张和科学的方法;开展保教管理,也要合理配置好保教中心以外的资源,做好相关的工作,使整体的管理活动建立在科学的基础上。

2. 贯彻该原则时应注意的问题

(1) 运用系统理论,面向整体,综合部署

园长要学习和应用系统理论,树立整体优化的观念。在实际的管理活动中,着眼于总体,综合部署人力、物力、财力、时间、空间等资源,统一调度,高效配置各种教育资源,形成合理的结构,以求整体的效能达到最佳状态。

(2) 抓住中心,带动全局

在头绪多、关系错综复杂的幼儿园工作中,存在着主要矛盾和次要矛盾,园长在管理中要区分主次、轻重、缓急。幼儿园组织的根本宗旨及工作特点决定了对幼

的保育教育是中心工作,是全局工作的主要方面。园长要坚持以保教为中心,配置人力、物力等各项资源,集中精锐力量,按照科学要求抓好保教工作。与此同时,还应将幼儿园视为以教养为中心的工作系统,围绕着这一主要工作,统筹安排好其他的工作,使全园各部门之间配合协调,保证整体工作正常而有成效地运行,促使幼儿园的双重任务和幼儿园管理目标较好地实现。

(3) 保教结合,按教育规律办事

幼儿园对幼儿所开展的一切活动,必须同幼儿身心发展的特点相适应。幼儿年幼,身体机能稚嫩,处于迅速成长的过程中,认知、情感等心理发展水平也很低。在集体中尤其需要得到成人全面科学的照顾和引导,所以园长、教师、保育员和其他教职工在思想上要坚持"保教并重",在方法上要做到"保教结合",让保与教相互渗透,相互促进。重教轻保与重保轻教都是片面的,不符合幼儿身心发展的需求,也是不科学的。重教轻保容易导致幼儿园小学化,违背幼儿的身心发展规律,不利于幼儿的健康成长。重保轻教则往往出于对教的片面理解,没有认识到有目的、有计划地影响幼儿身心发展的行为都是教,狭隘地将教只看成是通过课堂来传授文化科学知识。园长不能沿用中小学校长管理教学的方法来管理保教工作,校长主要通过听课、兼课、指导教师课堂教学来进行教学管理,而园长除应做到校长所做的重视课的管理外(现在不提倡用"课程"概念,而将上课称为"集体教育活动"),还要对幼儿在园一日的生活环节、体育活动、游戏、观察、劳动、自由活动、娱乐活动等进行了解和指导,如果只去听课而放松对其他活动环节的管理,则达不到保教工作的目的。从某一个侧面来看,保教工作也是一个小系统,管理它也要注意其整体的质量。

(4) 按客观要求管理保教以外的工作

幼儿园中的教职工管理、总务后勤的管理及外部协调的众多工作,各有的特点和运动变化规律。园长应认真分析,掌握各种具有相对独立性的工作的客观要求,对其加以科学化的控制和管理,使幼儿园每一类工作均发挥出其在整体中不可替代的作用。只有每一项具体工作都顺利开展,全局整体工作的高效开展才有保障。

(五) 效果最优化原则

1. 效果最优化原则的含义

管理的根本目的在于使效果最优化,即以最少的投入,创造出更多的经济效益和更好的社会效益,为社会做出应有的贡献,充分发挥管理的生产职能。

幼儿园管理中的效果最优化原则指的是,管理要在正确目标的指导下,通过科学管理,重视办园效益,想方设法通过合理的组织,充分有效地运用有限的人、财、物、时间、空间、信息等资源,提高管理的效率,高质量、高效率地完成幼儿园的双重任务。

2. 贯彻该原则时要注意的问题

(1) 树立正确的教育质量观、效益观

幼儿园的办园目的是育人,因此一定要树立正确的教育质量观,以社会发展的需要为基点,明确社会对未来人才规格的要求。衡量幼儿园管理工作效益的关键是,幼儿园培养的人才能否为社会所接受,人才数量与规格是否符合社会的需求。

幼儿园要有效地运用有限的教育资源,提高管理的功能效益,以便更好地实现幼儿园教育的目标和任务,从而促进幼儿身心的健康成长。

(2) 建立有序的组织与制度,使工作规范化、程序化

管理是对组织而言的。幼儿园要有合理的组织机构,形成管理层次清楚、机构合理、职责分明、人员优秀的组织系统,并建立完善的规章制度,用制度统一要求全园职工,依法办园,依法治教,使幼儿园的各项工作规范化、程序化,最大限度地提高工作效率。并通过制订计划,将各部门各人员的工作有机组织起来,形成前后连贯、环环相扣的系列,不断地提高幼儿园管理工作的质量。

(3) 有效地组织和利用资源,实现经济效益最优化

以最小的代价获得最佳的效果,是管理的意义之所在。幼儿园管理要进行教育成本核算,讲究经营,注意经费投入,人力、物力等资源的耗费与培养人才和办事效果之间的关系,要考虑如何发挥教育投资的经济效益问题,同时还要注意分析幼儿园资源的动态状况,合理配置,有效利用。

管理的要素中,人是最具有能动性的关键要素,是组织中最宝贵的资源。幼儿园管理可以通过定岗定责、定员定编,把合适的人安排在合适的岗位上,实现人尽其用,提高用人效率。要合理组织和运用激励机制,从而发挥组织成员的聪明才智和潜在能量,更多更好地完成保教的工作任务。

幼儿园管理要做到合理利用资金和物质资源,科学经营,节支增收,提高经费和物资的有效利用率。要发挥艰苦奋斗、勤俭节约的办园方针,把有限的教育经费用在保教中心工作上,降低成本,提高效益;要加强物资和设备的管理,注意保管和维修,爱护公物,实现物尽其用;管理者还要合理有效地利用时间和信息,分清工作的主次轻重,考虑工作的优先次序,善加安排,提高时间和信息的利用率。总而言之,实施有效性原则,要因地制宜地发掘各种可利用的资源,为幼儿园的管理创造更好的条件。

(六) 规范治理的原则

1. 规范治理的原则的含义

随着社会的发展,幼儿教育工作越来越得到社会的重视,特别是国家近年来颁布的一系列关于发展学前教育的政策法规,把幼教工作管理直接推到法制通道中。国有国法,家有家规。一个幼儿园也如此,幼儿园管理必须有一套健全的工作制度和章程规则可循。在幼儿园管理中,规范治理的原则是指:幼儿园要重视和加强制度的完善,要认识到在学前教育管理活动中健全制度、规范治理的必要性,使幼儿园在管理的过程中有法可依,有章可循。

2. 贯彻该原则时应注意的问题

(1) 建立健全的规章制度,有"法"可依

幼儿园的规章制度有时被称为"幼儿园法"。幼儿园可遵循的法规和制度来源于两个层次,首先是国家颁布的各种政策法规,其次是各个幼儿园精心制定的各项

规章制度。园长管理一所幼儿园，应该制定出一整套适宜于本园的制度，用以约束全体教职员工的行为。同时，管理者必须让职工知晓这些"法"，让大家都明白本园有"法"可依，这是规范治理幼儿园的前提。

（2）执"法"必严，违"法"必究

幼儿园各项规章制度要成为具有约束力和强制性的"法"，就要注意"法"的严肃性，有"法"必依。管理者要设计出一些可行的方式方法，要求全体员工严格遵守制度的要求，并能有效检查，督促落实。例如，园长深入班级和后勤班组，观察工作制度的执行情况，检查教职工的工作，发现问题时及时给予指导和教育，按规定给予奖惩。此外，还要发动中层管理者的积极作用，教育每一个职工自律，做到执法必严，违法必究。只有方法正确、措施得当，制度的规范作用才能得到体现，规范治理的原则也才能落到实处。

（3）园长负责，分级督促

园长是幼儿园管理组织的中心，我国幼儿园基本上都实行园长负责制，园长负责制是幼儿园在上级的宏观领导下，以园长全面负责为核心，以党支部的监督和教职工的民主管理为支撑，为实现幼儿园工作目标而充分发挥行政领导职能的管理新格局。但是，全园日常工作中的管理，光靠园长是远远不够的，园长可以聘用责任心强、能以身作则的同志担任班主任和班组长，由他们来帮助园长督促更多的教职员工，形成园长领导下的管理网络。

（4）园长以身作则，自觉接受监督

要贯彻规范治理的原则，使幼儿园各项规章制度成为全体人员认同和遵守的"法"，幼儿园管理者必须以身作则，不可以滥用职权徇私枉"法"，管理者自己因种种原因违反了相应制度的要求时，要乐于接受群众的监督，让幼儿园有正常的监督机制。这样，全员同心同德，幼儿园才能弘扬正气，规范治理才不会成为一句空话。

研究幼儿园管理的原则，仁者见仁智者见智，存在多种提炼角度和表述。以上六个原则自成一体，构成一套原则体系，同时也成为本领域管理原则研究阵营中的一部分。幼儿园的管理是一个复杂而艰巨的过程，我们只有按照正确的原则来指导管理行为，才能更好地完成幼儿园的保教任务，更好地促进幼儿身心健康和谐地发展。

第二节　幼儿园管理方法

幼儿园管理方法是实现幼儿园管理目标、开展管理活动所采用的各种手段、措施和途径等的总和。幼儿园管理方法受一定的管理思想和管理原则的指导，与园所各项管理工作内容相适应。幼儿园的具体管理方法很多，方法可以因地制宜而推陈出新，幼儿园办园体制不同，类型不同，园长的管理水平不同，采用的方法就可能有异。幼儿园管理者认真研究和正确运用管理方法，对于提高幼儿园管理成效，实现管理目标，具有十分重要的意义。本节对众多的幼儿园管理方法进行归类描述，以帮助提升使用具体方法和创造新方法的逻辑性。幼儿园管理的一般方法,主要有以下几类。

一、法律方法

教育法律、法规、法令等是将体现统治阶级意志的教育宗旨、方针、政策法律化和规范化,以实现国家对教育的领导与控制。长期以来,我国的教育立法和司法工作没有受到应有的重视,各级管理者也不善于运用法律手段来从事管理工作,随着国家政治和经济的发展,教育法制建设的步伐也逐渐前进。诚如第二章所介绍的,当前我国学前教育法规建设也取得了可喜的成绩,这必将对我国学前教育事业的健康发展发挥重要的保障作用,同时也将为幼儿园管理人员依法办园、依法治园提供直接的法规依据。

幼儿园管理的法律方法是指幼儿园管理人员通过国家制定的各种教育法律、法规、条例和教育方针政策,对幼儿园进行管理的方法。

(一)法律方法的特点

法是一种全民的社会行为规范。教育法律法规是由国家权力机关按照各自的职权范围,通过一定的程序制定和颁布的,各级组织和个人都有义务依法办事。

1. 强制性

教育法律规定人们该做什么,可以做什么,不可以做什么。任何违反法律法规的行为都要受到国家力量的强制性纠正或制裁。

2. 规范性

教育法律的制定和实施是按照一定的规章制度进行,有一定的明文规定或约定俗成的标准。法律规范是社会组织和个人行动的统一准则,对所有组织和个人具有同等的约束力。在幼儿教育领域,所有的教育组织和机构以及个人,在教育法律法规面前都是平等的,人人都要自觉地遵守教育法规,按照规定的要求行事,不得做违法的事情。

3. 稳定性

法律是具有普遍约束力的行为规范,因此它的制定、修改、废止只有慎之又慎,才能稳定持续地运行下去。朝令夕改,会损害法律的严肃性和权威性。

(二)运用法律方法时应注意的问题

教育法律法规是统治阶级意志的体现,其实质是依靠上层建筑的力量来影响教育,控制教育机构的管理。法律方法并不是万能的,它只能在有限的范围内调整和控制幼儿园内部的活动。事实上,在法律方法作用范围以外还存在着广泛的领域,还有大量的管理工作要做。此外,法律方法本身也有某些局限性,如刚性过强、弹性不足等,容易造成管理系统的呆板、僵化。

幼儿园管理只有依法进行,才能更加规范,更有效益,也才能更有利于保护自身权益。只有加强法律管理,幼儿园管理才能始终在法制的轨道上高效运行,以最优化的方式实现幼儿园管理目标。

二、思想政治教育方法

幼儿园管理的核心是对人的管理。在同样的条件下，每个人由于的思想状态不同，所以对工作表现的态度和能力也会不一样。思想政治教育方法的实质正是通过提高或改变教职工的精神面貌，调动他们的积极性，进而促进他们的工作效率和工作质量。我们在幼儿园日常工作中可以看到，人的思想素质不同，工作的效果和质量也不同。成千上万优秀的保教人员以她们的亲身实践证明了这一点。坚定的信念、崇高的理想、良好的思想道德品质、高尚的情操成为他们献身幼教事业并不断做出贡献的强大精神动力。因此，加强对教职工的思想政治教育工作是幼儿园管理的客观要求。

幼儿园管理的思想政治方法是指依据用马列主义、毛泽东思想、邓小平理论、习近平新时代中国特色社会主义思想，用社会主义核心价值观来教育和动员教职工，以提高他们的思想政治觉悟，提高他们贯彻党的教育方针和政策的自觉性，培养他们良好的职业道德和高尚的情操，从而保证幼儿园各项工作顺利完成的方法。

（一）思想政治教育方法的特点

1. 启发性

思想政治教育方法并不直接干预和决定人的行为，而是通过思想和价值观的导向，使教职工正确地选择该做什么及怎样去做。

2. 隐蔽性和渗透性

任何幼儿园管理者都会用其思想观念、政治观点、道德规范来塑造和影响本组织的成员，许多管理者会将思想政治教育目标寓于园所的文化当中，通过这种渗透式的隐性教育来引导组织成员自主感知教育内容，自主选择教育信息，自主内化教育内涵，使教育对象的思想、道德向着管理者所期望的方向发展。

3. 复杂多样性

幼儿园中的教职工在园中所处的地位往往不同，接受的教育不同，家庭经济情况不同，社会经历、个性特点不同，这些共同决定了他们的思想觉悟、接受能力必然存在一定的差异。在思想政治教育工作中，需要针对不同教育对象的不同特点，因势利导，以增强教育的有效性。人的思想的复杂多样性，决定了思想政治工作方法具有复杂性和灵活性的特点。

（二）运用思想政治教育方法时应注意的问题

1. 正确认识思想政治教育方法的局限性

根据行为科学的原理，人的行为大多数是依需求而产生的。而人的需求则因各种环境因素的变迁而发生变化。因而，现代幼儿园管理要注重人性化管理理念和方法，即将最能管住人的"规矩""道理"融入"人性化管理"中，突出人性化管理的作用。而思想政治教育工作发挥效果有赖于教职员工个人的觉悟，而人的觉悟是千差万别的，还具有隐蔽性，并且，人性的弱点也可能会妨碍人的自觉行为。所以，思想政治教育方法是有局限性的，还必须结合制度管理等"法治"的方法。

2. 思想政治教育的内容要有科学性

人的高层次的需求和动机,容易产生较持久的行为驱动力,保持稳定的积极性。西方关于人的高层次需求的表述,如敬业爱业、人际关系的需求、自尊和自我实现等,与我国多年来所说的人的"觉悟"颇为类似。只有觉悟高,人们才能自觉而认真地工作。幼儿园管理者应将培养工作成员的高层次心理需求,进而提高其觉悟当作思想政治教育的主要内容。除了高层次的心理需求外,人们其他的低层次的需要能否得到满足,也会影响到他们的工作积极性,所以,帮助教职员工解除焦虑,树立逐步满足生理需要、安全需要、交往需要的信心,也应成为思想教育的内容。

3. 思想政治教育的方法要讲究灵活性、艺术性

幼儿园管理中思想政治教育的方法是多种多样的,并随着实践的发展而不断丰富和完善。灵活、艺术的教育方法在幼儿园管理中占有举足轻重的地位。园长先要通过种种渠道了解职工的思想状况及各种需求,然后在可能的条件下,千方百计地创造条件去满足其正当需要。这既是管理方法的选择,也是思想政治教育方法的选择。另外,人的个性存在明显的差异,对不同的教职工进行思想政治教育时,应注意选择不同的方法,要保护员工的自尊心,因人而异地进行思想政治教育。这一点符合对"管理"二字中"理"的理解,即理顺各种关系或理顺人的思想,一把钥匙开一把锁,追求适宜性。

三、行政方法

幼儿园管理的行政方法是指依靠幼儿园行政机构和领导者的权力,运用指示、决定、计划和指令等行政命令,通过自上而下的行政层次加以贯彻执行的管理方法。一般说来,行政方法具有明显的权威性和强制性。权威性和强制性是指管理者依靠行政权威发号施令,下级组织及其成员必须服从,上级有权追究下级的行政职责。比如上级领导的指示、园长的决定,全员教职工都必须执行。它所强调的是上级领导下级、下级服从上级这一条组织原则,因而既是保证幼儿园工作集中统一领导的重要手段之一,也是调节园内各个组织和工作人员行为的有效手段之一。

(一)行政方法的主要特点

1. 权威性

行政方法是以上级的管理权威和下级的服从为前提的。这种方法认为,上无权威,下无服从,就无法保证共同目标和共同活动正常实现。

2. 强制性

强制性表明的是,无论下级是否理解上级的指令,都必须无条件地服从。因为行政方法的层级性明显,这种自上而下的管理方式被视为天经地义的。同样,幼儿园园长在管理过程中有权对下级的行为进行强制性的干预,对教职员工不服从指令的行为,园长有权进行制裁。

3. 单向性

行政手段的传递是垂直单向的,上级对下级发出指示、命令时,下级应执行。显

然,今天看来,这是带有强烈封建色彩的一种管理方法,下级完全处于被动状态,能动性被压制,主动性和积极性不被重视。

4. 无偿性

采用行政方法进行管理,园所内所进行的各部门之间的人、财、物、信息等调配和使用不考虑价值补偿,一切都根据行政管理的需要统一调配。

(二)采用行政方法时应注意的问题

1. 正确认识行政方法的有效性和局限性

行政方法虽然有着不可忽视的作用,但和任何方法一样,也不可避免地存在着局限性。主要表现在:

第一,过分强调上级权威和集中统一,容易导致长官意志和官僚主义。

第二,更多地强调工作关系,不重视人的多方面的需要,往往使教职工处在被动和被强制的地位,他们的各种愿望和要求往往得不到满足,从而不利于工作能动性、创造性的发挥。

第三,强调管理权力集中统一,园长拥有管理的全权,下级不能根据情况的变化采取应急的措施和行动。

第四,行政方法的信息传递缺乏横向联系和必要的反馈,会影响园所上下左右之间的沟通和协调。

2. 正确认识和对待权威的作用

为了有效地运用行政方法,园长首先要正确认识和对待权威的作用,注意提高自身的素质。在运用行政方法时,应根据不同时期、不同背景和情况,把行政方法限定在一个必要和可行的范围之内,不断地加以完善,使其更符合幼儿园管理的客观规律。

四、经济方法

经济方法的实质是物质利益原则,即运用经济手段不断调整各方面的物质利益关系,把个人利益与国家、集体利益结合起来,去实现个人利益,从而提高教职工工作的积极性和增强他们的责任感。随着我国市场经济体制的不断完善,幼儿园教职工的思潮也发生了变化,经济方法运用到幼儿园管理中是一种必然,它是调动教职工的积极性、提高幼儿园管理成效的一种有效的方法。

幼儿园管理的经济方法是指幼儿园管理者按照物质利益原则,通过经济的方法,即通过工资、奖金、津贴、罚款或者物质等形式来调动幼儿园工作人员的积极性和主动性的管理方法。我们现在所处的社会是一个讲求经济效益的社会,在此背景下,幼儿园要多渠道地筹措资金,建立并完善相关制度,保障幼儿园教职工的经济利益,从而调动和保持其工作积极性。

(一)经济方法的主要特点

1. 利益性

经济方法的利益性是首当其冲的。管理者承认个人物质利益的合法性,把教职工的工作业绩与个人的物质利益直接挂钩,用物质利益作为一种杠杆调节教职员工的工作行为,是经济方法的根本原理。

2. 有偿性

经济报酬是根据"按劳分配,多劳多得"的原则进行分配的,付出得多,干得好,得到的经济报酬就多。教职工的优质工作和额外劳动,应得到一定的补偿。

3. 公平性

公平性是指,根据统一的价值尺度,按照职工的工作成绩来计划和分配的经济利益。"多劳多得,少劳少得"常被人们视为公平,就是因为这种有偿劳动是按照统一的价值尺度来衡量的。

4. 间接性

经济方法不直接干预人的行为,而是通过物质利益的调节,间接地影响人们的行为。间接性作用的大小在于,被影响者的主观意愿能让其自主选择今后的行为,而自觉自主的程度又直接影响到其行为的力量。

(二)采用经济方法时应注意的问题

1. 正确认识经济方法的局限性

任何事物都有两面性。在幼儿园管理活动中,我们使用经济方法来调动教职工的积极性,虽然很普遍,但是也存在一定的局限性。因为人们除了物质需要外,还有更多的精神和心理方面的需要。经济方法并不能满足人精神和心理方面的需要。并且,由于它是一种强调物质利益的方法,过分运用还容易导致个人主义价值观和金钱至上的错误倾向,使教职工陷入拜金主义思潮。

2. 奖惩结合

在使用经济方法时,我们要注意奖惩结合。幼儿园园长一般会根据教职工的工作绩效来赏罚。但是一定要慎重对待赏罚,不可滥施。奖惩的功效在于教育人,它关系到对一个人的某种肯定或否定的评价,也直接关系到个人的切身经济利益,因此必须慎重得当。赏得太滥,则无人珍视;罚得太滥,则无人畏惧,反而达不到利用经济杠杆来调节教职员工工作积极性的目的。

3. 全面兼顾

在使用经济方法时,我们必须以国家的利益为前提,不能损害国家的利益。园长应在坚持国家利益的前提下扩大幼儿园的经济利益。在实行分配时,必须全面兼顾,正确处理国家、集体、教职工三者之间的利益关系。

以上介绍了管理工作中最常用的四类管理方法。在现实的幼儿园管理工作中,这些类别的管理方法是相互联系、相互依存、共同作用的,任何一种管理方法的作用和效果都是有限的,而众多方法的综合运用,则可以起到取长补短的作用,收到理想的管理效果。因此,我们要整体地、综合地、优化地运用这些方法,使它们在管理中发挥更大的作用。同时必须认识到,管理方法是无穷无尽的,园长可以在正确管理原则的指导下,灵活地创造出多种具体的管理方法,以满足幼儿园管理的多种需要。当然,依靠园长丰富的经验和卓越的才干而创新的具体管理方法,一般是可以归结进上述的四大类方法中的,它们之间是特殊与一般的关系。

在现实的幼儿园管理中,有些园领导虽然有做好工作的强烈愿望,也有脚踏实地的精神,但往往单凭工作热情,而忽视研究管理工作的客观规律,不讲究科学的管理方法,因而达不到预期的效果,甚至事与愿违。实践证明,方法适宜,管理工作就事半功倍,反之则事倍功半,甚至适得其反。善于运用适当的管理方法,是园长管理才能中的重要部分。园长只有在平时的工作中用心摸索和积累,才可能提高创新方法和使用方法的能力。

某幼儿园的田园长,在一次全园教师会议上忽然发现陈老师将头发染成了红色,同时浓妆艳抹、衣着时髦,心里一惊,也颇上火,真想劈头盖脸地批评她。但想到陈老师年轻,也爱面子,如果当着这么多老教师的面批评她,一定会使她难堪的。但是,若不指出她存在的问题,又可能给幼儿带来负面的影响。经过短暂的思考,田园长心中有了主意。在会议即将结束时,田园长即兴做了题为"职业与仪容和着装"的简短演讲,善意地提醒教师在仪容和着装上要符合幼儿园教师的职业要求。第二天,当田园长见到陈老师时,惊喜地发现她的头发已经恢复了本色,衣着既整洁又朴素。

思考:

该案例中,田园长主要遵循了什么管理原则,采取了哪一类管理方法?

思考与练习

1. 名词解释:管理原则、幼儿园管理方法。
2. 制定幼儿园管理原则应遵循哪些依据?
3. 幼儿园管理应遵循哪些管理原则?
4. 请逐一阐释每条原则的含义和贯彻时应注意的问题,也可以发表不同见解,言之成理即可。
5. 幼儿园管理的方法体系有哪些?
6. 请选择任意一类管理方法进行述评,并联系实际,谈谈在幼儿园管理中是怎样运用的。

第七章　幼儿园管理的目标与过程

学习目标

1. 掌握幼儿园管理目标和教育目标的含义、作用和关系。
2. 理解和掌握幼儿园管理的过程,领会每一个环节的管理要求。
3. 学会运用目标管理理论和过程管理理论来分析幼儿园管理中的问题。

【本章导读】　现代管理理论重视目标的作用,认为目标是开展管理活动的出发点,是管理的依据。幼儿园管理同样离不开目标的规定性。本章界定了目标、幼儿园教育目标和幼儿园管理目标的概念,分析了目标的作用,理清了教育目标与管理目标的关系;并重点介绍了目标管理思想的起源、实质特点、操作程序及其在幼儿园中的运用方式;在充分学习目标含义的基础上,将幼儿园管理过程依据戴明(William Edwards Deming)的管理过程理论逐一展开论述,深入分析了计划、实施、检查、总结四个基本环节在幼儿园管理过程中的地位、作用、运作方式及注意事项,便于学习者明确地掌握幼儿园管理的操作流程。

第一节　幼儿园管理的目标

管理学理论要求管理者不可无目标地管理,也不可偏离目标进行管理。这是摆脱经验式管理的局限、进行科学管理的前提。因此,目标是管理者必须考虑的头等大事。现代管理学中无论哪个流派,都把目标作为一个首要课题予以研究。

一、目标的含义

目标是个人或组织在一定时期内努力达到的理想状态或期望获得的成果。就管理目标而言,它是组织宗旨的具体化,包含许多内容,如组织的目的、任务、具体目标基础上的指标,以及目标的时限等。

（一）组织的宗旨是任何一个组织最基本的目标

学校的宗旨是培养人才,传递人类文化遗产;医院的宗旨是救死扶伤,提供人们必需的医疗保健服务;股份公司的宗旨是为股东营利……显然,组织的宗旨一般是较笼统的,但这种笼统的宗旨,正是该组织日常各项管理工作的基本出发点。

（二）组织的任务是其宗旨的明确化

组织的任务比较概括地规定着实现组织目的的活动领域、内容和对象等。下面以幼儿园这一社会组织为例,来分析宗旨与任务之间的关系。

2016年3月版的《幼儿园工作规程》(1989年发布,1996年修定,2015年再次修订)的第一章"总则"之中,提到了幼儿园的宗旨、任务及目标等问题。第二条规定:"幼儿园是对3周岁以上学龄前幼儿实施保育和教育的机构,幼儿教育是基础教育的重要组成部分,是学校教育制度的基础阶段。"该条规定实质上明确了我国幼儿园的宗旨和性质。第三条条文是:"幼儿园的任务是:贯彻国家的教育方针,按照保育与教育相结合的原则,遵循幼儿身心发展特点和规律,实施德、智、体、美等方面全面发展的教育,促进幼儿身心和谐发展。幼儿园同时面向幼儿家长提供科学育儿指导。"这一条款规定了幼儿园保育与教育的双重任务,并从原则、方向或内容和效果几个侧面,概括了实现幼儿园组织目的的工作领域、对象和内容等。这些任务,是对第二条提到的"对3周岁以上学龄前幼儿实施保育和教育"的这一组织目的的明确化、具体化。

(三) 具体目标是组织目的的明确化

具体的目标、项目、指标是组织目的和任务的进一步具体化和明确化。它能够使组织成员明确奋斗方向、工作重点和具体要求。在《幼儿园工作规程》第一章中,第五条便以较浓的笔墨详细阐述了"幼儿园保育和教育的主要目标":"(一)促进幼儿身体正常发育和机能的协调发展,增强体质、促进心理健康,培养良好的生活习惯、卫生习惯和参加体育活动的兴趣。(二)发展幼儿智力,培养正确运用感官和运用语言交往的基本能力,增进对环境的认识,培养有益的兴趣和求知欲望,培养初步的动手探究能力。(三)萌发幼儿爱祖国、爱家乡、爱集体、爱劳动、爱科学的情感,培养诚实、自信、友爱、勇敢、勤学、好问、爱护公物、克服困难、讲礼貌、守纪律等良好的品德行为和习惯,以及活泼开朗的性格。(四)培养幼儿初步感受美和表现美的情趣和能力。"不难看出,这些内容,是对第二条、第三条所规定的幼儿园目的、任务的核心内容的进一步具体化。它分别从德、智、体、美四个方面详细分解任务,以便于广大幼教工作者在工作中进行操作,把握工作的具体要求。也只有如此,才能反过来保证达到幼儿园的教育目的。应当注意的是,这一套目标只是我国幼儿园对幼儿保育和教育成果的期望、要明确的方向和重点要求,并未涵盖幼儿园管理中的所有目标。

(四) 目标的时限

目标往往有一定的时间跨度,是一定时期内期望达到的成果,通常也称为阶段性目标。在幼儿园中,前文所述的目标,总的来讲是幼儿在园三年后所需达到的目标。

二、幼儿园管理目标的作用

目标在管理过程中的作用很大,因而关于目标的研究在今天备受重视。目标的作用可以概括为如下五个方面。

(一) 指向作用——为管理工作指明方向

管理是为了达到同一目标而协调组织成员的行为过程,如果不是为了达到一定的目标,根本就不需要管理。幼儿园管理的实践证明,任何一所幼儿园若有恰当的目标,则易于围绕它开展有序化管理,并取得明显的成效。如一所基础较好、条件相对优越的幼儿园,在一年内以晋升为示范性幼儿园为目标而开展管理活动,这样的幼儿园相对那些无甚进取精神、得过且过的幼儿园更能取得良好的管理绩效。有的学者将目标的指向作用以下列公式来表示:

$$目标方向 \times 工作效率 = 管理效能$$

将上述公式做更进一步的分析,可能呈现如下几种情况:

目标方向	×	工作效率	=	管理效能
正确		高		好
正确		不高		一般
不正确		不高		差
不正确		高		糟

由此可以看出,目标的指向正确与否,会导致两种不同的管理结果。在正确目标方向的前提下,工作效率高当然很好,即便效率低也不致产生难以挽回的后果;如果目标方向不正确,工作效率越高,只会南辕北辙,给工作造成更大的损失。

(二) 激励作用

管理心理学的激励理论中有个期望值模式:激发力量=Σ目标价值×期望概率。它说明个人或团体积极性被调动的程度与组织的目标价值和期望概率有关。目标价值表示某个人(或某一群体)对既定目标的倾向性和需要程度,不同的目标在不同的对象(人或群体)看来有不同的价值(比如考研、考园长证)。期望概率是指达到既定目标的可能性。有可能目标价值很高,但实现的可能性即期望概率很小,因而只会使人感到遥不可及而难以调动起人的积极性。

正因如此,幼儿园管理者的职责之一是根据被管理者的内在需要和外界的环境状况等多种因素去准确地制定既符合成员需要,又有挑战性的目标,并尽可能使个人的志向与整体工作的要求一致,使个人的才能智慧在集体中得到充分发挥,并能将个人生存的价值目标融于组织的整体目标之中。这样,目标就成了激励组织成员的力量源泉。

(三) 凝聚作用

人类社会组织是一个社会协作系统,成员间应形成凝聚力,组织若似一盘散沙则无法发挥出应有的作用。组织凝聚力的大小受多种因素的影响,其中之一便是组织的目标。当组织整体的目标充分体现了成员的共同利益和需要,个人目标与整体目标最大限度地和谐一致时,组织的凝聚力量便能得到巩固。

(四) 协调作用

目标的协调作用在于通过建立一套适用于组织的目标体系来沟通社会组织中各种既有关联又相对独立的部分,使各方协调一致,围绕总目标制定分目标,有序地开展各部门活动,避免因目标系统的不协调而产生内耗。

（五）绩效考核标准

目标还是考核主管人员和员工绩效的客观标准。幼儿园管理的实践表明，仅凭主观印象对下属的工作成绩进行评价是不客观和不够科学的，可能会挫伤、压抑职工的工作积极性。正确的方法是在公正评议的同时，根据明确的目标综合起来考核。可考核的、明确化的目标构成了考核各级主管人员和全体员工工作绩效的客观标准之一。

在我国当前的学前教育实践中，《幼儿园工作规程》《幼儿园教育指南》《3—6岁儿童学习与发展指南》等文件提出了一系列教育目标和儿童发展目标，已经成为广大幼儿园园长和教师的行动标准，其指向作用、凝聚作用和作为考核标准的作用已不断得到发挥，成为推动幼儿园依法治园、科学执教的重要工具。

三、幼儿园的教育目标与管理目标

幼儿园的教育目标与管理目标，这两个概念出现的频率较高，也容易让人混淆。事实上，这是既相互联系又相互区别的两个概念。

（一）幼儿园的教育目标

幼儿园的教育目标是指要把儿童培养成什么样子，反映的是人才培养的质量规格要求。具体的幼儿教育目标在不同时代、不同地区、不同文化背景下呈现出不尽相同的质量规格。当前，我国《幼儿园工作规程》总则中第五条所阐明的"幼儿园保育和教育的主要目标"，显然是国家对全国范围内（港、澳、台地区除外）幼儿园提出的总体教育目标。全部目标内容前文有述。考虑了众多因素后精心推敲出的幼儿园教育的总目标应被每一所幼儿园奉行。然而，由于不同地区或幼儿教育的基础条件的不同，或不同类型幼儿园的工作人员素质水平和生源状况的差异，幼儿教育先进与落后地区之间、园所之间的教育目标不可能完全一致。不过，即使是落后的幼儿园，也应该始终将国家规定的教育总目标作为前进的"灯塔"，努力创造条件，一步步去实现目标。

毫无疑问，幼儿园教育目标既指明了幼儿园工作的方向，也是幼儿园其他各项具体工作开展的根本依据。

（二）幼儿园的管理目标

幼儿园管理工作是围绕幼儿园的保教目标而展开的一切园务管理活动，如对人、财、物、事的组织、指导、协调、控制等，管理活动应达到的要求即管理目标。幼儿园管理目标是指管理者要把幼儿园办成什么样子，是管理者引导全园职工分析思考而期望幼儿园达到的等次或工作成果。

美国的管理学界曾经有这样一种观点："管理就是服务。"在斟酌幼儿园的教育目标与管理目标的区别与联系时，这一观点有助于较快地理清人们的思路：在幼儿园里，管理目标与教育目标是各有所指的，并不是重复的。事实上，确立管理目标能更好地实现幼儿园教育目标。

（三）幼儿园的教育目标与管理目标的关系

幼儿园的教育目标与管理目标，一方面各有所指，另一方面又紧密联系。

1. 教育目标是制定管理目标的依据

幼儿园每个时期的管理目标受时代特征、环境、生存等因素的影响,但仍应体现幼儿园这一组织的宗旨和目的——培育好幼儿。离开了这一依据,则丧失了幼儿园的存在价值与特色,变得与其他社会组织毫无二致。

2. 管理目标是教育目标得以实现的前提

为了实现幼儿园组织的目的——保育与教育幼儿,完成好保教这一中心工作,管理者应科学地管理好幼儿园的人力、物力、财力等资源,将能影响保教工作的细致而繁杂的师资、后勤、教务等服务工作做好,创造有利条件,形成强大的合力。

我们不妨将幼儿园的工作划分为两大类,来分析幼儿园保教目标与管理目标的关系,如图7-1所示。

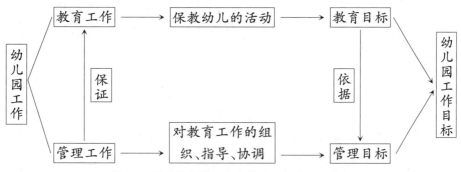

图 7-1 幼儿园保教目标与管理目标关系示意图

明确幼儿园保教目标和管理目标概念之间的关系,有利于管理者有的放矢地制定幼儿园各项工作目标,理清幼儿园工作目标的层次、关系,建立和谐一致、运转协调的幼儿园工作目标体系。

第二节 目标管理在幼儿园的运用

在我国幼儿园的管理实践中,一部分以目标管理为管理模式的幼儿园引起了同行的更多关注。那么,目标管理究竟是什么呢?

一、目标管理的由来

目标管理(Management by Objectives,缩写为MBO)于20世纪50年代中期产生于美国,是融合泰罗的科学管理与行为科学理论(特别是其中的参与管理)之长,并以此为基础而形成的一种管理思想。其观点较稳定,并广为实践所证明,因此学界有人认为它是一套管理制度,一种现代管理方法。

由于兼容了古典的科学管理和行为科学理论之优点,目标管理具有既严格又宽松的特征。一方面,它要求达到既定目标,因此体现了硬性的一面,但同时又让组织的成员亲自参与工作目标的制定,让成员在工作中充分发挥自己的聪明才智和创造性,强调"自我控制",认同行为科学理论对人的因素的重视,体现出柔性的一面。因此,这种管理思想较易被现代社会接受。

目标管理的影响也经历了一定的发展过程,最初它的重点对象是中间管理层以上的人员,因为在组织中职层越高,个人目标直接与组织目标和谐一致的程度就越高,反之则低。因以主管人员为管理对象,所以又被称为"管理中的管理"。它对当时的美国企业组织活力的激发起了很好的作用。当它被逐步推广到企业组织中的所有成员和各项工作中时,同样收到了良好的效果,被美国企业界称为"起死回生"的手段,因而得以迅速推广,不仅被工业、商业、金融、公共建设等相关机构采用,连许多政府机关、医院等事业组织也先后采用。20世纪50年代末以后,日本和西欧各国相继引进目标管理的方法,并综合本国特点使之逐渐丰富。

我国从1978年开始,伴随推行全面质量管理,在一些大企业中试行这种目标管理方法,并取得了显著的成效。当前,我国许多行业实行的指标层层分解、归口管理等办法,也源于目标管理的影响。实践证明,这是一种行之有效的科学管理方法。

二、目标管理的概念

(一) 概念起源

目标管理思想和方法的形成,得益于管理学家们的潜心研究。美国管理学家德鲁克是现代管理理论丛林中经验学派的代表人物,重视"案例",对目标管理的产生和体系建构做出了重大贡献。

1954年,德鲁克在其《管理的实践》一书中首先提出了"目标管理和自我控制"的主张,并以企业组织为案例对目标管理的原理做了较全面的概括。他认为,企业的目的和任务必须转化为目标,企业内部管理人员通过这些目标对下属进行领导,并以目标完成的多少来衡量每个人的贡献大小。如果没有计划周密、方向一致的分支目标来指导每个人的工作,企业的规模越大,人员越多,发生冲突和浪费的可能性就越大。

(二) 定义

所谓目标管理就是指,组织中的最高领导层根据组织所面临的形势和社会需要,制定出一定时期内组织工作所要达到的总目标,然后层层分解至各部门主管人员以及每个组织成员,形成一套目标体系,各部门、各成员均根据该目标体系中针对自己的部分采取工作措施,并且把目标完成的情况作为考核部门或个人的依据。

作为一种管理制度或方法,目标管理实际上是让组织的成员亲自参加目标的制定,在工作中实行"自我控制",并努力完成工作目标。

(三) 特点和作用

要更好地理解目标管理的概念,还应注意其特点,理解其特点的效用。

1. 目标管理是人人参与管理的一种形式

目标管理吸收行为科学——人际关系理论中的合理成分,如重视人的心理因素,注意采用多种尊重人的做法以调动人的积极性等合理成分,让下级成员参与目标的制定。这使得目标的制定者同时也是目标的实现者,十分有利于全体成员对目标产生认同感,并自觉主动地付诸实施。同时,下级成员在长期的工作中积累了许多有效的工作方法,对工作目标实现的可能性做到心中有数,这样易形成一个"目标——手段"链,进而能为后期的工作开展奠定良好的基础。

2. 强调"自我控制"

大力倡导目标管理的德鲁克认为,组织中的员工是愿意负责的,是愿意在工作中发挥自己的聪明才智和创造性的。如果我们承认管理中所控制的对象是具有社会性的"人",则我们应"控制"的,必须是人的行为动机,而不是仅局限于行为本身,我们应当通过对动机的控制来达到对行为的控制。目标管理的主旨之一在于用"自我控制"代替"压制性的管理",这种自我控制的主张符合现代社会尊重人的主体性的观点,显示出管理者对下级能力的信任,有利于维护组织成员的自尊心提高其自信心,并产生出更强烈的内驱力,推动他们尽自己最大的力量去完成工作目标。

3. 促使权力下放

在许多社会组织的管理之中,集权与分权的矛盾普遍存在。在大多数情况下,倾向于集权与分权中的任何一端,都可能给工作带来消极影响,而目标管理对于协调这一对基本矛盾有帮助。在目标管理的过程中,让下级参与目标的制定,显然有利于自我控制的实现,这本身就意味着权力下放的比重增大,而目标自然成为规范组织成员的手段之一,这也给主管者带来了好处,有利于他们从陷于事务堆的传统管理误区中解放出来,集中精力做好他们应做的事,在保持有效控制的前提下,将工作管理得更有生气。

4. 注重工作成果

在目标管理中,各项目标的完成情况均表现为一定的成果,而这些成果成为考核和评价组织成员工作表现的依据。这有助于克服依靠主观印象、成员的思想态度等定性因素去考核、评价个人工作成绩的不足,增添更完备的定量评价标准和成果依据,从而正确评估组织成员实际贡献大小,公平地评价一个人,提高考核、评价的科学性,调动并保持组织成员的工作积极性。

5. 目标的一致性

目标体系中,组织的总目标、部门分目标以及成员个人工作目标方向是统一的、协调的。同时,目标管理还力求使组织目标与个人目标保持最大限度的和谐一致,以增强员工对工作的满意感、归属感,产生长久的内驱力。

三、幼儿园目标管理思想的运用

自 20 世纪 80 年代以来,我国各地的一些幼儿园,在管理中也相继尝试运用目标管理制度,取得了较以往更明显的工作成绩。上海市教育行政部门办的幼儿园曾经积极地进行这种探索,武汉市某些区教育局也曾要求辖区内幼儿园学习并运用目标管理的思想方法。据悉,认真试行过目标管理的幼儿园,均较大幅度地提高了工作成绩。

（一）幼儿园中实施目标管理的意义

因为目标管理中贯穿着动机激发理论、人性假设理论和授权理论的思想，所以在幼儿园管理中引入目标管理的思想方法，对于克服传统管理的某些不足、提高管理水平是行之有效的。具体表现如下。

第一，有助于园长增强目标意识，提高全面贯彻落实幼儿教育方针的自觉性

实行目标管理，有利于园长摆脱过多事务的纠缠，冷静地从全局需要审视自己工作的中心，创造条件，协调好全园工作的各个方面，促使幼儿教育方针政策在本园中得到真正落实。在这一过程中，由于已适当向下级放权，园长自身所应实现的目标则显得较单纯，所以园长在对下级各成员予以必要指导的同时，能集中精力，保证幼儿园一定时期工作的完成。与此同时，副园长、组长、班长、教师、保育员、工人等各层次的人员，因为都有一定的目标规定，所以能集中主要精力自觉地围绕目标开展工作。上下同心，十分有利于幼儿教育总目标的实现。

第二，能创造一个培养各级管理人员领导能力的环境

幼儿园中实行目标管理，为幼儿园各部门、各层次主管人员，包括正副园长，教育、卫生保健、总务后勤部门负责人，以及其他非行政组织的主管人员，如党、团、工会等组织的负责人，提供了培养和锻炼其各方面领导才能的机会。从以往较被动地、不太动脑筋地接受上级下达的工作任务，转变为主动分析当前与工作有关的各因素并做出抉择，参与目标的确定，并围绕目标进行自我管理。也就是说，措施、方法等是由各层主管人员来决定的，他们需要遵从管理心理学的一些规律来更好地调动下级人员的积极性，并善加考核和评估。

第三，能充分调动和发挥广大职工的积极性

目标管理的个人目标和组织目标能让广大职工对组织有归属感、认同感，发挥工作自觉性和主观能动性，参与到相应层次的管理中来。

（二）幼儿园实行目标管理的一般步骤、方法

目标管理通常由制定目标、实施目标和评价目标成果三大步骤组成。

1. 制定目标体系

幼儿园中的工作目标，不是唯一的、单价值的，而是具有多层次、多重内容和不同时间跨度等特性的，如全园工作总目标与班级教养工作目标之间，班级教育工作目标与保育工作目标之间，5年发展目标与学期工作目标之间，分别在不同层次的不同内容和时间跨度方面存有一定差异。即便如此，幼儿园众多工作目标之间仍有纵横交织的关系，是可以构成目标体系的。

在幼儿园目标管理的实践环节，目标的制定是主体工作，它要求建立一个以组织总目标为中心的一贯到底的目标体系。为此，我们将制定目标体系的具体步骤大致分解如下。

（1）制定幼儿园在某一时期内发展的总体目标

幼儿园在某一时期内发展的总体目标是某幼儿园全体成员共同认定的，体现了该园发展可能性的总体工作的预想。一般很简洁地表现为奋斗目标的形式，并且有一定的时

间限定。如某幼儿园在其最近期的三年发展规划中指出:"力争在这三年内将我园办成具有现代化的管理、现代化的设施、现代化的师资、高层次的科研、高质量的保育教育,培养现代化的人才的示范性幼儿园。"显然,这是该幼儿园较笼统的战略发展目标,又称为观念性目标,通常可指明奋斗方向,可起到鼓舞工作人员斗志的作用。为了使这类总体目标便于操作,应该将其落实为各年级的主要指标和主要的工作安排。

幼儿园某一时期总体目标的制定,应综合考虑园内、园外的多方面因素,包括国家政策法令和上级的指示要求、国家的需要与家长的要求、幼儿教育理论和改革的动态信息、本园教职工的素质状况、本园的经济实力与物质条件,以及本园原有的经验和特色等。通过全园上下沟通、多方合作研究,提出能为幼儿园各方共同承认和接受的总目标。

(2) 层层分解目标,建立组织目标与个人目标相统一的目标体系

为了使幼儿园一定时期的总体目标能切实得到贯彻执行,就有必要自上而下层层展开,自下而上层层保证,将观念性的目标分解为与幼儿园各个工作领域、各个具体操作部门相对应的工作目标,直至落实到每个教职工的工作层面上,形成个人的工作目标。这种做法在保证全园总体目标逐层落实而易于实现的同时,也符合目标的激励、指向等作用的发挥,使个人的工作目标与组织的目标协调一致,从而能动员、协调好全园各方面的力量,调动起教职工的工作积极性,共同追求目标的实现。

逐层分解目标有许多具体的操作方法,如体现民主管理的特点,创造条件使全体成员参与讨论和决策,体现全体成员的共同意志和利益。在这种尊重人的思想的基础上,一般有三个具体步骤可实现目标的分解和目标体系的建立。首先是上级宣布目标,其次是为下级制定目标,再次是上下级协商调整。显然,为了建立组织目标与个人目标和谐一致的目标体系,十分有必要听取当事人的意见和建议,以期提高职工执行目标时的自觉性、主动性。与此同时,也应注意到目标的确定是一个较复杂的过程,园内各层次、各班室和个人由于观念、视野、条件和利益的不同,对工作的追求可能并不总是协调的,因此,园长这一层的管理者就有必要进行一定的集中,统驭全局,调整、安排好各层的具体目标,以使组织产生合力。

(3) 围绕目标制订工作计划

计划简而言之是行动的方案,一般比目标更详细更周密。目标有赖于通过计划而变得更具操作性,并在一系列的管理活动开展之后得以实施。

2. 实施目标

幼儿园的目标一经制定,全园职工都要运用固有的幼儿教育能力,为实现目标寻找最有效的途径。为保证目标的顺利实施,园长应着重抓好以下两方面的工作。首先,应尽可能给职工下放权限,给下级自由处理工作的余地。不过在下放权限的同时,也要强化责任心和及时汇报的机制,而下级在工作过程中,一面对照自己的工作目标检查自己的行动,一面依靠自己的判断来充分行使下放给自己的权限,努力达到目标。这就是自我控制的过程,园长应努力为下级在自我控制下的创造性工作创造有利条件。其次,应抓好实施目标过程的检查和控制。完全不予以检查和控

制,目标的实施就有可能因职工放任自流而落空,因此应施以动态控制,进行必要的调整,以保障目标的切实实现。

3. 评价目标成果

幼儿园管理的最后阶段,是要进行目标成果评价,以确认工作的成果,考核每个部门、班室、个人的业绩,并与他们的利益和待遇挂钩。值得注意的是,一般应实行自我评价和上级评价相结合,综合评价目标实施的成果。对每一项具体的目标可以从目标的实现程度、复杂困难程度和个人在达到目标过程中的努力程度这三个方面进行客观的评价。

评价目标成果,能为制定新的目标提供一定的参考。

目标管理实施的三大步骤,构成了一种循环过程,其原理与管理过程的原理是一致的。也与本书第五章中规划幼儿园发展中的部分思路一脉相承。

第三节 幼儿园的管理过程

一、管理过程的概述

(一) 管理过程学派的基本思路

现代管理理论中出现了一些有影响力的学派,其中管理过程学派的观点被人们普遍接受,并逐渐上升为主导地位,一些管理理论著述和众多实际管理工作正是依据该学派的思路展开的。这个学派主要继承和发展了法约尔的理论,认为管理表现为一个过程。主要代表人物是戴明、哈罗德·孔茨。

辩证唯物主义认为,运动是绝对的,静止是相对的。世界上任何事物都是运动的、发展变化的,有发展变化必然就有一定过程,人类社会的管理现象也不例外。

不难分析,每项具体的管理是随时间的延续而不间断地运转的,表现出一定的阶段性与动态性,每个阶段都各有特点。我们可以从建立国家、农业耕作等具体的管理活动中抽象出共同的东西,即人们所称的管理过程。管理过程又可以划分为计划、组织、指导、协调和控制等步骤、程序。

研究管理过程,有利于使管理者在多结构、多层次、多序列的纷繁复杂的管理活动中探索出一些基本的、必要的环节,从而更科学地实施全过程的优化管理,提高管理效益。

管理过程是指管理者指挥本组织内的成员,为达到预定目标,进行有计划、有步骤的共同活动而遵循的客观程序。

(二) 幼儿园管理过程

幼儿园的管理过程,也就是幼儿园园长及其管理层围绕幼儿园一定时期的管理目标,运用相适应的管理原则、方法,对幼儿园的人、财、事、物等诸因素进行管理的客观程序。

当前人们一般采用美国管理学家戴明的理论,认为管理过程由计划、实行、检查、总结四个环节构成。这种环节划分是对法约尔理论的发展,并不是简单地将管理的计划、组织、指挥、协调和控制职能等同于管理过程，而是认为管理过程与管理职能有密切联系，管理过程要实现最优化，必须遵循和运用管理职能的原理，即让五项基本管理职能灵活地运用于四个基本环节中，只有这样才能科学地组织管理活动的程序。

二、戴明的管理过程理论

戴明是美国管理学家、统计学家，世界著名的质量管理学专家，他首创了全面质量管理的思想方法，并提出了广为人们接受的管理过程理论。

（一）戴明管理过程理论的基本原理

戴明认为，一切有过程的管理活动都是由四个阶段构成的，这四个基本阶段（或称环节）围绕着一个目标而展开，并构成了一个管理周期。

其中，计划（Plan）为第一阶段。计划是一个周期管理活动的起始环节。在计划阶段，管理者应组织成员共同商讨组织的发展规划、方针，行政方案等，以便保证目标能有准备地付诸实施。

实行（Do）为第二阶段，即将计划付诸行动，管理者组织人力、物力等资源，按目标和计划的要求去实施、执行。这是管理过程的中心环节。

检查（Check）为第三阶段，它是管理过程中必要的中介环节，其目的在于检查各方面的工作是否按照计划执行，执行的效果是否达到预期的理想，有无偏差，并找出原因。

处理（Action）是第四个阶段，指根据检查结果而采取相应的措施。它回顾计划实行的全过程，评价目标的实现情况，将成绩和经验巩固下来，将不适和欠缺之处找寻出来，并分析成因，提出调整、改进措施，为下一个管理周期的良好运行提供基础。我国习惯于用"总结"一词来代表这一阶段，这是一个管理周期的终结环节。

戴明将上述四个阶段看作是相互连接、不可缺一的完整过程，将它们按固定、客观的程序，围绕着目标而安排在一个循环图中（如图 7-2 所示）。从 P 至 A 循环一次完成管理活动的一个周期，继而进入下一个周期的循环，如此反复循环，将管理活动不断地推向前进。故此，戴明的管理过程理论常被称为"戴明环"、"PDCA"理论或"戴明循环管理法"。其基本原理为：做任何一项工作，首先要有设想，提出计划，然后按计划规定去实行、检查和总结，最后通过工作循环，一步步提高水平。这是进行好管理活动的一般规律。

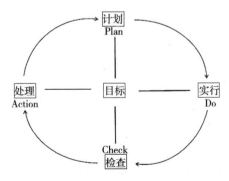

图 7-2　管理过程各环节运行图

(二) 戴明的管理过程理论的特点

1. 目的性

管理过程的运动不是盲目随意的,而是以实现预定目标为核心的。离开了目的,管理活动就失去了价值。

2. 双边性

这种有目的的活动是由管理者与被管理者构成的,缺少了一方,也就不存在另一方,管理活动也即终止。不过,管理者与被管理者的双边关系包含了各种层次,如教育行政干部与园长之间、园长与教职工之间、教职工与幼儿之间等,同一对象在不同的管理层次中可能处于不同的管理地位,如园长在与教育行政干部的双边关系中是被管理者,而在与园内职工的双边关系中则成了管理者。

3. 程序性

管理过程连续地由一个意愿阶段、环节过渡到下一个阶段,这之间的环节有一定的客观顺序,不能随人们的主观意愿任意排列。尽管管理任务千差万别,但其过程总是始于计划,进而实行,执行中间穿插检查,或实行至某一阶段后全面检查,直至总结。四个阶段可能时间长短不一、繁简不一,但是整个管理程序是不变的。

4. 周期性

PDCA 四个环节不间断地循环一次,构成了管理活动的一个周期,一个管理周期结束,又开始了新的管理运行过程。上一个周期没能较好解决的问题必须转入下一个循环周期,前后周期既有联系,又不是简单重复,从而呈现为螺旋式的循环上升,每循环一次都要有前进,有提高,而不能停留于原有的水平上。

5. 整体统一性

在管理的整体系统与子系统之间都存在着四个基本阶段的循环,并且相互间有机联系,相互渗透,或表现为大循环中套中循环,中循环中含有子循环,各循环间方向一致,如幼儿园、后勤部门与幼儿食堂之间便是大、中、小循环的相套,也可以直接简单地表现为大循环中套小循环(如图 7-3 所示)。无论何种结构状况,均要求中、小循环在大循环内按同一方向协调运转,体现局部服从整体,避免大、中、小循环的不一致、不协调,以致互相干扰而影响全局,造成内耗或其他不良的后果。

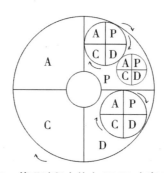

图 7-3 管理过程中的大 PDCA 中套 PDCA

同时,计划、实行、检查、总结四者之间也构成了一个紧密相连的运行整体,它们之间前后相连,相互渗透,彼此促进,任何一环的松懈都会影响整个过程的运行。其目的是一致的,都是为了较好地实现既定目标。

戴明的思想原理基本上反映了管理过程的规律和特点,对经营和管理很有指导作用,因而被世人广泛地接受并运用于各种领域的管理实践中。它于20世纪50年代传入日本,70年代传入我国。日本管理学者石川馨曾高度地评价戴明的管理过程思想:"什么叫管理,戴明环不停地转动就是管理。"应该承认,戴明的管理过程理论的卓越贡献在于,为人们认识管理提供了一种较科学的思想方法,为人们操纵管理提供了一套行之有效的工作程序。

三、幼儿园的管理过程

将戴明的管理过程理论运用于幼儿园的管理实践中,无疑有助于管理者理清思路,抓住主要环节,科学有序地控制幼儿园每学期、每阶段管理活动的运行,提高管理的成效。

根据戴明的基本原理和我国学前教育机构的实际情况,我们认为,幼儿园的管理过程一般可由计划、实施、检查、总结四个基本环节构成。它是幼儿园管理者组织全园教职工,为达到幼儿教育目标和一定时期的管理目标,运用正确的原则和方法,对全面工作进行管理的客观程序。

(一) 计划

1. 计划的性质和作用

一般而言,计划是对未来的一种有目标、有条理的设想。在动态的意义上,计划是确定行动纲领和方案,使行为趋向于目标的管理活动。当代美国管理学家、管理过程学派的代表人之一孔茨曾指出:"倘若没有计划,则一切行动只能任其随意发展,那么,除混乱外将一无所获。"因而戴明不仅将计划看作管理过程的一个组成部分,还将其放在起始环节,成为后续几个阶段工作的依据。在幼儿园的管理活动中以计划为开端,进而对整个管理过程实行有效的控制,是幼儿园管理科学化的重要标志。没有经过周密的计划而实施的幼儿园工作管理,不可能是科学的管理。

从另一个角度看,幼儿园计划工作的成果通常以成文的文件形式来体现,即通常所说的园务计划、幼儿园发展规划,及下属的教研计划、卫生保健工作计划、班级教育教学计划等一系列的计划文件。这种静态的计划是指组织以条文或指标的形式反映组织在方向上的选择,是反映决策工作成果的正式管理文件。

计划具有如下特征。

第一,主导性。计划在管理过程的各环节及管理的各项职能中处于主导地位。管理者在确定了目标和拟定了计划之后,才能进行其他管理工作。计划是实行、检查、总结的依据,或者说是组织、指挥、控制和协调等职能的依据。

第二,前瞻性。计划与未来有关,它既不是过去的总结,也不是现状的描述,而是要面向未来,考虑未来的机遇和可能遇到的问题,为实现未来的目标创造条件。

第三,经济性。计划的制订和执行目的之一在于使组织能以最少的耗费去实现预定的目标,计划就是要使整个组织的活动达到有序、有效的状态,以提高管理效率和效益为中心。

第四,普遍性。计划涉及组织内各个层次、各个部门乃至全体成员,其范围很全面。

在幼儿园管理工作中,正确制订计划是具有较明显的作用的。它包括:建立正常的工作秩序,经济合理地开展幼儿园的各项管理活动,协调全园各部门、各层次人员的活动,统一全体教职工的认识,采取和谐的相互促进的措施、方法,形成整体的高效率工作,并从规划中受到一定的激励和鼓舞,以及制定统一的工作标准,为后续环节的开展提供衡量的尺度和依据。

2. 幼儿园工作计划的任务和要求

当前及今后的幼儿园,不论其办园体制如何或规模大小如何,要想进行科学管理,就必须制订幼儿园长期和近期工作计划。简而言之,其计划的内容通常可用六个"W"来概括:

What:做什么?也是工作的任务、内容。

Why:为什么要做?讲明原因和目的。

Who:谁去做?交代人员安排。

Where:在什么地方做?即所涉及的班级、部门及有关的空间定位。

When:在什么时候做?即进行时间限定。

How:怎样做?即措施、手段和方法一类的事范。

就一份园务计划而言,所要涉及的内容便应是全面的,既要体现出任务明确、切合本园实际,又要体现出超前意识和幼儿园资源的合理分配使用。既要全面兼顾幼儿园一定时期内各方面的工作,如人、事、财、物等及其中的各分支项目,又要就所提的每一方面事务工作指出其所含的六个"W",并将这些统一在完成幼儿园管理目标的轨道上。

为了完成上述的任务,园务计划应符合以下要求。

(1) 具有科学性和先进性

园务计划既要正确地反映本园实际、社会的需求和幼儿教育的客观规律,做到实事求是,既不冒进,也不保守,与前期工作有延续关系,目标统一,内容科学,又要具有充分的动员激励作用,能够在一定程度上调动园内各管理层和所有教职工的工作热情,使之愿为了实现计划所规定的任务、方向而挖掘自身潜力,团结合作地投入工作中去。

(2) 计划具有民主性和群众性

科学先进的园务计划,需要集中群众的智慧,而计划所规定的任务,归根到底也要依靠群众的力量来完成。要发挥民主,动员园内职工参与计划的制订和管理,正确处理各管理层次以及群众职工的责、权、利关系。

(3) 计划具有可检查性和严肃性

受群众拥护的科学的园务计划一经批准就具有权威性,必须全面、正确地贯彻执行,不得任意修改。若外界环境发生重大变化,需要修改调整,则应组织教职工代表重议并修改,或使用事先准备好的应变计划。在计划实施过程中,有关任务、执行人、完成时间、质量标准等指标应明确规定,以便于检查。

3. 幼儿园工作计划的制订

在明确了幼儿园工作计划的意义和要求后,对计划的制订和具体程序试做一定的阐述。结合幼儿园管理过程的实际,当新学期(或学年)开始前,全园上下均进入管理过程的第一阶段即计划阶段。此时,大家的计划工作该从何处入手,如何推进及完成呢?

(1) 获取信息,分析依据

要制订科学的园务工作计划,必须用认真的态度、科学的方法来对待。为了制订好计划,就必须事先有所准备,包括指导思想明确、实际情况明了等。为此,管理者有必要进行广泛的调查,获取充足的与幼儿园管理决策有关的信息。这一类信息量的大小,会影响到幼儿园管理者的决策,信息越多对幼儿园管理层的决策越有利。众多渠道的信息姑且可以被归类为以下三个方面,它们构成了制订幼儿园工作计划的依据。

第一是来自于上面的信息依据。包括国家颁发的具有全局性和较稳定的指导作用的教育方针政策及地方性的学前教育政策、法规,以及幼儿园的直接领导机关所提出的近期具体指示要求等。这些信息往往决定着幼儿园的决策和制定目标计划的指导思想,并且对幼儿园提出了业务上的具体建议、要求等。

第二是分析本园的实际情况。每所幼儿园的实际情况都有一定的稳定性,也会在各个时期出现新情况、新问题。这些来自于自身的信息直接影响着有关的教育方针、目标在本园得以落实的可能性,更关系着幼儿园发展的方向、速度。管理层在制订计划前,必须对这一实情有明确的了解和认识。这项实际的信息依据是制订园务计划的立足点,本单位的实际情况通常从过去、当前和一定时限中的未来三个角度来分析。本园前一阶段(或称上一个管理过程)已取得的成绩和存在的问题,可为后一循环期的工作计划提供依据;同时,还应认真分析本园当前的人力、物力、财力等实际条件是否与一定的目标大致相符;此外,还应由当前的主客观条件出发,考虑潜在的新问题赖以产生的可能性,进行合乎逻辑的科学预测,从而确立努力的方向和目标,提高计划的可行程度。

第三是来自于同行的经验和理论界的信息依据,包括有关幼儿教育改革的动态、经验等信息,学前教育科学、儿童心理科学中的一般教育理论等研究成果,以及马列主义的基本原理。获取这方面的信息,可以使计划的制订在科学的理论依据和可资借鉴的参考信息中进行,有利于提高计划的科学性、先进性水平。

制订计划之始,幼儿园管理者应认真分析上述三个方面的依据,既要对学前教育专业管理内部的规律有准确的认识和理解,又要能灵敏地捕捉住广阔的社会生活背景对幼儿园的发展可能造成的机遇,避免干扰,将专业化的信息分析与外部影响的规律结合起来考虑,进行合乎逻辑的预测,从而为正确决策、制订最佳的行动方案做好必要的准备。

(2) 群众参与，民主讨论

为了保证计划具有民主性和群众性，使计划能成为全园职工自觉遵守的行动指南，组织群众参与讨论是必要的，同时这也是广泛听取多方面建设性建议的重要途径。组织职工讨论的过程，实际上也是大家共同领会教育方针政策、学习研究幼教理论和动态、加强自我意识，以及提高认识、统一步调的过程。正如中国俗语所云，"磨刀不误砍柴工"，通过群策群力，计划可以更切合实际，更具群众基础，更利于提高大家认真执行计划的自觉性。当然，为了便于全体职工的有效讨论，园长最好先准备好计划的设想或草稿，引导群众围绕主题畅所欲言，切忌主观武断、刚愎自用，堵塞教职工的言路。

(3) 多种方案，比较研究

在园长思考和教职工广泛讨论的基础上，对一些关键环节应归纳出几种方案，保持工作中的弹性。应比较、分析各种方案的利弊，从而形成比较完善的、切实可行的幼儿园工作计划。多种方案的比较研究过程中可以组织幼儿园园务委员会和部分骨干教师来讨论，使工作目标和一定时期的行动方案包含尽可能多的正确、合理成分，较好地反映客观规律和实际可能。

(4) 果断决策，撰写计划

在几番讨论和推敲的基础上，园长作为主要决策负责人，应带领管理层果断决策，确定出各项工作的目标和行动方案。通常应选择一种最佳的可行方案，形成计划，或者在一份正常计划之外，备选一份应变计划。当前幼儿园的管理处于稳定的社会环境中，突然发生大变化的可能性不大，因而可以缩小范围，在某些局部上保持弹性，预留调节变化的余地，比如"六一"儿童节的庆祝方式，教师业务竞赛的时间对象或形式等。

果断选择后，应由园长写出定稿。一般地，撰写园务计划是园长的工作之一。这能从一个侧面反映出园长的政策水平、理论水平、业务能力的高低。这项创造性的劳动，是园长必备的基本功，因而园长应自觉认真地制订好计划。

园务计划的内容一般包括以下几方面：首先，对一定时期特定背景和园情作提纲挈领式的分析。换言之，就是对三方面的信息依据进行综合联系或分析，提出本时期工作的指导思想。其次，阐明当前时期总的工作任务，然后详细指明各方面工作的具体标准、要求以及实施的策略、措施等。最后，依时间线索，逐月对重大工作项目进行一目了然的日程安排。

实际上，在园务计划的系列中，计划的时限长短不一，较长期的有3~5年的发展规划，中期的有学年或学期工作计划，短期的有每月工作计划乃至周工作安排等，所涉及的内容大都表现在上述方面，不过因计划所起作用的时限长短和它们之间的规定与被规定的关系，在书写时可以做一些处理。如长期、中期计划，文字叙述的成分应多一些，可将任务、标准、措施等事情表述得更清楚，而在它规定之下的短期工作计划（或称安排），则可以对工作的意义、本质要求等方面进行淡化处理，而对具体的工作任务，则可定人、定时、定质、定量地进行详细安排。有的幼儿园习惯于将短期计划表格化,便于节省时间,提高使用效果。

(5) 公之于众,成为行动指南

经过上述几个步骤的工作,园务计划基本上形成,作为反映幼儿园领导集体决策工作成果的正式管理文件。计划的制订不应到此为止,不可束之高阁或向上级交差了事,更重要的是它必须被幼儿园全体成员知晓,并成为大家在规定的时期内的行动指南。所以,通常在计划撰写并被上级主管机关批准之后,应召开大会及时向全体职工公布计划。这将便于园内的各个部门、各个班组甚至每个教师根据园务总体计划的思路,去制订本部门、岗位的相应工作计划。这样,有了经过分解的计划,总的园务计划才能真正落到实处,成为全体教职工的行动纲领和指南。

以科学、民主的态度制订出正确的幼儿园园务工作计划为管理过程的顺利循环指明了重要的起始点,其他环节工作的开展便有了系统的依据。

(二) 实施

1. 实施在管理过程中的地位

实施是计划的后续环节,再好的计划不去实施也只是纸上谈兵。在这一阶段,需要通过全园职工的亲身行动,将计划变为行动,使设想变为现实,所以说实施是实现目标和计划的关键环节。与检查、总结相比,实施又是先导环节,它是检查的对象,是总结的内容。它是管理过程的中心环节,涉及的方面很多,地位关键且重要。

从幼儿园管理过程的时间分布角度看,一般来说,实施所要用的时间是最长的,所要花费的人力、物力、财力等资源也是最多的,在实现管理目标过程中的作用也是巨大的。为此,管理者必须花极大的精力去组织、控制好实施阶段的所有管理活动。

实施阶段的工作内容是由计划规定的,计划所规定的内容,就是实施阶段要做的工作。这要求园长有牢固的计划观念,良好地执行计划。

2. 实施阶段的具体管理行为

在幼儿园管理的实践中,进入实施阶段后,一般是学期工作的开始,全园教职工都在各自岗位上按规定开展各项工作。当众多的教职工实施计划时,园长并不因其不直接参与第一线的工作而无事可干,恰恰相反,园长将要做的事很多。园长应着力从事组织、指导、协调、激励等具体的管理行为,争取通过上下一致的努力,使实施工作卓有成效,达到预定的目标。

(1) 组织

这是连接计划与实施两个阶段的具体管理行为,当各方面的工作计划制订好后,计划中的设想与实际的行动之间需要一道桥梁,那就是组织工作。组织工作即调兵遣将,对人力资源与事项之间的关系,财力、物力、时空资源与任务之间的关系,人与人之间的关系,人的活动与总目标的实现之间的关系做出恰当的、合理的安排,在有限的资源与工作任务之间进行优化配置。这时应注意个人能力与任务的匹配度,用人所长,力求通过园长公平、科学的部署使实际计划有良好的开始,为后续工作的正常开展打下坚实的基础。并注意发挥健全的组织系统所固有的影响作用和组织规章,使计划能按层次、按规定保质保量地实施。实际上,组织这一管理行为不仅仅作用于实施阶段,它还贯穿于整个管理过程之中,因而称得上是园长等管理者的一种经常性的管理行为。

(2) 指导

园长在实施阶段所做的另一项经常性管理活动是指导。园长需要在熟悉了解本园各类情况的基础上,针对各类人员给予恰当的指导,教职工所需指导的方面很多,如职业素养、教育思想、教育行为和技能、师生劳动的人际关系,甚至于个人生活方面的问题。

指导的方式复杂多样,一般可归纳为个别指导与集体指导、直接指导与间接指导等。根据不同情景可以变换使用不同的指导方式,以求有针对性和高效果。因此,应注意指导的艺术性,指导是点拨、引导、帮助、启发,而不是说教、压制、厌烦和包办、替代。管理者应通过真诚、善意、正确的指导,改进工作态度、观念和方式,减少无效劳动,避免错误行为,使实施能够不偏离目标和计划而顺利开展。

(3) 协调

在实际执行计划的过程中,当实际工作进程等难以与计划紧密一致时,当新情况、新任务、新问题出现时,当各部门之间的工作步调不一致、相互干扰时,园长等管理者就必须做好协调工作,消除某些容易导致混乱的因素,使全园的工作进度和谐,关系融洽。

园长做协调工作与组织行为颇有相似之处,有必要充分掌握信息,明晰情况,如此才能有的放矢地处理纠纷、调整措施、搭配力量等。做协调行为时,应英明果断,"手到病除"。

(4) 激励

在全园教职工履行职责执行计划的过程中,园长等管理者应不断采取多种激励手段,调动、保持并不断提高职工的工作积极性。根据有关激励的理论可知,对人员予以激励的因素是很多的,大致可概括在物质生活的基本需求、精神生活的需要两大类之中,激励的方法、手段也层出不穷。为此,园长有必要在学习一些管理心理学知识的基础上,尊重人、爱护人,并合理地用人,创造性地开展能激发教职工工作积极性的工作,充分发挥每个教职工的聪明才智,努力做好教育工作和服务性工作,争取最大限度地实现计划和工作目标。

激励员工往往与指导工作的过程有关联,同时,指导激励与必要的思想教育也有关系。组织、指导、协调、激励等主要的管理行为之间,实际上存在着普遍的联系。在实践环节,园长等管理者应综合地进行这些具体的管理活动。

3. 实施过程中,应注意的普遍性问题

在实施中,园长等管理者自身应注意的问题也是不少的,除了组织、指导、激励、协调等具体管理行为中均有值得注意之处外,还有另外一些带有普遍性的问题,也值得一提。我们不妨简要分析几点。

(1) 执行计划时应严肃而坚定,使实施有主题

合理的计划一经制订,并公布于众,就必须付诸实践,不能将计划当成是应付上

级、蒙骗下级的文稿,而应尊重其作为行动纲领、行动依据的地位,严肃认真地看待它在管理过程中的作用,严肃地、坚定地加以实施,使实施围绕一定的预定方案而运作,而不是随心所欲地开展。

（2）注意加强园长自身工作的计划性

园长在日常管理工作中要面对大量的事务,内部管理与外部协调,方方面面都不可马虎对待。为此,园长有必要对自身工作加以安排,增强计划性和常规性,如对一周的工作时间作一安排（如表 7-1 所示）,使自己内外工作都能兼顾。当然,应以加强内部管理为主。园长有必要深入园内教养工作第一线,掌握真实的动态信息,这样有利于果断正确地做出决策和管理,并增进与被领导者之间的关系,避免陷入事务堆中不能自拔,并且还有利于提高单位时间的利用率,提高领导者的影响力和管理的效率。

表 7-1　某园长一周主要工作安排日程表

主要工作内容 \ 星期时间	星期一	星期二	星期三	星期四	星期五
上　午	巡视全园,了解情况,开园行政例会	深入班级听课	组织不当班教师的业务学习	机动（与有关部门联系外出开会,在园内处理事务等）	检查教师备课本
下　午	机动（在办公室计划事情,解决问题等）	自学,准备次日业务学习的材料	组织不当班教师的业务学习	深入班级观察孩子们的游戏活动	参加或组织政治学习活动

注：上表通常为业务副园长的工作内容,分工不同的园长则可变换某些活动内容。

（3）完善计划体系

完善计划体系,使长计划能分解成具体可操作的短安排。如依所涉及的方面将计划分解为:全园计划——部门计划——班组计划——个人计划,建立一套计划的横向体系。再依时间线索,对各种工作计划进行分解,建立学年计划——学期计划——月计划——周计划——每日活动安排的纵向体系。在这有纵有横的计划体系的规范下,保证有点有面、有节奏有秩序、忙而不乱地开展幼儿园各项经常性工作和突击性任务。

（4）充分发挥各类组织的积极作用

应该认识到,在实行阶段,众多的管理工作不是仅靠园长和一两个副园长就能全面解决好的,因此应充分发挥中层管理者及各部门、各班组的职能作用,将他们组成一支骨干队伍,使他们成为管理者的得力助手。同时也应充分发挥各种非行政组织,如党团工会等组织的积极作用,增强集体的凝聚力和战斗力;还应注意引导好非正式组织（即职工自发结成的兴趣相投的小团体）,发挥其正能量。总之,发挥各类组织的积极作用,能形成一股合力,团结合作、方向一致地履行计划,确保幼儿园任务、目标的实现。

(三) 检查

1. 检查在管理过程中的作用

采取多种形式对计划的实行情况进行检查,是园长为实现幼儿园一定时期的管理目标和计划,而对全园职工施加影响的一种手段。

检查是管理过程中必不可少的中介环节,它是实施阶段的必然发展,是实现计划的保证,同时也是总结的前提和依据。没有必要的检查,就不可能产生实事求是的总结。

检查首先对下级具有督促考核作用,通过检查可以及时了解各部门人员是否认真、积极地执行计划,掌握工作的进展、成绩和存在的问题。恰当的检查可以督促下属职工按计划的要求纠正工作的偏差,保证实现计划的正确性,并且能了解职工工作的创造性、成绩不足的差异性,以便进行正确的考核、评价、指导,促使职工相互学习,做好计划所规定的工作。

同时,检查还有另一方面的作用,即能检验管理者自身管理水平的高低。通过对工作的检查,可以检验园长层的决策是否正确,所制订的计划是否具有预见性,所采取的措施的有效程度如何等。通过这种途径所获取的反馈信息,是十分有价值的,它有利于园长等管理者自觉积累工作经验,吸取教训,调整部署方案,在今后的管理工作中引以为借鉴。从这个角度讲,检查不仅仅只对下级发生影响,而且也对园长不断提高管理水平起着不可低估的作用。

2. 检查的方式

检查的方式多种多样,应依实际需要采取恰当的方式,以便从多方面了解情况,并达到对全园工作的掌握。

(1) 定期检查与经常性检查

这是以时间来区分的一对常用检查形式。定期检查一般是指阶段性的集中检查,如期中、期末检查,往往发动面广,或配有专门检查组开展。这种定期检查很适合幼儿园周期性教育工作的特点,所以常被采取。它可以较全面系统地对实施中的工作进行质量分析,并为后期工作提供指导。经常性检查是指平时的分散检查,它的明显特点是及时灵活,方便对个别人员或部分人员直接做出具体的指导意见,但全面性、系统性不高,如园长巡视全园工作、进班听课、观察幼儿的游戏及临时查财务账目等。分散性检查几乎伴随着园长日常管理活动的始终。

(2) 全面检查与专题检查

这是以内容覆盖面的多少来区分的检查方式。全面检查一般在定期检查之中进行,有利于了解全面工作的情况。专题检查又称单项检查,它是针对某方面的工作而进行的,可以较深入细致地了解管理者想深入把握的工作侧面,通常是重点工作、教改实验、整顿重点、突出的薄弱环节以及与后期管理活动关系密切的工作。有时,在期中甚至期末等定期检查中,为了深入分析某些重要工作,也会就某一专题而开展全面深入的检查活动。

（3）自我检查、群众互查和领导专家检查

这是按检查的执行主体而做出的区分。如教师每日工作的效果分析、自我反馈和学年度的个人德、能、勤、绩的自我鉴定等都属于自我检查的形式；群众间相互观摩、评议等方式，现今在幼儿园工作中也越用越多，它有利于取长补短，共同提高。领导、专家检查也是必要的，它有利于从宏观上或深层次地对实施工作做出评鉴指导，以推动实施工作的健康进行。

此外，还有观点认为，以检查主体与检查客体的距离间隔的远近等方式进行区分，检查可分为直接检查和间接检查。

综上所述，检查的多种划分方式是相对的，它们常常相互渗透、密不可分。详细地区分它们，目的是为了丰富幼儿园管理者的主观认识，便于她们自觉地选取有针对性的检查方式，减少无效工作，提高检查的效用。

3. 检查时应注意的问题

实际工作中，有一些幼儿园工作人员不太乐意接受上级或同行的检查，这一方面可能是因为缺乏自信，另一方面也与园长等管理者进行过的某些无意义检查所造成的负面影响有关，严重者甚至容易导致产生逆反心理。因此，管理者有必要提高检查的效度。

（1）认识检查的重要性

应从思想上真正重视检查，充分认识它在管理过程中的不可缺的地位，尤其是应将定期的全面检查视为获取全局工作情况的重要渠道。有必要进行认真的策划，有目的、有步骤地进行，避免形式主义的、过场式的检查。也应该带有目的进行经常性的检查，能发现其中的问题，正确地分析问题并予以指导。在管理者重视检查的同时，也应教育全园职工正确看待检查，认识到检查是为了保证工作按计划顺利地开展，是促进幼儿园发展和保障全体职工利益的需要，因此应避免被检查者与检查者之间产生对立情绪。

（2）检查时应有可靠的衡量标准

检查幼儿园工作时衡量标准也是多样的，可以大致归纳为恒常性标准，以及某一时限内针对某些问题的特定性标准。所谓恒常性标准，是指长期地对全国范围内各级各类幼儿园的工作能起规范、指导作用的常规性标准。它包括长期起作用的幼儿教育思想观念，致力倡导的行为方式等，如《幼儿园工作规程》的精神、良好的师生关系、正确优良的教职工职业道德修养、融洽和谐的师生互动关系、正确的教育行为方式等。而特定性标准是指某一具体地区、幼儿园，在一定时期内的工作目标、计划，或针对某一专题检查而特别制定的评价标准等。

通常前者融贯于后者之中，尤其是在计划中，具体的计划、标准往往也有一部分是对前者的精神观念领会之后的具体化、明显化，两方面的标准方向应是一致的。所以，应当结合潜在和明显的标准，以此为依据和尺度，编制正确的标准体系，以便能在检查时及时记录实情，为分析做好准备。

(3) 检查时要实事求是

掌握全面而真实的情况是检查取得成功的重要因素之一。检查是为总结提供依据的,如,掌握的情况不全时,分析将受到局限,再如,情况不明时,所得出的意见、结论就不可信。无论是定期、全面的检查,还是经常性的、专题的检查,都需要检查尽量做到全面、客观。这就可以归纳为我们在工作中常提到的一条:坚持实事求是。应避免以主观推测去替代踏实的检查,更不应因为某种目的而歪曲事实;并且还应在记录和积累资料的基础上,实事求是地对检查结果做分析,总结值得推行的经验,提出改进的良策。

(4) 兼顾成果与过程的检查

不仅要注意工作成果的检查,也要注重工作过程的检查,将二者结合起来加以考察分析。也就是说,检查不能只看表面现象,还要重视探究原因,深入了解工作成果的形成过程,避免顾此失彼,要对工作实情做出公正准确的判断和分析,从而避免对工作造成误导。

(四) 总结

从幼儿园工作的实际情况来看,总结是一项全体职工经常进行的具体工作,通常会在一个学期或一个学年结束时,对一阶段的工作成绩或职工个人努力状况进行分析和评价。从管理过程理论来看,总结是PDCA四个环节中的最后一环,是管理过程中一个周期的终结环节。

1. 总结的作用

(1) 承上启下

总结是管理过程一个周期的最后一环,其对象和内容是计划的执行情况、检查所发现的各个方面的问题、全体职工的表现状况等。也即是说,总结要对管理过程的计划、实施、检查等环节做质和量的总体分析、评价;同时,通过对本循环周期的回顾,总结也能为下一周期管理过程计划的制订提供依据,便于在以后的工作中扬长补短,不断前进。

(2) 激励作用

通常,总结会充分肯定成绩,这有助于计划执行主体看到自身的长处和成就,增强信心,有助于今后更自信、更积极地投入新一轮的工作中。如在某一幼儿园的学期全面工作总结中,园长将本学期以来幼儿园的教育、教学、科研、后勤等各方面,在园内、区、市同行中所取得的成绩、占有的地位以十分可信的数据向全体职工公布,令许多平时少有信息交流的部门、人员大受鼓舞,这无疑有助于增强集体荣誉感和凝聚力。而管理心理学的研究认为,群体凝聚力越大,群体生产率越高。

(3) 催化作用

总结一般既要列举工作成绩和不足,同时也要对取得成绩的原因和产生不足的原因进行剖析,以图巩固成果,弥补缺憾。这种分析研究过程,有助于幼儿园为整体工作寻找规律、形成特色,并进入良性循环。总结对提高幼儿园工作的质量能起到催化作用。

（4）促进作用

总结对管理者也具有促进作用，这一点也体现在幼儿园管理实践中。学年或学期总结要求园长认真反思此一阶段的工作思路、执行情况、工作结果等问题。为了达到对幼儿园管理过程的深入认识，园长不得不在工作经验的基础上，从理论上钻研有关幼儿教育、科学管理的有关观点，从而形成理性的、有价值的工作总结，并影响、教育全体教职工。这样做的过程无形地促使园长自觉钻研与工作有关的理论，总结经验，自觉地探索幼儿园管理的规律，丰富并提高她们对幼儿园管理的认识和能力，因而对提高园长科学管理幼儿园的水平是有所裨益的。

2. 总结的类型

总结的类型受计划和检查的制约较大，有着多样的类型。一般来说，有一个计划就应有相适应的总结，如针对全园的学期综合计划就应在学期结束时做相应的总结，针对学期财务工作计划就应做财务工作总结，针对每月班级工作计划就应有相应的小结等。

与检查相类似的是，总结也可以从不同的角度出发划分不同的类型。从时间上划分，可以有几年的工作总结，或年度、学期、月、周、日的总结（或称小结、考核、评估等）；从部门上划分，可以分出全园总结、保教工作总结、教科研组工作总结、卫生保健、财务、总务工作、班级工作、个人总结等；从内容方面划分，可以分出全面工作总结或专题性（单项）总结等。在实际工作中，应根据需要，恰当选择总结的类型。

3. 总结阶段管理应注意的问题

（1）总结时要实事求是

进行园务全面工作的总结和其他各项总结，实事求是是首要要求。以幼儿园工作的目标、计划为依据，建立在扎实的检查基础之上的总结，符合本园实情，能充分反映情况、说明问题。为了保证总结的客观性，就必须首先组织好检查工作，在获取大量第一手材料的基础上，对照计划、目标，认真地分析材料和思考原因，进行客观公正的总结。

（2）总结时应发扬民主

进行总结时，也应发扬民主，吸收教职工参与总结。教职工参与分析总结既有利于避免总结的片面性，又可通过群众的分析讨论，让他们了解情况，接受启发和教育，使后期工作计划更具有群众基础。

（3）总结要具有鼓舞性

好的总结犹如前进途中的加油站，有利于增强每个成员的信心，使他们更好地开展今后的工作。首先，为了实现鼓舞作用，园长应选取合理的时机，尽量充分地总结这一管理周期中所取得的工作成绩，充分肯定教职工工作的积极性和劳动价值；其次，在分析工作失误时，园长应主动承担责任，并指出具体可信的原因、改进工作的有利条件，这样，大家不仅不会丧失失信心，反而会受到鼓舞；最后，总结可与适当的评优活动相结合，通过评议比较，进一步在全体职工之间沟通信息、交流经验、鼓舞士气。评先进时，应把握好技巧，如比例（刺激阀限）、物质奖励与精神奖励恰到好处地结合、严肃认真的态度等。应通过正面的榜样示范,来调动全体职工的工作积极性、主动性和创造性。

（4）总结要注意探索规律

单纯地罗列现象对于管理者与被管理者提高对工作对象、过程的认识并无实际意义。只有通过现象去探寻本质,将幼儿园管理实践中所积累的感性经验上升为理性认识,再用以指导今后的实践,才是有价值的主观能动行为,这样才有助于提高园长自身的管理水平,才能促进工作质量的不断提高。

事实上,幼儿园管理过程的计划、实行、检查、总结四个基本环节是紧密相连、互相影响的,其中任何一环的松懈都会影响整个过程的运行。四个环节每循环一次,便形成一个周期,并提高工作质量。充分分析管理过程的每个基本环节,有利于使管理过程健康顺利地进行,使管理活动有效并不断趋于完善,帮助园长掌握科学管理幼儿园的技巧和要领,提高实际管理水平。

案例 7-1

教研活动计划

月份	内容		
三月	**常规教研：** 1. 教研组及各班清洁卫生的落实、环境调整。 2. 结合《指南》《园本课程》以及幼儿兴趣,调用与第一个主题目标相关的课程内容。 3. 拟定家长会方案、班组计划;召开家长会。		
	周次	内容	
	一	1. 参加全园教研会,聆听"师德培训"。 2. 策划"三八节"活动方案。	
	二	1. 新户外器械的使用。 2. 游戏室的创设。 **教研思考：**商讨备课方式;共同梳理主题课程,诊断、讨论已有的"传统文化节日"、"生活教育"与主题课程渗透的内容,拟出可增加的内容。	
	三	商讨拟定教研组、班级计划,及家长会方案。 **教研思考：**开展"游戏促成长"主题家长会,价值是什么？能够促进孩子哪方面的成长？怎么促进？如何实现家园一致地做好教育？	
	四	1. 课程四个小组分别交流本学期教研计划。 2. "大教研——游戏力"中积极思考、大胆发言。 **教研思考：**结合本班课程实施情况,如何推广各项活动实施的经验？	

续表

月份	内　　容		
四月	**常规教研:** 1. 完善教研组、班级区域环境,加强操节及户外活动的常规工作。 2. 班级环境、班级备忘录的自评互评。 3. 体验式家长开放日。		
	周次	内　　容	
	一	1. "清明节"系列大型活动的商议。 2. 结合本年龄段和幼儿园提供的器械,落实体能大循环。 3. 观摩生活环节——实行"自主开餐"。	
	二	1. 结合"材料资源库"使用情况和区域环境的调整,组内进行观摩。 2. 收集整合第一个主题实施中的资源。 3. 组内大型活动开展、反馈、记录。 **教研思考:**低结构材料的投放与使用。	
	三	1. "和孩子共玩"主题的体验式亲子开放日。 2. 学习调整周计划、日计划。 **教研思考:**家长开放日的目的、形式、内容、注意事项?	
	四	家长开放日活动分析及反思、交流	
五月	**常规教研:** 1. 各班分享幼儿生活自主的实施情况,相互学习、找问题不足。 2. 全园进行常规抽查,组内反思总结。 3. "六一"节庆活动		
	周次	内　　容	
	一	1. "快乐六一"活动商议。 2. 交流分享幼儿生活自主的实践心得。	
	二	1. "与孩子的故事"案例分享。 2. 根据"案例"模板,调整相关观察案例。 **教研思考:**结合幼儿游戏的开展,分享"游戏计划、游戏过程、游戏回顾"三大块的落实情况,游戏变化(环境、材料、布局、经验)的问题与跟进策略?	
	三	1. 第二个主题实施后的分析小结。 2. "与孩子的故事"案例分享。 3. 筹备"快乐六一"亲子节目。	
	四	四个小组针对各自教研重点进行中期分享,发现问题及时调整	

续表

月份	内 容		
六月	常规教研： 1. 小结上一主题，学习、分析新主题。 2. 课程实施的交流学习。 3. 班级游戏互看互评。		
	周次	内 容	
	一	1. 学习《指南》与第三个主题的领域目标及课程内容。 2. 游戏案例分享。 教研思考：结合幼儿在游戏中的行为，你读懂了吗？如何跟进？	
	二	各班特色活动分享——节庆活动策划有妙招。	
	三	1. 梳理第三个主题实施的小结分析。 2. 生成活动价值验证。 3. "与孩子的故事"案例分享。	
	四	1. 四个小组针对各自教研重点进行期末分享。 2. 梳理本学期的课程实践成果。 3. "中升大"衔接内容学习。	
七月	1. 课程资源的搜集与整理。 2. 教研组各类资料的完善与整理。 3. 幼儿评估及各项总结。		
备注	以上活动安排，可根据园具体情况进行调整。		

思考与练习

1. 名词解释：目标、目标管理、管理过程、戴明环。
2. 目标在管理中能产生哪些作用？
3. 幼儿园教育目标与管理目标有何区别与联系？
4. 目标管理的实质特征有哪些？
5. 请分析在幼儿园中运用目标管理理论的必要性和可行性。
6. 幼儿园管理过程有哪些环节？各环节在管理过程中的地位怎样？
7. 幼儿园制订园务计划的依据有哪些？一份合格的园务计划应包含哪些内容？
8. 在实施阶段，全园职工各就各位了，园长应该做些什么？要注意哪些问题？
9. 怎样认识检查和总结在幼儿园管理中的作用？
10. 幼儿园管理目标与管理过程的关系怎样？

第八章　幼儿园人力资源管理

1. 了解幼儿园人力资源管理的含义、目标。
2. 领会幼儿园园长的职责和素质要求。
3. 掌握园长管理的策略和领导艺术。
4. 熟悉教职员工管理的内容和方法。

【本章导读】　现代管理学十分重视对人性及人的行为研究,强调人是管理的核心。在多种管理要素中,最核心、最活跃的因素是人。因为事要靠人去办,财要靠人去理,物要人去使用,时间、空间需人去利用,信息要人去分析处理,离开了人,其他因素将无从运作,因此"人"这个因素决定着组织产生和存在的可能性,而人的素质和工作效率的高低则影响着组织目的实现和任务完成的质量。离开对人的管理,其他事物的管理便是无源之水。

幼儿园中的工作人员又可视为人力资源,主要包括园长管理层和广大教职员工两大部分。人力资源管理是幼儿园管理中的一项重要任务,是幼儿园可持续发展的根本保障。对幼儿园各类人员的管理是否得当,直接影响到幼儿园的管理效能,关系到幼儿园工作目标的实现。本章从分析幼儿园人力资源的含义出发,探讨幼儿园人力资源管理的意义及目的;从管理者与被管理者两个方面,分别针对园长和教职员工展开较系统的阐述;介绍园长的领导职责,讨论园长的基本素质和领导策略;分析教职工的管理目标、原则和要求,探讨教职员工管理的若干无法回避的问题。

第一节　幼儿园人力资源管理概述

一、幼儿园人力资源管理的含义

(一)人力资源管理的缘起和概念

人力资源管理(Human Resource Management,简称 HRM)的概念,产生于 20 世纪 70 年代末。"人力资源"(Human Resource,简称 HR)这一概念由现代管理学之父德鲁克提出并加以界定。人力资源指在一定区域内的人口总体所具有的劳动能力的总和,或者说能够推动整个经济和社会发展的具有智力劳动和体力劳动能力的人的总和。①

---

①　王海光.人力资源管理[M].大连:东北财经大学出版社,2008:2.

随着人力资源管理学科不断向纵深发展，不同学者从不同角度对人力资源管理进行界定，其中运用最广泛的定义如下：人力资源管理就是运用现代化的科学方法，对与一定物力相结合的人力进行合理的培训、组织与调配，使人力经常保持最佳比例，同时，对人的思想、心理和行为进行恰当的诱导、控制和协调，充分发挥人的主观能动性，人尽其才，事得其人，人事相宜，以实现组织目标。[①]

以上概念中，既包含人力资源的量的要求——使人力保持最佳比例，更包含对人的管理的质的要求——充分发挥人的主观能动性，人尽其才。一个组织只有从质和量两方面进行考虑，开发和积累好本组织的人力资源，并恰当地使用人，才能实现人力资源管理的初衷。

(二) 幼儿园人力资源管理的概念

综合研究人力资源管理的含义和幼儿园人力资源管理的实际，我们认为，幼儿园人力资源管理是指运用现代化的科学方法，合理地配置幼儿园各岗位的职工，并对幼儿园员工的思想和行为进行引导和管理，充分发挥各类员工的积极性，使人尽其才、事得其人、人事相宜的过程。

同样，幼儿园人力资源管理要兼顾人力量和质的要求。一方面要根据各个幼儿园保育和教育幼儿的实际需要，遵照教育部于2013年初修订发布的《幼儿园教职工配备标准（暂行）》，配备足量的各岗位工作人员，并对幼儿园的人力进行恰当的组合，使其保持最佳比例，动态调节，让人数与工作需要保持平衡。另一方面，幼儿园人力资源管理还必须重视人的内在要素，即人力的质量。也就是说，园长要借助管理心理学的知识，运用多种方式和途径，对幼儿园教职员工进行有效的管理、激励，以激发职工的工作积极性、主动性和创造性，在幼儿教育工作中持续地贡献聪明才智。

二、幼儿园人力资源管理的意义

(一) 有助于高效率地实现幼儿园的管理目标

幼儿园每个时期的管理目标只有在全园职工共同努力下，才能逐步实现。职工的工作态度、行为方式直接影响到工作效率的高低和质量的优劣，进而影响到一定的管理目标的实现。高效的人力资源管理能提高全园职工的工作效率，用较少的人力办较大的事，促进幼儿园管理目标的实现，促进幼儿园的健康发展。

(二) 有利于造就优秀的幼儿教育师资，促进职工自我价值的实现

幼儿园这一社会组织如同其他的社会组织一样，存在着两个根本目的，其一是组织的正式宗旨、目标，其二是为对组织成员个人的生存和发展创造适宜的环境条件。组织成员为组织正式目标做贡献，与他们获取个人生存所需要的经济和物质报酬是紧密相连的。职工通过为幼儿园付出劳动而获得生存所需的物质条件，同时，他们的劳动付出也帮助幼儿园实现工作目标。他们必须先满足生存的需要，才可能

[①] 王海光.人力资源管理[M].大连：东北财经大学出版社，2008：2.

有自己的精神追求,才能促进自我价值的实现和潜力的发挥,从而成为更好的教育工作者,更好地为幼儿教育服务。

因此,管理者应在关心工作的同时,关心人的成长发展,注意培养人才,让职工施展才干,积累宝贵的幼儿园教师资源,使职工的个人目标与整体目标吻合一致,让两类目标的实现过程相互促动。如此既能通过造就高素质的专业人才而高效地达到幼儿园的工作目标,又能推进人的全面发展。

(三)有助于与时俱进地发展幼儿教育事业

"为幼儿的全面发展服务,为家长服务"是我国幼儿园托幼机构的一个永恒的宗旨,是幼儿园这一类社会组织得以存在和延续的根本。要实现这一组织宗旨,需要广大的幼儿园教职员工有敬业爱业精神,有良好的职业道德规范,有胜任业务的才能等。

当前幼儿园职工中思想行为表现多样,良莠并存,幼儿园人力资源管理中应注重对职工进行思想政治教育,培养职工具有优良的职业操守、保持健康正常的工作状态、具有积极进取的工作态度,以正确的观念和行为来培养幼儿,以满足社会对高质量幼儿教育的需求。

三、幼儿园人力资源管理的目标

在幼儿园的人力资源管理方面,园长应力求达到如下总目标:建设一支高素质高效率的教职工队伍,培养可持续发展的现代化幼儿教育师资和工作人员。这就要求:

① 幼儿园教职工队伍的构成比例是恰当、合理的。

② 幼儿园各类工作人员能乐业敬业,为人师表,具有良好的道德修养和职业道德。

③ 各类工作人员具有优良的专业知识基础和业务能力,并且具备现代意识,能持续发展自身各方面的能力,能胜任本职工作。

④ 工作人员生活安定,身体健康,精力充沛,有持久高昂的工作热情,能不断地探求新知,积极地钻研工作,努力地提高工作质量。

⑤ 工作人员对自己在幼儿园中的角色、地位有恰当的定位,感觉较满意,能实现其个人在社会中的生存价值。

为了确保上述目标得以实现,园长还应依据《幼儿园工作规程》中对各类人员任职条件和主要职责的规定,针对每类岗位的职工制定出更具体的管理目标,既有利于园长对各岗职工的指导和管理,又便于职工对照岗位职责和管理目标进行自我管理。

上述幼儿园人力资源目标的实现,受多方面条件的影响。既与教职工所处的工作环境有关,也与教职工自身的素质有紧密的联系,教职工职前所受的教育和他们职后所受的培养,对他们的综合素质水平影响很大。管理者应树立正确的人员管理观,不能只将职工当成完成工作目标的工具,单纯地使用他们,而是要尊重教职员工的生存和发展权利，注重对职工进行培养，帮助他们提高能力，成为蕴藏巨大潜能的、可持续开发的人力资源。这是一个具有现代思想的园长应担负的管理职责。做这项工作的关键点和困难点均在于：充分调动幼儿园职工的工作积极性。为此，管理者就有必要学习管理心理学的有关理论，了解幼儿园教职工队伍的普遍需要、动机等心理特点，以便在实际工作中准确地分析问题和解决矛盾。

四、人力资源管理的原则

人力资源管理应遵循的原则较多。首先要遵循以人为本原则和民主管理原则。其次，结合教育机构的特点，人力资源管理还需注意教育性原则和发展性原则等。此外，参照人力资源管理学科的研究成果，以下原则要点也值得幼儿园管理者借鉴和吸收。

（一）能级对应

这是能级原理的反映。能，是表示做功的能量；能级表示事物系统内部个体能量大小形成的结构、秩序、层次。每个个体只有处于适宜其能量大小的层次中，形成能级对应关系，才有利于形成稳定的组织结构。在人力资源管理中，能级对应是指具有不同能力的人，应配置在组织中的不同职位上，给予不同的权力和责任，使能力与职位对应，这样，组织结构才会相对稳定和有效率。

（二）要素有用

在人力资源管理开发与管理中，任何人员都是有用的，关键在于知人善任。要素有用，有时也叫用人之长、人岗匹配。

（三）互补增值

通过个体之间取长补短而形成整体优势，实现组织目标。包括：知识互补、能力互补、性格互补、年龄互补和关系互补等多重互补关系。

（四）激励强化

所谓激励，就是从物质和精神上满足员工的需求，激励职工的工作动机，使之产生实现组织目标的特定行为的过程。激励可以调动人的主观能动性，强化期望行为，使之适应组织的工作目标，从而提高劳动生产率。

（五）公平竞争

公平竞争原则是指竞争条件、规则的同一性原则。在人力资源管理中，公平竞争是指考核录用和奖惩过程中的统一竞争原则。运用竞争机制要注意以下三点：一是竞争的公平性；二是竞争的适度性；三是竞争的目的性。

第二节 幼儿园园长及其领导行为

教育部颁布的《幼儿园管理条例》（以下简称《条例》）规定：幼儿园实行园长负责制，园长在举办者和教育行政部门领导下，负责领导全园工作。园长负责制明确了园长对幼儿园工作具有最高行政权，园长是办好一所幼儿园的关键因素之一。苏霍姆林斯基说过:"有什么样的校长,就有什么样的学校。"我国著名教育家陶行知先生曾经指出:"校长是一个学校的灵魂,要想评估一个学校的好坏,先要评论这个学校的校长。"同理类推,可以说,有什么样的园长,就有什么样的幼儿园。园长要善于依照高的标准,自我管理,自我完善,让自己成为优秀的专业人才,经营管理出好的幼儿园来。

一、园长的职责

园长是幼儿园的法人代表。园长的职责是指,园长在这个特定的工作岗位上应承担的特定责任。在幼儿园中,园长应该承担哪些职责呢?《幼儿园工作规程》(2016年版)明确指出,园长的主要职责表现为链接8-1中的八个方面。

链接8-1

幼儿园园长负责幼儿园的全面工作,主要职责如下:

(一)贯彻执行国家的有关法律、法规、方针、政策和地方的相关规定,负责建立并组织执行幼儿园的各项规章制度;

(二)负责保育教育、卫生保健、安全保卫工作;

(三)负责按照有关规定聘任、调配教职工,指导、检查和评估教师以及其他工作人员的工作,并给予奖惩;

(四)负责教职工的思想工作,组织业务学习,并为他们的学习、进修、教育研究创造必要的条件;

(五)关心教职工的身心健康,维护他们的合法权益,改善他们的工作条件;

(六)组织管理园舍、设备和经费;

(七)组织和指导家长工作;

(八)负责与社区的联系和合作。

《幼儿园工作规程》所列出的上述八条职责,实际上涵盖了幼儿园工作的全部任务和内容。

2015年1月教育部印发了《幼儿园园长专业标准》,指出:园长是履行幼儿园领导与管理工作职责的专业人员。园长应履行的岗位职责有六个方面,依次是:

规划幼儿园发展、营造育人文化、领导保育教育、引领教师成长、优化内部管理、调适外部环境。《幼儿园园长专业标准》进一步全方位、具体提出了对园长专业要求,每一方面的职责含10小条专业要求、六大项共60小条具体要求。

在此,我们换一种思路,按照幼儿园工作的主要内容来分析,将园长的主要管理工作职责进一步归纳为以下几个方面。

1. 坚持正确教育思想的领导

园长的首要任务是对全园进行教育思想的领导。园长是一园之长,园长的任务主要是贯彻党的教育方针,办好幼儿园,培养好幼儿。《国家中长期教育改革和发展规划纲要(2010—2020年)》明确提出:"积极发展学前教育,到2020年,普及学前一年教育,基本普及学前两年教育,有条件的地区普及学前三年教育。"国家正大力扶持和重视学前教育发展,园长要及时掌握国家的学前教育方针,正确理解幼儿教育目的,把握学前教育蓬勃发展的契机,不断提高自身的专业化水平,同时影响幼儿园教职员工,通过全园职工的共同努力,将正确的幼儿教育理念贯彻落实到实践工作中。

2. 建立有效的幼儿园管理体系

园长要根据国家有关规定,结合本园实际,建立合理的幼儿园组织管理系统,选聘、充实中层干部,使各组织、各层次发挥管理职能。应通过制定切实可行、明确具体的各项工作及各类人员的规章制度,使各部门职责分工明确,各岗位有章可循,层层落实责任制,从而使全园工作协调、有序、顺利地进行。制定各项规章制度时,园长需充分听取各方意见,民主决策。执行各项规章制度时,园长要以身作则,严格遵守,公正合理地处理各种问题。

3. 保证保教中心工作

园长一定要树立保教工作是幼儿园中心工作的观念,组织开展好全园的保教工作,特别是加强对班级保教工作的指导。每学期指导各班级制订合理的教育计划,明确培养目标和各阶段教育重点。园长在幼儿园的保教工作中担任谋划、决策、布置和分工的角色,应注重平衡宏观决策和具体事务之间的关系,引导保教工作顺利开展,并采用多种方式调动全园教职员工执教的积极性。

4. 建设好教职员工队伍

教职员工是园所发展之本,是幼儿园持续发展的动力。园长应特别注重教职员工的队伍建设,要制订切实可行的计划,培训全园教职员工的业务,尤其要加强青年教师的锻炼培养,使其尽快适应并胜任工作,充实骨干教师力量。对教职员工要采取适宜的激励措施,充分激发教职员工的潜能,引导其创造性地开展工作。

5. 善于当家理财

园长要贯彻勤俭办园的方针,管理好幼儿园的经费和财产,为保教工作的顺利进行提供必要的物质基础,在提高教育质量的同时,发挥好的教育效益;园长还要当家理财,了解经费的收入和支出情况,精打细算,挖掘潜力,合理分配和使用经费,以有限的投入获得尽可能大的工作效益;要建立制度,定期检查设备等。

6. 做好家长工作,密切幼儿园与社区的联系

家长工作是幼儿园管理的重要内容,家庭教育对幼儿园保教质量具有重要影响。同时,家长作为幼儿园的服务对象,有权监督、评价和参与幼儿园的工作。园长可以通过建立网站、举办开放日活动等多样化途径,让幼儿园与家庭、社区密切联系,营造良好的教育环境;因地制宜地利用社会和社区资源,争取社会力量的多方面支持;同时努力发挥幼儿教育的社会功能,主动为社区服务,实现幼儿园与社区双向互动,推动幼儿教育事业良性发展。

二、园长的任职资格和素质要求

(一)园长的任职资格

1996年国家教委颁布的《全国幼儿园园长任职资格、职责和岗位要求(试行)》对

园长的任职资格作了如下规定(见链接8-2)。

> **链接8-2**
> **幼儿园园长任职资格**
> ① 拥护中国共产党的领导,热爱社会主义祖国,认真贯彻国家的教育方针。热爱幼儿教育事业。
> ② 示范性幼儿园和乡镇中心幼儿园园长应具备幼儿师范学校(含职业学校幼教专业)毕业及其以上学历,有五年以上幼儿教育工作经历,并具有小学、幼儿园高级教师职务。
> 其他幼儿园园长应具备幼儿师范学校(含职业学校幼教专业)毕业及以上学历或高中毕业并获得幼儿园教师专业考试合格证书,有一定的幼儿教育工作经历,并具有小学、幼儿园一级教师职务。
> ③ 获得幼儿园园长岗位培训合格证书。
> ④ 身体健康,能胜任工作。

进入21世纪以来,我国幼儿园行业的整体水平有了很大的提高,与十几年前相比,幼儿园的园长队伍发生了很大的变化,园长普遍学历水平高、综合能力强、年轻化程度高。在城市的幼儿园里,园长的任职门槛越来越高,很快将赶上发达国家的园长任职资格水平。为了适应当前和未来一段时期幼儿园管理的需要,教育部于2015年制定了新的园长任职标准,对园长职责、工作要求等各个方面做出了明确而详细的规定,用于规范我国幼儿园园长队伍的建设。

> **链接8-3**
> **《幼儿园园长专业标准》对园长的专业要求**
> 2015年1月教育部印发了《幼儿园园长专业标准》进一步全方位地提出了对园长的专业要求。
> 5个基本理念:以德为先、幼儿为本、引领发展、能力为重、终身学习。
> 6项专业职责:规划幼儿园发展、营造育人文化、领导保育教育、引领教师成长、优化内部管理、调适外部环境。
> 3个维度:专业理解与认识、专业知识与方法、专业能力与行为。
> 60条基本要求:全方位提出了对园长的具体专业要求。
> 4条实施意见:适用范围、教育行政部门、培训机构、园长。

我国对干部的要求历来提倡德才兼备,在不同的历史时期,具体的要求虽有所不同,但德才仍是核心要求,其中,德是灵魂,才是基础。作为幼儿园的基层领导,园长肩负着重大而艰巨的任务,必须具备一些基本的教育工作者共性的素质,包括:人格健全,心理健康,性格良好,喜欢儿童,适应幼儿园的工作等。此外,园长必须具有以下这些素质,才能胜任工作。

(二) 园长的素质要求

1. 思想素质是园长的首要条件,也是决定其才干发挥的方向与动力

(1) 有较高的方针政策水平

园长职责的第一条就是,"贯彻执行国家的有关法律、法规、方针、政策和上级主管部门的规定"。领导工作政策性很强,国家的方针政策的落实,有赖于各机构的领导者的认识和管理水平。一个好的园长应能认真好学,具备较强的理论修养和政策

水平,正确理解、坚决执行党和国家的方针政策。在日常工作中,坚持正确的办园方向和指导思想,敏锐地发现国家幼儿教育政策执行中的错误倾向,迅速予以纠正。在贯彻教育方针中,应认真地而不是马虎地,全面地而不是片面地实施全面发展教育,不受错误潮流影响,为人才培养的质量打下良好的基础。

(2) 有高度的事业心和责任感

责任感和事业心是紧密相连的,园长要能认识到自己所从事的工作的意义,要忠诚党的教育事业,具备为国家为民族培养未来的建设者的使命感和自豪感。热爱学前教育事业,热爱孩子,关心教师,对工作充满热情,不仅要重视取得短期管理的绩效,还要为幼儿园的持续发展创造条件。园长只有具有高度的事业心,才能带领出一支热爱幼教事业的教师队伍,才能建成良好的幼儿园集体,办好幼儿园。

(3) 有良好的道德品质和工作作风

园长是幼儿园的带头人,要时时处处成为部下的表率。事业上要有公心,不谋私利;严于律己,宽以待人,所谓"唯公则生明,唯廉则生威",平易近人,平等待人,切忌亲疏有别;要以自己的榜样来培养良好的风气。园长要有自知之明,既看到自己的长处而自信地工作,也要看到自己的不足而虚怀若谷,要不断加强自身修养,赢得威信,自然而然地发挥影响力。在工作中,园长要追求真理,实事求是,勇于承担责任,树立正气。

2. 文化素养和专业素养是做好幼儿园管理的依托

(1) 要有较好的文化科学知识基础

幼儿园园长工作中遇到的问题复杂多变,没有相应的知识基础难以胜任。领导者只有具有广泛的文化科学知识,才能指导好下属的工作。要广泛涉猎自然科学与社会科学领域的相关知识,对社会思潮具有高度的敏感性,要善于将现代化的教育技术手段运用于工作之中,兴趣要广泛,要有较高的写作水平,以便顺利地完成必要的计划、总结、报告等文字工作。园长还要保持旺盛的求知欲,要不断学习新知识、新技能,动态地完善园长的知识结构,与时俱进,胜任工作的新要求。

(2) 要有系统的幼儿教育专业知识

园长要想领导幼儿园,贯彻幼儿教育方针,就必须具备系统的学前教育科学知识,懂得教育理论,掌握教育规律,熟悉教育对象的身心特点。园长应树立终身学习意识,养成学习的好习惯,不断丰富自身的专业知识体系,比如,对于一些有计划开展课题研究的幼儿园来说,学前教育科研方法是园长和课题组成员应该补上的一课。园长要学以致用,分析思考新问题,努力成为专家型领导。

(3) 要有扎实的管理科学知识

要想管理好一所幼儿园,还需要借助管理学的原理和方法,掌握必要的管理科学知识。园长要懂得教育管理活动的一般规律,并与幼儿园管理实际相结合,用心摸索有效的幼儿园管理经验,不断提高幼儿园管理的效能。

3. 能力素质是做好工作的关键

领导能力指影响管理效率的特性,是领导者在解决实际问题时所表现出的综合的个性心理特征。能力既具有先天特性，又可以在实践中锻炼提高，所以能力是先天和后天条件结合的产物。

（1）决策组织能力

领导者要统筹全局，对重大问题进行决策。将决策付诸实施，就要进行大量的组织工作。决策能力来自对各方面信息的获得与分析、判断，这对高层次的领导是十分重要的。组织能力建立在对任务的理解和对下属才能的了解的基础上，只有理解了任务、了解了下属的才能，才能做到知人善任，使人与人有恰当的配合以发挥互补作用，使人与任务有恰当的配合以扬长避短。组织能力还表现在以下方面：按轻重缓急正确地处理事情，使工作有序地进行；协调各方面的关系以消除内耗；精于授权，充分发挥各种组织、人员的潜在能力，调动一切积极因素，保证目标的实现。

（2）预测应变能力

领导者只有具有预见性，才能及时地采取应变措施，使自己掌握工作的主动权，立于不败之地。预测来自于对事物发展规律的理解。这就要求领导者观察敏锐、思维敏捷、思考严密，善于洞察变化于细微处，所谓"见微知著""防微杜渐"，避免工作被动。当前社会正处于深化改革时期，人的思想非常活跃，不管是幼教事业的开拓，还是人员队伍的稳定，都处在不断变化之中，因此园长应发挥其预测应变能力，以适应现实需要。

（3）进取创新能力

进取精神是不安于现状、不满足于已取得的成绩、永远上进的动力。若想进步，就得不停学习，接受新事物，探索新途径，分析和思考工作中的问题，并采取措施去解决问题。只有不断创新、开拓，才能站在时代的前列，做出新贡献。美国管理学家E. 戴尔（Ernest Dale）说过，"真正的管理人员永远是一个创新者"。创新意味着走别人没有走过的路，要有风险意识，要勇于承担责任，敢于冒险；当遇到挫折时，如果认定目标是正确的，就要坚定地执行。不能因求稳而不敢创新，因循保守是永远不能前进的，只能成为时代的落伍者而被淘汰。当今的幼儿园园长，处在竞争激烈的历史时期，幼儿园为了生存和发展，不得不经常进行创新。这些创新，有的是幼儿园的制度创新，有的是教育教学方面的创新，有的是课程模式和幼儿园特色项目的创新。正因为这些创新，我国幼儿教育的发展才走上了快车道。

4. 健康的身体素质

幼儿园园长需具备的素质是多方面的，以上所提的方面很难完全企及。比如，对园长还有身体健康方面的要求。园长工作繁忙，没有充沛的精力与体力是难以胜任的。

此外，园长要与各方人士打交道，没有好的人际沟通能力也会妨碍工作的顺利进行。幼儿园可谓"麻雀虽小，五脏俱全"，这种工作要求园长全面发展，要求园长在实践中锻炼自己，成为管理的行家里手。

三、幼儿园园长集体的构成

教育部颁布的《幼儿园教职工配备标准（暂行）》中规定园长的配备标准如下。"园长：6个班以下的幼儿园设1名，6～9个班的幼儿园不超过2名，10个班及以上的幼儿园可设3名。"当然，在有2名及以上园长的幼儿园里，正职园长1名，其他的为副职园长，幼儿园越大，园长职数越多。而我国目前公立幼儿园规模普遍较大，一所幼儿园需要几个园长合作管理，于是幼儿园就有一个园长班子。上面阐述的园长素质要求更倾向于指1位园长的条件，若需要多位园长，每一个园长都要在符合国家政策的硬性要求和上文所述的软实力的基础上选举产生，不过与此同时，为了提高幼儿园领导班子的整体水平和管理能力，在搭配园长班子时，还必须考虑其他方面的问题，尽量注意园长班子的合理组合。

（一）专业知识、业务专长的组合

因办园体制的不同，幼儿园里的工作人员来源多样，管理层不一定都是幼儿教育专业毕业的人，还有其他不同专业背景的人也在幼儿园的管理岗位上工作。所以，要提倡将具有不同专业知识背景的人加以组合。另外，即使同为幼儿教育专业的人员，可能有的理论功底较深，有的擅长实践教学操作，还有的在理财用物方面具有优势才干。因此，将不同专长的人加以组合，也会有利于提高领导层的整体管理能力。

（二）个性风格的组合

若可能，最好将具有不同性格和气质类型的人加以组合。幼儿园中人才济济，有视野开阔、信息量大、才思敏捷、能力强、全局观念强、善于思考出主意、决策决断能力很强的人，即开拓型人才；有擅长行动、沉着镇定、坚毅顽强、迅速果断、执行能力很强的人，即执行型人才；有善于处理人际关系、协调矛盾、涵养很高、能以恰当态度创造良好气氛的人，即协调型人才。不同风格的人组成的领导集体，有利于提高领导班子决策及行动的水平。

（三）年龄组合

恰当的年龄组合也有利于提高领导层的管理水平，如由老、中、青不同年龄的人员组成，因为年龄与精力、经验是关系密切的。幼儿园园长集体要注意成员的年龄组合，其中要有年长成熟、阅历深、经验丰富、能从事指导和培养后辈的成员，也要有年富力强、能挑重担的中年干部，还要有朝气蓬勃、精力充沛的年轻人。三个年龄段的人员能组成一个梯队，互相补充，发挥各自的作用，使领导层保持充沛的精力，也使领导工作具有连续性。

领导集体能否发挥积极作用，还取决于是否有良好的价值观做保障。只有在信念一致的基础上才能建立和谐的情感，互相信任，互相关心，严正律己，宽以待人，形成良好的气氛。每个领导成员要有自知之明，所谓"知人者智，知己者明"，要善于进行自我调节，防止产生偏见和成见，做到豁达大度，团结不同意见的人，形成良好的协作集体。只有这样，才能配合默契，才能提高领导效率。

四、园长的领导行为

领导是指管理者率领和引导组织成员去实现目标的行动过程。率领和引导行为的发出者即为领导者。"领导者"与"管理者"常常混用,两者确实有很大的交叉之处,从狭义来看,两者可以画等号,不过从广义的管理来说,一个组织内所有的成员都是管理者,每个人都有各自的管理对象和职能,而领导者则是其中少数的几个具有全局影响力的管理者。此外,在语境中,领导常常是针对人的,而管理不仅可以管人,还可以管物、财、事等一切对象。

(一) 园长的影响力

所谓影响力是指一个人在与他人的交往中,影响和改变他人的心理和行为的能力。现代管理研究表明:领导的影响力由两部分构成,即权力性影响力与非权力性影响力,具体如图 8-1 所示。

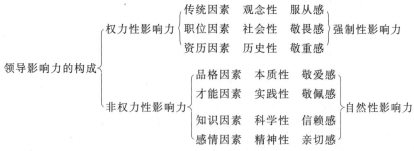

图 8-1 领导影响力的构成

权力性影响力是由领导者掌握合法职权并能合情合理加以运用而产生的影响力。它是由职位因素决定的,如决策权、聘用权、奖惩权等,是外在的影响因素。凭借这些权力,领导者可以影响下属的行为,使其服从命令。显然,园长的权力性影响力属于强制性影响力,对教职员工具有明显的强制性,教师哪怕心中不服气,在工作中还是必须服从园长的指挥。

非权力性影响力是由领导者自身所表现出来的良好品格、卓越的才能、丰富的知识经验、具有亲和力的感情等而产生的影响力。这些是领导者内在的因素在工作中的呈现,主要由领导者的品格、能力、知识、情感等人格因素构成。这是一种自然性影响力,如在群众中有威信,对下属有吸引力、亲和力,因而能达到令下属敬佩、乐于服从其领导的自然效果。

上述两种影响力相互影响,缺一不可。如果单凭权力性影响力行使领导职能,往往会造成下属的被动适应,消极应付,不能充分调动其积极性、主动性。只有领导者具备自然性影响力,在单位里拥有威信,受到人们的爱戴和信赖,人们才会心悦诚服地接受其影响,其强制性影响力才能相应地加大。所以在这两种影响力的构成中,非权力性影响力占主导地位,起着决定性作用。因此可以说,决定园长威信高低的主要是非权力性影响力,提高园长领导能力的关键也在于提高其非权力性影响力。

园长享有决策权、聘用权、奖惩权等权力性影响力。在处理幼儿园紧急事件时，园长要充分发挥其权力性影响力，提高办事效率，妥善处理紧急事件。另一方面，园长的非权力影响力对教职员工的影响无处不在。园长只有拥有自然性影响力，才会受到教职员工的敬爱、佩服、信任和拥护，进而促进其权力性影响力的提高。园长要不断自我修炼，从培养优秀品格、掌握丰富学识、提高非凡才干和增加亲和力等角度出发，提升自身的非权力性影响力，进而达到整体影响力的增强。

（二）园长的领导艺术

领导艺术是指极具创新性和个性化的领导方式方法。园长的领导艺术是指园长在一定科学知识、工作经验、聪明才智和工作能力的基础上，处理幼儿园事务时创造性地运用领导的策略而形成的独特风格。

1. 运用权力的艺术

园长管理幼儿园，要善于运用自己的合法权利。在运用权力时，应注意以下三个方面。

（1）合法、合理、合情地运用权力

园长是幼儿园的行政领导中心，应充分发挥权力作用。首先，要依法用权，按照学前教育的有关法律办事，自觉维护教职员工的合法权益；其次，应以理服人，幼儿园事务纷繁琐碎却又无小事，切忌以权压人，尤其是在人际关系上应注意晓之以理、动之以情。良好的幼儿园教育氛围来源于融洽的人际关系。人非木石焉能无情，园长运用权力时要注重调动感情因素。只有做到法、理、情三者的协调统一，才能使权力发挥积极的作用。反之，权力滥用易养成不正之风，最终破坏园长权力性影响力的效度。

（2）提高自身的非权力性影响力

古人云："其身正，不令而行；其身不正，虽令不从。"一个园长若拥有很大的非权力性影响力，则会促进其权力性影响力的提升，反之则降低。可见由个人品格、知识、才能和情感因素等所组成的非权力性影响力制约着权力性影响力的发挥。园长要高效管理幼儿园，言而有效，务必以身作则，积极进取，提升自身的人格力量以带动幼儿园教职员工不断进步。

（3）合理授权

园长要善于分工授权。授权是指园长把所属权力按照规定和工作需要授予下级教职工，从而给下级提供完成任务所必需的权限。合理授权既可以减少园长的工作负担，同时也能锻炼教职员工的能力，调动他们的积极性。要做到合理授权，需要注意以下几点：①因事用人。园长应划清什么工作是自己必须做的，什么工作可以分派给其他人做。常规琐碎的工作一定要授权，而重要紧急的工作则要视情况而定。②明确工作任务。在授权的时候一定要让被授权者明晓任务的内容、时限和预期的效果。③确定授受双方的权责。一方面，授权者要确定自己保留的权力以及承担的责任，另一方面，受权者要清楚自己的能力范围和承担任务的风险。

2. 时间管理的艺术

美国当代管理学家德鲁克说："时间是最稀有的资源，不能管理时间，便什么都不能管理。"园长要想成为高效的管理者、优秀的领导者,必须管理好时间。

园长应分析时间是否运用得当,订立时间管理的方案,提高时间利用率。首先,园长应客观研究常规工作用时的情况,以及每一项工作所耗费的时间和完成的情况,同时详细写下最近一周幼儿园主要的工作内容。其次,善于对工作进行分类,着力解决对幼儿园发展具有重大意义的工作。判断哪些工作对幼儿园发展很重要且很紧急,如上级领导检查、限期完成的工作等;哪些工作看起来很紧急却对幼儿园意义不大;哪些工作虽然不紧急但是很重要,如幼儿园发展规划,发掘幼儿园的新特点等;哪些工作既不重要也不紧急等。在冷静分析的基础上,分清眼前工作的轻重缓急,尽量把时间分配在重要的事情上,切不可只顾紧急的工作,而忽视看起来不紧急却十分重要的工作。最后,善于利用碎片时间,积少成多,把零碎时间用在看文件、回邮件、看报纸等琐事上,从而腾出整段时间处理重要事务。

3. 沟通协调的艺术

园长是幼儿园领导班子的核心,既是幼儿园教师的教师,也是幼儿园与上级主管部门、其他姊妹园联系的纽带,同时也是幼儿园与家长互动的窗口。园长一言一行都代表着幼儿园形象,在某种程度上,园长的沟通协调能力决定了幼儿园的人脉资源。园长要善于与不同对象打交道,用良好的沟通协调能力为幼儿园积攒必要的发展资源。具体来说,应注意以下几点。

首先,要相互尊重。孟子说:"爱人者,人恒爱之;敬人者,人恒敬之。"任何形式的沟通都要建立在平等尊重的基础上。园长在处理园内、园外人际关系时,应做到内外兼修:其一,重视仪容仪表,得体的外形衣着是对他人最基本的尊重,也是一种有效的非语言沟通途径;其二,做到举止有度,认真倾听,同时不卑不亢。尊重任何沟通对象,稳妥处理幼儿园所面临的一切内外矛盾。

其次,要注重语言表达。语言有口头语言和书面语言。一方面,园长与人面对面沟通时应目光真诚,言语委婉,词句得体。另一方面,园长要有写文章的良好功底,文章结构简洁,文理贯通,观点表述清晰、准确和连贯。

再次,要学会倾听。倾听是有效沟通时必不可少的一部分。倾听不单单是用耳朵听沟通者的言语,还需去感受对方语言表达中的言语信息和非言语信息。对说话者的一些内容要适时做出反馈。如,同意的地方点点头,有待商议的部分皱皱眉等。不要急于下结论,仔细听对方诉说的内容,并积极思考问题的解决方式。

最后,要把握沟通时机。有时,园长沟通协调工作已经做到于情于理,可收效甚微。因此,园长还应考虑沟通时机,在沟通对象心情好、有空得闲的时候进行积极沟通。遇到对方心烦时,不妨等待时机,创造适宜的时机和渠道进行沟通,以便妥善地解决问题。

4. 财务管理的艺术

巧妇难为无米之炊,幼儿园健康快速地发展需要以资金为基础。园长要想管理好财务,首先要有财务管理的意识。财务管理是一项专业性强的经济管理活动,园长要努力学习有关的财务管理知识,掌握财经政策,同时依靠幼儿园专职的财会人员共同管理好财务。园长要掌握基本的管理知识和财务管理,能看懂报表;更重要的是园长要重视对财务人员的培养,抓好会计人员的理论知识和业务能力的培训,提升会计人员的业务素质,使会计为幼儿园的财务出谋划策。其次要会生财。园长要善于运用幼儿园已有的资源,依法运用多种渠道筹集资金。最后要高效用财。要依据幼儿教育相关的法律法规以及幼儿园健全的财务管理制度,开展财务管理,做到科学预算,要把钱用到刀刃上,实事求是地核算,如实反映资金流向,最终提高资金使用效率,避免教育经费的浪费。

(三) 园长的领导类型

管理学的丰富研究成果,启发管理者秉持不同的人性观点,采用各具特色的管理方法去开展具体的组织管理。在长期的管理实践中,管理者有可能逐渐养成一定的领导方式类型,如权威型或民主型等。长期积淀而形成的不同领导类型,则能通过教育培训推荐给更多的管理者,从而提高其管理效益。

1. 领导风格理论

领导风格理论是由美国著名心理学家勒温(K. Lewin)提出的。勒温和他的同事们从20世纪30年代起,就进行了关于团体气氛和领导风格的研究。他们发现,团体的领导并不是以同样的方式表现他们的领导角色,领导者通常使用不同的领导风格,这些不同的领导风格对团体成员的工作绩效和工作满意度有不同的影响。勒温等研究者力图科学地识别最有效的领导行为,他们以权力定位为基本变量,将领导者在领导过程中表现出的极端工作作风分为三种类型,即专制型、民主型和放任型。

(1) 专制型,专制型领导风格是指团队的权力掌控在领导者个人手中,领导者只注重工作的目标,只关心工作任务的完成和工作效率的高低,对团队中的成员个体不太关心。专制型的领导与被领导者之间的社会心理距离比较大,被领导者对领导者存在戒心和敌意,容易使群体成员产生挫折感和机械化的行为倾向。

(2) 民主型,民主型领导风格是指权力掌控在全体成员手中,领导者只起到一个指导者或委员会主持人的作用,其主要任务就是在成员之间进行调解和仲裁。民主型的领导者注重对团体成员的工作加以鼓励和协助,关心并满足团体成员的需要,营造一种民主与平等的氛围,领导者与被领导者之间的社会心理距离比较近。在民主型的领导风格下,团体中的成员能自己决定工作的方式和进度,工作效率比较高。

(3) 放任型,放任型领导风格指团队的权力掌控在每一个成员手中,领导者置身于团队工作之外,只起到一种被动服务的作用。领导者缺乏对团体目标和工作方针的指示,对具体工作安排和人员调配也不做明确指导。显然,放任型的领导者采取的是无政府主义的领导方式,对工作和下属的需要都不重视。

以上三种领导风格的特点很明显,各有优点和弊端,比如专制型的优点是处事迅速果断,工作效率高,应变能力强,缺点是上下级关系较紧张,下属处于被动状态。放任型的优点是可以充分地锻炼下属,但缺点是过于涣散,工作效率低。民主型的优点多一些,上下级关系融洽,群众积极性高,但是也存在缺点,即处事不够迅速,紧急情况下应变慢。

我们应采用权变的方法,选择使用不同风格的领导方式。采取何种领导方式,应从具体情况出发,因时、因地、因人而变化。当被领导者不成熟时,宜多用权威型方式,对其工作严格要求,对其生活也要多加管教;当被领导者逐渐成熟,宜采用听取下级意见的方式,对下级的工作与生活要多关心;当被领导者已趋成熟,可采用民主型方式,充分信任下级,大胆放权,发挥他们的才智,工作上共同商讨,生活上不要管束太多,对一些老教师老职工,可采用放任式(或称授权式),由其独立处理工作与生活。从任务结构来看,在复杂而突然的任务前,宜多运用权威型,即领导要出主意提要求,以免大家手足无措,在常规性的任务中,宜多用民主型。总之,领导者要善于吸取各种类型的优点,审时度势,扬长避短地加以运用。

2. 管理方格理论

管理方格理论是美国学者布莱克(Robert R. Blake)和莫顿(Jane S. Mouton)于1964年提出的理论,是研究企业的领导方式及其有效性的理论。这种理论倡导用方格图表示和研究领导方式(如图8-2所示)。

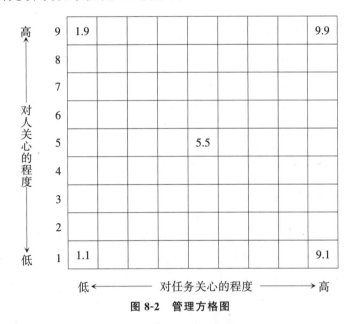

图8-2 管理方格图

在评价管理人员时,按他对工作的关心程度和对人的关心程度两方面来分析,在图上寻找交叉点,从而确立其领导类型。从领导者对工作任务的关心与对人的关心程度来分析,有以下几种管理类型。

(1) 1.1型,虚弱型,表示领导者对人和工作都很少关心,这种领导必然失败。

(2) 9.1型,任务型,表示领导者对任务的关心是高状态,但对人的关心是低体谅,领导集中注意任务的效率但很少注意下属的发展与士气。

(3) 1.9型,逍遥型(俱乐部型),表示对任务的关心是低状态,对人的关心是高体谅,领导注意对下属的体谅而对任务不关心。

(4) 9.9型,协作型,对任务的关心是高状态,对人的关心是高体谅,领导通过协调和综合与工作有关的活动,促进生产和士气。

(5) 5.5型,中间型,表示领导者对任务和人的关心保持中间状态,只求维持一般的工作效率与士气,不积极促使下属发扬创造革新的精神。

在以上最典型的五种领导者的类型中,最理想的和最有效的方式是协作型。园长可以从这个理论中得到一些启示。

第三节　幼儿园教职员工的管理

根据《幼儿园教职员工配备标准(暂行)》的表述,"幼儿园教职工包括专任教师、保育员、卫生保健人员、行政人员、教辅人员、工勤人员"。幼儿园教职工队伍的管理,涉及多方面的内容,从选聘合适的人入园上岗,到合理地安排使用、培训教育,甚至直至员工聘期截止,有一系列的漫长过程,具有众多的人员管理的内容。本节根据幼儿园管理工作的实际需要,探讨教职员工的任职资格和主要工作职责、选聘、任用、培训、激励和考评等环节的管理。

一、教职员工的任职资格和主要工作职责

(一)教职员工的任职资格

1. 幼儿园教师

幼儿园教师是指对幼儿进行启蒙教育,帮助他们获得有益的学习经验,促进其身心全面和谐发展的专业人员,是幼儿学习活动的支持者、合作者和引导者。国家要求幼儿园教师必须具有《教师资格条例》规定的幼儿园教师资格,热爱幼儿教育,爱护幼儿,同时掌握系统的幼儿教育知识,品德良好、为人师表。我国教育部2012年颁布的《幼儿园教师专业标准试行》,要求幼儿园教师须取得相应的教师资格证,执证上岗,身体健康。进入职场后,要不断学习,深化专业理念,不断丰富专业知识,全面提高专业能力。胜任幼儿园教师岗位后,按照骨干教师或优秀教师的要求,进一步丰富和深化专业知识,努力提高研究和改进自身实践的能力,不断提高自身专业化程度和水平,做师德高尚、业务精湛的幼儿园教师。

2. 保育员

保育员是指在幼儿园中负责幼儿卫生保健和生活管理的人员。幼儿卫生保健和生活管理涉及学前卫生学、学前教育学、学前心理学和幼儿园管理学等众多学科知识和技能。加之保育员在幼儿的发展中扮演着照顾者、教育者等多种角色,对幼儿的身心健康、行为习惯以及个性、情感等各方面均具有深刻的影响。保育员工作具有重要的意义。国家要求保育员具备初中毕业以上的学历,受过幼儿保育的职业培训,能履行幼儿保育员的职责。

3. 医务人员

规模较大的幼儿园中的医务人员,一般是医生、医士和护士。按相关规定,医师应该按国家规定和程序取得医师资格。医士和护士应当具备中等卫生学校毕业的学历,或者获得卫生行政部门的资格认可。规模较小的幼儿园的医务人员,通常是保健员。按国家规定,他们应当具备高中毕业的学历,并且受过幼儿保健专业的培训。幼儿园的医务人员服务的对象是幼儿,幼儿园的卫生保健、幼儿的计划免疫和疾病防治,直接关系到幼儿的身体健康。因此,只有在文化水平、专业知识和能力上严格要求幼儿园医务人员,才能保证卫生保健工作的质量。

4. 事务人员

事务人员包括幼儿园的会计、出纳、采购员、炊事员、门卫等。他们各自担负着幼儿园某一个方面的工作,同样是幼儿园的重要力量。他们除了应该符合《幼儿园工作规程》对幼儿园工作人员提出的基本要求外,还应该具备政府的有关规定所要求的相关任职资格。

(二) 几种主要岗位员工的职责

1. 幼儿园教师

幼儿园教师对本班工作全面负责,其主要职责有以下几点。

(1) 观察了解幼儿。依据国家规定的幼儿园课程标准,结合本班幼儿的具体情况,制订和执行教育工作计划,完成教育任务。制订阶段性的教育活动计划和具体的活动方案,据此实施教学,根据幼儿的不同表现和需要,给予适宜的指导。

(2) 严格执行幼儿园安全、卫生保健制度。指导并配合保育员管理本班幼儿生活和做好卫生保健工作。关爱幼儿,把保护幼儿安全放在首位;指导和配合保育员的工作,把卫生保健工作落到实处,给幼儿营造健康舒适的生活环境,促进幼儿身心的健康发展。

(3) 与家长保持经常联系。了解幼儿家庭的教育环境,商讨符合幼儿特点的教育措施,共同配合完成教育任务。家园合作给教师和家长提供了交流经验的机会。教师分享教育理念、教育技巧和经验,家长可从幼儿家庭生活角度提供有效的信息和育儿经验,不同思想的碰撞和结合有利于幼儿的发展,同时能及时纠正家长的不当期望和做法。

(4) 参加业务学习和幼儿教育研究活动。教师要接受职后的多种培训,不断学习学前教育新知识,了解新动向,要针对保教工作中的需要与问题,不断进行业务学习和教育研究。

(5) 定期向园长汇报,接受其检查和指导。实事求是地汇报工作,便于及时总结前期工作得失。遇上自己解决不了的问题,还可请求其他同事和园长帮助;若取得成功的经验,则可以与同事交流,巩固工作成果。

2. 保育员

《幼儿园工作规程》规定,保育员应该做好以下四方面的工作。

(1) 负责本班室内外的清洁卫生工作。主要包括房舍、设备、教具、玩具、生活用品的清洁卫生,定时开窗换气,保持室内空气的流通。

(2) 在教师指导下管理幼儿生活,配合本班教师组织教育活动。一方面要尽心尽责地看护、照料幼儿,重点把握一日三餐、午睡、如厕等生活环节;另一方面要牢固树立保教结合的观念,配合教师的教学活动完成教学计划,并注意观察幼儿,与教师一起培养幼儿良好的品德行为和学习习惯。

(3) 在医务人员和本班教师指导下,严格执行幼儿园的安全卫生保健制度。落实幼儿园的卫生消毒、安全防护、卫生保健制度。具体包括:茶杯等消毒;防摔伤、烫伤、砸伤,防误吞物品,防触电、防失火等突发的安全事故。

(4) 妥善保管幼儿衣物和本班的设备、用具。保育员爱护物品、设备,这有利于减少物品的损耗率,以及维护幼儿园的物资安全。更重要的是,整洁地摆放物品对幼儿具有潜移默化的作用,能培养幼儿爱惜物品的意识,为其树立勤俭节约的榜样。

3. 医务人员

按照《幼儿园工作规程》要求,医务人员要对全园幼儿身体健康负责,应做好以下五个方面的工作。

(1) 协助园长组织实施有关卫生保健方面的法规、规章制度,并监督执行。医务人员应协助园长做好宣传工作,提高全园员工的卫生保健意识;其次应协助园长落实卫生保健工作;最后要严格执行规章制度。

(2) 负责指导调配幼儿膳食,检查食品、饮水和环境卫生。幼儿身体器官柔弱,抵抗能力较差,对食品、饮水和环境卫生要求高。医护人员应给炊事员相关饮食建议,荤素搭配,科学烹饪,满足幼儿成长需要。同时,应监督炊事员严格执行《中华人民共和国食品卫生法》,确保饮食安全。

(3) 与当地卫生保健机构密切联系,及时做好计划免疫和疾病防治工作。医务人员应该和当地卫生保健机构保持密切联系,及时了解与疾病相关的情报,并及时开展预防接种,防止和减少传染病的产生和蔓延。

(4) 向全园工作人员和家长宣传卫生保健等常识。通过专题讲座、家长会、家访等多种形式,宣传卫生保健常识,及时解答家长的日常生活问题,防治疾病,培养幼儿爱讲卫生的好习惯。

(5) 妥善管理医疗器械、消毒用品和药品。医护人员应高度爱护和保管医疗器械等公共财产;妥善置放和管理消毒用品和药品,避免幼儿因发生错吃、乱吃的情况而影响健康。

二、教职员工的聘用与培训

幼儿园应按照国家幼儿园人员配备的规格进行招聘,根据幼儿园的需要进行任用,所聘用人员的质量直接影响幼儿园教育工作质量。多种多样的培训能不断提高幼儿园员工的素质,变人力资源为人力资本,增加幼儿园的核心竞争力。

(一) 教职员工的聘用

幼儿园一般编制紧、人手少,随着幼儿园管理体制的转变,竞争将逐渐加剧,人员使用将向着高效率化方向发展,这无疑更加要求科学、合理地用人,安排好每个人的岗位,充分发挥每个人的潜能,力求取得最佳整体效益。在合理选用人员方面,应注意分析有关操作准则。根据幼儿园多年来的工作实践经验,选用人员应遵循如下原则。

1. 因事用人的原则

这一原则的要义是：人员的选择、安排要服从工作的需要，在分析幼儿园工作任务之需的基础上，根据工作的需要设置岗位，确定编制，聘用人员。不要因人而设岗，避免让工作迁就个人的特殊需要。强调这一原则的依据是，过去的幼儿园工作实际中，曾出现过一些任人唯亲、因人设岗、因人择事的错误倾向，产生了人员思想上的混乱、内耗等负面影响，造成了管理的低效率。譬如，在引进人的环节，园长可能考虑人际关系及其在将来的影响，忽视岗位已经满员的问题，而巧设名目或强行引人。

因事用人原则的掌握，从一个侧面反映出园长的领导素质和管理水平状况。它是知人善用、充分发挥人的潜能的前提和保证。园长不仅要自觉地以工作的需要为用人的出发点，而且还应教育全园职工顾全大局，服从工作的需要，做好各岗位所规定的工作。

2. 知人善任的原则

这一原则总的要求是，使在幼儿园中工作的各类人才各得其所，尽显其能。为此，园长首先要"知人"，也就是要了解人。充分认识每个工作人员的思想素质、个性特点、文化修养、业务水平、发展潜力等，并能较客观地认识到"人无完人"，在此基础上才能做到"善任"，即用其所长，避其所短，并逐步努力补其所短。

善于用人的策略很多，概括起来有如下几点。

第一，用人之所长。用人贵在用其长，避其短，不要对人求全责备，不要对职工的短处耿耿于怀，而应充分利用每个职工的优点、特长，使集体中人人都自觉意识到自己是可用之才。这也是尊重人的表现之一，有利于调动职工的工作积极性。

第二，用人唯贤。在分析了解每个职工的基础之上，运用能级原理，将有相应才能的人安排到相适宜的工作岗位上，以最大限度地使其施展才华、发挥作用。另外，以发展的眼光考察人的才干的变化，动态地调整人才的作用，打破终身制，形成能上能下、良性竞争和循环的运行机制。

第三，用人唯精。幼儿园在用人时要注意少而精，选用懂专业、有责任心、能干精明的人分布于各个相应的岗位上，使人人有事做、事事有人管，避免人浮于事、无事生非、产生内耗。

第四，既用人又培养人。在选人用人的问题上不能有一劳永逸的思想。为了让职工不断贡献力量，应注意创造条件，使职工能得到职后培训的机会，不断更新充实知识结构、提升竞争力。培养人还包括对职工思想素质、身心健康等方面的关怀和促进，使职工的后顾之忧不断减少，综合素质不断提高。

第五，委以责任与严格要求相结合。在放手使用人的同时，园长应坚持用人条件和标准，既信任职工，又严格要求和引导职工，不姑息其在思想上的不良苗头，也不对重大失误放任自流，促使职工努力工作不断取得新成绩。

第六，一视同仁，以完善的工作质量标准来评价职工的工作绩效。园长要从思想上和行动上对职工一视同仁,客观公正地对待每个职工,创造公平的工作、生活、学习、发展的机会。应在平衡科学的标准面前,根据个人、班组和实际工作成绩来施以报酬和奖惩。这有利于在幼儿园职工中建立起公平感,有利于她们心情舒畅地投身于工作之中。

3. 优势互补的原则

幼儿园的教育工作主要是以班级为单位而开展的,在班级的组织建构中,就必然面临教职员工人员搭配的问题。每个班级教师、保育员按规定通常共有3人或4人,她们形成了一定时期内密切合作的工作小组。这种教师集体组建的良莠,直接影响着班级幼儿教育工作的成败。幼儿园各个部门的工作中同样也存在类似的人员组合问题。因此在安排使用人时,在对每个个体知人善任的前提下,应科学地组合人员。

在对工作人员个人特点进行分析的基础上,园长应根据互补的思路来组合部门和各班的小组成员。班级教师,应分析每个人的知识水平、素质能力、年龄经验和健康条件等情况,以老带新、平衡师资力量,产生优势互补效果,为取得有效的班级教育工作成绩提供基础。其他班组部门同样应注意人员合理组合的问题,它关系到工作能否顺利开展,是产生工作成效的准备和基础。

4. 劳逸均衡的原则

人员选用和安排过程中的劳逸均衡问题,包含两个方面。其一,应尽量使每位教师之间,或其他类别的员工之间的工作量相对均衡,避免有的骨干分子工作任务过重,兼职过于集中,而另外的人则除本职工作外无任何相关的额外责任,也即俗话说的"忙的忙死,闲的闲死"。要解决这一冲突,园长应正确对待"能者多劳"的观念,在重用能者的同时,还要注意培养产出更多的"能者",应注意到重担、挑战和机会也能锻炼人。幼儿园中许多青年教师往往需要通过众多的机会、渠道来积累经验,增长才干。这样做体现着对教职员工真正的爱护关怀,并有利于形成广大教职员工关心集体的意识,更自觉地发扬其主人翁精神。其二,安排员工的劳逸均衡还应从时间进度方面有所体现,尽量使各个阶段人与工作量之间均衡协调,做到张弛有序,避免时紧时松,这样才利于保持工作局面的繁荣和保证工作的成效。

上述幼儿园选用人员的原则,以知人善用为核心,它意在安排好每个职工的工作岗位,配置好幼儿园各部门、各班级的工作人员,从而为各项工作的顺利开展奠定基础。

(二) 教职员工培训

加强工作人员职后培养和训练,是各行各业人员管理的共同趋势,是继续教育和成人教育得以大规模发展的现实土壤。幼儿园中对人的管理也同样存在这一内容,应将人员的使用与培训结合起来,不断更新或充实员工的知识和能力,这样,才能较充分地挖掘人力资源的潜力,幼儿园才能后继有人,才能在激烈的竞争中保持优势。

在对幼儿园教职员工进行培养时,既要通过多种途径,对教职员工的专业能力进行培训,同时又不可忽视提高他们的思想觉悟。在幼儿园教职员工的培训管理方面,应注意以下问题。

1. 幼儿园中的各岗位工作人员都是培训的对象

幼儿园工作的质量与每一部门、每一岗位人员的工作绩效都有关,各岗位的工作人员都应是培训的对象,园长、副园长、教师、保育员、医务人员、财会人员、炊事员等,都有培训提高的必要。一直以来,对幼儿园青年教师的培训较受园长的重视,这一点应继续加强。同时,园长还应扩大人员培训的面,对幼儿园各类人员,应根据她们的基本情况和工作发展的需要,利用机会、创造条件,有计划地予以培训。

2. 人员培训的内容

培训教职员工应坚持思想素质与业务素质双管齐下。提高职工的思想觉悟和职业道德,有助于促使他们自觉主动地提高业务水平和工作能力。业务上针对各岗位人员工作的特点和每个人已有的基础,确定不同的培训内容,选择有效的途径,有目的有计划地进行培训。在幼儿园教师的业务培训方面,人们积累了较多的经验,概括起来包含图 8-3 中所示的具体方面。

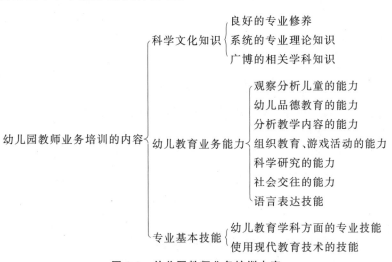

图 8-3 幼儿园教师业务培训内容

以上几个方面的内容是相辅相成、互动并进的。园长要立足于本园教师的实际,全面地培养和训练教师,不断提高她们的工作能力,更好地发挥她们的作用。

对保育员的业务培训也很重要,培训内容应紧密结合她们的工作要求,选择有利于提高保育员综合素质和能力的内容进行训练,包括保育幼儿的多种应知应会内容,配合教师开展活动的基本教育技能等。培训保育员,使她们在工作上日臻熟练,对于提高幼儿园的保教质量有着不可忽视的影响。

3. 培训的方式

教职员工培训的方式有很多,大致可分为在职培训和脱产培训两大类。

幼儿园教职员工在职培训的具体途径包括:第一,幼儿园组织的思想教育活动,这类活动关注的主要是职工思想觉悟和职业道德的教育培养。第二,借助教研活动、保育员及后勤人员的各类比赛活动,训练和提高教职员工的实际工作能力。第三,同行间的学习交流,请幼教专家做指导。第四,在有协作关系的幼儿园之间互派人员交流学习,增加锻炼机会,促进能力的提高。第五,业余进修。职工在业余时间到各种人才培养机构进行系统的学习,这种学习可能带有不同的目的,有的为资格达标,有的为更新知识,有的为学历补偿或提高学历段等。无论出于何种动机,只要认真学习,都能提高职工的素质。因此,园长应给予鼓励和支持。

教职员工的脱产培训是指在一定时期内暂离工作岗位,有目的地进入专门的人才培养机构或组织进行较系统的学习。当前,全国各地开展的各种幼儿园教师"国培"和"省培"项目都是短期的脱产培训。

对于职工的培养训练,园长应该综合运用多种培训方式,既要强化职工的职业道德规范,又要提高她们的实际工作水平。

教职员工的培养工作是世界教育发展的潮流,在学前教育管理中,亦不例外。园长应认真对待,做好这一项长期而又艰巨的工作,不断更新职工的知识和能力,真正做到用人养人两相促进,为更顺利地开展幼儿园管理创造良好的人员条件。

三、教职员工的激励

幼儿园人力资源管理除了要实现幼儿园自身发展目标外,还应该满足员工自我实现的需要。教职员工的正当需要得到满足,是他们生存和发展的权利的必然要求。但是,要想充分激活教职员工的工作热情,仅仅满足其合理需求是不够的。需要的满足虽与激励有很大的关系,但是二者并不完全等同,激励包含着对人的更高的希望和要求。因此,我们将员工的激励单列出来,作为幼儿园人员管理中的一项内容来集中讨论。

(一)激励理论

激励本来是心理学的概念,后被引进管理领域中。它关注如下的一些问题:某种行为的动机是如何产生的?在什么情况下产生?同一个人,为何有时工作积极肯干,有时心灰意冷?如何促使人产生某种特定的动机?如何引导人拿出自己的全部力量来为实现某一目标而努力奋斗?等等。激励常被视为一种重要的领导方法,用于调动人的积极性。

1. 激励的心理学基础

激励与人的需要、动机和积极性等心理因素密切相关。其中,需要、动机是激励的起点,积极性是激励的目的。

需要是指有机体缺乏某种必需的事物时的主观心理状态,是生活实践中各种相关事物在人头脑中的具体反映。比如,一个人处于饥饿状态中,此时他的需要是吃东西,至于吃何种可饱肚的食物,则不是首位的。需要可以说是人行为的源泉。一般地,人的需要可大致地划分为生理性需要与社会性需要两大类,管理者应在关心前者的同时,更多地着眼于研究人的社会性需要。

动机则具有较明显的方向性。需要一旦寻找到诱因就会成为动机,推动有机体从事一定的行为,以达到一定的目的。动机是引导有机体活动并满足一定需要的动力。如一个饥饿中的人,会产生不安和紧张的心理状态,若看到前方有一食品店,他自然会思考如何才能尽快地得到食物。因实际条件和个人的价值观、兴趣等多种因素的影响,驱动他去谋食的动力会有差异。以正当的方式去购买,以实物或劳力去交换,去讨、偷或抢等各种动机就有可能出现,导致产生不同的行为。

人的积极性是指人在自觉能动的心理状态下的行为表现。它的本质特点集中于自觉性与主动性方面。积极性高,则人针对目标的行为的自觉性、主动性也高,认识活跃,情感愉快,愿付出意志去努力。积极性低,则自觉性、主动性水平也低。心理学的研究表明:人的行为是由动机支配的,而引起动机的则是人的需要,人的积极性从根本上说来自于人的需要和动机。基于对人性的分析,可以得知人的需要是多方面的,因而动机也是多方面的,这就要求管理者认识和了解人的需要的一般内容和水平,尽力地满足人们的合理需要,引导人们的需要由低层次向高层次转换,激发人们的高水平的持久的动机,有效地调动组织成员的积极性。

2. 激励理论

激励理论是在实践中逐步发展和日臻完善的,西方对其研究很多,典型的有需要层次论、双因素论、期望理论、公平理论等。

(1) 需要层次论

需要层次论是美国心理学家马斯洛在1943年所著的《人的动机理论》一书中首先提出的一种研究人的需要结构的理论。其主要观点如下。

第一,马斯洛认为人类有多种多样的需要。可将它们归纳为五大基本类型,并且五类需要存在层次性和顺序性。五类基本需要按从低到高的顺序依次是:生理需要、安全需要、社交需要、尊重需要和自我实现的需要,如图8-4所示。

图 8-4 马斯洛的需要层次理论

其中,生理、安全、社交的需要为低级的需要,通过外部条件可以使人得到满足。而尊重和自我实现的需要则是高级的需要,它从内部使人得到满足。因此,通过满足职工的高级需要来调动积极性,具有更稳定、更持久的力量。

第二,五类需要可由低层次向高层次逐级转化。当下一级需要获得基本满足时,追求上一级的需要就成了驱动行为的动力。

第三,个体的发展和社会发展决定着一定时期内人们的主导需要和辅助需要。

个人在不同的阶段也会具有不尽相同的主导需要与辅助需要。

马斯洛的需要层次论着眼于对个体发展的研究,对人类五个层次需要的内容结构进行了具体的分析研究。这套理论虽然不可避免地存在一些局限性,但大致与马克思主义对人类群体存在、生存、享受、发展的需要主张是相一致的,有其合理和可资借鉴的一面,对于各个领域的管理者有一定的启示。园长在管理中,可以对教职员工的需要进行分析(如图8-5),将满足人们的各种需要同切实的管理举措、思想教育结合起来,为人们创造适宜的生存和发展条件。

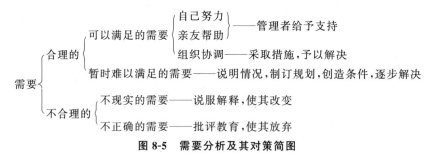

图 8-5　需要分析及其对策简图

（2）双因素论

双因素论是由美国心理学家赫茨伯格于20世纪50年代提出的,他通过大量的调查研究,把影响人的积极性的因素分为两类。

一类为"保健因素",即属于工作环境或工作关系方面的问题,诸如工资、工作的物理条件、同事关系、监督、规章制度等。这些因素如果得不到满足,职工就会不满意,难以维持正常工作状态。但是,改善这些情况只能够消除职工的不满情绪,使他们维持原有的正常工作效率,但不足以激发其更大的积极性。所以赫茨伯格认为,这一类因素"只能防病,不能治病",故称其为"保健因素"。

另一类为"激励因素",指可以使人内心得到满足并能激励人的因素。包括工作本身具有挑战性,负有重大责任,个人在职业上能得到成长和发展,工作成绩能得到社会的认可,富有成就感等。这些因素的改善能够激励职工的热情和积极性,从而自觉提高工作效率。

赫茨伯格的双因素论修改了传统的"满意的对立面为不满意"的观点。认为不满意的对立面应该是没有不满意,满意的对立面是没有满意。两种观点的比较如图8-6所示。

传统观点：　满　意——不满意

赫氏观点：{不满意——没有不满意(应该的)
　　　　　　没有满意——满意(是鼓舞人心的)

图 8-6　赫茨伯格的满意观

这一理论提示我们,在管理中,满足组织成员的保健因素,是调动人员积极性的必不可少的基础,而更多地给予职工激励因素显然是重点,激励因素越多越好。只有靠激励因素去调动员工的积极性,才能使他们保持高昂的工作热情,创造性地开展工作。

将"双因素论"运用于管理的实践中,能产生一些新颖的管理方法。包括:第一,工作丰富化,使人们对自己承担更多的工作责任;第二,工作扩大化,在相邻的工作范围内延伸,或是向两端延伸,或是在相关工作之间流动;第三,弹性工时,让员工在保证完成工作定额的前提下,享有一定的支配工作时间的自由,促进员工提高劳动工时的效率。

(3) 期望理论

期望理论是美国心理学家弗鲁姆提出的。其基本观点是:当人们预期自己的行动将有助于达到某个目标时,才会被激励起来去采取某些行动,以求达到目标。具体分析起来,一个人从事某一行动所受到的激发力量,取决于行动的目标实现后对其个人的价值和达到这个目标的概率。据此,弗鲁姆提出了著名的期望公式:

$$动力 = 效价 \times 期望值$$

公式中的动力,又译为激发力量,是指一个人所受激励的程度;效价,又称目标价值,不同的目标对不同的人有不同的价值,效价是指一定的目标实现后,对行为者个人的好处(价值)大小;期望值,又称为期望概率,是指达到这一目标的可能概率的确定值,反映的是以某一行动去实现目标的可能性的大小。简单地说,人的行为动力的大小是目标能否成功实现与成功实现后的好处的乘积。

由上述期望公式不难分析出规律:效价与期望值任何一项值低,动力都不大,而当它们处于较高值时,动力才会增大。因此,为了激励员工,园长应当一方面确立与员工个人需求方向相协调一致的目标,另一方面创造条件,帮助教职员工提高工作能力,从而提高期望值,始终引导他们主动积极地投入工作之中。

(4) 公平理论

这是美国心理学家亚当斯于1976年提出的理论。该理论侧重于研究奖励与满足的关系问题,主要是工资报酬分配的合理性、公平性对员工积极性的影响。其理论基础是社会交换论。

公平是人的一种主观感受,或者说心理体验,它是通过比较来判断的。亚当斯的公平理论以员工的报酬为例展开分析,指出:员工的工作动机,不仅受他个人所得的绝对报酬的影响,而且受到相对报酬的影响。即一个人不仅关心自己的劳动所得的绝对报酬(自己的实际收入),而且也关心自己收入的相对报酬(自己收入与他人收入的比例)。每个人都会不自觉地将自己付出的劳动和所获报酬与他人的劳动和报酬进行比较。在工作岗位、自身条件和努力程度具有可比性的前体下,如果发现自己与比较对象的收支比例相等时,便感到公平,因而心情平静或舒畅,但如果发现两者的收支比例不相等,低于他人时,便会产生不公平感,因而心生怨气,影响工作的积极性,产生一些消极的行为。

根据公平理论所指出的要义,园长应注意处理好奖励的平衡和合理问题,认真研究各类工作的工作条件、劳动技术、数量质量等因素的异同,通过提供平衡、公正的奖励,进行必要的教育工作,尽量消除职工产生不公平感的可能性,使他们经常感受到公平,保持轻松愉悦的情绪,团结合作地完成组织内的工作任务和目标。

(二) 激励途径

激励是一个与压制相对立的概念。压制以"唯我独尊"或别有用心为思想基础，视下属为奴仆，因而容易造成浪费人力资源的恶果。而激励则以尊重人、承认下属在工作中的主人翁地位为思想认识基础，追求充分利用人才资源的优势，挖掘人的潜力。激励机制能促使个人完成工作任务，同时也能使个人得到良好的发展。

激励的方式一直是幼儿园管理者致力探讨的问题。以下略谈几种激励的方式。

1. 奖励

这是一种最直接最典型的激励，是对员工的超额劳动或优良的行为所给予的物质上的补偿，或精神上的肯定。奖励有有形的物质奖励，也有无形的精神奖励。物质的奖励有：奖金、晋升工资、奖以实物、提供良好的生活条件等，这些大都属于人们生活的基本需求的范畴。精神奖励有记功命名、授予荣誉称号、表彰、提级升职等，多是对于人的工作成效的认可，属于赞誉之类的奖励。

在我国的管理实践中，奖励的方式多种多样。可以依据不同的人所取得的工作成绩，以及他们对不同需求所追求的程度而定。物质奖励与精神奖励可以各自单独使用，不过更多更好的是将两者结合起来使用，并适时地渗透进思想政治工作中，使被奖励者看到自己的成就，感受到信任和社会团体的尊重，从而强化动机，良性循环式地提高工作积极性。

当然，为提高奖励的有效性，有些问题也是应当加以注意的。

（1）保证奖励制度的科学化。奖励制度科学化涉及周期、比例、过程和结果的分析推广等因素，科学化的奖励制度可以给勤奋工作者带来机遇。

（2）保证考核过程的公正性。这是实行奖励的一个重要的条件。如果考核失实欠公，则依这种考核结果而进行的奖励不仅不能起到正面的激励作用，反而会造成许多消极的影响。

（3）奖励内容的针对性。即奖励的内容要尽量针对被奖励者的主导需要。现今人们还摸索出提高奖励效果的一条辅助途径，即通过一定的形式，使被奖者的家属分享荣誉，进而使职工得到家属的理解和支持。

（4）奖励方式的新颖性。在科学的奖励制度前提下，新颖变化的刺激，比重复相同的刺激所产生的激励量要大，并且还应防止评奖所导致的负面心理效应，诸如轮流坐庄、顺序优先、弱者优势等效应。

（5）奖惩结合。在奖励的同时，要采取必要的惩罚手段，以教育和纠正那些与组织目标要求相背离的人员及行为。必要的惩罚与奖励，既要严肃慎重，又要合理恰当，做到奖惩分明，在幼儿园内建立公平感，达到群体激励的目的。

2. 参与激励

参与是民主管理的具体化手段之一，让职工参与到管理中来，也能对他们产生一定的激励。通过各层面的参与管理，可以从侧面满足被管理者的社交需要、尊重的需要，还能满足职工的精神归宿的需要，可以让人有成就感，从而树立起自信心，更主动地投入工作之中。

3. 目标激励

设置适当的目标,能调动人的积极性。有关目标的激励作用,前文中已有阐述。此外,通过树立榜样来调动人的积极性,也是目标激励的一种特殊情况。

4. 关怀支持激励

关怀支持激励指管理者对职工的思想、业务和生活等多方面给予关心爱护,在关怀过程中及时发现问题,并创造条件,解决问题。园长关心和支持职工,有利于密切管理者与被管理者的双边关系,有利于教职员工产生情感上的归宿感,认识到自己是集体中必要的一员,进而有利于教职员工以主人翁的心态开展工作。

5. 自我激励

应该说,自我激励是激励行为的最后落脚点,所有外在的激励手段,都应该转化为人们内在的自我激励。自我激励能否产生、其激励水平的高低,与教职员工每个人的动机强烈程度和心理素质,以及综合能力的水平直接相关。思想教育工作的成效,也是产生自我激励的基础之一。

多种多样的激励方式,实际上存在着相互渗透、相互交叉的关系,这就表明,在幼儿园中对教职员工进行激励,应该运用多种与具体情况相适宜的方式,博采众长,真正用心地激励广大教职员工。

四、教职员工的考评

教职员工的考评是指对教职员工业务水平、工作成绩、文化素养、品德和能力等方面的考察与评价,是幼儿园人力资源管理的重要一环。考评的目的在于科学准确地评估教职员工的工作,调动教职员工的积极性,加强师资队伍建设,提高保教质量,促进幼儿园的高质量发展。

(一) 考评原则

考评应该建立在一定的原则基础上,减少被考评教职员工内心的焦虑,促进合作,保证考评工作的顺利开展。

1. 发展性原则

发展性原则是指评价标准具有发展性,让教职员工在评估考评中获得自我发展的动机。幼儿园教职员工的职务有别,各类职务所承担的责任和任务也不尽相同,每个人专业发展程度也不一样。考评标准要依据教职员工的业务水平、工作能力、实践经验等情况进行灵活设置,注重指标的发展性,引导教职员工逐步提高自身素质和保教工作能力。

2. 过程性原则

在考评中,应看重的是教职员工在考评中所表现出的能力和倾向,不能仅仅关注开展工作的结果。考评者通过对教职员工过程的表现和行为进行系统的观察和分析,了解教职员工的长处和缺点,然后针对其问题,进行适当干预,以促进教职员工的专业性发展。

3. 全面性原则

考评在于收集各方的意见以了解教职员工的情况。兼听则明,偏听则暗。考评应做到全面性。一是考评者多元化。考评者除了园内领导,还应包含同事与家长,考评主体不同,其考评内容和侧重点也不一样。二是考评内容全面性。每个员工都有优缺点,一次有效的考评在于全面了解员工,发掘员工的潜力。考评内容除了要涵盖员工的工作态度、能力和业绩,还可设置测评专业发展趋势的项目。

4. 公平性原则

公平性影响考评最终的效果。古语云:"不患寡而患不均。"考评的公平性并非用同一标准来衡量每一个教职员工,而应针对同类工作运用同一标尺。影响考评公平性的因素还有考评的公开化、考评的客观性、考评内容的全面性等。要做到考评公正公平,最重要的是制定考评的规章制度,制度内容要与时俱进。

(二) 考评内容

科学地制定考评内容是开展高效考评工作的前提条件。教师、保育员、医务人员和事务人员工作的具体任务和内容都不同,考评的具体内容也应有所差异,大体上包括工作态度、工作能力和工作成绩。工作态度是指在完成工作过程中保教人员所表现出的对幼儿、家长、同事的态度和行为,包括品德品行、团队合作精神、遵守纪律情况及责任心等思想因素。工作能力是指教职员工在履行职责过程中的专业技能技巧、沟通协调能力、执行力和应变能力。工作成绩则是指教职员工实际取得的成果和对幼儿园的贡献,包括承担的工作总量和完成工作的数量与质量等。工作态度影响工作能力的提高,工作能力是工作成绩的保证。工作成绩是衡量保教人员的核心内容,因此管理者不可忽视工作能力,尤其是工作态度的作用。在考评时,应有针对性地制定工作态度、工作能力和工作成绩三者的内容和权重。考评内容应能被大多数人接受,为大多数人所拥护。

(三) 考评途径

考评途径的多样化可以有效减少考评误差,提高考评的准确度,有利于维护教职员工间的公平公正,调动教职员工的积极性。按照考评主体和内容不同,考评可分为自评、互评、领导考评和业绩考评。自评即被考评者的自我评价,主要侧重于保教人员的教育观、儿童观和职业道德等方面的测量。互评是被考评者之间相互考评,常用于对工作态度的考察。领导考评是园领导对被考评人的评价,主要用于一些重要工作和日常工作考察。业绩考评是对保教人员的工作成果进行考核,多运用评估表对保教人员工作情况进行客观评价,如卫生保健工作表、考勤统计表、科研情况统计表、教育教学管理表、家长联系表等。除以上考评方式外,还有家长、社区对保教人员的评价。考评主体的多元化符合大教育的时代背景,幼儿园要根据多种评估项目分别制定各项等级,经过科学分析得出保教人员的考核意见。

案例 8-1

××是一所公办幼儿园的园长,年轻时业务水平较强,是当地的一位骨干教师,原来做业务副园长时很受教师的欢迎,教师觉得她业务水平强,对同事也热心指导、帮助,在教师中有一定的威望。但是,在老园长退休后，××当上了正园长，情况就变得不同了。经常有教师发牢骚，说她没有管理能力，管理思路不清，把幼儿园管得一团糟，而且还偏爱个别教师，总是把机会给那么几个人。有些教师气不过，就到园长办公室去论理，顶撞她，甚至集体写匿名信寄给教育局。

××遇到这种情况后很气愤。一天，她联合助手在园长办公室，约谈某些发牢骚的教师，批评她们的行为，极力显示园长的权威。私底下，则想方设法为难某些教师，特别是在提拔、考核、评优等方面设置障碍。

思考：
1. 试分析上述园长做法在哪些方面不妥当？
2. 为了解决以上问题，园长应该提高哪些方面的素质？

一位教师因给母亲看病私自调课，违反园内的规章制度。园长得知情况后，立即带着礼品登门看望这位教师的母亲。事后，这位教师主动找园长承认错误，园长因势利导，对她的行为提出批评。

某幼儿园人手比较紧张，为了使各项工作能正常有效地运转，管理者制定了满勤奖，明文规定对缺勤人员适度扣减工资。制度执行不久，园里的一位教师和其家庭中的一个成员都得了大病。她因病缺勤，工资减少，还要负担沉重的医疗费用，生活十分拮据。园长了解到这些情况，协同工会给了这个教师适当的困难补助，并且动员全园教职员工献爱心，帮她渡过难关。对于按规定扣减工资，这位教师没有怨言；对于领导的关怀，这位教师非常感激。病愈后，她的工作干得十分出色。
资料来源：朱家雄，张亚军.给幼儿园园长的建议[M].上海：华东师范大学出版社，2010.

思考：
1. 案例8-2和案例8-3中的园长属于什么管理类型？这种管理类型有什么特点？
2. 透过这两则案例，你认为园长和教职员工的关系应该是怎样的？

思考与练习
1. 幼儿园人力资源的含义是什么？
2. 幼儿园人力资源管理的意义是什么？
3. 幼儿园人力资源管理的目标有哪些？
4. 幼儿园园长的领导工作包括哪些方面？

5. 幼儿园园长应该具备哪些素质？
6. 幼儿园园长若想做好管理工作，应注意采用哪些领导方式？
7. 教职员工的选聘应遵循哪些原则？
8. 对教职员工进行培训时，应注意哪些方面的问题？
9. 幼儿园常见的激励方式有哪些？
10. 教职员工的考评工作应遵循哪些原则？

第九章 幼儿园保育工作管理

学习目标

1. 理解幼儿园保育工作的含义,明确其管理内容。
2. 掌握幼儿园卫生保健工作、安全管理和保育档案管理的概念。
3. 领会幼儿园卫生保健、安全管理和保育档案管理的意义。
4. 掌握幼儿园卫生保健、安全管理和保育档案管理的内容和管理要求。

【本章导读】 在世界范围内,招收 6 岁前幼儿的各种学前教育机构,都普遍重视幼儿的身心和谐发展,既注重幼儿的认知、能力和人格培养,更致力于促进幼儿身体正常生长发育并提高幼儿的心理健康水平。我国幼儿教育界一直将幼儿园的业务活动称为保教工作或教养工作,提倡保教结合、保教并重。保教工作是幼儿园的中心工作,其中,"保"指保育。尽管保育工作与总务后勤工作存在交叉之处,也渗透在班级管理和班级的教育活动之中,但是作为"保教结合"中的半壁江山,保育工作也可以相对独立地进行介绍,以方便保育员学习,或有助于园长更全面地管理保育员和其他相关人员。

本章先阐明有关幼儿园保育工作的基本知识,明确保育工作管理的地位和内容;然后分别针对卫生保健工作的管理、安全工作管理以及保育档案管理,逐个详细说明。需特别说明的是,依据卫生部和教育部 2010 年发布的《托儿所幼儿园卫生保健管理办法》中的分类,我们将文件中包括一日生活规律、营养膳食、预防疾病、完善保健制度等在内的十项内容进行归类论述。这样,营养膳食就不再单设一节去讨论。在总务工作管理中也会涉及幼儿园食堂的管理问题,如此一来,本书可以同时为安全管理和保育档案管理预留篇幅。这种安排是一种尝试,有其内在的逻辑性。

第一节 对保育工作及其管理的基本认识

幼儿的身心发展特点决定了幼儿教育工作者必须兼顾对他们身体的保障与心智的引导。我国幼儿园一贯提倡保教并重,保育工作和教育工作处于同等地位。保育工作的质量将直接影响到孩子的发展,而保育工作的成效主要取决于幼儿园管理者对它的认识是否全面、准确,管理是否适宜到位。

一、幼儿园保育工作的内涵

幼儿园保育在我国传统观念中通常指,幼儿园为 3 至 6 岁幼儿的生存与发展创

设安全、良好、有利的环境,提供必要的物质条件,对幼儿进行精心的照顾和养育,从而保障幼儿的正常发育和身心健康发展。在传统的观念中,一般认为保育员是实施保育工作的主要角色,保育员的主要工作任务是在幼儿园教师的指导下照顾幼儿生活,配合教师组织教育活动,执行幼儿园的安全卫生保健制度。

本书中的"保育"扩大了其传统概念,指的是融合了教育的保育,除了指对幼儿身体上的照顾和养育,还包含为保障幼儿心理健康和人身安全所提供的保教活动,以及幼儿园内各教职人员参与的卫生保健、安全以及保育管理等工作。树立与时俱进的保育观十分重要,它是做好幼儿保育工作的基础,也是培养德、智、体、美全面发展的身心和谐的现代中国幼儿的重要环节,更是维护和增进幼儿健康的重要前提和条件。

基于此,幼儿园保育工作人员除专职的保育员外,还涉及幼儿园中更多的工作人员。园长、卫生保健人员、幼儿园教师、炊事人员以及安保人员等,都应参与到对幼儿的保育工作之中。

保育工作的质量将直接影响到孩子的发展。而保育工作的成效,主要取决于幼儿园管理者对它的认识是否全面、准确,管理是否适宜到位。因此,不断加强和改善对幼儿园保育工作的管理,是幼儿园管理者的一项常规管理任务。

二、幼儿园保育工作管理的地位

幼儿园保育工作管理是幼儿园管理中的重要组成部分,保育工作的质量直接影响到幼儿的身心发展水平和幼儿园的整体保教质量。同时,幼儿园保育工作内容是家长最关心、最容易了解的,若管理不善,轻则影响幼儿园的声誉,重则伤害幼儿的身体健康。所以,幼儿园保育工作的管理在幼儿园管理中占有举足轻重的地位。

(一)幼儿园保育工作的管理是贯彻国家教育方针的需要

保育工作是学前教育机构贯彻国家教育方针的一项十分重要的工作,是促进幼儿德、智、体、美全面发展的重要组成部分。国家一直都很重视幼儿的健康成长,先后出台了《幼儿园管理条例》《幼儿园工作规程》《托儿所幼儿园卫生保健管理办法》等法规、文件,以引导幼儿园重视保育工作,规范管理行为。

在教育部 2012 年发布的《学前教育督导评估指标体系》中,一级指标的第五项规范管理的第 15 条:"重视幼儿园安全保障和卫生健康工作,健全各项安全管理、卫生保健、饮食与健康工作制度和安全责任制。",提纲挈领地规定了保育工作的管理内容。园长需保证保育工作顺利开展,落实国家的相应教育政策。

(二)保育工作是幼儿健康成长的前提

"幼儿园管理工作的核心是保证保教质量,保证幼儿全面发展的目标得以实现。"[①]幼儿园保育的幼儿年龄段在 3 岁至 6 岁,处于这个年龄段的幼儿,其身体的各部分都有待发育完善,他们的心理特征、个性特点以及各种生活习惯尚在形成之中,他们的基本活动能力以及生活自理能力都需要成人的精心呵护和养育。再者,幼儿

---

① 邢利娅.幼儿园管理[M].北京:高等教育出版社,2010:140.

的自我保护能力较差，无论是识别、预防危险的能力还是抵御危险的能力都较差，幼儿的身体活动能力和自我照顾能力较弱，且生活经验不足，因而当危险临近时常常难以避开，有时幼儿因难以预料行为后果而成为危险的制造者，这就特别需要成人的悉心照料、保护以及指导。幼儿园工作人员不仅要将保护幼儿的生命安全放在第一位，更要一步步地对幼儿进行必要的基本知识教育和基本能力培养。所以，保育工作是幼儿健康成长的前提和保证。

对于保育工作，我们绝不能简单地将其视为只是满足幼儿基本的生活需要。保育工作不仅是让幼儿吃得好、穿得好、睡得好和玩得好，还应该根据幼儿的身心特点、学习与发展的需要来选择适宜的内容，既要将幼儿的身体健康和心理健康并重，还要注重幼儿的知识经验和体育锻炼。幼儿园内各教职员工要不断根据幼儿的发展状况制订、细化以及落实各项工作计划和工作任务，不仅要为幼儿提供良好的生活环境、学习条件、发展条件，还要注重幼儿的心理健康和个性的良好发展，为后续的全面发展奠定良好的基础。因此，为保证保教工作的顺利开展，必须做好幼儿园保育工作管理。

（三）保育工作是幼儿教育阶段的特色工作之一

任何社会机构都必然有其他机构无法替代的功能，否则它就会失去存在的价值。幼儿园等托幼机构同样如此。《幼儿园工作规程》将幼儿园的性质、任务明确规定为："幼儿园是对3周岁以上学龄前幼儿实施保育和教育的机构。幼儿园教育是基础教育的重要组成部分，是学校教育制度的基础阶段。"幼儿园的任务是："贯彻国家的教育方针，按照保育与教育相结合的原则，遵循幼儿身心发展特点和规律，实施德、智、体、美等方面全面发展的教育，促进幼儿身心和谐发展。幼儿园同时面向幼儿家长提供科学育儿指导。"

这就是说，保育工作是幼儿园最基本的工作，幼儿园中所开展的教育活动应贯彻保教结合的原则。保教好幼儿即是为他们今后的进一步发展做准备，而保教中的"保"有着丰富的内涵和具体的工作任务。

幼儿园的保育工作应精细化到幼儿在园一日生活的各个环节。由于幼儿园受教育对象年幼稚嫩，幼儿园的工作内容、形式渠道、制度安排等各个方面都明显有别于其他学段的教育机构，比如每天幼儿的接送时间、园内及班级工作人员的设置安排、幼儿一日生活环节、游戏及教育活动的组织等方面的规定，都与其他教育机构的相关制度大不相同。幼儿园通常会尽力地彰显保护这些幼小生命，保育工作则是幼儿园独特的组织宗旨、价值的集中体现。幼儿园透过对幼儿科学合理和细致入微的保育工作，显示出其无以取代的社会价值和鲜明的行业特征，并保持旺盛的生命力。

三、幼儿园保育工作管理的内容

幼儿园保育工作管理所涉及的内容较多，既包括卫生保健工作管理，还包括安全工作管理以及保育档案管理。其中，卫生保健工作的内容以卫生部和教育部于2010年9月颁布的《托儿所幼儿园卫生保健管理办法》为依据来归类。

(一) 幼儿园卫生保健工作的管理

教育是增强国家综合国力的基础,学前教育又是基础教育的根基,幼儿园承担着启蒙儿童,为国家培养德、智、体、美全面发展的一代新人的任务。"体"是幼儿身心全面发展的第一位,不仅是维持和促进幼儿生命健康的基本保证,还是幼儿全面发展的重要前提。因此,在幼儿园里卫生保健工作具有非常重要的意义。

幼儿园卫生保健工作是保育工作的一项重要组成部分,同时也是幼儿园卫生保健人员的工作职责。它与幼儿园工作的各个方面都有着密切联系,如总务后勤工作、家园合作工作、班级保教工作和教育科研工作等,与幼儿园内所有教职工也都有着密不可分的关系。《托儿所幼儿园卫生保健管理办法》为幼儿卫生保健工作制定了标准和要求,我们还可以从中解读出卫生保健工作管理的重要性以及责任人管理的必要性。

(二) 幼儿园安全工作的管理

《幼儿园教育指导纲要(试行)》中指出:"幼儿园必须把保护幼儿的生命和促进幼儿的健康放在工作的首位。"这指明了安全工作是幼儿园内一切工作顺利开展的前提。幼儿园是幼儿集体活动的场所,安全问题时刻牵动着每一个幼儿、每一个家庭的幸福安康,也关乎幼儿园的可持续发展。只有抓好幼儿园安全工作的管理,才能保证在园幼儿的生命安全,才能实现各项教育目标。

幼儿园的安全工作毋庸置疑是各项工作的重中之重,《国务院关于当前发展学前教育的若干意见》(2010年)第六项"强化幼儿园安全监管"中明确指出:"幼儿园要提高安全防范意识,加强内部安全管理。"《中共中央 国务院关于学前教育深化改革规范发展的若干意见》(2018年)中第二十一条,较详尽地指出的幼儿园强化安全监管的系列问题,对幼儿园安全管理工作提出了全方位的指导意见,要求各级监管机关和幼儿园园长,加强安全管理,切实保障幼儿的安全以及幼儿园的和谐。

(三) 幼儿园保育工作档案管理

《幼儿园工作规程》中第十九条指出,"幼儿园应建立幼儿健康检查制度和幼儿健康卡或档案"。《托儿所幼儿园卫生保健管理办法》第十五条中也指明要"建立健康检查制度,开展儿童定期健康检查工作,建立健康档案",并且要"加强日常保育护理工作,对体弱儿进行专案管理",还要"做好各项卫生保健工作信息的收集、汇总和报告工作"。而幼儿园保育工作档案除了卫生保健工作档案外,还应有儿童发展档案、保育工作人员档案等。

保育档案管理是幼儿园保教工作的重要内容。保教工作是幼儿园全部工作的中心,在开展保育工作和教育工作的过程中,都会产生相应的物化资料。如果平时能注意把这些点滴的保育资料积累下来,当需要再次使用同样或类似的资料时,就可以直接从保育档案中获取,或对其进行补充完善。这样,不仅可以节约人力、物力、财力和时间,也有助于深入开展保育工作,还可以提高保育工作的水平和质量。管理者要研究如何将此项工作的效益最大化,如何在给保育工作者增加工作量的同时做好减负,使保育工作者能主动、自觉、高效地完成这项工作。

第二节 幼儿园卫生保健工作管理

幼儿园的卫生保健工作是为保证幼儿身体正常发育、身体和心理健康成长而开展的各种具体工作的总称。它是保育的主要内容,也是幼儿保教不可分割的一个组成部分。

一、幼儿园卫生保健管理的意义和任务

学前期儿童正处于迅速生长发育的时期,他们的身体尚未发育完善,环境适应能力、疾病抵抗能力都不强,行为习惯的可塑性也很大。因此,在幼儿园中必须注重卫生保健工作。幼儿园的卫生保健有益于增进儿童的身心健康,防止疾病流行和意外事故的发生,它关系着幼儿个体的健康成长,关系到一个国家的儿童权利保障大计。

幼儿园卫生保健工作管理的主要依据有很多。近年来,主要的国家性文件包括:1994年通过的《中华人民共和国母婴保健法》;卫生部和教育部于2010年发布的《托儿所幼儿园卫生保健管理办法》,以及2016年颁布的《幼儿园工作规程》等。卫生保健工作在幼儿园中具有特别重要的意义,这也是幼儿园教育与管理区别于中小学的一大特色。

幼儿园卫生保健工作的任务是保护幼儿的生命与健康,促进幼儿的发育,增强幼儿的体质,为幼儿的全面发展奠定良好的基础。为了完成这一任务,有关责任人员必须掌握幼儿生长发育的普遍特点,不断获取新信息,学习新知识,研究外界环境对幼儿生长发育的影响,充分利用有利因素,防止和消除不利因素,保障幼儿茁壮成长。

二、幼儿园卫生保健的工作人员及组织

幼儿园卫生保健工作需由全体教职工共同参与,园长、教师、保育员及后勤人员等,都在不同程度上对幼儿的卫生保健负有责任,这是幼儿园教养并重、保教结合的基本原则的必然要求。

严格说来,幼儿的卫生保健工作具有相对独立的专业要求。其中,幼儿园的专职卫生保健人员(也叫医务人员、园医)为主要责任人,她们在园长的领导下,带动全体保育员、炊事员等开展工作,业务上还接受幼儿园所在区域的卫生行政机关和妇幼保健组织的指导。

专职卫生保健人员是园长管理卫生保健工作的得力助手,在任职资格方面,同幼儿园其他工作人员一样,她们也需要具备良好的品德、职业素质、身体条件。此外,《幼儿园工作规程》还对其专业水平做出了更明确的规定:医师应取得卫生行政部门颁发的《医师执业证书》;护士应当取得《护士执业证书》;保健员应具有高中以上学历,并经过当地妇幼保健机构组织的卫生保健专业知识培训。

幼儿医务人员对全园幼儿身体健康负责,其主要职责如下:

① 协助园长组织实施有关卫生保健方面的法规、规章和制度,并监督执行;
② 研究调配和改善幼儿膳食,检查饮食、饮水和环境卫生;
③ 与当地卫生保健机构密切联系,及时做好计划免疫和疾病防治等工作;
④ 向全园工作人员和家长宣传幼儿卫生保健等常识;
⑤ 妥善保管医疗器械、消毒用具和药品。

幼儿园医务人员的上述职责可归纳为三大方面,即管好幼儿的膳食营养、做好幼儿的疾病预防、加强幼儿的身体锻炼。管好幼儿的膳食营养是为促进幼儿的生长发育而服务的,经常性的途径主要包括科学测定各地区幼儿的身体素质,为幼儿提供营养的膳食。做好幼儿的疾病预防工作则是贯彻国家的"预防为主"的卫生防疫方针,对低幼儿童这类易感人群做好防止疾病发生的工作,幼儿园的防病举措很多,诸如为幼儿创设清洁卫生的优良生活环境、预防接种、健康检查、晨间检查等。加强幼儿的身体锻炼工作是增强幼儿体质的必由之路,经常性的体育锻炼活动、各项户外活动以及医生指导下的锻炼等相关活动均是对幼儿开展锻炼的举措。

幼儿园必须设立保健室,并符合国家卫生部、教育部颁布的《保健室设备标准》,由医务人员具体掌管,负责开展相关的卫生保健工作。中型、大型幼儿园(尤其是寄宿制幼儿园)必须设立隔离室,小型幼儿园可设立隔离床,配备相应的设施,以供控制疾病传染蔓延之所需。同时,幼儿园还要设立伙食管理委员会,吸收家长参加,监督幼儿伙食费的使用情况,保证幼儿的饮食安全。幼儿园往往还是所在社区爱国卫生委员会(简称"爱委会")下辖的一个分支,要组织相关职工做好园区的清洁卫生工作,保障幼儿的健康。

三、幼儿园卫生保健工作的内容

幼儿园卫生保健的内容丰富而复杂,存在多种不同的归纳方式。既有成人直接对幼儿开展的卫生保健服务,又有教育工作者对幼儿提供保健的教育,以便幼儿能内化规则,在生活中养成良好的习惯。《托儿所幼儿园卫生保健管理办法》指出,托幼机构卫生保健工作包括以下内容(见链接 9-1)。

链接 9-1

(一)根据儿童不同年龄的特点,建立科学、合理的一日生活制度,培养儿童的良好卫生习惯。(二)为儿童提供合理的营养膳食,科学制订食谱,保证膳食平衡。(三)制订与儿童生理特点相适应的体格锻炼计划,根据儿童年龄特点开展游戏及体育活动,并保证儿童户外活动时间,增进儿童身心健康。(四)建立健康检查制度,开展儿童定期健康检查工作,建立健康档案。坚持晨检及全日健康观察,做好常见病的预防,发现问题及时处理。(五)严格执行卫生消毒制度,做好室内外环境及个人卫生。加强饮食卫生管理,保证食品安全。(六)协助落实国家免疫规划,在儿童入托时应当查验其预防接种证,未按规定接种的儿童要告知其监护人,督促监护人带儿童到当地规定的接种单位补种。(七)加强日常保育护理工作,对体弱儿进行专案管理。配合妇幼保健机构定期开展儿童眼、耳、口腔保健,开展儿童心理卫生保健。(八)建立卫生安全管理制度,落实各项卫生安全防护工作,预防伤害事故的发生。(九)制订健康教育计划,对儿童及其家长开展多种形式的健康教育活动。(十)做好各项卫生保健工作信息的收集、汇总和报告工作。

为了全面准确地管理幼儿园的卫生保健工作,有必要对繁多的工作内容做较为清晰的分析和归类。在本书中,我们将卫生保健工作管理内容分为:生活管理、环境管理、健康管理和健康教育计划。

(一)生活管理

常说幼儿在园一日生活即教育,可见组织和管理好幼儿在园的一日生活是幼儿接受教育以及全面发展的途径之一。生活管理即对幼儿在园的一日生活进行科学合理的安排,以保证幼儿身心愉悦,健康成长。

1. 建立合理的一日生活管理制度

幼儿园应根据幼儿的年龄特点以及季节变化,制定适宜的一日生活作息制度,例如表9-1所示。要保证正常情况下幼儿每天户外活动时间不少于2小时,还要注意幼儿一日活动要动静交替;幼儿日常生活组织要坚持一贯性、一致性和灵活性的原则,合理地安排幼儿一日在园生活中各项活动的时间和顺序,而一日生活的主要内容有入园、饮食、睡眠、游戏、教育活动等。

表9-1 某幼儿园一日生活作息时间表

小班		中班		大班	
7:15—7:45	入园晨检	7:15—7:45	入园晨检	7:15—7:45	入园晨检
7:45—8:00	晨间锻炼、早操	7:45—8:00	晨间锻炼、早操	7:45—8:00	晨间锻炼、早操
8:00—8:40	营养早餐	8:00—8:30	营养早餐	8:00—8:30	营养早餐
8:40—9:00	区域活动、自由活动、生活活动	8:30—9:00	区域活动、自由活动、生活活动	8:30—8:50	区域活动、自由活动、生活活动
9:00—9:20	集体教育活动(一)	9:00—9:30	集体教育活动(一)	8:50—9:25	集体教育活动(一)
9:20—9:30	生活活动	9:30—9:40	生活活动	9:25—9:35	生活活动
9:30—9:50	集体教育活动(二)	9:40—10:10	集体教育活动(二)	9:35—10:10	集体教育活动(二)
9:50—10:10	生活活动	10:10—10:20	生活活动	10:10—10:20	生活活动
10:10—10:50	户外活动	10:20—11:00	户外活动	10:20—11:00	户外活动
10:50—11:00	生活活动	11:00—11:20	区域活动	11:00—11:20	区域活动
11:00—11:20	区域活动	11:20—11:30	餐前准备	11:20—11:30	餐前准备
11:20—11:30	餐前准备	11:30—12:00	营养午餐	11:30—12:00	营养午餐
11:30—12:00	营养午餐	12:00—12:20	快乐散步	12:00—12:20	快乐散步
12:00—12:20	快乐散步	12:20—12:30	生活活动	12:20—12:30	生活活动
12:20—12:30	生活活动	12:30—14:30	温馨午睡	12:30—14:30	温馨午睡
12:30—14:30	温馨午睡	14:30—15:00	起床整理午检午点	14:30—15:00	起床整理午检午点
14:30—15:00	起床整理午检午点	15:00—15:30	游戏活动	15:00—15:30	游戏活动

续表

小班	中班	大班
15:00—15:30 生活活动	15:00—15:40 游戏活动	15:00—15:40 生活活动
15:30—15:40 户外活动	15:40—16:00 生活活动	15:40—16:20 户外活动
15:40—16:20 生活活动 离园整理	16:00—16:30 户外活动	16:20—16:30 生活活动 离园整理
16:20—16:30 快乐离园	16:30—17:15 生活活动 离园整理	16:30—16:45 快乐离园
16:30—17:15	快乐离园	

案例 9-1

美国一家幼儿园的一日生活作息时间表

8:50—9:00　Arrival/Greeting 入园
9:00—9:30　Brainsmart Start/Morning Circle 脑力激活游戏、晨间活动
9:30—9:45　Shared Reading 分享阅读
9:45—10:15　Reading Workshop 阅读活动
10:15—10:40　Math Workshop 数学活动
10:42—11:07　Lunch 午餐
11:10—11:25　Story Time 故事时间
11:25—11:40　Outside Time 户外活动
11:40—12:10　Writing Workshop 写作时间
12:10—12:45　Work Areas (Free Choice Centers) 手工活动
12:45—13:10　Science/Social Studies/Project Work 自然科学、社会科学和项目活动
13:10—13:55　Special Area Class 特长课程——艺术、音乐、阅读
13:55—14:10　Snack 点心时间
14:10—14:40　Smart (Stretching and Resting Time) 午休时间
14:40—15:00　Closing Circle/Celebrating Our Day 离园时间

资料来源：新浪博客(http://blog.sina.com.cn/u/1413255195)

2. 建立科学的营养膳食制度

科学的营养膳食是促进幼儿生长、发育的基础。幼儿新陈代谢旺盛，生长发育较快，其所需的营养物质以及能量较多。食物能供给人体生长发育所需要的各种营养，帮助人体维持正常的活动。幼儿的消化机能比较弱，必须给予适合幼儿的膳食，这样才有助于幼儿消化，才能进一步满足幼儿生长发育的需要。因此，营养的多样化、适宜化是幼儿园卫生保健工作的重要组成部分，需要建立科学的营养膳食制度。

《托儿所幼儿园卫生保健管理办法》第六条指出："托幼机构设有食堂提供餐饮服务的，应当按照《食品安全法》《食品安全法实施条例》以及有关规章的要求，认真落实各项食品安全要求。"这就要求在营养膳食管理系统中除了包含制订营养的食谱外,还涉及食品的采购、食堂的卫生管理、卫生消毒等内容。制订膳食计划,食谱要求荤素搭配、干稀搭配,每天的食谱尽量多样化;严把食品采购、出入库的重要关口,保证食物新鲜、健康、有营养;食品烹饪要科学,精心搭配营养,避免营养成分的流失浪费,以满足幼儿身体发展的需要。具体可参考如表9-2所示食谱。

表 9-2　某幼儿园每周食谱

	早餐	中餐	午点	离园点心
星期一	果酱卷、卤鹌鹑蛋、牛奶	米饭、白萝卜烧鸡翅、蜜汁南瓜、粉丝猪肝汤	玉米、馒头、豆奶	苹果
星期二	毛毛虫面点、红薯、黑米粥	米饭、花菜烧肉、糖醋排骨、大骨青菜虾皮汤	面包、牛奶	火龙果
星期三	青菜、包子、牛奶	米饭、汽水肉、什锦肉丝、紫菜虾仁汤	玉米、桂圆银耳汤	梨子
星期四	虎头卷、牛奶、鲜虾脆	米饭、土豆肉末、美国杂菜、干贝蘑菇汤	双色发糕、麦片粥	橘子
星期五	三鲜水饺、米饭	米饭、胡萝卜烧羊肉、清炒大白菜、海带肉片汤	花样小点心、牛奶、高乐高	香蕉

资料来源:某幼儿园网站

(二) 环境管理

幼儿的独立生活能力还处在萌发之中,十分容易受到环境的影响,他们需要成人为其准备赖以生存的美好环境,要求环境安全、卫生、优美、舒适以及丰富、和谐。幼儿成长和受教育的基本保障之一就是要在适宜的环境中生活。因此,幼儿园卫生保健管理必须为幼儿创设良好的环境。环境一般分为物质环境和精神环境。

1. 创设良好的物质环境

幼儿园是幼儿生活和活动的重要场所,管理者应当根据园所条件为幼儿创设因地制宜的物质环境。包括幼儿园的建筑环境,如园舍、生活和活动场地、活动和教育设施等都应注意安全、卫生;还有幼儿园的环境应注意绿化、美化、童趣化和丰富多彩。

好的物质环境需要维持。各类设施设备要长期维护、定期检修以避免发生危险;而优美的环境也需要用心经营,注意保持场地的清洁,建立清扫常规,为幼儿时时提供干净、卫生、优美、舒适的生活环境。

2. 创设适宜的精神环境

当今幼儿教育观强调身心并重,适宜、良好的精神环境有利于促进幼儿的心理健康,这不仅与幼儿园的办园理念、园本文化息息相关,还与每一位教职工的言行举止的示范密不可分。在亲近、亲和、亲为、亲情的文化氛围中,教职工相互尊重才能创设自然和谐的环境,使幼儿安心、舒心、自在地成长。

总之,幼儿园中的管理人员要注重育人环境和工作环境的创设,既要创设达标的物质环境,还要注重营造良好的精神环境,激发园内教职工的工作热情,使教育环境情境化、责任化,并最终形成有效的教育结果。

(三) 健康管理

教育部发布的《3—6岁儿童学习与发展指南》对健康做了如下阐述:"健康是指人在身体、心理和社会适应方面的良好状态。"然而健康管理更多地是指通过管理手段来保证幼儿个体的生理和心理健康,主要包括预防潜在的疾病、体能发展、心理保健、健康检查与评估等方面。毋庸置疑,幼儿的健康与幼儿园关注的健康管理密不可分。总体而言,卫生保健工作做得好的幼儿园都会重视健康管理,幼儿的健康水平也较高。

1. 预防潜在的疾病

幼儿园的每位教职工都应该关注幼儿园日常生活中的儿童疾病问题。年幼儿童的抵抗力非常脆弱,难以抵抗各种各样的感染和传染性疾病。这是因为,处于低年龄水平的儿童"免疫系统发展不完全;体形结构较小,鼻腔与咽喉、中耳的距离尤其短,因此容易得呼吸道感染"[1];玩耍、进餐、如厕时,相互之间经常密切接触;"常用嘴来作为探索周围世界的额外途径;经常摔倒、碰肿和刮伤,因此容易感染;不知道如何保护自己,而且尚未形成日常卫生常规"[2]。

要想降低幼儿园疾病发生率,就应设法控制传染源进而切断传染途径,以提高幼儿对传染病的抵抗能力。因此,幼儿园必须制定良好的保育工作常规,将消毒隔离工作细致化、公式化、规范化。要及时、经常地采取强有力的措施杜绝传染源。每年应定期对幼儿以及工作人员进行体格检查,做到早发现、早隔离、早治疗,将疾病预防工作做到尽善尽美。

2. 体能发展

正如《3—6岁儿童学习与发展指南》所说,幼儿阶段是儿童身体发育和机能发展极为迅速的时期。科学地锻炼幼儿的身体是卫生保健工作不可或缺的一项内容,应落实《幼儿园工作规程》以保障幼儿的体能发展,保证正常情况下幼儿户外活动时间每天不得少于2小时,还要积极开展适合幼儿的体育活动,且每日户外体育活动不得少于1小时。幼儿园应为幼儿制订适宜的体能发展计划,善于利用自然资源如空气、日照、水等自然因素,并结合本地、本园的环境条件,采取适宜的方法锻炼幼儿的体能。可以将锻炼与生活相结合,将游戏活动与动作训练相结合,增强幼儿的适应能力和抵抗疾病的能力。

3. 心理保健

幼儿心理健康内容包括:良好的心理品质,如良好的个性和情绪情感体验;对社会生活的适应能力等。幼儿心理保健首先需要提高管理者和教师对心理保健的认识,重视其价值,明确其目标,制订、开发适宜的心理保健计划,配备合理的健康教育资源;另外,教师还应当注意引导幼儿的社会性交往,帮助幼儿学习和建立良好的人际交往能力,关注幼儿的感受,保护和发展幼儿的自尊心、自信心。

---

[1] 菲利斯·M.科里克.托幼机构管理[M].韦小冰,等译.北京:北京师范大学出版社,2007:16.
[2] 同上书,17.

要为幼儿创设相互接纳、相互信任、相互尊重和平等的集体生活氛围,充分利用各种有利因素,控制并消除各种不利的影响因素,为幼儿创造愉快和谐的生活和教育环境,在促进幼儿身体发展的同时开发其智力,完善其人格并塑造其道德品格,以使幼儿能身心和谐、全面发展。

4. 健康检查与评估

健康检查的对象不仅仅是幼儿,幼儿园所有的工作人员也需要进行健康检查。《托儿所幼儿园卫生保健管理办法》第十四条规定:"托幼机构工作人员上岗前必须经县级以上人民政府卫生行政部门指定的医疗卫生机构进行健康检查,取得《托幼机构工作人员健康合格证》后方可上岗。托幼机构应当组织在岗工作人员每年进行1次健康检查;在岗人员患有传染性疾病的,应当立即离岗治疗,治愈后方可上岗工作。"另外,第十八条规定:"儿童入托幼机构前应当经医疗卫生机构进行健康检查,合格后方可进入托幼机构。托幼机构发现在园(所)的儿童患疑似传染病时应当及时通知其监护人离园(所)诊治。患传染病的患儿治愈后,凭医疗卫生机构出具的健康证明方可入园(所)。儿童离开托幼机构3个月以上应当进行健康检查后方可再次入托幼机构。"

显而易见,对幼儿园教职工的健康检查是为了给幼儿的健康带来基本保障,而对幼儿进行健康检查包括入园检查和定期检查两种。幼儿园需要对幼儿的健康发育状况进行全面的评估,通过全面系统的检查,及时了解幼儿的生长发育状况以及营养情况是否达到正常指标,以便尽可能及时地发现、治疗以及矫正幼儿的疾病和生理上的缺陷。将健康检查细化到幼儿一日生活中,还要做好晨检和午检,在幼儿入园时要通过问、摸、看、查等方式进行健康情况的观察,在一日生活中还要随时注意观察幼儿的情绪、食欲、大小便以及睡眠状况,特别是传染病流行的敏感期间,更要注意对幼儿的健康检查,以便早发现、早隔离、早治疗。

对幼儿健康检查的数据都要细致留存,所有资料应及时汇总,为数据的分析和统计做好资料收集工作,进而对幼儿进行全面、系统的评估。不仅要对幼儿的健康状况进行评估,还要对幼儿的生长发育水平与相关指标进行比较分析,以便发现问题并改善缺失状况。

(四)健康教育计划

幼儿园应当严格按照《托儿所幼儿园卫生保健工作规范》开展卫生保健工作。

《托儿所幼儿园卫生保健管理办法》强调,要"制订健康教育计划,对儿童及其家长开展多种形式的健康教育活动"。事实上,幼儿园已普遍重视对幼儿的健康教育,制订健康教育计划。

幼儿园为幼儿创设健康的环境固然重要,幼儿以及其家长也应该有健康和安全方面的知识和意识,养成健康的生活方式,与幼儿园的工作人员共同维护幼儿的健康发展。

因此,幼儿园应制订健康教育计划,向教师、幼儿、家长进行健康教育指导、培训,幼儿园可灵活选择多种多样的方式,例如板报、网络、专题讲座、知识问答竞赛等,以提高相关人群的健康、安全意识以及能力。

四、幼儿园卫生保健工作的管理要求

(一) 建立卫生保健工作的组织和制度

卫生保健工作是保教中心工作有机组成部分,关系到幼儿的生命安全和成长,幼儿园应从思想认识上给予重视。

首先,从组织上,应安排一名园领导主管卫生保健工作,成立由医务人员、保教人员、后勤人员以及家长等组成的相关组织,如卫生保健委员会、爱国卫生委员会、幼儿膳食管理组、安全检查小组等,从各方面监督和推动幼儿园卫生保健工作的开展。

其次,卫生保健工作面广,涉及的人员很多。幼儿园应将有关事项的要求编制成制度条文,以规范各方面人员的行为,使各岗位有章可循。卫生保健一类的制度可就内容单列出很多,包括:幼儿园卫生检查制度、幼儿一日生活常规、健康检查制度、消毒隔离制度、食品卫生"五四制"、体格锻炼制度、安全制度、计划免疫制度等。建立相关制度的目的在于保证各项卫生保健的内容能得到切实的实施,以保障幼儿的健康发展。

(二) 重视班级的日常性卫生保健工作

幼儿园卫生保健工作的很多内容,都贯穿在幼儿的日常生活之中,通过班级教师、保育员的工作而得到落实。园长要重视班级的日常卫生保健工作,加强对班级卫生保健工作的指导,使幼儿在每日的饮食起居等活动中能得到细心的照顾养护,受到科学的保健教育。

班级教师、保育员所承担的幼儿卫生保健任务繁多,应要求她们立足于本职工作,仔细观察幼儿的健康状况,合理喂养幼儿膳食,开展体育锻炼,创设良好的生活环境和心理气氛,安全地保育和教育幼儿,出色地完成幼儿保育任务。

(三) 贯彻"预防为主"的方针,保障幼儿的安全与健康

我国卫生工作的根本方针之一是以预防为主。由于幼儿发育发展的不成熟性,因此更应对疾病、意外事故防患于未然,保障幼儿的健康和安全。因此,幼儿园卫生保健工作必须坚持不懈地贯彻"预防为主"的工作方针,并通过保健与教育指导,积极锻炼幼儿的体格,增进其自我保护的能力,以实现卫生保健的任务。

(四) 加强卫生保健工作的计划和指导

幼儿园管理者应将卫生保健工作的要求列入园务计划之中,医务人员相应地也定期制订工作计划,以减少卫生保健工作开展的随意性,加强工作的计划性,并保证计划的贯彻落实。对计划的制订依据、卫生保健工作的管理目标、幼儿园实际工作中的薄弱环节要做充分的分析,在此基础上制订出任务明确、措施得当、切实可行的各种卫生保健工作计划。

此外,对各项计划的执行情况要进行检查,以便及时发现问题,给予指导,并用以不断地改进工作。检查方式应灵活、有针对性,以便取得真实的信息。如对安全

工作的检查,应以经常性的检查为主,同时也有必要定期地对房舍建筑结构、食堂消防设备、电路、大型玩具、门卫等进行全面检查,以确保幼儿生命和幼儿园财产的安全。

(五)密切联系家长,形成家园一致的影响力

家庭是幼儿生活的另一个十分重要的场所,卫生保健工作的目的与家长对孩子的抚养目标是一致的,卫生保健的许多内容还有赖于幼儿在家庭生活中强化巩固,许多习惯、思想意识的养成具有长期性。这就需要幼儿园工作人员经常与家长联系,相互沟通信息,以便及时地采取相应措施,正确地引导孩子,更好地实现幼儿卫生保健工作的目的。

幼儿园卫生保健工作的管理方法与要求很多,在实际工作中,既应坚持卫生保健工作的规范化要求,也应根据实际情况的变化而合理地创新,切实做好幼儿园的卫生保健工作。

第三节 幼儿园安全工作管理

幼儿园的安全工作是一切工作顺利开展的前提。幼儿园的安全工作管理是幼儿园园长率领全体教职员工,为保障幼儿生命安全和身体健康而实施的有目的、有计划的自觉行为。应树立科学的安全管理观念,既要千方百计保护幼儿的安全,又要提倡安全教育,教导幼儿辨别安危,提高自我保护能力,养成安全习惯,达到促进其身心健康成长的目的,在"授人以鱼"的过程中"授人以渔"。

一、幼儿园安全工作概述

幼儿园是幼儿集体活动的重要场所,幼儿园中全体幼儿的生命安全是第一位的工作,是各项活动的重中之重。这就要求幼儿园要做好、落实好各项安全工作。

(一)幼儿园安全工作的地位及意义

1. 幼儿园安全工作的地位

《幼儿园教育指导纲要(试行)》中指出:"幼儿园必须把保护幼儿的生命和促进幼儿的健康放在工作的首位。"幼儿园的安全工作毋庸置疑是各项工作的重中之重,《国务院关于当前发展学前教育的若干意见》第六项"强化幼儿园安全监管"中明确指出:"幼儿园要提高安全防范意识,加强内部安全管理。"这也指明了安全工作在幼儿园工作中的重要位置。幼儿园安全工作是幼儿园内一切工作能顺利开展的前提,以下从几个方面来论述幼儿园安全工作的地位。

首先,从幼儿园的性质来看,幼儿园是对幼儿实施保教的专门机构。它所保育的对象大多是3至6岁的幼儿,由于幼儿的身心特点,如年龄小、爱动,有强烈的好奇心,但体力有限并且缺乏充足的知识经验,他们很难预防危险和预见某些行为后果,危险来临时难以保护自己。而且幼儿园是幼儿集体生活的场所,作为集体保育和教育的机构,幼儿的安全至关重要,因此工作人员必须对幼儿在园的安全负责。

其次,随着社会的发展,公众对幼儿园的要求越来越高。家长唯恐幼儿有闪失,幼儿园的安全工作关系到每个幼儿能否健康成长,甚至关系到每个幼儿的生命安全,它牵动着千家万户家长的心。幼儿园一定要高度重视安全工作。

最后,幼儿园教育作为基础教育的根基,其教育水平的高低直接影响着整个社会的教育水平。家长不仅希望孩子能健康茁壮成长,也希望孩子在幼儿园能受到良好的教育。幼儿园安全工作是否到位关乎着幼儿园教育水平能否真正发挥,且幼儿园安全工作的好坏在很大程度上也影响着教育质量。

2. 幼儿园安全工作的意义

(1) 保证幼儿身心全面发展

幼儿正处于生长发育的关键时期,身体尚未发育完善,特别容易受到伤害;幼儿的适应能力较弱,其个性特点与生活习惯也尚在形成中。幼儿园须建立必要的安全机制,保证幼儿一日在园的安全。幼儿园的安全工作应做到让幼儿既不受束缚也能得到应有的保护。同时,进行安全常规的培养,形成良好的安全意识和生活习惯,促进幼儿身心的健康、全面发展。

(2) 促进幼儿园可持续性发展

安全问题时刻牵动着每一个幼儿、每一个家庭的幸福安康,也关系到幼儿园的可持续发展。维护幼儿的生命安全是每一位幼儿园工作者的责任和义务。安全工作是幼儿园管理的一个重要方面,只有抓好幼儿园安全工作的管理,才能保证在园幼儿的生命安全,进而实现各项教育目标。因此,安全工作在幼儿园工作中具有极其重要的意义。

(二) 幼儿园安全工作管理的原则

1. 预防为主

《托儿所幼儿园卫生保健工作规范》指出:"建立卫生安全管理制度,落实各项卫生安全防护工作,预防伤害事故的发生"是幼儿园卫生保健工作的内容之一。因此,幼儿园安全工作管理的首要原则是"预防为主,未雨绸缪"。

所谓"预防为主,未雨绸缪",也即防患于未然。幼儿园的所有工作人员都应将各项工作做到细致入微,事先预料到可能发生的种种危险,并要积极采取切实可行的防范措施,避免、杜绝各类隐患,防止危害幼儿及工作人员的事故的发生。《中小学幼儿园安全管理办法》中也明确指出:"健全学校安全预警机制,制定突发事件应急预案,完善事故预防措施,及时排除安全隐患,不断提高学校安全工作管理水平。"

预防为主并不代表消极防御,而是要采取积极的有效措施,不仅要对幼儿进行安全教育,使其养成安全意识和安全生活习惯,还要加强安全疏散演练。提高师生应急反应的能力。

2. 组织有序

倘若安全事故防不胜防,则要启动相应的应急预案,遇到突发事件不慌张,沉着冷静地启动应急预案,避免出现秩序失控的现象,师幼一起井然有序地度过危险,当机立断地保护好、维护好幼儿的人身安全。

当然,意外事故的发生是大家不愿意看到的,因此日常生活能否组织有序就显得尤其重要。工作人员应为幼儿创造和谐自然的生活条件,建立适宜的生活制度和常规,使各项活动循序渐进地进行,落实好各项安全演练工作,在日常安全管理和集中组织应急疏散演练时,可参照2014年2月教育部办公厅印发的《中小学幼儿园应急疏散演练指南》,提升幼儿园应急疏散演练的组织和管理水平,将安全预防与组织有序相互结合,共创双层保护壁垒,维护好幼儿的安全与健康。

二、幼儿园安全工作管理的内容及方法

(一)建立完善的安全工作管理体系

1. 责任到人,层层把关

幼儿园应建起安全工作责任链,园长作为第一责任人,层层签订安全责任书,明确安全管理员、门卫、教师、保育员、保健医生及各部门负责人的具体责任。将安全工作细化、明确化,使每个人都明白自己的安全工作要务,并建立责任追究制,层层把关、责任到人,使每位工作人员都承担起自己的安全责任。对于工作人员的安全意识、安全措施要常规检查和重点检查评估相结合,对于安全意识弱、安全措施不到位的直接责任人给予督导,情节严重的相应地追究责任。

2. 健全安全工作制度

幼儿园的安全工作必须面面俱到、细致入微,从踏入幼儿园大门的那一刻起,就有着一环扣一环的安全工作网,每一项安全工作都有其相应的工作制度,使各责任人"有章可循,有法可依",如,"门卫管理制度""食堂安全卫生制度""保健卫生安全制度""幼儿接送安全制度""校车安全制度""园舍安全制度""消防安全制度""交接班制度""幼儿园安全事故应急救援处理预案"等。

这类制度对每一个工作岗位上的在园职工都给予了明确的安全责任分工,确立了每一位工作人员的职责所在,如:门卫安全工作的职责、保健医生安全工作的职责、教师与保育员的安全工作职责、安全检查工作人员的职责以及食品采购员和制作员的安全工作职责等。这样一来,就可做到齐抓共管、防微杜渐,避免发生安全意外事故。一旦发生安全意外事故,也能快速找到问题所在,责任到人,避免推卸责任现象。

要定期开展安全培训并召开安全工作会议,"落实安全责任和自查自纠责任,做到年初有计划、年中有小结、全年有总结",[①]进一步完善幼儿园安全工作系统,努力为幼儿构建安全、和谐的幼儿园环境。

(二)注重创设安全的幼儿园环境

幼儿的安全极易受到意外事故的影响,减少意外事故的发生是保证幼儿安全的重要举措。诱发意外事故的原因往往分为主观和客观两个方面。幼儿园的环境设

---

① 秦明华,张欣.幼儿园组织与管理[M].上海:复旦大学出版社,2008:126.

置若不当,没考虑到安全性,那么将会成为诱发意外事故的客观因素。幼儿园的环境是幼儿在园生活的重要场所,一定要避免环境中的不安全因素,消除安全隐患可能给幼儿带来的意外伤害。

《幼儿园管理条例》第十九条规定:"幼儿园应当建立安全防护制度,严禁在幼儿园内设置威胁幼儿安全的危险建筑物和设施,严禁使用有毒、有害物质制作教具、玩具。"此外,国家教育部、卫生部、建设部联合或单独发布的文件中也确定了有关环境的安全标准,比如《幼儿园工作规程》《托儿所、幼儿园建筑设计规范》《城市幼儿园建筑面积定额(试行)》《托儿所、幼儿园卫生保健制度》等。幼儿园的园舍和设施、设备全都应是安全的;幼儿园的各类玩具、教具及生活用具也都应是安全可靠的。

(三) 确保幼儿在园一日生活中的安全

幼儿在园一日生活以时间顺序来看大致包括:入园、晨检、早餐、早操、教学活动、户外活动、游戏、午餐、盥洗、午睡、区域活动、离园等环节。每一个环节稍不注意都可能险象环生,所以必须注重一日生活中各个环节的安全,时刻牢记"安全第一",采取积极有效的安全防范措施,充分做好预防工作,确保幼儿在园一日生活中的安全。

1. 晨检环节

当幼儿的双脚踏入幼儿园的那刻起,就要拉起安全的第一道防线——晨检。晨检通过看、问、摸、查四步,对幼儿的疾病做到早发现、早治疗,某些传染性疾病还要做到早隔离;除此之外,还要能发现幼儿携带的细小、危险物品,诸如直径不足2厘米且光滑或尖锐的物品,如钉子、珠子、豆子等。这些东西虽小,危害却很大,这些被幼儿携带却不易发现的小物品,很有可能在不经意间进入幼儿的口、耳、鼻中引发刺伤、阻塞甚至窒息的危险。

2. 幼儿活动环节

幼儿的随意性很强,身体机能尚在发育中,幼儿一旦活动起来,很容易引发跌伤、扭伤甚至骨折。因此,无论是室内或是户外,都要观察、清理地面上是否有危险物品,如小玩具、小工具、石头、树枝等。其次还要检查幼儿的着装是否有利于活动,如裤子是否穿正,鞋扣、鞋带是否系牢等。最后要稳定、控制幼儿的情绪,防止过度兴奋、疯闹引起跌倒和磕碰之类的身体伤害。

3. 就餐环节

就餐环节是维持幼儿身体健康发展的环节,但也会因控制、组织不好产生生命危险。食物是幼儿吸收营养、补充能量、促进身体发育的必需品,若食物采购、烹煮、搭配出现问题,很可能诱发食物中毒之类危险等级较高的事故;为幼儿供给的食物是否带核、是否含刺,食物大小是否方便幼儿咀嚼、吞咽也都是应当考究的,要防止因为忽视食物的细节造成幼儿噎食、异物卡喉的现象。就餐环节还要防止烫伤事件发生,刚出炉的热汤、热菜要适当降低温度才能分发给幼儿,且汤要放在幼儿行走碰不到的地方。对于就餐工具的使用是筷子或是勺子则要考虑到各班幼儿的年龄特点,防止幼儿使用不利、不当而带来危害。当然,就餐过程中,幼儿的饮食习惯诸如狼吞虎咽,需要教师的指导,防止匆忙吞食造成噎食等现象。

4. 午睡环节

这个看似休息的环节也是保育者们不可掉以轻心的环节,就有幼儿在午睡环节一睡不起的真实案例。幼儿的身体稚嫩无比,生活经验异常匮乏,孩子在睡眠状态中,会因各种原因诸如被子捂闷、吞咽异物、睡姿不正等受到伤害,甚至会突发疾病造成生命危险。因此,午睡环节的照看者是不能午休的,需要不时地观察幼儿,还要做好午睡观察记录,只有细心、耐心、爱心样样俱全,才能避免悲剧的发生。

5. 与家长交接环节

带班老师与家长交接的环节有入园和离园两大环节。一般情况下,也许会有人认为,只要幼儿的家长在,老师的任务会松弛一些,因为老师们充分相信家长会对自己的幼儿负责。实则不然。入园环节,有些家长要赶时间上班,也许送到幼儿园门口就放心地走了,让幼儿自己进班;有些家长时间充裕,会与带班老师聊聊幼儿的近况。对于老师来说,这正是入园高峰时间。在这些时间,我们活泼好动的幼儿有可能不被注意到而出现安全隐患。离园环节,有少数家长从班上接走幼儿后,会在园内逗留一会儿,与老师、熟人聊聊天,或陪幼儿玩玩园内开放的玩具,稍有疏忽,就会发生磕伤、摔伤事件。园方有义务在相关开放区域附上提示语,以防发生危险。

(四) 加强安全教育以维护幼儿安全

现代幼儿园教师应树立科学的安全管理观念,既要千方百计地保护幼儿的安全,又要进行安全教育,教导幼儿辨别安危,提高自我保护能力,培养好习惯,达到促进其身心健康成长的目的,在"授人以鱼"的过程中"授人以渔"。教师要在日常生活和教育活动中,给幼儿传授基本的安全知识,结合生活实际对幼儿进行潜移默化的安全教育,使幼儿具备安全意识以及自我保护的能力。如《3—6岁儿童学习与发展指南》的健康领域中,明确地提出培养幼儿具备基本的安全知识和自我保护的能力(见表9-3),目标要求和教育建议正是幼儿园安全工作管理的内容及方法之一。

表9-3 目标3:具备基本的安全知识和自我保护能力

3—4岁	4—5岁	5—6岁
1. 不跟陌生人走,不吃陌生人给的东西。 2. 在提醒下能注意安全,不做危险的事。 3. 在公共场所走失时,能向警察或有关人员说出自己的名字、家庭地址、家长的名字或电话号码。	1. 在公共场合不远离成人的视线单独活动。 2. 认识常见的安全标志,能遵守安全规则。 3. 运动时能主动躲避危险。 4. 知道简单的求助方式。	1. 未经大人允许不给陌生人开门。 2. 能自觉遵守基本的安全规则和交通规则。 3. 运动时避免给他人造成危险。 4. 知道一些基本的防灾知识。

(五) 提高幼儿园对突发事件的应急处理能力

广义的突发事件"都是在政府机构和广大民众毫无准备的情况下瞬间发生的,

给社会和公众带来极大的惊恐和混乱"[1]，如汶川地震这样的自然灾害。幼儿园中的突发事件，往往是在幼教工作者、幼儿以及家长始料未及的情况下瞬间发生的，会给家庭、幼儿园甚至社会带来不安和伤痛。

"预防为主"是安全工作的首要原则，但有时还是会防不住突发事件给幼儿带来或轻或重的身体伤害；安全教育虽然能逐步提高幼儿的安全意识和自我保护能力，但幼儿的身心终究达不到成人掌控各类事件的水平。

幼儿年幼弱小，他们的自我保护意识、自我保护能力很低，当他们面对突如其来的意外危险时，多难以自保，从而招致或轻或重的人身伤害。在幼儿园里，就十分需要教师来预防险情发生，来保护幼儿的安全。不同的突发事件，处理的方法也不同，但有一点是相同的，就是无论遇到哪种突发事件，处理时都需要准确、及时、果断。这就要求幼儿园教师了解突发事件的常见起因，做好突发事件的预防工作，熟知各类事件的应急预案，掌握应对突发事件的种种措施，将各种突发事件对幼儿的伤害降到最低。

幼儿园的常见安全事故有：碰伤、摔伤或扭伤、锐器刺伤或切割伤、坠落伤、烧烫伤等。幼儿园教师对这类事故有比较丰富的处理经验，然而，对一些突发事件，教师的处理经验还明显不足。这些突发事件既可能是天灾，也可能是人祸，比如地震、火灾、海啸、交通事故、人为恶性伤害事件等。这些事件一旦发生，对幼儿来说生命攸关，如处理不当，将造成无法挽回的损失。所以有必要通过有针对性的训练，来提高幼儿园工作人员的应急处理能力。

国家认识到学校工作人员应急处理能力的重要性，因此加强了对中小学幼儿园应急疏散演练工作的指导，以提升学校应急疏散演练的组织和管理水平。教育部于2014年2月发布了《中小学幼儿园应急疏散演练指南》，指导全国各地的中小学、幼儿园开展应急疏散演练。这种演练十分必要，幼儿园园长一定要部署落实该指南的要求，以备不时之需。

突发事件本身有时很复杂，"其爆发的时间、地点、方式、种类以及影响的程度"[2]不免超出人们的常规思维，发生时人们有时甚至来不及做出正确的第一反应。若在幼儿园内发生了危机，幼儿园教师难以第一时间做出正确的处理，其危害性不仅仅体现在幼儿的伤亡、家长的伤痛、幼儿园的损失上，而且还会损害到幼儿心理和社会心理。因此，提高对突发事件的应急处理能力必须提到幼儿园管理的日程上，这是一项至关重要的内容。

第四节 幼儿园保育工作档案管理

《幼儿园工作规程》中第十九条提出，"幼儿园应建立幼儿健康检查制度和幼儿健康卡或档案"；《托儿所幼儿园卫生保健管理办法》（2010年3月）第十五条中也指

---

[1] 丁文喜.突发事件应对与公共危机管理[M].北京:光明日报出版社,2009:15.
[2] 丁文喜.突发事件应对与公共危机管理[M].北京:光明日报出版社,2009:16.

明要"建立健康检查制度,开展儿童定期健康检查工作,建立健康档案",还要"做好各项卫生保健工作信息的收集、汇总和报告工作"。幼儿园管理者要研究如何将此项工作的效益最大化,使保育工作者能主动、高效地完成这项工作。

一、保育工作档案管理的意义

"档案是人类在各项实践活动中形成的,留存以备查考的历史文件。"[①]幼儿园的保育档案是对幼儿园保育工作成果的综合反映,是具有一定的查考、利用、保存价值的各种文字、图纸、音像的载体。保育档案的管理就是对这些历史记录的有序管理,它是幼儿园中保育工作的依据、凭证和总结。幼儿园保育工作档案的管理不仅对幼儿、家庭、幼儿园有重要作用,而且还与每一位保育人员的职业发展息息相关。

保育资料整理得越细致、越丰富,就越有利于保育工作的开展和完善。保育工作档案不仅仅记载着保育工作需要遵守的工作依据、细则,还有各项纷繁工作的具体操作方法、评价标准、幼儿的发展现状、职工的工作状况以及众多的观察记录表、案例反思等。保育工作档案有利于保育工作者们积累经验,摸索规律,提高保育工作的水平、质量。

保育工作档案积累的过程,可以反映出保育工作者的业务发展过程。管理者可以通过查阅每个保育工作者的业务档案来研究保育工作者的职业发展状况,测评保育工作者的道德修养、理论素质以及实践技能等,从而进一步为保育工作者提供适宜的培训,以强化其技能,更好地促进保育工作者的专业发展。

因此,加强保育工作档案管理,不仅能为幼儿在园的卫生保健和安全保驾护航,还能作为"时时跟踪"的档案索引,为管理保育员、卫生保健人员提供工作时的参考依据。保育工作者可以从保育档案中看到自身进步的过程,从而提高自己学习、钻研的积极性,促进幼儿园保育质量的提高。

二、保育工作档案管理的内容

为了更好地发挥保育工作档案的作用,管理者应将保育工作档案分类保管、存放。幼儿园的保育工作档案主要分为卫生保健类档案和安全工作管理档案。

(一)卫生保健类档案

卫生保健的相关档案主要是有关幼儿的健康发展状况、幼儿园的环境卫生与营养膳食工作的计划总结,国家相关部门和具体幼儿园制定的各类规章制度,以及各类观察、记录、分析、测评等纸质和电子材料。

1. 保育文件类

保育文件指的是国家相关部门和幼儿园制定的各类规章制度。如:消毒隔离工作规范,保育工作细则,托儿所和幼儿园卫生保健管理办法等。

2. 保育计划类

保育计划包括保育工作计划(学期保育计划、月保育计划、周保育计划)、保育研

---

① 吴邵萍.幼儿园管理与实践[M].南京:江苏教育出版社,2012:240.

究计划(对幼儿的健康发展水平研究计划、对职工的保育行为研究计划),以及各种保育培训计划等。

3. 保育登记类

幼儿园保育工作的常规登记有晨检记录、喂药记录、出勤记录、全天观察记录、卫生消毒记录、午睡记录、常见病记录、患病幼儿专案记录、意外伤害记录、体检手册、预防接种登记、各种观摩活动记录等(见表9-4、9-5、9-6、9-7、9-8、9-9)。

4. 保育测评类

保育测评工作包括各种观察记录表、幼儿体格发育测评、保育教师保育保健考核项目细则、考核记录、评议标准和结果等。

5. 保育工作总结类

保育工作总结包括保育工作者的亲身经验总结、保育笔记、保育案例专题和反思等。

表9-4　出勤统计表

＿＿＿＿＿＿＿＿年

月份	在册人数	应出勤人数	应出勤人次数	实际出勤人次数	出勤率%	缺勤分析		
						病假人次	事假人次	其他人次
一月								
二月								
三月								
四月								
五月								
六月								
七月								
八月								
九月								
十月								
十一月								
十二月								
合计								

使用说明:

1. 凡有寒暑假的园所,全年出勤率的统计不包括1—2月和7—8月

2. 统计指标

(1) 年出勤率＝全年实际出勤人次数/全年应出勤人次数(各月应出勤人次数之和)×100%

(2) 月出勤率＝当月实际出勤人次数/(当月在册人数×当月出勤人数)×100%

表 9-5　幼儿园消毒登记表

日期	消毒物品							消毒方式					消毒时间	经手人签名
	空气	教玩具	卧具	地面	台椅	食具	生活用品	紫外线	红外线	浸泡	过氧乙酸	次氯酸钠		

表 9-6　意外事故登记册

幼儿园(托儿所)名称：

姓名		性别		年龄		班级	
事故发生时间：				事故发生时的活动：			
事故发生地点：							
损伤部位				损伤恢复时间：			
愈后				当班负责人：			

事情经过

处理经过

分析(事故性质)

家长意见

园长意见

表 9-7　晨检及全日健康观察记录

日期	姓名	班级	晨检情况	全日健康观察（症状与体征）	诊断	处理	检查者
			家长口述与教师检查				

表 9-8　疾病统计表

年月日	在园儿童数	上呼吸道感染	支气管炎	哮喘	肺炎	鼻炎	中耳炎	扁桃体炎	结膜炎	肠炎	佝偻病	缺铁性贫血	其他	总发病数	总发病率(%)

表 9-9　幼儿园儿童体检登记表

班别：													
姓名			性别		出生日期								
检查日期	实足年龄	身高(W)				体重(H)				W/H评价	视力		血色素	HAA	备注
		厘米	评价	增长	合格	千克	评价	增长	合格		左	右			

增长指与去年同期比较,增长≥5厘米,体重≥2千克为合格

(二) 安全工作管理档案

《中小学幼儿园安全管理办法》第二十七条指出:"学校应当建立安全工作档案,记录日常安全工作、安全责任落实、安全检查、安全隐患消除等情况",且"安全档案作为实施安全工作目标考核、责任追究和事故处理的重要依据"。

齐全的安全资料、完整的记录整理是幼儿园安全工作常规化、精细化管理的一个重要呈现。从各类安全制度到日常安全工作细则,可以将安全工作档案充实得满满当当,使幼儿园的安全工作有据可依、有法可参。全面、严格的档案管理线能使幼儿园的安全管理工作得到细化,使幼儿园安全管理无盲区。

1. 安全文件类

诸如《中小学幼儿园安全管理办法》《中华人民共和国食品安全法》《中华人民共和国食品安全法实施条例》《学校食堂与学生集体用餐卫生管理规定》《中小学幼儿园应急疏散演练指南》等,这类与幼儿、幼儿园的安全息息相关的政策法规、指南是要首先列入安全工作的档案,是幼儿园工作者应重点学习和谨记的文件。

2. 安全制度类

安全制度包括每日安全检查记录制度、幼儿出勤以及接送制度、门卫管理制度、各种事故紧急预案制度(诸如幼儿意外受伤事故应急预案,火灾、地震、海啸、台风应急预案,食物中毒应急预案,盗窃案件预案等)。

3. 安全记录类

每日安全常规需要留下检查记录的印记,条条框框录入档案,或以纸质或电子文档的方式呈现出来;当幼儿在园出现突发状况诸如生病、磕伤、碰伤、头晕、心慌等时,需要记录幼儿的姓名、班级、时间、地点以及教职工的应对处理方法、反思;尤其是大型突发事件的安全工作记录,关系到幼儿的生命和幼儿园的生存活力。以上种种都需要明确、细致记入档案,以使各项安全工作留下痕迹而备不时之需。如表9-10所示。

4. 安全教育类

加强幼儿疾病防治需要幼儿园相关人员做好预防和宣传工作。幼儿园安全工作教育的对象包括幼儿、家长以及园内各类教职工,教育的途径和方式是多种多样的,可以把图片、视频、文档、录像等作为传播的媒介。这些安全教育资料需要相关工作人员细心梳理,并根据时代的进步、医学的发展,时时更新、传播科学的有关安全事务的预防、处理办法,为幼儿安全保驾护航。

表9-10 某幼儿园安全检查记录表

检查单位:　　　　　　　　　　　　　　　　年　　月　　日

项目	检查要点	检查结果
机构与制度	建立安全工作组织机构	
	健全各项安全制度(会议、工作、报告、幼儿接送、应急预案、园车管理等制度)	
	与教职员工、家长签订安全责任状	
	安全工作记录,定期安全自查记录	
园舍	园舍墙壁是否裂缝、倾斜	
	户外围墙是否鼓胀倾斜,围栏是否松动	
	楼梯扶手护栏及防护栅栏是否锈烂、松动	
	窗扇是否掉落,门窗玻璃是否破损、裂纹	
	落地大玻璃要求为钢化玻璃,且应设警示标志	
	楼梯、走廊没有封堵,疏散通道畅通	
安全	用电线路接头及开关无破损、裸露	
	灯、展板、悬挂物品等牢固	
	照明正常	
	卫生间设施牢固、无棱角,地面防滑	
	食堂设备符合卫生标准及要求	
	液化气罐储藏间与操作间分离,液化气罐仅一个,管道设置合理,安装报警器	
	大型玩具牢固、无破损,玩具、教具无尖角	
	教职员工每年进行体检	
	教职员工无精神病、传染病等	

续表

卫生安全	每日检查幼儿个人卫生	
	室内外环境卫生干净、整洁	
	定期向家长、幼儿做好卫生保健宣传教育	
	从大型超市购买食堂肉食、熟食、牛奶、豆制品等	
	幼儿伙食符合卫生标准,坚持留样并按标准及时消毒	
	按食谱营养配餐,无克扣幼儿伙食现象	
	食堂各项账目清楚,实事求是地进行及时填写	
门卫管理	幼儿园封闭管理	
	有人员值班,坚持每日定时巡视	
	出入人员进行登记	
消防安全	安全出口、疏散通道、消防通道畅通	
	设有疏散指示标志,有应急照明设施	
	配备足够有效的灭火器,消火栓能正常使用	
	幼儿寝室、活动室无违章用火、用电现象	
	幼儿寝室、活动室无影响疏散、灭火的栅栏	
	教职员工能正确使用消防器材	
	定期组织幼儿进行安全演练	
园车安全	园车均进行登记注册,有"接送幼儿车"牌	
	园车每日有运营记录,做到不超载	
	严格按每12名幼儿配备一名随车管理人员,并有记录	
周边安全	幼儿园周边环境情况	
	幼儿园周边交通安全情况	
其他方面		
主要问题		
园长签字		检查人签字

资料来源:互联网

随着教育信息化的发展,近年来,一些幼儿园采用了智慧校园管理手段,配置摄像头、显示器、电脑等硬件设备,使用其软件系统,提高了幼儿园安全、保健、保育管理的效率,这一趋势值得关注。

思考与练习

1. 你怎样理解幼儿园的保育工作？其地位和作用有哪些？
2. 幼儿园保育工作管理的内容有哪些？责任人是谁？
3. 幼儿园卫生保健工作有哪些内容？管理时有哪些要求？
4. 如何对幼儿在园的一日生活进行科学合理的安排？
5. 对幼儿进行健康管理时应做些什么？
6. 什么是幼儿园安全工作管理？应当遵循哪些原则？
7. 什么是保育工作档案管理？其内容有哪些？
8. 你是否遭遇过突发的危机？是怎样应急处理的？分析幼儿园中可能出现的突发事件类型，讨论应急对策。
9. 请课外查找教育部颁发的《中小学幼儿园应急疏散演练指南》，学习该指南的内容，讨论幼儿园应该怎样贯彻落实其要求。
10. 请查找 2014 年 3 月我国几个地方出现的"药儿园"事件的报道，讨论评价此类事件的发生原因、后果、社会影响和管理对策。

第十章　幼儿园教育工作管理

1. 了解幼儿园教育工作管理的依据，明确其目标和内容。
2. 了解幼儿园教务管理的意义和内容。
3. 熟悉幼儿园教育过程管理的主要环节。
4. 掌握幼儿园质量管理观念，能运用于实际工作。
5. 明确幼儿园教研和科研活动的含义和内容要求。

【本章导读】　在学前教育理论中，一贯强调幼儿园的主要业务是保教工作，又称教养工作。在幼儿园实践中，幼教工作者在保教结合观念的指导下，联系幼儿园班级工作的实际需要，相对地将保育和教育分开，由保育员和幼儿园教师分别承担主要责任。保育员的工作内容是照顾好全班幼儿的生活起居及相关事宜；而幼儿园教师的主要职责是，按照教育部颁布的《幼儿园教育指导纲要（试行）》和《3—6岁儿童学习与发展指南》的要求，开展适合幼儿心理发展水平的各种教育、教学和游戏活动。这些工作专业性强，对教师的要求高，有特定的管理程序。本书依据《幼儿园教育指导纲要（试行）》的精神，将保育与教育分为两章，分别较深入地阐释各自的管理主体、内容、方法和要求等，便于读者把握两大业务内容的具体管理要求，并有利于园长在实际管理中全面正确地管理幼儿园的保育工作和教育工作。

本章首先谈对幼儿园教育工作的认识，分析其特点、管理主体和管理目标任务；介绍幼儿园教务管理的作用和内容；接着分别讨论幼儿园教育过程管理、教育质量管理的相关内容；最后探讨幼儿园教研和科研活动管理的意义、方式和途径。

第一节　幼儿园教育工作概述

教育工作是指对幼儿实施的五大领域的教育、教学和游戏活动，是幼儿园保教业务工作中的重要内容，是幼儿园管理的重点。管理好教育工作对于促进幼儿在体、智、德、美诸方面和谐发展，培养幼儿活泼开朗的个性等，具有十分重要的意义。

一、幼儿园教育工作的含义和依据

（一）幼儿园教育工作的含义

本章所界定的幼儿园教育工作，是指幼儿园里有目的、有计划地开展的教育教学活动。这种界定是基于对"教育"的狭义理解。广义上的教育活动是指，幼儿园为促进幼儿身心全面和谐发展而创设的环境、开展的所有教育活动,无论是有计划的还是随机的。本章采用狭义的角度来谈幼儿园的教育工作,它主要包括班级的日常教育教学活动和全园性的教育工作两大类。

其中,班级的日常教育活动有:幼儿园每天上午,在各个班级所开展的集体教育活动(即口头说的"上课")、班级的区域活动、下午的游戏活动、蕴含在一日生活中的随机教育活动;全园性的教育工作形式有:教务工作、幼儿园的课程模式选择,教育计划的制订、执行和检查评价,教研活动和科研活动的开展等。这些教育活动,都需要幼儿园教师在园长的指导下,事先做好计划,做好各种准备,实施之后还要进行反思,以便于今后进一步完善。

幼儿园的教育活动是全面贯彻我国幼儿教育方针,培养体、智、德、美全面发展的身心和谐的现代中国幼儿的主要途径。而教育工作的成效,主要取决于幼儿园管理者对它的管理是否有效,因此不断加强和改善对幼儿园教育工作的管理,就成为幼儿园管理者的一项经常性的管理任务。

(二)幼儿园教育工作的依据

1. 政策文件

我国发布的学前教育文件中,有很多涉及幼儿园教育方面的规定。其中,下列两个文件更是专门针对教育活动而制定的,它们集中规定了幼儿园教育工作的目标、内容、方式和要求,是幼儿园教师开展幼儿教育活动的最直接依据。

(1)《幼儿园教育指导纲要(试行)》

《幼儿园教育指导纲要(试行)》以下简称《纲要》是本书将教育工作管理与保育工作管理分开论述的主要依据。《纲要》是根据党的教育方针和《幼儿园工作规程》以下简称《规程》而制定的,是指导广大幼儿园教师将《规程》的教育思想和观念转化为教育行为的指导性文件,全面规定了幼儿园教育工作的目标、内容和要求。《纲要》指出幼儿园的教育要从五个领域开展,分别是健康、语言、社会、科学和艺术。《纲要》的第三部分论述了幼儿园教育活动的组织与实施要求,详见下列节选。这部分以"教育活动"为关键词,因为它是面向广大一线教师而制定的,教师的工作是开展丰富多彩的具体教育活动。而站在幼儿园管理者的角度,园长要管理的不是具体的教育活动,而是全园各年龄班教育活动的计划、组织、实行、检查和评价等工作,它以教育活动为核心,但涉及面更广泛,故而常被称为"教育工作"。

(2)《3—6岁儿童学习与发展指南》

教育部2012年9月发布的《3—6岁儿童学习与发展指南》以下简称《指南》,是为了深入贯彻《国家中长期教育改革和发展规划纲要(2010—2020)》,落实《国务院关于当前发展学前教育的若干意见》,帮助广大幼儿园教师和家长了解3—6岁幼儿学习与发展的基本规律和特点,全面提高科学保教水平,而组织专家研究制定的。《指南》从健康、语言、社会、科学、艺术五个领域描述幼儿的学习与发展,每个领域按照幼儿学习与发展最基本、最重要的内容划分为若干方面,每个方面由学习与发展目标和教育建议两部分组成。目标部分分别对3~4岁、4~5岁、5~6岁三个年龄段末期幼儿应该知道什么、能做什么,大致可以达到什么发展水平提出了合理期望,指明了幼儿学习与发展的具体方向;教育建议部分列举了一些能够有效帮助和促进幼儿学习与发展的教育途径与方法。

为了便于一线幼儿园教师准确把握儿童学习和发展目标,《指南》除了文字表述以外,还以醒目的表格形式,详细地列举出各年龄段幼儿的发展目标,这为幼儿园开展教育活动提供了直接的依据。(具体目标体系请参见《指南》)

(3)《幼儿园保育教育质量评估指南》

2022年2月,中华人民共和国教育部为深入贯彻全国教育大会精神,加快建立健全教育评价制度,促进学前教育高质量发展,根据中共中央、国务院《关于学前教育深化改革规范发展的若干意见》和《深化新时代教育评价改革总体方案》精神,特制定《幼儿园保育教育质量评估指南》。

《幼儿园保育教育质量评估指南》以促进幼儿身心健康发展为导向,聚焦幼儿园保育教育过程质量,及影响保育教育质量的关键要素围绕办园方向、保育与安全、教育过程、环境创设、教师队伍等五个方面提出15项关键指标和48个考查要点,旨在引导幼儿园全面贯彻党的教育方针,落实立德树人根本任务,尊重幼儿年龄特点和发展规律,坚持保育教育结合,以游戏为基本活动,不断提高幼儿园办园水平和保教质量。

2. 理论依据

幼儿园开展多样化的教育工作,还应该考虑一些理论依据,包括学前教育方面的理论、儿童心理学理论,以及教育管理理论等。一般来说,国家政策文件的制定离不开正确理论的指导,但是光依靠政策还是不够的,还必须学习多种理论知识,吸收其中的营养,运用到幼儿园的常规教育教学、游戏、教育改革、课程管理、教研科研活动中。同时,很多幼儿园认真地摸索自己幼儿园的特色,培养幼儿园的优势,进行园本课程开发,甚至立项做课题研究。这些工作是班级幼儿教育工作的拓展和深化,构成了幼儿园教育工作的有机成分。这些工作的开展,更是离不开专业前沿理论的指导。

3. 幼儿园的实际依据

幼儿园教育工作的开展,还必须考虑本园的实际条件,包括教师水平、幼儿发展水平、教学设备教具用品、场地设施、家长的支持度等多方面。幼儿园自身的基础和综合条件,对幼儿教育活动的开展有直接的影响。幼儿园教育目标的细化、内容方法的选择、课程改革、教研探索等,都受限于幼儿园的硬性和软性条件。

二、幼儿园教育工作的地位

幼儿园以教育为中心,要求园长在安排幼儿园的工作时坚持以教育为主,统筹安排好其他工作,在计划的制订上要突出中心任务的要求,在经费的使用上要保证中心工作的需要,在制度的制定上要围绕教育中心的需要,使全园的工作有重点、有层次地协调配合。主要与次要、局部与整体相得益彰,最终保证幼儿教育目标的实现,有力促进幼儿的身心和谐发展。

教育工作在幼儿园工作中的重要地位,反映出对教育工作进行科学管理的重要意义,教育工作管理的好坏直接关系到幼儿园的生存与发展大计,关系到人才培养的质量。从这个意义上讲,教育工作管理的水平在很大程度上代表着幼儿园的管理水平。任何一个合格的幼儿园园长都不可忽视对教育工作的管理。

图10-1表达的是幼儿园教育工作在幼儿园管理中的地位,采用幼儿教育的习惯用语"保教工作",因为教育工作是"保教"中的重要部分。

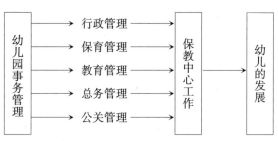

图10-1　教育工作在幼儿园中的地位

三、幼儿园教育工作的特点

幼儿园的教育工作是具有丰富内涵的一门学问,它是幼儿园教师对幼儿所施加的有目的、有计划的影响活动,具有自身的特点,因而在管理上有相应的特殊要求。

(一) 教育工作的专业性

在幼儿园等托幼机构中对儿童集体施以保育和教育,是一项专业性较强的工作,只有在儿童心理学、儿童卫生学、儿童教育学等专业理论的指导下,遵循一系列的正确原则,运用熟练的教育技能,采取灵活多样的方法去开展,才可能取得理想的教育质量。这项工作在管理上客观地要求园长选择那些接受过系统的幼儿教育专业训练的幼儿园教师和具有爱心、责任感,并懂得儿童生活护理常识的保育员来从事对幼儿的科学教养工作,而且对这些专业人员在职后还应不断地加强管理,不断地提高她们的敬业精神和业务能力,因为在幼儿的面前,她们的一切言谈举止都具有示范性和教育性。

随着幼儿教育事业的不断进步和广大家长对于高质量幼儿教育的期望值的提高,幼儿园中用专业人做专业事具有必然性;随着幼儿教育师资培养途径的不断增加,用专业人才做专业的事更成为可能。因此,为了管理好幼儿园的教育工作,一定要有内行的园长和专业化的教职工队伍为基础,并注意因事之需选聘人,做到知人善用。这是教育业务管理的首要一环。

(二) 教育目标的层次性

幼儿园的教育目标是幼儿教育工作的出发点和归宿,它能对幼儿的保育和教育工作起规定、指导和调控作用。幼儿园的教育目标自身可视为一个系统,该系统中的目标可以划分出不同的层次。

从纵向的角度来看,幼儿园的教育目标可分为五个层次。

第一层次的教育目标是国家所明确提出的幼儿保育和教育目标。《幼儿园工作规程》第一章的第五条对于幼儿在体、智、德、美诸方面应达到的总目标做出了明确的阐述。这是最高层次的幼儿教育目标，它规定着幼儿经历了三年的幼儿园集体教养后所应达到的人才质量规格要求。

第二层次的是幼儿园小班、中班、大班各年龄班的教育目标。以一年为周期，它们是上一级总目标在幼儿不同年龄阶段上的具体化，应遵循循序渐进的原则，由小到大逐步提高要求，以致达成总目标。这套目标在《指南》中分解得很清楚。

第三层次的教育目标为每学期教育工作的目标。按照幼儿园的有效教育时间，以学期为周期将第二层次的目标分解开来，置于更明确的时间内，保证目标的落实。

第四层次是各班教师所制订的月计划目标或周工作目标等。

第五层次的教育目标是幼儿一日生活各环节、每一节集体教育活动或游戏应达到的具体目标。

上述由统一到多样的教育层次目标，组成了幼儿园教育工作目标的网络系统。该目标系统的建立是幼儿园教育业务管理中很重要而又较具难度的一环。这就要求从园长到每个教师都应能正确理解幼儿教育目标，并善于将较概括的目标层层分解，具体化为教师易于掌握的、便于教师操作的目标，这样有助于教育活动的有效开展。只有这样，才有可能实现幼儿个体的真正发展，最终实现幼儿园教育的目的。

（三）教育方式的科学性

对幼儿群体的教育，有着许多既严格而又有创造性的要求，其方式途径是多种多样的，无论何种方式的教育行为，都必须适应儿童心理发展的规律，遵循学前教育科学的要求。幼儿的一日生活活动、集体教学活动、游戏等教育途径，都必须尊重幼儿的生理和心理发展规律，严格依照科学性的要求去组织实施。班级是开展教育工作的基本单位，编班时，无论是对幼儿的年龄、人数，还是教师、保育员的搭配都有一定的讲究，否则便难以达到有效的目的。

为了保证幼儿教育工作的成效，幼儿园教育管理者和教师都应具备良好的幼儿教育专业素质，并在实际工作中不断地摸索创造，以科学的方式方法去教育好广大幼儿，促进他们的身心和谐发展，坚决杜绝不尊重幼儿身心发展需要的错误做法，避免对幼儿产生不良的影响。

为了进一步探索教育适应幼儿和促进幼儿发展的规律性，许多幼儿园还不失时机地开展多种形式的教研和科研活动。同样，这类活动只有按照科学化的要求逐步开展，才有可能得出客观可信的结论。

（四）教育过程的连续性

幼儿教育是教育大系统中的子系统，它同样存在教育周期较长的现象，三年幼儿园的生涯存在过程性，教育工作必须在一个个具体的阶段中进行，构成一个连续的幼儿园教育过程。这就要求幼儿园整体和各班做好各阶段教育工作的衔接。无论是教育目标的制定、教育内容的安排，还是生活常规的养成等都应做到衔接自然，逐步提高。人员的变动、环境的变迁等外因都不得打断教育中心工作的连续性，而应尽快地调整到适应工作需要的状态，步调一致、坚定不移地实现各阶段教育目标。

(五)教育成果的集体化

幼儿园的教育工作是以班为基本单位而开展的,而班的构成是由幼儿集体和教师集体组成的。幼儿园各班级的教师不像中小学教师实行分科教学,而是对教育工作全面负责。通常每班两个教师,一人执教上午时间,一人执教下午时间,上午以集体教学为主,下午以游戏为主,以星期为周期,轮流上岗位;一周之中幼儿所有科目的教育任务她们都承担着,传统的说法为体育、常识、语言、计算、音乐、美工六科教学,一人独当,现在的说法是幼儿健康、社会、语言、科学、艺术各领域的教育任务都要全面承担。此外,还要按照保教结合的原则,对幼儿的保育承担责任。与此同时,各班保育员不仅要做好幼儿的生活护理事务,同样要以自己的良好素养去教育或潜移默化地影响幼儿,参与优化班组的教育环境,配合和协助教师开展室内、室外各种教育活动或游戏。这样,每个班三位幼儿教育工作者以集体协作的形式对全班幼儿施以保育和教育,全班幼儿的发展情况取决于该班教师集体的劳动,而不能单纯地归因于某一位教师的作用。这是教育成果集体化的重要体现。

班级教师集体是形成幼儿集体的前提,教师的集体劳动是产生教育成果的重要影响源。因此,园长必须注重班级教师集体的组建和管理,培养其具有进取心、合作精神,具有正确的儿童观、教育观,掌握现代良好的教育艺术和方法的教师集体,为教育质量的不断提高、教育成果的不断扩大奠定坚实的基础。

上述幼儿园教育工作的主要特点及相应的管理要求,主要是从管理的角度出发而提出的,对它的充分分析有助于提高园长对教育业务管理的理性认识。同时,这些主要特点也在一定程度上显示了教育工作管理内容的广泛性、任务的艰巨性和方法的复杂性,以及意义的重要性。

四、教育工作管理的任务

幼儿园教育工作管理的任务在于:依据国家所规定的幼儿教育的任务和目标,以及政府教育行政部门所颁布的课程纲要,确定好幼儿园的教育所应担负的任务和应实现的目标,遵循教育工作及其管理的客观规律,对幼儿园的教育工作进行科学的决策,合理的安排、计划、组织、指导和控制,以达到提高教育效率和提高教育质量的目的。

对上述教育工作管理的总任务,我们可从三个方面加以理解。

(一)督促和帮助教师树立正确的幼儿教育思想,提高业务水平

教师的教育思想是指教师对幼儿教育本质的认识,包括对幼儿教育作用地位的认识,对幼儿教育的基本任务、目的的认识,对教育对象的认识和态度,对教师自身职业的认识和态度等。简而言之,人们常说的幼儿教育观、儿童观、教师观、人才观等构成了幼儿园教师教育思想的主题。

教师在从事教育实践活动的过程中,无不受某种教育思想的支配,而教育思想的正确与否,直接影响到培养目标、办园方向等根本性问题,直接影响到幼儿教育的质量。所以,园长对教育工作的管理,首先是教育思想的引导。当前应将教师的思想统一到《纲要》和《指南》的精神上来。树立明确的教育目标意识，面向全体幼儿，因材施教，采用灵活多样的教育形式，促使每一个幼儿都能在其原有水平上得到发展，让幼儿在每日的活动中，身心愉快、主动活泼地得到发展。

在端正教师的教育思想的前提下，通过教育工作实践积累，通过多种形式的教研科研活动，帮助教师不断提高教育业务水平。只有良好的思想观念与高超的教育能力相互配合，才能育出更高水准的幼儿教育之花果。园长应立足于工作实际，利用多种途径对广大教师和保育员开展在职培训、在岗练兵活动，既提高她们的专业理论水平，又提高她们的实际工作能力。当前幼儿园工作实践中教研活动和科研活动日益普及，正是源于更新教师的教育思想、形成良好的教育行为的客观需要。

（二）建立和维持良好的教育工作秩序

良好的教育工作秩序是教育工作有条理有节奏地顺利开展的有力保证。良好的教育工作秩序，要求幼儿园的教育工作有步调一致的指挥组织，并建立科学合理的作息时间，对一日活动内容的各环节进行合理的安排，同时督促教师严格执行工作常规要求；要求师生编班合理稳定，教师与家长关系顺畅，园内相关工作配合协调；要求教学资源系统保障及时有力等。这就有必要将每周、每日的教育活动程序化、制度化，严格地按制度行事。

（三）把握教育管理过程，努力提高幼儿教育质量

教育质量的好坏，受多种因素的影响。教育过程中的监督和调控是必不可少的手段，这也是园长管理教育工作中的一项长期而艰巨的任务，从教育计划的制订、执行，到检查和评价教育实效，这些周而复始的常规教育管理，是园长的重要工作内容，也是保证教育质量所必需的。应克服"幼儿园教育无所谓质量不质量"的错误思想，应依照国家有关文件中规定的教育目标，制定全面正确的儿童发展质量标准体系，坚定不移地保育、教育好儿童，为其一生的发展奠定良好的基础。幼儿园还可从本园实际出发对各项具体的教育工作提出质量标准，作为教师工作的奋斗目标，并将各种质量标准作为检查的依据，规范和引导教育工作的健康运行，达到实现工作目标的根本目的。

以上三方面的任务是密切联系的，它们之间的关系表现为：教育思想是开展各项教育工作的根本指导思想，具有方向性，园长应把好这一关，并贯穿于管理的全过程中；教师的业务水平是体现教育思想的外在形式，教师工作能力、业务水平等，既受制于教育思想，又影响到教育质量，因此提高教师的业务水平具有关键的作用。全园的教育工作程序为每个教师工作的开展提供了外部条件，秩序正常与否，既影响到教育过程的进行，也影响到教育质量的实现情况，园长应加强管理，排除各种干扰，为教育工作的顺利进行提供有力的保证。提高教育质量是管理的根本目的，这有赖于幼儿园各方面人员共同提高工作效率来达到。

显然，提高教育质量是教育工作管理的核心，也是归宿，教师的思想和水平是前提，良好的工作程序是保证，只有各方面任务有机结合，才能做好教育工作。

五、教育工作管理的指挥系统

管理的一般原理认为：管理是人类集体劳动的产物。幼儿园的教育工作涉及园长、教师、保育员、幼儿和其他行政总务人员，是多层次各部门人员的集体协作活动，面对这种现状，首要的任务便是建立一个指挥系统。

幼儿园教育管理的指挥系统也即教育工作的管理系统，通常由三个层次组成：首先是由园长、副园长组成的决策层、管理层，其次是由教育干事（又称业务助理等）、教研组长组成的管理、执行层，再次是由班长们组成的具体管理层。该系统虽然存在分工不同、权限不一等问题，但每个层次的成员都负有一定的职责，共同组成幼儿园教育管理的指挥系统。

在这个系统中，园长层主要负责对幼儿园教育工作的决策和教育制度的健全、教育目标的确定、教育过程的控制和质量的监测等内容。教育干事在园长的领导下主要负责班级的编排、活动时间表的安排、教学计划的检查及其他教务活动。教研组长负责全园的教研活动，乃至配合园长开展课题研究专项活动。班长负责安排和控制本班一切教育工作的具体开展，确保教育目标落实到幼儿的发展中。

幼儿园教育管理的指挥系统，应是健全有力、性能良好的管理系统。各层次之间应有分工合作的意识，既明确各自的职责范围，把握各自的管理重点，又能配合默契，上级的指挥能得到及时准确的反映，平级部门协调自如。同时，该指挥系统还应成为一个自下而上、传递通畅的反馈系统，这将十分有利于掌握工作实情，纠正管理中的偏差，提高管理的有效性。

第二节 幼儿园教务管理

教务可理解为教育教学服务，一般教育机构中都有必不可少的教务工作需要处理，它是维护正常的教学程序、保证教学质量的重要条件。幼儿园中的教务是指为班级的教育活动服务，包括招生、编班、安排作息时间表、活动表及资料管理等。

一、招生

《幼儿园工作规程》规定："幼儿园每年秋季招生。平时如有缺额，可随时补招。"招生是教育管理的起始环节，为使招生工作做到有条不紊，应考虑以下几方面的事项。

（一）确定招生对象的条件和数量

幼儿园的招生有特定的要求。招收哪些儿童，一次招收多少儿童，都会受制于幼儿园主办者的政策和幼儿园的实际条件，因此应从幼儿园的服务范围、幼儿的年龄、幼儿的身体状况等方面综合考虑。

幼儿入园，不能采取考试或测查智力等方式进行筛选，而应进行必要的儿童体格检查，符合招生条件、体检合格的幼儿，可以准备入园。对于身残、有先天性疾病或明显弱智的幼儿,应劝其进入特殊儿童教育机构接受教养。

每学年新收幼儿的数量,应遵照国家对幼儿班额(即每班幼儿的人数)的规定,依照幼儿园的实际条件而确定。《幼儿园工作规程》规定:幼儿园每班幼儿人数一般为:小班(3周岁至4周岁)25人,中班(4周岁至5周岁)30人,大班(5周岁至6周岁)35人,混合班30人。寄宿制幼儿园每班幼儿人数酌减。为取得高质量的保育和教育,我们反对每班招收过多幼儿的不良做法。

(二)有秩序地组织招生工作

为了保证每年秋季新学年工作的有序开展,幼儿园的招生工作可以按以下步骤有秩序地展开。

1. 公告招生计划

在确定好招生对象、条件和限额的前提下,每年六月份通过多种渠道(如向服务范围内的各相关单位发书面通知、通过广播等传媒通告)向社会和家庭发布招生信息。

2. 报名及初次审查

集中时间,统一对报名者的一般条件资格进行审查,初次确定可招的幼儿。一般而言,民办幼儿园招生时间和条件相对宽松。

3. 幼儿体检

限期对上述幼儿进行体检和再次审查,确定可以招收的幼儿。

4. 入园

开学初接待新幼儿入园,通过多种途径和方式,做好幼儿入园的适应工作。

二、编班

在招生之后应及时编班。编班包括幼儿编班和教师编班两个方面。

(一)幼儿编班

幼儿编班的总依据是年龄。3至4周岁的幼儿编入小班,4至5周岁的幼儿编入中班,5周岁至入小学前的幼儿编入大班。

在同年龄段中,常因同龄幼儿人数较多,需开设两个以上的班进行集体教养。在处理这个问题时,编班方法存有不同方式。第一种方编法是,在同年龄幼儿中严格按出生月份的不同编成不同的班,如3岁至3.5岁者为一班,3.5岁至4岁者为另一班。这样编班的初衷是幼儿年龄接近,教师便于统一施教,但是这样编班也难以避免其他一些问题,包括男女幼儿比例失衡、生源单一、年龄段教育目标很难落实、教师业务竞赛不公平等。第二种同龄幼儿编班的指导思想是编成条件相当的平行班。对于同年的幼儿按照性别、长幼、数量均衡搭配,将真正意义上的平行班交给每班教师,让她们在共同的目标、同等的条件下,既按规范又可创造性地进行保育和教育工作。显然,上述两种常见的平行班编班方式各有其优缺点,不过相对来看,第二种编法减少了随机性,消除了教师的心理阻碍,也有利于幼儿之间大带小,小促大,互相学习和共同发展,因而显得更可取一些。毕竟,目标的具体化尚难以在同一年龄段中再精确地以3个月、6个月、7个月等阶段而定,因材施教在任何班中都是必须遵循和可以施行的。

关于幼儿园各班的人数规模,见上文相关介绍。

(二)教师编班

教师编班是据幼儿园教育的需要,将两位教师和一位保育员编成一个班组。教师编班是很重要的教务工作,决定着能否组成一个优良的教师集体,进而带出优良的幼儿集体这一问题。

在教师编班中要知人善用,注意力量的搭配,将专长不同和能力互补的教师编在一个班,以减少教师个人缺陷对幼儿可能造成的不利影响,以便于班组整体工作的开展,便于幼儿得到全面的发展。

对个别教师的安排使用,也曾出现过不同的方式。其一是循环法,即教师与幼儿同步升班,从小班继而中班再到大班,三年后又从小班到大班循环。其二是定位接送法,即教师固定于某一年龄班段,接一批幼儿,一年后送他们升级,自己原地不动。其三是定位与循环相结合法。即一个教师在某几年内稳定地承担某个年龄段幼儿的教育工作,在另外的时期则是随幼儿同步升班。

园长要在相应的用人前提下采用恰当的安排方法,用人之所长,并融合不同方式的长处,全面锻炼教师,提高其业务水平。

三、安排全园教育教学活动的时间

对时间的管理是幼儿园管理的对象之一,幼儿园中与教育工作有关的活动时间的安排很多,直接有关的活动时间管理包括下列三大类。

(一)教师、保育员的作息时间安排

教师、保育员和炊事员等工作人员的工作和休息安排是否合理得当,不仅关系到幼儿教育质量的高低,还关系到职工的合法权益能否得到保障,以及其工作积极性能否得到调动。对上述各类工作人员的作息时间的安排,首先要求必须以幼儿在园一日生活保育和教育的需要为出发点,同时必须符合《中华人民共和国劳动法》的规定。因幼儿集体的教育涉及众多具体环节,不能缺乏成人的照看和组织,所以管理者要依据本园实际,恰当地安排,保证幼儿每时每处都有最适宜的工作人员相伴随,尤其还要保证幼儿的饮水、餐点按时供应。

(二)幼儿一日活动的程序设计

在园幼儿的一日活动的程序,是将幼儿从早晨入园至傍晚离园期间锻炼、游戏、学习、进餐、午休等活动逐项安排好,形成一套程序。

幼儿一日生活的程序要求合理、科学、稳定。每项活动的内容、时间等要符合幼儿的年龄特征;相邻活动之间应注意动静交替,以利于幼儿大脑健康;程序的安排还要适当照顾到家长接送的方便,教育人员执行一日活动的程序要严格守时,并坚持不懈,以利于幼儿动力定型的建立,形成良好的生活学习常规。

(三)活动时间表的安排

课程表和公用教学、游戏场地的使用时间应进行恰当的安排。

课程表包括全园课程总表和各班课程表。编制课程表应遵循的基本要求涉及多方面，大致可归纳为三类依据。第一，符合各年龄段幼儿的生理、心理发展水平，有利于提高他们游戏、学习的效率。比如，因幼儿的注意稳定性不够强，注意力易转移和思维水平以形象性思维为主等缘故，各班幼儿在室内接受集体教育活动（即上课）的时间不宜过长，中班、大班幼儿每天上午的两个集体教育活动应注意动静交替，将理解力强的活动与娱乐性较强的活动搭配在一起，下午以安排游戏为主。第二，有利于教育资源的共享和教研活动的开展。幼儿园同年级班的教育目标内容大致相同，而有关的教具、仪器场地等资源往往有限，所以排课程表时应充分考虑这些问题，妥当地安排好各班课程表和全园的课程总表。教师之间的互相观摩学习是提高业务水平的一个经常性途径，经验较丰富的教师与较缺乏经验的教师之间课程的安排，要便于新老师向老教师学习，以开展教学研究。第三，有利于幼儿园统一活动的开展。周一的升旗、周五下午的大型游戏及教师的业务学习、常规节日活动的准备等都应在课程等活动时间安排过程中得到反映。幼儿园应尽量减少工作中的矛盾和冲突，建立良好的工作秩序。

随着办园条件的改善和教育内容的不断丰富，很多幼儿园设置了公共图书室、游戏室、电脑室、科技实验室、练功房等不同功能的教学场地。管理者要协调好各班的活动，充分地用好这些公用空间和公用设施，提高资源的利用率。

四、资料、教具的管理

教务工作中一项经常性的任务是对教育资料进行收集整理，对大量的教具、学具予以管理。

（一）教育资料档案的收集、整理

幼儿园教育工作涉及的文案资料主要包括以下几点。

第一，各级教育工作的计划、总结以及与教育有关的文件资料。

第二，教师、保育员业务档案。

第三，幼儿保健册、幼儿的基本情况表及幼儿的各项发展评估资料。

第四，教育卫生保健等专业参考书籍和资料。

无论是哪一类资料的管理，都要求规范，资料的搜集要及时、全面、正确，资料的分类要恰当、正确，保存要有序、安全，便于查阅。

（二）教学用具的管理

幼儿园中教育所需的教学用具较多，大至大中型体育器材、多媒体设备、投影仪，小至一幅挂图、一盒磁带、一个模型或实物用品，甚至一纸一笔等。诸如此类的用具在幼儿园教育工作中使用率极高，主要是因为幼儿的思维水平较低，教师不得不采用直观性、趣味化的教学方法。

在教学用具的管理方面，幼儿园往往会设立岗位，安排人员负责此项工作，既可以设专职保管员，也可以安排业务助理来管理。教学用具的借领和归还等应有专门的制度规定，既便于上课老师使用，又有利于物品的保养。教具、资料是教育的重要资源,其管理得当与否直接影响到教育质量,因此管理者应给予足够的重视。

第三节 幼儿园教育过程管理

幼儿园的教育过程是教师有目的、有计划地促进幼儿在体、智、德、美诸方面和谐发展的过程。幼儿园的教育过程有明显的周期性,全过程可长达三年,因此管理中常以半年、一年为周期,有计划地开展各种教育活动。此外,幼儿园教师还习惯于以更短的周期(如月、星期、日,甚至一个集体教育活动)来实施幼儿教育工作。教育过程正是由这一个个连续开展的教育活动所组成的。

教育过程的管理旨在优化教育过程,保证教育工作的有序性、有效性,其基本途径是在教育过程的计划、实行、检查、总结等基本环节中,不断控制、引导和改进,科学地组织教育活动的运行程序,从而达到教育过程管理的目的。

一、教育计划的制订和审查

教育计划是开展具体教育工作的蓝图,制订教育计划是教育过程管理的起始环节。园长要组织幼儿园教师和相关班组负责人,依据国家规范性文件的精神和幼儿园的教育目标,认真分析班级实际,制订好每学期班级的教育计划和部门的教研计划。园长管理层要认真检查班级提交的计划,指导和修订各班组的教育计划,并审阅批准,作为一线同志工作的依据。

(一)制订完整的教育计划

1. 制订幼儿园的全局教育计划

幼儿园的教育计划是与教育目标协调一致的,涉及全局与局部的计划系统,在每学期中主要由全园教育计划、教研计划、班级教育计划、教师教学计划等组成。幼儿园每一时期的工作只有在计划的规划下,有步骤地开展,才能保证教育过程的良好运行。

制订幼儿园的教育系列计划,应注意围绕操作方法和步骤的合理性、种类的全面性与内容的科学性而进行。

在方法上,按照由总至分的逻辑,以学期为周期,组织各部门有关人员共同商讨,从而制订出全园、各年级、各班中与教育有关的计划。为避免计划制订过程中的形式主义,保证计划的质量,在制订步骤上应注意一个很重要的问题,那就是:每一个新学期开始前,园长应召开园务会议,确定好教育目标,在此前提下,园长或业务副园长应组织力量制订出全园教育计划。全园的总体计划要先行一步,正式公布后,教研组、保健组、各班教师才能制订相应的研究、教育和教学计划。

基层中的教师及其他工作人员因职责的局限和自身工作繁忙,一般难以预知全局的工作动向,也很难全盘预定好下一阶段自己教育工作的任务。所以在制订幼儿园教育计划方面,自上而下的步骤符合实际,也行之有效。管理者还应就制订计划的时间、跨度、归档、检查与交流等问题,建立一定的制度,来保证教育计划的制订不走过场。各种计划应在新学期工作开始前就制订好。园长、教师等人员制订出下学期的计划后,应交给主管领导审批、保存,以便于下学期工作能有序开展。

教育系列计划的种类应力求全面。应该说,凡是人要做的教育工作或教育管理工作,均可以而且应该做出相应的计划。前文在解释幼儿园教育计划的含义时,已就种类做了简要的概括。实际上,幼儿园教育工作还包含更多的具体计划。例如,全园的教育计划中,可以针对小、中、大班不同年龄段的幼儿,做出更细致的教育安排,确定不尽相同的幼儿发展目标、生活管理措施和教育对策;也可以针对教师,做出全学期业务学习的总安排或业务竞赛的具体策划意向。而教师的教育教学计划中又包含有不同层次的多类计划,如学期教育计划、月计划、周计划及每日教育活动安排等。

每一份教育计划所定的目标、任务、内容、措施等应讲究科学性,以提高计划的质量,增大其对工作实践的指导作用。计划内容的科学性,来源于对幼儿教育工作或幼儿园教师管理规律的正确认识,来源于群众集体的智慧,来源于驾驭工作的能力和经验等。事实上,教育计划是制订者的才智和进取精神的综合体现,能体现一个幼儿教育工作者的职业素养。制订计划既是脑力劳动的过程,同时也是锤炼人的过程,幼儿园的教育工作者应提高对这项工作的认识,争取制订出严密周全、符合实际、具有科学性的教育计划来,用以更好地指导教育工作实践,发挥出计划的导向、调节、规范作用。

2. 教师制订班级学期教育计划

教师制订学期教育计划,又称班务计划,同园长制订园务计划一样,只有充分分析依据,集思广益,才能最终确定某特定学期中针对特定年龄段幼儿的教育工作计划。对班级学期教育计划的制订依据的分析主要包含:明确国家的幼儿教育方针政策,具体地说要充分领会《幼儿园工作规程》的精神实质;理解全园的教育工作目标和任务;熟练掌握幼儿园课程标准(或教育纲要)的要求和内容,并根据所任班级幼儿的年龄特征,分析本班幼儿的种种实际,在此基础上提出某特定学期的教育目标,继而从保育和教育的各个方面阐明要求和措施,形成班级学期教育计划。

班级学期教育计划大致可以就如下几个部分拟写。

第一,班况分析。即本班幼儿的结构状况、当前发展状况的共性和突出的个别差异性、全班幼儿的能力表现以及教师的现实情况等。最好在教师总结上一阶段教育工作的基础上(新接班的老师应主动听取前任教师的总结意见),分析幼儿的发展情况和教师的工作状况,特别是要重点分析已取得的成绩和仍然存在的问题。

第二,本学期的教育任务及目标。即幼儿在健康、语言、社会、科学和艺术等方面应达到的水平。这方面的工作计划应与全园的安排协调一致,论之有据,定之有理。

第三,各方面的具体教育内容和要求。即为实现教育目标,幼儿在体育健康、语言发展、科学启蒙、音乐和美术的艺术陶冶、社会态度和情感培养等方面所应接受的具体教育内容及每一内容应达到的要求。这些内容应列举详尽,可用文字叙述的方式,也可用列表格的方式,最好将表格与文字说明结合起来使用。

第四,本学期教育工作将采取的一些新措施。主要指在常规教育任务的基础上,有重点地针对个别问题而采取的行动,可以带有研究性、探索性。如在发展幼儿口语表达能力的问题上,某班在完成规定的教育任务之前提下,为调动幼儿的学习兴趣,增加其锻炼的机会,计划于十月份举办一次幼儿"故事大王"比赛。

为使班级学期教育计划能很方便地服务于工作,计划应规定出每月应完成的具体任务,做到长计划、短安排,一目了然,以便随时对照查找。教研组长、卫生保健人员、业务助理所负责的部门的教育工作计划的制订,也需要达到同类标准。

3. 教师安排周教育计划和每日教育活动

学期教育计划中,每月的重点教育内容要通过教师每周脚踏实地的教育工作才能落实,这正是"长计划、短安排"的必然要求。

人们口语中习惯说的幼儿园教师的"备课",实际上就是教师以周为单位,对一周的教育工作所做的计划和安排。幼儿园中教师应根据学期的规划和当月的教育进度,以时间的顺序对即将来临的下一周的工作予以安排,进一步明确任务、内容、要求和措施,将每日的常规性工作与重点工作结合起来,具体地落实到每日的教育活动中去。

从周一至周五的逐日教育活动,应根据幼儿园所确定的各班幼儿一日活动程序和幼儿集体教育活动的科学性要求,详细安排幼儿每天在园的各个环节,并在下周工作开始前交园长审查,经批准或修改后,成为下周工作的行动指南。

教育计划的制订体现着教师的儿童观、教育观。以往,有些幼儿园教师制订计划像中小学教师一样,仅备每天一、二节集体教育活动和集体游戏,其他环节不事先拟定,仅凭工作经验,很主观随意地开展。这种做法的弊病很大。近十年来,各地教育行政机关纷纷积极摸索,制订出相对统一的周计划和逐日教育活动安排表,以规范幼儿园教师的教育工作计划。园长应为教师提供体现幼教改革新主张的教育工具(如备课本)供其使用,逐渐引导教师转变教育观念、规范教育过程。

对于每周乃至每日教育活动,教师都要认真思考并详细计划。应谨记"教育孩子,观察先行",要认识到幼儿是发展的主体,每一个幼儿都是有个性的鲜活的生命,所以应观察幼儿,充分了解他们的年龄特点和具体差异,在研究孩子和研究教材的双重基础上,制订出科学合理的教育计划。任何生搬硬套他人教育计划,或是采用多年一贯制的备教方案,都是行不通的。

(二) 教育计划的审查

教育计划的审查是园长(尤其是业务副园长)管理教育工作的一项固定内容。园长及相关人员(如教育主任、业务助理等)应重视计划审查,在审查过程中,要给教师和其他计划制订者提供具体的帮助和指导。

1. 计划的审查要有明确的责任人

一般地,全园性的教育工作计划,交园长领导下的园务委员会和上级主管部门审批。

幼儿园教师、教研组长、医务人员等教育保育计划，应交业务主管园长，由其负责审查。教师每周的教育计划和逐日活动安排（即备课本），由于每周都应被检查一次，工作量较大，所以具体做法视各园的具体情况而略有差异。一般来说，中小型幼儿园仍由业务副园长审查，而大型幼儿园，由于审查量大，为了及时服务于教师的日常工作，业务主管园长可委派年级教育主任、园部教育干事等人共同承担审查任务。

检查人员要及时认真地检查教师的各种教育计划，尤其是每周的教育计划，及时发现问题，及时指导修正，使计划趋于完善。同时也要不断发现教师的创造性劳动，了解教师的教育体会，掌握第一线教育工作的实情，不断积累经验，为进一步提高教育管理水平奠定良好的基础。

2. 计划的审查要制度化、规范化

学期计划应在学期开始之前，最迟应在学期初加以审查；月计划也应在下月工作开始之前进行审查；周计划更应在下一周工作开始前予以检查和核准，以便班级教育人员工作时手中有计划可依。收集和发还计划一定要按时，只有这样，才能避免工作的无序，保证管理的效率。每一次检查应及时做好记录，为以后评价教师的工作积累资料。

审查班级教师的教育工作计划时，要坚持一定的质量标准。包括：第一，计划的导向性是否正确，能否体现我国幼儿教育的正确方针和思想，是否有利于全园教育目标的实现；第二，计划是否具备科学性，是否符合幼儿的发展和教育实际，所提内容是否全面、连续、正确，措施和方法是否得当；第三，计划是否显示出了教师的创新精神，是否有利于教育质量的提高；第四，计划是否具备可检查性，是否便于管理者定质、定量、定时、定人地随时抽查。

总之，计划审查是幼儿园教育管理中的一项常规性工作，这一常规管理工作得当的话，将有利于整个教育过程的运行，有利于教育质量的提高。

二、教育计划执行中的检查

幼儿园系列教育计划一经制订并批准生效后，即转入执行阶段。为了保证教育计划的贯彻实施，园长应注重计划执行阶段的控制和指导。

在幼儿园的教育管理实际中，执行计划的阶段呈现出时间长、人力投入多等特点，每个工作人员均在自己的岗位上履行职责。因此，执行计划的过程中，"踏实做"是第一要务。园长及其他管理者的任务集中体现在：创设有利条件，保障教育工作的顺利开展，督促每个教师严格按计划实施每一天的教育活动。

园长在计划执行阶段的管理与检查指导密不可分。离开了深入一线的检查，管理者就难以掌握各班级、各部门工作的真实进度和具体效果。缺乏这些信息，管理者便失去了对全局教育工作加以引导和控制的基础。

（一）检查的类别

对教育工作的检查，有多种形式途径，并且形式间多有交叉之处，常用的方式如下。

1. 园长的定期检查和随机检查

园长对全园教育工作的把握和控制,要以有目的、有计划的定期检查为基础,如学期初工作开展状况检查,期中的业务检查,期末的质量检查,甚至包括每周末对各个教师的周教育活动效果自评的检查和晨间的园内巡视等。定期检查可以针对全面的教育工作而进行,也可以检查单项工作的实行情况。随机检查的计划性不一定强,主要指园长等管理人员在事先不让教师知晓的情况下,灵活机动地对教育工作的检查,可以是偶然的检查,也可以是有目的、有安排的突击检查,可以针对个别人,也可以面向部分工作人员或全体职工。不论是定期的,还是随机的检查,都应给予被检查者以必要的指导,或肯定其成绩,或指出其工作中的问题,或提出改进的意见。定期检查与随机检查各有优点和弊端,管理者宜结合使用,用其长处,避其不足。

2. 园长及同行"听课"

园长若想提高对教师的指导效果,必须有计划、有目的地深入教师的工作实际,去听、看教师如何组织幼儿集体的教育活动。事实上,由于具体的目的和需要的不同,听课也可分出很多的类型,诸如学习性听课,了解情况的听课,总结经验的听课,集中听一个班的课,听平行班不同教师的同样内容的课,与教师一起听,领导专家集体听等。但无论哪一种类型的听课,都要注意下列问题:第一,听课前要有准备。一般应从计划上了解教学进度,了解幼儿的水平,熟悉教学内容,收集有关资料等。第二,细心观察。观察老师的教态、环节的组织、师幼互动情况、所形成的课堂气氛及教学效果。第三,认真记录。记录应准确,应突出要点。第四,科学分析。按照教育的质量标准,运用相关的幼儿教育理论,对教师的教育过程进行中肯的分析和评价。第五,及时反馈。及时与教师交换意见,达到了解与指导的目的。

3. 教师的自我检查

园长所采用的多角度多类型的检查,如果能刺激每一个具体的执教者,使之在平时的工作中内化为自己的行为,不断反思自己的工作得失,不断总结经验教训,则能大大地提高管理的效率。所以说,每一位教师养成自我检查的习惯,是检查的最完善的境界。

教师自我检查的主要方式有:坚持考核每日的教育活动效果,并在备课本相应的表格处做记录和分析;每周(日)坚持写教育笔记;经常对照教师工作质量标准和幼儿发展标准,评价自己的工作绩效和所教幼儿的发展状况;征求同事的意见;认真总结前一阶段的工作,不断改进工作,等等。

教师对工作进行自我检查的方式有很多,然而,不论采用何种方式,都应注意一点,那就是:坚持写自查记录。思和写是教师自查的有效途径,坚持记录自查之所得,有助于积累教育工作中的心得体会,除了便于及时调节工作外,还便于日后的整理和总结,从而有利于提高教师个人的工作水平,有利于提高教育质量。迄今为止,许多成功的中小学和幼儿园教育专家(如一些特级教师),在其成长的历程中,都是极善于反思工作、自我剖析,从而积累经验、吸取教训的。

园长、同行的检查和教师的自我检查，虽然有所区别，但其根本目的都是一致的，即了解教育工作的进展状况，始终将实际工作引导到实现教育目标所需要的方向上，保证在有限的时间内获得最理想的教育效果。

三、教育工作的总结

在幼儿园教育过程的管理中，总结是不可缺少的重要环节。总结的具体过程，就是分析研究教育工作的有关因素影响教育质量的过程，是探索幼儿教育和幼儿教育管理规律的过程，也是吸取经验，以免再次发生失误的过程。总结幼儿园教师的教育工作是为了改进教师的教、幼儿的学，以及提高领导管理的水平。总结的其他作用，在幼儿园的管理过程中已详细阐述过了，它同样适用于幼儿园教育过程的管理。

抓教育工作的总结，应理清管理思路，注意下列问题。

（一）教育工作的总结应制度化

每学期各班教师集体应对班的教育工作进行一次较全面的总结；每学期或每学年每一个教育工作者应认真做一次个人总结，回顾自己的工作；每季度或每月也要适当小结。可做专题总结或全面教育工作总结，至少每周写一次教育笔记，每天及时考核评估自己的教育活动情况。每一类总结完成后，主管园长负责收集，管理人员要认真查阅，做出记载，组织交流，妥善保管。

（二）管理人员要加强对总结的指导

在教师总结教育工作时，园长有必要给予一定的指导，以保证总结的质量。园长指导教师总结教育工作，有多方面的具体表现。其一，引导教师学习相关的理论文献，对照工作加以分析，挖掘总结的深度，提高对教育工作的理性认识水平。其二，讨论并确立总结的具体题目或要点，帮助教师寻找工作中的创造性经验、成功之处或其他重要问题，以提高自我评价的能力。其三，教育教师在平时的自我检查和他人检查的基础上，有依据、实事求是地进行总结，提高总结的可信度，使总结能真正地指导日后的工作。

（三）正确有效地利用总结激励教师

总结是园长鞭策、勉励教师的一个良好契机。自我小结可在一定程度上起到自我教育的作用，总结的交流则可以在一定程度上达到相互学习、取长补短的目的。所以，园长要充分利用好总结这一管理环节，将总结作为促进教师相互学习、自觉提高工作水平的手段。注意正确地运用某些结论，将被幼儿园教育工作实践所证明的、行之有效的好经验，纳入常规的工作管理中来。将总结与评比结合起来，奖励勤奋创造和有优异成绩的教师，推广先进经验，在全园形成努力上进、团结互助的良好风气，从而激励全体教师及其他职工。

对幼儿园教育过程的严格管理，是取得教育高质量的重要保证。在教师实施教育工作的过程中，常规性和突发性的管理工作都是较多的，园长只有勤于摸索，充分施展自身的管理才华，才能有效地控制局面。

第四节 幼儿教育质量管理

教育质量管理是按照幼儿园教育目标的要求安排教育活动,并对教育过程的各个阶段和环节进行质量控制的过程。教育工作管理的中心任务在于提高幼儿教育的质量,质量的好坏既直接关系到幼儿的全面发展水平,也关系到幼儿教育目的能否得到实现。因此,抓好教育质量管理具有很大的现实意义。

一、树立全面正确的幼儿教育质量管理观

人的思想观念是行为的统帅。在幼儿教育工作的质量管理问题上,首要的任务同样是树立正确的和全面的教育质量观念。没有正确全面的教育质量管理观做指导,就不可能获得高质量的教育成效。

当前,随着儿童心理学和幼儿教育学研究的日益深化,人们对幼儿教育质量的要求愈来愈趋于理智。正确而全面的教育质量管理观包括以下几方面。

(一)全面发展的教育质量管理观

关于人的全面发展的思想,是马克思主义教育思想的组成部分,也是我国幼儿教育思想的重要哲学基础。我国的幼儿教育方针同样明确地规定了新时期合格幼儿的人才标准是全面发展。《幼儿园工作规程》第一章明确指出:对幼儿"实施德、智、体、美等方面全面发展的教育,促进幼儿身心和谐发展"。因此,在幼儿园的教育工作中,教育者要有明确的促进幼儿全面发展的质量意识,将幼儿的身体健康成长、认知经验的积累、良好品德的形成以及审美意识的萌芽,全面落实到日常教育工作中去,全面提高幼儿的整体素质,促进其身心的和谐发展。不可以削弱甚至损害幼儿某一方面的发展来换取单一的、片面的"高质量"发展,而应从整体素质发展的角度出发管理教育工作,促进幼儿能力和个性的全面发展。

(二)面向全体幼儿的教育质量管理观

对于已入园的所有幼儿来说,受教育机会是均等的。如果今天的幼儿园教师对已活动在自己眼前的幼儿缺乏"教育机会均等"的认识,那是教师教育素质的倒退。我们不否认幼儿之间存在个别差异,甚至可以暂时依照幼儿全面发展的程度相对地划分出优等或非优等幼儿,但是幼儿教育者所肩负的责任是"促进每个幼儿在不同水平上的发展",也就是幼教界常提的促使每个幼儿在其原有的发展水平上得到提高。这就要求幼儿园教师对全体幼儿一视同仁。只有坚持面向全体幼儿,培养大批合格的幼儿,才能得到理想的教育质量,获得真正良好的办园效益。

(三)全员管理的教育质量管理观

全园教职员工的活动都与教育质量有关。教养结合和幼儿园教育的其他特殊性,决定了幼儿教育质量并非仅仅由幼儿园教师单方面决定,包括管理人员、总务后勤人员、保育员在内的所有人的工作都直接或间接地影响了教育质量。提高教育质量是幼儿园全体职工的共同任务,所以全体工作成员乃至幼儿家长都应积极加入教育质量管理中来。

园长应认识到教育育人、管理育人及服务育人的合理性,树立教育质量的全员责任意识,健全各岗位责任制,使每个人能各在其位、各司其职、各负其责,相互配合。只有每个人积极地履行自己的岗位职责,提高教育质量才有根本的保证。

(四)全程管理的教育质量管理观

教育工作具有自身的过程性,提高教育质量,必须注意管理好教育过程中的每一个环节,优化教育全过程,通过每一阶段的良好表现,产生显著的工作效果,确保教育质量能不断提高。

二、建立和健全教育质量管理制度

教育质量管理制度化,是管理的又一要求,它是指将与教育质量管理相关的各种活动及要求条文化,形成一定的规范制度,并通过执行这些制度来保证工作顺利而有效地开展。

(一)建立相对完善的教育质量标准

教育质量标准是对幼儿教育目标的具体化,它将较概括抽象的幼儿发展所应达到的目标具体化和细化到小、中、大班不同年龄段的幼儿身上。质量标准是每个幼儿园教师开展教育工作时应努力达到的目的,它像指挥棒一样对工作起着指挥作用。只有质量标准全面正确,才能对工作起正确的导向作用,如果忽视了某个方面的标准(如幼儿想象力的保护和创造力的培养),今后的工作中便极可能出现相应的疏忽,导致教育质量的下降。教育质量标准中应包含幼儿的德智体美等方面发展的具体标准,应充分研究国家的幼儿教育目的和幼儿教育理论,树立现代幼教观念,赋予标准以鲜明的时代特色。

一般来说,完善的教育质量标准,内容覆盖面广,除了面向全体幼儿、促进幼儿全面发展这两个要求外,还涉及全员的参与和全程的管理。各方面人员的工作,只要能影响教育的质量,都有必要设立相应的质量标准,以供每个职工自觉地对照标准检查调节自己的教育行为。因此,幼儿园应建立全面的教育质量标准体系。幼儿园园长不仅要重视对结果质量的管理,也应重视抓过程中的质量管理,更应重视全面的质量管理,应认识到幼儿园各项工作质量均会影响教育质量。这与美国管理学家戴明所倡导的全面质量管理的思想是一致的。

基于上述认识,幼儿园的教育质量标准可以组成一个体系,而质量标准体系的确立,是有较大难度的,需在严谨求实的科学精神指导下,认真研究、反复验证才能建立。当前,各地的幼儿园往往以其所在地幼儿教育行政部门的质量标准体系为自己奉行的标准,这是可以理解的,但园长还应认识到:地方的一般化标准还存在可结合本园实际加以修订的余地,并且应随时代的变化不断进行调整。一个有科学精神的园长应承担起建立相对完善的教育质量标准体系的责任,以利于对教育质量的管理。

(二)健全教育质量的检查制度

教育工作实施过程中和终结时所进行的多类别的检查,主要是为了保证质量而开展的。在教育过程的管理这一节中,我们对检查做了较具体的说明,这里要强调的是,无论是全面定期的教育工作检查、课堂教育教学质量检查,还是对教师的检查,园长都应摸索出规律,形成制度,并不断完善制度,以方便管理人员照章操作,进行有效的督促和指导,并保证教养质量。

(三)建立教育质量管理的分析评价和反馈制度

教育质量的分析评价是指一个教育周期终结时,将通过检查所获得的教育质量信息,与已制定的教育质量标准体系中的相关条目进行比较,评估教育成绩、评定教育质量及分析影响教育质量的因素。常用的分析方式主要有数量统计分析和因果关系分析。前者主要用于反映事实情况,后者则主要分析影响教育质量的因素与已取得的质量之间的关系,并找出需进一步解决的问题。这两种分析方法正是多年来人们习惯中所说的定量分析与定性分析的具体表现。

评价教育质量的主要功能则体现在导向、激励、调控等方面,目的在于全面及时地掌握教育工作的基本情况,为总结经验教训、表彰先进、改进工作方法、提高教育质量提供依据。

反馈是评价的后续环节,有时也包含在评价活动之中,管理者应在对部分或全部教育工作给予正确评价之后,及时向有关工作人员通报情况,反馈评价意见,商讨扬长补短的工作策略,以求进一步提高教育质量。

上述教育质量的分析、评价和反馈应伴随着检查制度而相应地制度化,应有时间、人员、工具、方法等方面的具体规定,既充分发挥检查的作用,又达到调节教育工作、控制教育过程、提升教育质量的作用。

综上所述,园长应在全面正确的教育质量观念的指导下,以相应的质量管理制度为保证,实行全体幼儿的全面发展、全员参与、全程优化的四"全"管理,以育人质量为核心,采用正确的方法进行严格的管理,有效地引导教育工作的各个方面。只有这样,教育质量管理才能落到实处,幼儿园教育质量才能稳中有升,不断提高。

第五节 幼儿园教研、科研活动管理

教研、科研活动管理是幼儿园教育业务管理中不可分割的一个部分。多年来,我国幼儿园园长都很注意抓教育教学研究活动(简称教研活动,往往由分管业务的副园长负责)。20世纪80年代中期以后,随着幼儿教育改革的不断拓展和深化,教研活动备受重视。近十余年来,在中国学前教育研究会的引领下,全国许多示范性幼儿园已开始从事一定的幼儿教育科学研究活动(也就是人们常说的科研活动)。教研是基础,科研是提高和升华,两者密不可分。

一、教研活动管理

(一)幼儿园教研活动及其意义

1. 幼儿园教研活动的含义

幼儿园的教研活动由来已久,它是以幼儿教育教学一线的实际情况为探讨对象,由幼儿园教育工作者(教师、园长等)紧密结合工作之所见所闻而开展的行动研究。其目的主要在于:及时发现问题,解决问题,更好地提高保教质量。教研活动是幼儿园教育管理中的一项常规活动,通常无需立项就可以进行,方式灵活多样。

教师在进行各年龄班幼儿的教育工作过程中,往往会遇上一些实际困难,从而产生疑问,如教育内容与幼儿年龄的适应程度,方法的运用,教材的适用性,以及幼儿园与家庭的配合,幼儿的语言、音乐等领域的发展规律等。这些问题促使她们联系自己班的实际,进行研究,找到解决疑问和困难的答案,从而减少工作的盲目性,降低工作的难度,更好地依照科学规律进行工作,提高教育成效。园长在管理幼儿园的过程中同样会碰上一些必须思考并予以解决的问题,如管理体制的变革、教育质量标准体系的建立、教材的使用及课程改革等问题,也需要进行有目的、有计划的研究。

幼儿园教研活动的主要特点表现为:立足于工作实际;常规工作与研究相辅相成;人员稳定;容易组织;研究对象和内容具有针对性等。

2. 幼儿园教研活动的意义

如前所述,幼儿园开展教研活动具有合理性、可能性、可行性,同时,它还具有必要性。

(1) 教研活动有利于优化教育过程,提高教育质量

幼儿园所开展的教研活动来自于教育工作实际,研究的直接目的是解决工作中的某些疑难问题或重要问题。通过教研活动而获得的认识,可直接用于教育工作中,并在某种程度上能改进工作,优化教育过程,促使教育工作更加符合幼儿教育的规律,从而提高教育活动的效果。有观点认为,教研活动是提高教养质量的一种经常性手段。[①] 这是幼儿园教研活动的直接意义。

(2) 教研活动是锻炼和培养幼儿园教师的一种方式

幼儿园教育工作者,无论是园长、教师,还是保育员或其他人员,都极有必要开展多种形式的职后培训,以更新知识结构,锻炼并提高工作能力。教研活动则是教师在职培训的一种简便方式。通过参与有目的、有成效的教育教学研究,教师可以巩固已有的知识,积累成功的经验,更新陈旧的观念,改变落后的行为,提高从事实际工作的能力。显然,教研活动能逐步调整和转变幼儿园教师的教育观念和行为,促进教师职业能力上的发展,而教师职业素养的提高,必将有利于落实国家的教育方针,实现幼儿园保育、教育的目标。正因如此,《幼儿园工作规程》第四十一条中,明确地将"参加业务学习和保育教育研究活动"作为教师的一项责任和义务。

(3) 教研活动有利于促进幼教理论研究和幼教事业的发展

幼教领域各种理论的产生和发展,与相关的实践是紧密相连的。实践总是不断变化的,理论研究也应不断地发展完善。研究幼儿园实际工作的一个很好的途径,便是借鉴广大一线教育工作者的经验和见解。教研活动的有形成果——论文,反映

---

① 沈立明.学前教育管理[M].武汉:华中师范大学出版社,1987:75.

的是幼儿教育工作者对实际问题的认识,研究它们无疑能促进理论研究的发展。从某种意义上说,幼儿园的教研活动,推动着幼教理论的不断进步。同时,广大一线的幼教工作者积极参加教育教学研究,无疑能壮大研究力量,使幼教研究更具有群众性,从而有利于理论研究与实践更好地结合,提高研究的实效,进而促进我国幼儿教育事业的发展。这是教研活动的一个间接意义。

（二）幼儿园教研活动的内容和形式

幼儿园中教研活动涉及的内容很多,形式也多样,并且会不断出现新内容、新形式,常见的有以下几种。

1. 组织幼儿开展课程大纲以外的集体活动

除了可让幼儿接受幼儿园课程大纲所规定内容的教育,还可适当地为他们组织一些有益的集体活动。可以按年龄班（即年级）为单位组织,也可以在全园幼儿间开展；可以组织竞赛性、娱乐性、游戏性等多类活动；既可以选择体、智、德、美各领域中的内容为对象,也可以综合起来,让各方面的内容互相渗透。但无论组织哪种活动,都应有可供研讨之处。如,幼儿拍球比赛中,小、中、大班幼儿的表现呈现出什么现象,原因何在？比赛规则如何确定才合理？带着问题去开展教研活动,有利于提高教师的专业素养。

2. 组织教师、保育员的业务理论学习

应有的放矢地组织教师或保育员学习专业的理论知识,共同讨论,领会各种理论要点的实质,加深专业理论功底。可采用学文章、听报告或讲座、集体备课、评析教育活动、交流教育心得体会等丰富多彩的形式。

3. 培训幼儿园教师的专门技能

应对幼儿园教师的说、弹、唱、绘、跳等专门技能予以培训,以便她们能更好地胜任工作。随着科技的发展,计算机、幻灯、投影等现代教育技术在教育工作中应用得愈来愈多,幼儿园教师理应较熟练地操作常用的电化教育设备,并能够制作一些简单的课件,能动手制作玩具教具,以辅助自己的教学。

4. 组织教育人员观摩幼儿教育活动

采用组内、园内、园外听课、参观学习等形式,组织教师学习观摩和交流实际的教育经验,并研究分析,学他人之所长补己之所短,不断改进自己的教育、保育工作。

5. 研讨幼儿园的教育教学、保育、管理等改革问题

幼儿园中保育、教育,包括教育中的教学问题,以及管理中的一些问题,都有值得深究之处,如改革教研活动的形式,提出幼儿教育质量评价标准,幼儿的双语教育等。教研活动的主体应明确目的,理清思路,选择研究方向,确定课题,制订计划,踏实地开展研讨。应注意个人力量与他人力量、实际与理论、基层工作者与专家等各方因素的融合,完成既定的研讨任务。

6. 编写教材、幼儿教育文集

编写教材、幼儿教育文集等也可视为幼儿园教研活动的内容,甚至为家长编辑

报纸也是值得鼓励的教研行为。

此外,组织和指导教师集体制订学期教育计划,也可视为教研活动中的一种形式。

(三)教研活动的组织和开展

1. 教研组

幼儿园群众性的教研活动适宜在一定范围内有组织、有计划地开展。设立教研组便是常见的组织形式。

幼儿园教研组的建立应该因地制宜,可灵活多样。通常以教师执教的幼儿年龄班分组,如教大班的教师组成大班教研组。这样,年级组就同为教研组。显然,这种组织方式最大的优势在于:同一组中的教师有大致相同的教育对象,教研过程中易于沟通配合。此外还可以按幼儿教育的不同领域来分组,如幼儿音乐教研组、游戏教研组,教师可根据自己的爱好、特长和能力自愿选择参加不同的教研组。现实中还见过一些幼儿园按照教师的上班时间设置教研组,分上午班、下午班的教师两个大组,便于集中时间行动一致地活动。这种设置方法较为粗糙,应做一些修改,如两个大组中,再按年龄或学科设小组,将会相对完善一些。也有的幼儿园在全园设一中心教研组,作为教研活动的核心力量,专攻难题。保育员也应设立教研组开展一些研习活动。

教研组的类型与规模无一定之规,为了提高教研活动的效率,各教研组应设组长1～2名,推荐或指定组内有较高的理论素养、业务能力强、办事认真负责,在群众中有一定威信的同志担任组长,教研组长由教师兼任。

2. 教研活动的开展

教研活动的开展大体上类似于其他教育活动,应注意如下问题。

(1) 优化教研活动的程序

要有目标、有计划地开展教研活动,注意抓教研过程的管理,重视教研质量的考核分析,总结要认真,最好以文章、调查报告、研究心得等成文的形式展示教研成果。

(2) 进行教研活动应有理论上的支持

与专业研究人员保持联系,互通信息,寻求指导,善于学习理论知识,这些都是取得高质量教研成果的必要条件。

(3) 教研活动应有制度保证

幼儿园开展教研活动是长期性的工作,不能一阵风,管理教研活动应建立相应的制度,定期、定量、定人地开展,使之永保活力。

(4) 应建立激励机制,激发教师的积极性

教研活动对于教师来说并不是硬性任务,然而管理者为了幼儿园更好地实现幼儿教育目标,往往希望教师开展教研活动。因此对于愿意参加教研活动,并取得教研成绩的教师应加以奖励,应将教研成果与评优、评聘职务等问题联系起来,激励更多的同志参与教研活动,培养大批具有研究能力的一流师资。

园长应自觉摸索教研活动管理的规律,依据科学的要求组织和开展教研活动,

逐渐提高本园教师队伍的素质,促进教育质量的不断提高。

二、科研活动管理

随着教育事业的发展,科研的重要性也越来越被教育界重视,在幼儿教育界甚至出现了"科研兴园"一词。现今许多幼儿园非常看重幼儿园教师的科研能力,并将其作为评判教师专业素养的标准之一,在一些综合实力强的幼儿园,科研活动管理已经成为幼儿园业务管理中不可缺少的一部分。

(一)幼儿园科研活动的含义及其意义

1. 科研活动的含义

科研活动,即科学研究活动,是指利用科研手段和装备,为了认识客观事物的内在本质和运动规律而进行的调查、研究、实验等一系列的活动。科学研究的基本任务就是探索、认识未知。同样的,教育科学研究是对某些教育现象或问题通过调查、验证、讨论及思考,进行推论、分析和综合,从而获得正确认识的过程。其一般程序大致分五个阶段:选择课题阶段、研究设计阶段、搜集资料阶段、整理分析阶段、得出结果阶段。

提及研究,一些实际工作者认为高不可攀,觉得研究是专业研究人员的专利。其实不然。所谓研究就是剖析事物或现象,通过探索进而认识规律的过程。研究可以有不同层次、不同水平。有构建一般基础知识和原理的学术研究,称为基础研究;有运用基础理论,深入考察某一局部领域的特殊规律的应用研究;还有解决实践中的问题,以便迅速加以应用的行动研究。研究可以是很深入地揭示客观规律,也可以是接近事物的真谛,甚至于还可以是处于探索的初级阶段。研究人人可做,每个人都可以基于自己的能力和兴趣选取研究课题。

幼儿园科研活动通常结合教育工作实践,通过开展一系列科学研究活动,将理论应用于实践工作中,从而达到提高教师专业素养、提高本园教育水平、形成办园特色等目的。幼儿园的科研活动以一定的课题为载体,以项目为依托,它要求尽量排除主观因素的影响而求真。

2. 幼儿园科研活动的意义

科研活动有助于发现自然界和人类活动的内在规律,更好地为人们的实践服务,因此科研活动普遍被人重视。对于幼儿园来说,积极开展科研活动具有积极的意义,一方面科研与教研密不可分,因此,像教研活动一样,它也能提高幼儿教育质量,促进幼儿园教师专业化成长,推动幼教理论的发展。此外,幼儿园科研活动还具有以下两点意义。

(1)促进园长的专业化成长

幼儿园科研活动的主体并不局限于幼儿园教师,幼儿园管理者也需要通过有计划的科研活动来提高管理水平。传统的幼儿园管理主要是经验型和行政型的管理方式,虽然毫无疑问也取得了一些成效,但与科学管理的要求还有一定差距。我们处在一个变革的时代,发展变化的社会不断对教育提出新要求,这就要求幼儿园管理者改变传统的管理方式,将幼儿园管理实践与管理理论紧密联系起来,努力实现管理的科学化。经常开展管理类和教育类课题研究,能促进园长在专业化道路上成长起来,培养专家型的园长,从而有利于幼儿园的发展、完善。

(2) 有助于形成幼儿园的特色

建立在幼儿园基础之上的课题研究,可以驱使幼儿园教育工作者对本园相关教育现状进行反思,不断总结经验教训,攻克难关,促进教育教学改革,培养本园的优势项目,逐渐形成自己的办园特色,为幼儿的全面发展营造适宜的环境。

联系上文所提到的科研活动的另外几方面的积极作用,我们认为,选题恰当、组织有效的科研活动,能在较大程度上提高办园水平,实现科研兴园的愿望。

(二) 幼儿园的课题研究

幼儿园课题研究是一种有目的、有计划、有系统地认识幼儿园教育规律、改进幼儿园教育实践的过程。任何一个教育科学的研究都需要借助于课题来完成,课题研究是一种创造性的认识活动,幼儿园的课题研究也不例外。幼儿园科研活动主要以课题研究的形式展开。

选题既是科研的起点,又是科研成败的关键。科研活动的首要问题就是选题,可以说,好的选题是成功的一半。那么选题的基本指导思想有哪些? 首先,应考虑选题的必要性,也就是意义。选题应该考虑如下指标:与当前幼儿教育主流观念相符合;是个真问题,即有一定的理论依据或事实依据;有利于促进本园的保教质量、儿童发展和教师专业化水平,有助于形成本园的优势和特色;预期成果有运用的价值。其次,要分析可行性,即分析本园的现有基础是否具备进行课题研究的条件,包括:以前积累的相关工作成果、教师的研究能力、课题开展所需要的环境条件,此外还可以考虑研究者的志向与兴趣是否与课题相符等因素。总之,科研课题不在大而在小,不在深而在实,要树立"课题必须从教育教学实践中来"的观点,结合实际开展科研活动。

科研过程就是提出问题、解决问题的过程,因此,园长应教导教师树立"问题就是课题"的意识,把有意义的实际问题转化成教研课题。因此,课题的选择应考虑以下两方面:其一,课题要有实践意义,即所研究的课题应能解决问题,有利于促进幼儿教育改革的发展和幼教质量的提高。其二,课题要立足于本园的实际,课题与课改相结合,即从本幼儿园所面临的问题入手结合课改进行研究。

(三) 幼儿园科研活动管理

要真正落实幼儿园科研活动,在进行科研活动管理时需要注意以下几点。

1. 提高全体教职工的科研意识

要保证科研活动的开展,首要任务是要让幼儿园全体教职工对科研的重要性有正确、清晰的认识,让教职工能够自觉主动地参与科研活动。通过组织学习《纲要》,使教职工深刻认识到开展科研活动的根本目的,使其形成在工作实践中发现问题并积极解决问题的思维模式,让每位教职工认识到人人都可以成为研究者。此外,还应该重视科研理论和方法的学习,帮助理论基础和科研能力相对弱的教师尽快掌握科研活动的方法,让教职工充分认识到科研活动并非高深而无用,而是帮助解决实践问题的重要工具。

另外,管理者应该着力搭建平台,采取多种方式让教职工多多参加科研研讨,开拓她们的视野,通过学习来树立科研意识,引导教职工积极主动地开展科研活动。

2. 加强科研基础知识的学习和科研能力的培训

加强园长和幼儿园教师的科研知识和能力培养,是顺利开展课题研究的基础。园长要利用机会、创造机会让有志于参加科研的教师多学习教育科研方法,掌握研究的规范性要求,提高研究能力。学习和训练的途径有很多,幼儿园教研组召集大家以书本为载体学习教育科研方法、听专家讲座、参加课题开题和结题现场会、参观同行的研究汇报和展示、练习写论文等,都是可行的学习机会。

3. 发挥园长在幼儿园科研活动中的作用

(1)发挥园长的领导作用

确立园长对科研活动管理的领导地位,并充分发挥其领导作用,是园长进行幼儿园管理的重要工作之一。园长的教育科研甚至比一线教师更为重要。园长首先要通过科研活动使自己的管理理念科学化,再通过自己的观念和行为来影响和促进幼儿园的科研活动。在实际工作中,园长可以牵头组织教师开展课题研究,利用科研来解决实践中的实际问题。园长在科研中的领导作用有助于在幼儿园中形成科研骨干队伍,有利于进一步促进教师的科研活动开展。

园长还需在领导幼儿园科研活动时明确一个问题,即,开展科研活动的目的是什么?是为了实现功利目的,还是寻求教师的进步和幼儿园的发展?一些幼儿园为了追求幼儿园的名声,只关注课题数量而非质量,把课题数量和论文数量作为硬性工作任务,而对研究过程不甚关注,也不关心研究结果对实践工作是否具有实际意义。这种情况下教师或许也能取得一些成果,但一方面这只能是少数,另一方面也给教师造成了负担,容易让教师产生排斥心理,认为科研活动只是形式,并没有实际作用。要真正促进教师的专业发展,解决实践问题,改革管理制度,必须对幼儿园科研活动进行准确的定位,绝不能强制性地要求她们实现目标,而是要引导她们主动去探索和提高。

(2)激发教师参与科研活动的热情

开展科研活动的关键在于能否充分调动教师的积极性,能否让教师积极主动地发现和解决问题。如前所述,首先要通过组织一系列与科研相关的学习、活动,提高教师的科研意识;其次,园长应该从制度、组织、经济等方面为教师提供保障,让教师认识到参加科研活动有百利而无一害;另外,幼儿园科研活动不能仅仅局限在某几个"科研水平高"的教师身上,园长应该在其中发挥作用,尽可能让更多的教师参与进来,共同研究和进步。并且在科研活动开展的过程中,园长需要把注意力放在每一个研究阶段,自始至终给予支持,保证教师不会在研究过程中失去热情而消极怠工。只有通过这种种方式,才能使教师真正从科研活动中获得提升,才能更长久地维持对科研活动的热情和积极性。

(3) 在本园中营造良好的科研氛围

这里的科研氛围不仅仅包括教师中普遍存在着的积极主动的探索精神,还包括在科研活动中全体教职工共同形成的价值取向、行为方式和精神面貌。在开展科研活动时,园长应该确立一个适当的价值取向,注重科研活动对本园实践工作的指导意义,而非一味追求课题的标新立异或者课题的等级,应鼓励教师通过不同的视角研究不同的问题,不论这些问题是大是小,要强调思维上的交流和共鸣,而不只是表面上达成共识。园长应该发挥自己的作用,鼓励和引导教职工逐步形成共同的价值观,保证本园科研活动的健康发展。

4. 重视对科研活动过程的指导和管理

课题过程的指导与管理工作,是科研开展的重要保障。幼儿园管理者必须重视每一阶段的指导与管理。首先,应建立网络管理模式。成立科研小组,小组采取以园长为总管、分管园长或主任为主管,课题组组长带头实施、教师具体参与的管理模式。其次,应建立各种科研制度。制度建设是幼儿园教师专业发展的外在动力和保障。因此,应建立科研管理制度,保障科研的实施。其内容应该包括:专家、骨干引领制度,专家讲座制度,骨干教师上观摩课制度,师徒结对辅导制度。再次,认真实施计划,在计划实施的过程中,请专家给予必要的指导。

5. 善于总结,及时奖励课题组成员

幼儿园对科研管理的最后一环是及时总结课题研究的成果,总结成绩,找出问题,以便后续做进一步改进。前文提到过,幼儿园教师开展课题科研活动,不是教师本职工作的必选项,而是教师乐于学习和奉献的难能可贵的行为,所以,在阶段性的科研活动结束后,园长应充分肯定课题组成员的努力,尊重她们额外的、有挑战性的劳动付出,给予应有的奖励。这既是对课题组成员的奖励,同时也能对更多幼儿园教师产生激励作用。

案例 10-1

教研组团队建设活动:研究彰显智慧、团结凝聚力量

活动前的思考:

说起教研活动,我们的重点都是放在如何备课、如何评课、如何研究教学设计以及教学方法等方面,很少关注到教研团队精神的建设。而教研组是幼儿园教育教学工作的重要组成部分,是教学研究的合作群体,是教师研究教法学法、提高个人专业素质的主要阵地。如何进行教研组团队精神的建设?通过哪些有效的形式可以凝聚大家的智慧,形成"潜心研究、和谐共享"的组织文化?

活动目标:

1. 乐于参与,体验团队合作的魅力,分享团队合作的快乐。
2. 能将本学年本组的教研工作及取得的成绩通过多样化的形式加以汇报,并在现场活动中一一呈现。

活动准备:

1. 人员准备:本园三个教研组、嘉宾、主持人

2. 物质准备:教研组汇报PPT、海报纸、马克笔、各组日常研究的相关资料

活动过程:

一、主持人介绍今天活动的来宾(嘉宾、三个教研组)和活动主题

主题:研究彰显智慧,团结凝聚力量

语言组:12人;音乐组:12人;后勤组:20人

二、各组成员介绍自己——考量教师个人的语言艺术和智慧

1. 按照"四三二"的原则和小组的顺序,介绍自己,要包含姓名、小组的基本信息。
2. 欢迎用最特别的方式,介绍特别的您,让大家认识您、记住您、离开以后还想念您。
3. 奖励:嘉宾记住谁的名字则给其所在的组加1分。

三、以小组为单位制作海报,介绍自己的小组——考量团队合作能力

规则:请在30分钟之内完成——

1. 一个组名:永不磨灭的番号
2. 一个口号:最最响亮的口号
3. 一张海报:最最独特的宣传
4. 一个发言人:最最自信的演讲

四、教研组组长本年度精彩工作汇报

1. 语言组:故事类图画书读本分析研究

本学年研究内容;研究中开展的活动;研究后的感悟

2. 音乐组:音乐欣赏活动指导策略研究

青春靓丽的教研团队;教研工作的前期思考;丰富多彩的教研活动;反思与成长

3. 后勤组:后勤服务规范化的探索

安全保卫规范化;卫生保健规范化;营养膳食规范化;保教结合规范化

五、嘉宾点评

六、即兴游戏:天竺少女;采蘑菇的小姑娘;再别康桥

活动后的思考

1. 本次教研成果发布活动与我园一年一度的优秀教研组的评比结合在一起。与评比不同的是,评比关注的是结果,成果发布活动关注的是活动过程中团队的智慧与合作,这是简单的评比活动无法达成的。嘉宾在活动中既是评委,更是专业引领者。

2. 调动每一个成员参与到活动中来。"各组成员介绍自己"这个环节,目的是考量教师个人的语言艺术与智慧,看她们怎样通过短短的几句话让嘉宾记住她们的名字。老师们纷纷施展自己的语言才华,有的将自己的名字与诗词相结合,有的用有特色的方言,还有的用肢体动作,关键是巧妙的介绍还能为本组加分。这一环节相当于吹响了团队作战的号角。在接下来"介绍自己小组"这个部分,短短30分钟内,各组成员分工协作,共同设计,共同制作,充分体现了"团结凝聚智慧"的主题精神,各组的组名、口号、海报、演讲精彩纷呈,最大化地展示了本组的特色与内涵。

3. 提升教研组组长的专业地位。一个优秀的教研团队一定需要一名优秀的带头人,教研组组长毋庸置疑担当了这个角色。本次活动中,三名教研组组长围绕"研究彰显智慧"的主题精神,梳理、提炼了本组本年度教研工作的一些思路、做法和成果,分别从不同的角度向大家汇报。组长自身的专业技能在梳理、提炼的过程中不断被激发出来,同时也提升了组长在大家心目中的专业地位。一名组长说:"在这个过程中,我感受到了被大家需要的快乐!"这应该是最幸福的体验。

资料来源:解放军国防信息学院幼儿园程虹

思考与练习

1. 名词解释:幼儿园的教育活动、教务工作、教研活动、科研活动。
2. 幼儿园教育活动的特点有哪些?
3. 幼儿园教育活动应达到哪些目标?依据何在?
4. 幼儿园教育管理的任务主要有哪些?
5. 幼儿园教务工作的内容是什么?
6. 教育过程管理有哪些环节?怎样指导教师制订教育计划?
7. 幼儿教育质量管理观念由哪几个方面组成?
8. 幼儿园开展教研和科研活动有什么意义?
9. 幼儿园的教研活动通常从哪些方面开展?
10. 怎样恰当地选择幼儿园的科研课题?怎样进行科研管理?

第十一章 幼儿园总务工作管理

 **学习目标**

1. 了解幼儿园总务工作的特点、作用。
2. 领会幼儿园总务工作管理的任务、原则和方法。
3. 掌握幼儿园财务管理的原则与要求。
4. 掌握幼儿园设备设施管理的对象和要求。

【本章导读】 幼儿园的总务工作,又称后勤工作,是幼儿园管理的重要组成部分。它从经济上、物质上为保教工作的顺利开展提供保障,是办好幼儿园的必要条件,园长必须重视对总务工作的管理。幼儿园总务管理包含的内容较多,所涉及的工种较复杂,任务较烦琐。本章先全面介绍幼儿园总务工作的一些基本问题,诸如总务工作的特点、作用,总务工作管理的任务、目标、内容和原则方法等,然后分门别类地对幼儿园的财务管理、设备和设施管理、膳食管理进行讨论,并给出合理化的建议。

第一节 幼儿园总务工作概述

总务工作,有时又称总务后勤工作,它是社会组织必不可少的物质保障工作,工作内容主要是理财、用物、治事等事务。幼儿园的总务工作,为幼儿园工作提供了总的服务。基于幼儿园这种教育机构的特殊性,幼儿园总务工作有自己的特点和内容。

一、幼儿园总务工作的作用和特点

(一) 幼儿园总务工作的作用

幼儿园中的幼儿处于成长迅速的时期,但身心发展水平低,需要得到周围成人更多的爱护、照顾,这使得幼儿园的总务工作具有尤为特殊的意义。如果把幼儿园的人员管理比作一辆车的方向盘,那么保教与总务工作则如同车身两侧的轮子,二者缺一不可。此外,保教渗透的特殊性,也决定了总务与保教有千丝万缕的联系。总务工作的主要作用表现如下。

1. 总务工作直接为保教工作服务

古语云:"兵马未到,粮草先行",在幼儿园的管理活动中同样如此。每学期要开展正常的保教工作就必须有必要的物质条件——桌椅、纸笔、开水、饭菜等。幼儿园总务工作包括营养、卫生、保健、物资的供应,基本设施的配置,基础建设,校园环境建设等方面,它们都是保教工作所需要的保障条件。因此,总务工作首先为保教提供服务,总务工作做到家,保教工作才会有保障、有前提,才谈得上保证教育质量,提高教学水平。没有有力的后方供应,教养工作根本无法进行。

2. 总务工作质量对幼儿具有教育作用

人们常说的"服务育人""环境育人"都显示出幼儿园的总务工作对幼儿具有潜移默化的教育影响。无论我们从广义还是狭义的角度去界定教育的含义,总务工作的成果以及总务工作人员的工作方式、总务工作人员的个人素养都会影响到幼儿的发展。园舍的规划,环境的绿化和美化,活动室的布局,总务工作人员的言谈举止、服务态度都会在幼儿的心灵上烙下印迹。这种潜移默化的影响从美育、德育、智育等方面对幼儿起着作用。这种作用并不比优秀的幼儿园教师在课堂上千方百计选择、设计活动内容,寻找教育契机的作用力弱。

3. 总务工作关系到调动职工的积极性问题

幼儿园总务工作的质量不仅影响幼儿身心的健康发展,作为一项服务性、福利性工作,它还通过影响教职工的工作积极性而影响保教质量。总务工作不仅为幼儿服务,还担负着为教师的工作和生活服务的职责。园长应搞好总务后勤工作,改善教职工的生活福利待遇,为他们解除后顾之忧,用实际行动温暖教职工,以激励他们全身心地投入保教工作中。

(二)总务工作的特点

总务工作是事务性工作,工作头绪多,涉及的人员、工种较杂,对工作人员的要求也较高。它有自身的特点,只有掌握其特点,把握其规律,才能有针对性地开展总务管理。幼儿园总务工作的主要特点如下。

1. 服务性

幼儿园总务工作就其任务而言,是一项服务性工作。既要为幼儿的生活、学习服务,为保教人员的工作服务,还要为教职工的生活服务。总务工作之所以被称为"后勤",是相对于"前线"而言的。幼儿园以保教工作为中心,保育教育是幼儿园工作的"前线",而幼儿园的总务则是为保教这个中心服务的,同时还要尽可能地改善教职工的生活、工作条件。应激励他们以更大的热情投入保教工作之中,这就要求总务工作者甘当"配角"。

2. 先行性

幼儿园总务工作的服务性决定了它的先行性。服务就是使人在生活、工作、学习上获得方便,"方便"必须在做某事前提供出来,使事情变得容易解决。总务工作是提供"方便"的工作。幼儿园每学期的保教工作开始前,总务部门应做好必需的物资准备,如设备维修添置,环境优化,教具、玩具配备,办公用品的采买等。物资保障先行一步,将有利于保教工作按时顺利地开展,不致影响幼儿教育的进程。

3. 全局性

幼儿园的总务工作是全园中心工作开展的基础,既关系到事也关系到人,自身还需做一些理财用物的服务性工作,因此它涉及面颇广,具有全面影响力。这要求总务工作者树立全局观念,提高工作水平,当好"配角",充分发挥总务人员在全局工作中应起的作用。

4. 复杂性

幼儿园总务工作包含的内容很丰富,由各种具有不同要求的具体工作组成。有纯体力劳动的,如幼儿园环境卫生的保持;有技术性的,如财务财产管理;有科学性的,如幼儿的膳食安排、教室的设计、采光系数与通风系数的测定;有很细致的,也有比较粗略的;有常规的任务,更有临时的突击性任务。幼儿园总务工作无时无处不在,并且它与保教工作相互渗透,紧密联系,不可能完全分割。这就要求总务工作者耐心细致,吃苦耐劳,兢兢业业地做好本职工作。

5. 政策性

幼儿园总务工作中的一些内容,深受国家相关政策法规的制约,如收费问题、财务管理、住房分配(计划经济年代的常规总务事项。现阶段少数幼儿园存在给年轻教师分配宿舍或安排教师午休之处等事)、基础建设等,政策性较强。只有严格按照国家的政策法规办事,才有利于提高管理的效度,否则会不利于全局工作的顺利开展。所以园长应经常教育有关的总务人员,使其树立良好的工作作风,按法令办事,严格认真、一丝不苟地工作,充分发挥总务对于中心工作和其他相关工作的服务作用、奠基作用。

二、幼儿园总务管理的任务和目标

幼儿园的总务工作是为开展保教工作服务的,总务工作到底应完成哪些工作任务,才能实现为中心工作服务的目的呢?

(一)总务管理工作的任务

根据幼儿园的性质、任务和管理模式来考察,幼儿园开展总务工作应完成下列主要任务。

1. 创造良好的环境

总务工作者应在园长的领导下,在上级主管单位和广大家长的支持下,努力为幼儿营造一个安全、整洁、优美、健康的学习和生活环境。在园舍建设阶段就应按照科学的要求把关,奠定良好的基础,在日常的工作中,更应不断建设优良的园容园貌,优化环境,使保教工作能在有利的条件下进行。

2. 供给营养膳食

幼儿园中的孩子年幼,处于生长发育迅速的时期,对营养素的需求量大,每天必须摄取足够的营养,以供身体发育之需。无论是寄宿制还是全日制的幼儿园,幼儿每天均需进食几次(具体次数不等,有三餐一点、二餐一点、一餐一点、三餐两点等多种形式),而为他们制作膳食的任务,责无旁贷地落到一些总务人员,尤其是炊事员的身上。主管园长和医务人员要定期会同财会人员、炊事员代表,为幼儿制定平衡的营养食谱,财会人员要预算、结算,经费上专款专用,保证合理膳食之所需。采购员要按规定购买食品,炊事员要严格按卫生要求为幼儿制作色、香、味俱全的食物。许多幼儿园也为工作人员提供搭伙条件。如此一来,幼儿园大多数总务工作者每天的最主要任务是为师生改善生活,使他们精力充沛地投入保教活动之中。

3. 管好财物

负责管理全园全部经费收支和物资供应,管理好幼儿园的财务和财产,也是总务工作者,尤其是会计出纳和保管员、门卫的重要职责和主要任务。总务工作者应发扬勤俭办幼教的精神,管理好幼儿的经费、设备、用品,使有限的经费发挥出最大的经济效益和社会效益,使幼儿园的财产不受侵害,有安全保障,物品用有所值。

4. 关心教职工的生活福利

关心职工,努力调动工作人员的积极性,是幼儿园人员管理的永恒主题。而解决职工的物质生活方面的困难,自然是总务工作管理的又一任务。尽管当前许多幼儿园财力等条件有限,但是职工的后顾之忧,如办公和休息用房、工作餐等,总务工作者应积极解决,以保证保教秩序的稳定。

(二) 总务工作的管理目标

幼儿园的总务工作从一个侧面担负着全面贯彻国家的幼儿教育方针,促进幼儿健康成长的重要任务。园长应充分认识到总务工作在幼儿园整体工作中的不可或缺的地位和作用,确立总务管理的目标,切实完成总务管理的任务。

从管理效果最优化的标准来看,幼儿园总务管理的目标包括以下几方面。

1. 经济上提高效益

总务人员管理的经费,能否发挥最大效益或逐步提高效益,是衡量财务管理质量的唯一杠杆。提高效益指的是:花最小的代价获得最大的效果。要实现这一目标,必须以精打细算、合理用钱、杜绝贪污和浪费为基础,少花钱多办事,办好该办的事。在以市场经济为特征的现阶段,幼儿园普遍面临着财政危机,努力实现这一目标显得更加重要。

2. 物质上保障供给

对物的管理要紧紧围绕保教工作的需要,妥当安排,保证供给,做到物尽其用。这包括两个方面:一方面,管好幼儿园的有形财产,教学用品、办公用品以及其他物资能及时按要求供应。环境的创设要不断变化,保持幼儿园环境的净化、绿化、美化、教育化;另一方面,对于每天幼儿和职工的餐点供给,总务部门要真正做到准时和高质量,不能打乱每日保教活动的正常秩序,保证幼儿和职工的健康。

3. 工作过程中注重高效率

高效率的工作是提高经济效益、做好物质供应的重要条件。同时,由于幼儿园总务工作内容的复杂性,管理者一定要注意在总务工作过程中提高效率,办事不拖拉,勤于工作,善于应付各种情况,时时处处维护好幼儿园的利益。

4. 精神上能激励职工

总务人员立足于本职岗位,恪尽职守,想教师、幼儿及家长之所想,急保教工作之所急,以优良的服务态度做好工作,提高服务质量,免除教师保教工作的后顾之忧,努力增强幼儿园的凝集力,使"前线"的工作人员心情舒畅,工作干劲倍增。

5. 人员上造就一支敬业无私、精明能干的总务工作队伍

总务工作多方面的任务和目标,要求由一支思想作风好、业务能力强的总务后勤人员去完成。在管理全园职工方面,园长的思路和方法有一些共性,具体到总务队伍的管理,至少在目标上应有如下要求。

第一,思想上,要求总务人员热爱后勤工作,敬业爱岗,爱护幼儿,愿全心全意地为保教服务,为幼儿和教师服务。

第二,作风上,总务人员应该廉洁奉公、勤俭节约、克己耐劳,保持劳动者脚踏实地的本色。

第三,工作中,总务人员应该爱园如家、办事热心、认真负责、一丝不苟、遵纪守法、耐心细心地进行工作。

第四,业务上,总务人员应该有一定的专业知识基础。财务人员要熟悉财务政策和财务制度,具备从事财务工作的资格;炊事员要有一定的烹调知识基础和很好的技术,并肯动脑钻研幼儿膳食制作的学问;采购和保管员要懂得起码的幼儿教育要求,购置幼儿园所需要的一切物品,并按保教工作的要求妥当保管,有效供应给班级,方便教师,推动保教工作的良好开展。

显然,从事幼儿园的总务后勤工作是光荣而有意义的事情,园长应管理好这支总务队伍,使他们能保持热情、安心工作、不断学习,积极有效地做好各自的本职工作。

三、幼儿园总务工作的内容

幼儿园的总务工作面宽量大,为了较好地管理全部总务工作,有必要将复杂的内容进行整合归类,大致内容结构如图11-1所示。

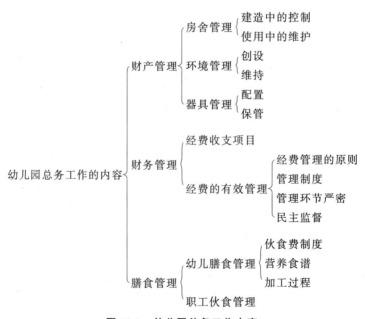

图11-1 幼儿园总务工作内容

四、幼儿园总务管理的原则与方法

根据幼儿园总务后勤工作的特点、任务和诸多内容的要求,为了实现管理的最优化,园长在管理中必须遵循一些较特殊的原则,通过有效的途径去进行。只有这样,才能达到理想的管理目标。

(一)总务管理的主要原则

1. 廉洁奉公的公正原则

总务工作内容大多涉及金钱、物品等,从事幼儿园的总务后勤工作,实际上就是为众人当家理财、管物做事。只有廉洁奉公,不谋私利,不徇私情,办事从单位利益和幼儿利益出发,才能理好财、管好物、办好事,从而为保教工作提供保障。

2. 有利健康的安全原则

幼儿园总务工作所服务的对象主要是年幼儿童,及包括总务人员在内的全体教职员工,无论是供应饮食、修建房舍、管理环境,还是购置用具等,一切都应以促进幼儿和职工的身心健康发展为宗旨,安全第一,将安全意识贯穿在一切总务工作之中。

3. 立足保教的决策原则

幼儿园的中心任务是保教工作,从幼儿园总务工作的性质、工作内容的构成等方面看,总务后勤工作无论是为幼儿服务,或为教师服务,最后都落脚到为幼儿的保教服务。保教工作无疑是总务后勤决策时的根本出发点,离开了这个出发点,就是舍本逐末,就会造成工作上的失职。

4. 艰苦奋斗的节约原则

幼儿园自产生以来,历来是慈善机构、福利机构,兼为教育机构,从来就不是营利机构,这种性质今后也不会改变。不难预见,今后很长一段时间,大量幼儿园将会面临财政吃紧的问题,"艰苦奋斗,克勤克俭地办园"这个优良传统必须得到继续发扬。在管理总务后勤工作方面,勤俭节约应是一个基本方针。同时,还应重视自力更生、开辟财源,以弥补教育经费的不足;学会新的社会环境下的科学经营,将总务工作开展得红火兴旺,使幼儿园工作目标顺利实现。

(二)幼儿园总务管理的途径与方法

幼儿园总务工作范围很广泛,庞杂的事务性工作要求采取灵活多样的方法来处理。在遵循总务管理原则的基础上,应系统地寻找管理总务后勤工作的途径和方法。

幼儿园园长管理总务工作的途径,可以简单概括为两个主要渠道,即:对内严加管理,对外争取支持。在加强内部管理和适当争取外援的过程中,可采用许多具体方法开展工作,以达成目的。主要的方法如下。

1. 对待总务工作人员,做到民主宽松与严格要求相结合

幼儿园总务人员是总务后勤工作的具体执行者,他们的工作态度和能力直接影响了总务工作的质量。园长首先应民主管理,尊重他们,爱护他们,培养他们,不断调动其从事本职工作的积极性,多种形式地提高其工作能力。与此同时,在总务人

员履行工作职责的过程中,对他们高标准、严要求,督促他们认真地开展每一项总务工作,保证每一项后勤工作的质量。

2. 对总务内容,全面部署和突出重点相结合

总务工作的内容全面而广泛,每一项总务工作都在全局工作中发挥了自己的作用,不可或缺,所以财产、财务和膳食的管理要全面规划,部署相应的人力、财力。在此基础上,要始终突出保教急需的相关后勤总务任务,也相应地加强对一定时期重点后勤任务的重视。人力、财力的安排方面,除了要照顾一般,还应保证重点的需要。

3. 对总务工作的过程,计划控制与鼓励创新相结合

一般地,在总务工作开展过程中,园长等管理者要实行计划管理,控制好各项后勤工作的计划、执行、检查、总结等环节,用严格的规范约束各岗位的总务人员,防止工作中出现纰漏。然而另一方面,事务性的工作容易受外界诸多因素的影响,可变性较强,因而总务人员在工作方式上应积极创新。如果每个总务人员工作上都很被动,那将给园长的管理增添难度。只有将规范性、强制性与创造性结合起来,工作才能更好地展开。

4. 对总务工作策略,因地制宜与开拓创新相结合

幼儿园总务工作的计划和开展,要实事求是,立足实际,恰当定位每一时期的总务目标,保证后勤服务稳定而有序地开展。但是,幼儿园要谋求前进和发展就不能安于现状,而应发挥更大的自主性,努力开拓、不断进取,通过树立良好的社会形象,争取家长、上级主管部门和广大社会力量的理解和支持,合理合法、有理有节地创收,为幼儿园增加收入,弥补经费的不足,减少幼儿园谋求生存的重负,促进幼儿园更稳健地发展。

幼儿园总务管理的方法因时、因地、因人而异,园长应潜心摸索,掌握更多的好方法,行之有效地运用于总务后勤管理中,开展高效优质的总务管理活动,为保育和教育幼儿提供切实的物质保障。

第二节 幼儿园财务管理

幼儿园的财务管理是教育财务管理的一种存在形式,而教育财务管理是从财务管理中派生出来的概念,所以教育财务管理的内涵、特点及其形成和发展,深受一般财务管理的内涵、特点以及形成和发展的影响。

一、幼儿园财务管理的内涵及其意义

(一) 财务管理的内涵

财务管理是"基于企业再生产过程中客观存在的财务活动和财务关系而产生的,是组织企业财务活动、处理财务关系的一项经济管理工作,是企业管理的重要组

成部分"[①]。财务管理利用资金、成本、收入等价值指标,来组织企业中价值的形成、实现和分配,并处理这种价值运动的经济关系。财务管理区别于其他管理的特点在于,它是一种价值管理,是对企业再生产过程中的价值运动所进行的管理。通俗地讲,财务管理就是对资金的管理,即对资金的筹集、使用、回收、分配以及由此而发生的各种经济关系的管理。

教育财务管理"在理念上与一般经济管理中的财务管理是一致的。它是教育事业单位对财务活动进行组织、指导、控制、分析和监督的系统管理工作。它是教育事业单位管理工作的一个极为重要的方面,也是国家财政工作的重要组成部分"[②]。

在实践中,"经费""人事""组织"及"管理"均为教育行政工作运作的基本条件,其中"经费"一项尤为重要。假若教育经费不足或运用不当,即使有素质较高的行政管理人员以及完善的计划、健全的组织与卓越的管理,教育的效率仍无法提高。所谓"财政为庶政之母",只有在经费问题获得适当的解决之后,教育行政的运作才能顺利进行。但是有了经费,如果不能最有效地运用与管理,也会影响到教育目标的实现。

(二) 幼儿园财务管理的含义

幼儿园的财务管理同样有与教育财务管理类似的属性。在当前幼儿园办园体制多元化、经费来源多元化的情况下,财务管理便显出复杂多样的要求。财务管理得当,则幼儿园的运作顺利,否则将对幼儿园的生存和发展带来不利影响。

幼儿园的财务管理,是幼儿园对财务活动进行组织、指导、控制、分析和监督的系统管理工作,是幼儿园遵循国家财政法规的要求,依据幼儿园的发展规划,对预算内外资金的筹措、计划、使用、监督等工作的管理。幼儿园财务管理是整个幼儿园管理的重要组成部分,幼儿园各项资金的安排和使用,直接关系到党和国家有关政策在幼儿园的贯彻执行,关系到幼儿园工作开展的成效。

对经费的管理很多方面涉及国家在经济活动中的法律法规,牵涉许多经营之道的要求,而当前我国大量园长来自教育第一线,在以前的职前学习期间几乎未曾接受财务管理方面的知识,相当数量的人在担任园长职务后,也没有接受过财务管理培训。显然,这与幼儿园发展的要求不相符。现阶段,我国幼儿园财务管理在幼儿园管理活动中居于重要地位,且有不断加强之势。园长有必要学习"当家理财",尽快熟悉幼儿园经费的来龙去脉,掌握幼儿园经费管理所需遵循的法规制度,运用管理的原理,指导专业财会人员管理好幼儿园的经费。

(三) 幼儿园财务管理的意义

现阶段,我国的许多幼儿园在经办过程中,往往面临财力不足的困难。一方面,由于幼儿园体制多元化,许多幼儿园在资金方面缺乏稳定充足的来路;另一方面,由于社会和家长对高质量的幼儿教育的期望增高,物价不断上涨,致使幼儿教育成本不断增加,然而对幼儿的收费由教育局和物价部门核定,往往滞后于市场的变化。

---

① 樊莹,罗淑贞.财务学原理[M].广州:暨南大学出版社,2002:11.
② 范先佐.教育财务与成本管理[M].上海:华东师范大学出版社,2004:26.

这种矛盾常令幼儿园园长感到捉襟见肘,幼儿教育的供求矛盾日益尖锐。要解决这一矛盾,除了政府要加大对幼儿教育的投入外,还必须加强幼儿园的财务管理,千方百计地减少浪费,使有限度的财力资源尽可能发挥出最大的效益。

因此,幼儿园园长学习当家理财,积极开展财务管理,至少具有以下几方面的意义和作用。

1. 有助于为幼儿园的发展筹集经费

幼儿园教育是教育的一个组成部分,而教育历来被许多国家认为是国家的事业,因为教育的产品,即教育所培养的人是要为国家和社会服务的,他们能为经济社会的发展产生巨大的促进作用,这是教育的外溢作用。但同时,教育的过程和周期又是漫长的,尤其是十余年的基础教育是难以产生明显的外溢效益的,因此教育可以说是一项消耗性较大的工程。这是一对矛盾,它似乎暗示人们,教育经费的投入应该是国家的事,公民个人或团体承担不了如此大的消耗。然而从另一角度来说,还存在另外一项事实,即一方面,教育培养出来的人要为国家社会服务,促进生产力和文明的发展,另一方面,他们因接受良好教育而获得的回报,也为其本人及家庭的幸福生活提供了条件。所以,教育是"准公共产品",它一方面是国家的事,另一方面也是广大公民自己的事。无论中外,教育经费都不是由国家全部包揽,或是由公民个人完全负担。除这两方面的来源外,还有分散在各地区、各部门、各团体或个人手中的可用于教育的那些财源,多元化地筹集这些资金到教育事业中,可以弥补国家在教育投入上的不足,减轻受教育者的家庭负担,最终提高教育质量。而在我国,捐资办学是优良的传统,被认为是"功在千秋,利在当代"的善事。在我国当前的幼儿园发展实际中,这种多元化的投资格局尤为明显,如何保持各种来源的财力有恰当的比例和稳定的供给,是需要幼儿园管理者借助一系列的管理活动来完成的。

这一作用,有时可以表述为教育财务管理的筹资功能。

2. 有助于对教育资源进行合理配置

资源合理配置是指社会的人力、物力和它们在价值上反映的资金等资源,得到优化配置和高效利用。资源是有限的、短缺的,社会需要是无限的。合理有效地配置资源,发挥其最大效能,是财务管理的基本要求。

相对于需求来讲,教育资源更是有限的,这就更加需要对教育资源进行合理配置,即将有限的教育资源合理地分配到教育系统的各个部门和机构中去。

幼儿园也要求合理配置有限的教育资源。在当前的幼儿园管理实际中,教育经费需要支出的方面很多,尤其是一些民办幼儿园,从员工的工资发放到业务所需,从房舍的租赁、修缮到买一盆一锅,大大小小各方面,都只有花费资金才能正常运转。有限的财力到底以怎样的比例在各项工作和人员之间投放,事关幼儿园的生存,并且这种配置方式不是永远不变的,而应随着幼儿园不同时期不同条件下的需要而做出必要的调整。不同的配置思路在一定程度上反映了幼儿园一定条件下的工作重点,表达了该园一定时期的管理导向。

总之,一所幼儿园内部的资源配置,在按照国家有关法规政策执行的前提下,还应该突出幼儿园工作的重点,且照顾一般的需要,在人力、物力等需要以货币形式体现的配置中,让来之不易且较有限的教育经费发挥其最佳的效用。这是教育财务管理的导向功能。

3. 有利于科学合理地调节教育经费

如前所述,加强教育财务管理有助于教育资源的合理配置。但也应该看到,教育资源的科学合理配置并不是一蹴而就的。在实际的幼儿园教育管理发展过程中,由于制约幼儿园生存和发展的因素复杂多样,且有许多是不稳定的、可变的,它们相互集结在一起并不断进行重组,就构成了教育发展过程中千变万化的客观现实。正是这种客观存在且不断变化着的现实,要求教育财务管理能够从实际出发,使教育资源的配置更具有针对性,也更富有效益。如前文所述,幼儿园的资源配置方式不是一成不变的,它应随着幼儿园在不同时期不同条件下的需要而做出必要的调整。这是教育财务管理的调节功能。

4. 有助于对教育经费的运用实施进行有效监督

管理者对教育经费的配置使用,就是通常所说的理财用物,也就是具有用财的权力。这是较为敏感的工作方面,需要必要的监督。常言道,"没有监督的权力必然导致腐败",其实没有监督的管理也必然走向无序。因此,加强对幼儿教育事业发展的监督管理,并非对幼儿园管理者的不信任,而是事业发展和教育管理自身的客观要求。只有保持正常的工作秩序,建立公开、透明、诚信的良好环境,幼儿园的教育事业才能在整体协调发展的轨道上运行。

对幼儿园财务管理进行监督是必要的,它是整个教育行政监督管理机制中的一环。教育财务监督是一种经济监督或经济约束,它通过对教育单位的经济行为和资金运作的监督,保证教育系统各部门、单位的经济行为立于法制和政策允许的轨道之内;通过对教育部门、单位和个人违反财经纪律行为的处理和制裁,使教育系统内部形成正确的导向,产生巨大的激励或约束作用,督促教育部门、单位和个人努力改进工作,从而不断提高教育经费的使用效率。幼儿园属于教育单位,也符合上述的监督要求。

教育财务管理上述四方面的作用是相互独立又彼此依存的,任何一方面若不能有效发挥作用,均将对其他方面作用的发挥和整个教育系统的运行产生不良影响。

二、幼儿园财务管理的目标和内容

(一)幼儿园财务管理的目标

为使教育财务管理工作能有序、有效地进行,首先必须明确教育财务管理的任务。教育财务管理的任务是多方面的,但主要包括教育经费的筹集、分配和有效使用三个方面。具体来说,教育财务管理主要是针对经费的管理,因此我们就可以设问:教育经费是用来做什么的?若要详细分解,这个问题又可进一步分为教育经费"应该做什么""能够做什么"和"实际做了什么"三个问题。应该做的未必是实际做了的,能够做的也未必是应该做的。情况复杂多变,理想的状态是三者的和谐统一。

幼儿园经费管理总的来说要做到:取之有道,用之有效。这可视为经费管理的观念性目标,也是幼儿园财务管理的目标。

要做到"取之有道",关键在于收费要合理,每收一种费要有直接的政策规定作为依据,或者有充分的、能使绝大多数家长心悦诚服的理由。应杜绝因乱收费而造成家长对幼儿园工作产生反感等不良现象。

要做到"用之有效",关键在于加强对经费的计划管理,使经费每支出一项都有所值,不浪费有限的经费。经费的使用,是管理幼儿园财务的重点。

达到上述目标则意味着园长对幼儿园的财务来龙去脉有清楚的了解,配置和调节是有效的,同时是经得起监督的。换言之,这所幼儿园的财务管理是有效的,能发挥其应有的作用。

(二) 幼儿园财务管理的内容

1. 筹集幼儿园办园经费

教育事业的发展,需要有充裕的经费,已是不容争辩的事实。那么,教育经费该由谁负担和提供呢?一般而言,教育经费的来源,根据其来源渠道和来源主体,可进行如下两种划分:一是从现实和统计的角度看,可划分为:(1)财政预算内教育经费拨款;(2)各级政府征收用于教育的税费;(3)企业办学经费;(4)校办产业、勤工俭学和社会服务收入中用于教育的经费;(5)社会团体和公民个人办学经费;(6)社会捐资办学经费;(7)学费、杂费;(8)其他。二是从理论上看,教育经费的来源可划分为政府、企业和个人家庭这三大主体对教育的投入。因为在任何社会经济条件下,教育虽可以增加国民收入,但不能直接创造国民收入,教育经费最终只能来自国民收入。国民收入经过初次分配和再分配,形成了国家集中的财政收入、企业收入、劳动者个人收入三部分。国民收入的分配由国家、企业、劳动者个人三部分构成,教育经费也基本上由这三者分担,即国家投入的教育经费、企业投入的教育经费和个人投入的教育经费。

幼儿园教育经费的来源也符合以上教育经费的大规律,然而不同类别、性质的幼儿园,其教育经费的来源有较大的差别。通常,公立幼儿园的经费主要依靠政府的财政拨款,即使是主办单位投入的款项,也是源于财政拨款,只不过经由主办单位间接支付而已。民办幼儿园的经费则明显呈现多元化,有组织团体的投入、个人的投入、社会的捐助、学费的收入等。

在我国,2012年财政部和教育部印发了《中小学校财务制度》,其政策对我国的公立幼儿园有较大的意义。其中明确描述,国办中小学的收入包括以下几方面的收入。

(1) 财政补助收入

即中小学从同级财政部门取得的各类财政拨款。

(2) 事业收入

即中小学校开展教育教学及其辅助活动时依法取得的收入。其中,按照国家规定应当上缴国库或财政专户的资金,不计入事业收入;从财政专户核拨给学校的资金和经核准不上缴国库或者财政专户的资金,计入事业收入。

(3) 上级补助收入

即中小学校从主管部门和上级单位取得的非财政补助收入。

(4) 附属单位上缴收入

即中小学校附属的独立核算单位按照规定上缴学校的收入。

(5) 经营收入

即非义务教育阶段学校在教育教学及其辅助活动之外,开展非独立核算经营活动取得的收入。

(6) 其他收入

即上述规定范围以外的各项收入,包括投资收益、利息收入、捐赠收入等。

在此详细列出国家规定的公立中小学的收入来源,应该说对幼儿园的经营和财务管理是有借鉴作用的。当前,幼儿园里多数园长是从优秀幼儿园教师中提拔出来的,其原有的知识结构中,这部分知识经验较少,对财务的了解通常源于前任园长的做法和经验。多年来,在经费来源问题上,人们认识到公立幼儿园与私立幼儿园的经费来源略有差异。以公立幼儿园当前的一般情况来分析,主要来源有四:其一,国家和主管单位的拨款,有些幼儿园虽无直接的经费划拨,但是职工的工资、津贴的发放以及对幼儿园正常开支的报销、资助,也是国家拨款的表现形式。其二,向幼儿家长收取的幼儿入园学习生活所需的一切费用,包括幼儿的托儿费、伙食费、杂费及某些形式的管理费等。其三,社会力量或公民个人对幼儿园的资助。其四,幼儿园自创自收的部分经费。

相比之下,私立幼儿园的第一种经费来源与公立幼儿园有所不同。当前,我国普惠性民办幼儿园能获得国家的经费资助,而营利性民办幼儿园则没有国家的经费资助,代之的是主办者个人筹措的经费。

事实上,幼儿园与中小学的收入来源具有同样的渠道,上述文件中所列的六类,划分明确,有助于提高幼儿园园长对此问题的认识。特别值得一提的是,无论何种性质、何种规模的幼儿园,向幼儿家长所收取的经费,一定要注意符合国家政策的要求,按照各地教育行政部门和物价局所核定的收费标准收费,办人民满意的幼儿园,不要因乱收费而给幼儿园行业带来不良的社会影响。

2. 做好幼儿园教育经费的预算与决算

每学年甚至每学期开始前,除了其他业务的准备事项外,园长还需要当家理财,主动地组织相关人员对经费进行预算。

(1) 幼儿园教育经费的预算

教育经费预算,许多幼儿园在实际工作中做过,它应是幼儿园工作计划的一部分,是教育决策的结果之一。

预算在形式上表现为预算收入和预算支出两大部分。教育预算收入反映了幼儿园的生存状况,从一个侧面也能反映出国家和开办者(当前民办幼儿教育界称之为"投资人")对幼儿园的重视程度。当然,预算收入可以根据上文阐述过的若干渠道来估值计算;预算支出则是对需要经费的各项工作进行分析,确定各项目使用经费的数量,确定一定时期经费在各项工作中的最佳比例,使财力的投放能最大限度地发挥其效益。

经费预算是保证每一所幼儿园教育事业正常运行和发展的物质基础,也是控制幼儿园工作运行的一个依据,因此,其作用是明显的。

第一,计划目标作用。幼儿园教育经费预算规定了实现幼儿园教育总体目标及各部门各班组的子目标所需的资金使用计划,体现了幼儿园管理者在物质资源使用方面的统筹安排,可以动员各部门各成员为达到子目标和总体目标而努力奋斗。

第二,分配协调作用。幼儿园教育经费预算对幼儿园经费的用款额度及具体用途做出了规定安排,各部门班组、各责任人必须遵照执行。但是,在执行中,一些难以预料的内外因素变化可能会导致在经费的使用上出现冲突的现象。这就需要教育经费预算的编制具有综合能力,能够协调各种矛盾冲突,实现整体的最优化。

第三,执行控制作用。幼儿园教育经费预算经过批准后,要严格按预算、按计划实行,不得超支挪用。在预算实际执行中,实际状态与预算标准可能会产生差异,这就需要用预算来控制实际活动和衡量其合理性,查明原因并采取措施。

第四,检查考核作用。每学期初,要根据实际收入和工作的需要,由园长、财会人员一起编制预算。预算由园长把关,财会人员起草,园长审批后报园务委员会和上级主管部门。为了正确地预算,园长和财会人员必须共同研究,充分分析现实情况和一学期中将会面临的用费情况,分清主次轻重,全面安排各种用途,形成决定。注意预算要留有一定的余地,以便解决计划外的特殊需要。

幼儿园在教育经费预算执行完毕后,要以教育经费预算为标准,检查教育经费的使用效益情况,即检查其是否保证了幼儿教育工作的需要,是否促进了事业的发展,是否体现了效果最优化原则,从中总结经验,吸取教训,改进工作,提高教育财务管理的水平。

(2) 幼儿园经费的决算

教育经费决算是对教育预算执行情况的检查和总结,通过决算来检查预算执行情况,总结经验,找出存在的问题,采取措施,改进和加强教育财务管理,提高教育财务管理水平。

教育经费决算通常是年度(特殊情况下以学期为周期也可)教育经费预算的决算报告,是预算执行结果的总结。其意义如下。

首先,决算是幼儿园各项教育工作在财政上的集中反映,体现了一定时期里教育活动的范围和方向,通过决算,可全面审查考核。

其次,有利于改进今后幼儿园的财务管理工作。决算反映了预算执行的结果,可通过决算总结一年来预算编制、执行等方面的经验教训,为提高今后的预算水平创造条件。

再次,决算可以获得研究和修订教育财政政策的基础性资料,是园长提升教育财务管理能力所需要的积累过程。

幼儿园经费决算程序是一项比较繁杂的工作,具体来说,可以分为以下几个步骤。首先,拟定和颁发决算的编制办法。为了提高决算的质量,园长协同财政组在总结上年预决算工作经验的基础上,根据当年的上级财政政策和有关制度,确定本年度决算编制的基本要求和具体办法,其主要内容包括编制决算的原则、要求、有关问题处理意见,编制方法和决算报送期限等。其次,进行年终收支清理。包括:清理核对年度预算数字和各项拨款项;清理各项往来款项;清理财产物资,对各项固定资产和库存物资,应在年终前进行认真清点盘存,保证做到账物相符、账账相符;清理各项预算外收支款项,属于当年的收支,要及时进账。再次,制定和颁发决算表格。所有教育经费的决算表格按反映的内容,基本上分为三大类:①决算支出总表、决算支出明细表、资金活动情况表;②基本数字表;③其他附表或说明书。最后,相关执行人员要按照规定的决算表格进行详细的填列。应遵循的方法是先由执行预算的基层单位做决算,自下而上、层层编制、审核汇总。

幼儿园做经费的决算工作,由园长协同财务人员共同进行,也可吸收群众代表参加。一般来说,公立幼儿园的决算完成后,要经上级单位汇总,逐级上报,最后由教育主管部门编成部门的决算,报送同级财政部门。财政部门对教育主管部门编制的决算进行审核,列入年度财政决算,逐级批准核销。目的在于准确地总结一学年幼儿园经费的收支状况,通过决算,积累幼儿园经费管理的经验,探索经费使用的规律,既为下一学期的经费预算提供参考依据,也可不断提高园长当家理财的能力,进而提高其全面管理幼儿园的水平。

3. 有效利用幼儿园的教育经费

筹措到必要的幼儿园办园经费,是幼儿园财务管理的第一步。接下来需要对经费的开支项目作合理安排,即分配给众多的人和事。

幼儿园经费按其用途可分为基本建设费和经常费两大类。基本建设费是为实现固定资产的再生产所需的经费,如工程建设、大型设备器具的购置等。在我国,目前规定5万元以上的经费为基本建设费。经常费是教育机构开展经常性活动所需的经费,按开支对象可分为人员经费和办公经费。工作人员的经费俗称"人头费",包括职工工资、奖金、福利费(包含现今许多幼儿园为聘用的幼儿园教师或工作人员买国家规定的"五险一金")等;办公经费包括办公费,业务培训费、玩具、教具、用具及其他小型设置购置的经费、房屋水电维修费,以及幼儿伙食所需的经费。其中,开支幼儿膳食的经费由所收取的幼儿伙食费专款专用,可自成系列,保证伙食费全部花在幼儿的膳食方面。

私立幼儿园的经费支出与公立幼儿园基本相似。

幼儿园可支配的经费,总的来说是很有限的,随着市场经济对幼儿园管理体制的冲击,越来越多的原因使有些幼儿园陆续走了脱离母体、自谋生路且自负盈亏的道路,经费的供给失去了坚强的后盾,使用经费将日益困难,因而更应注重对经费的管理。

4. 完善幼儿园财务管理的制度

幼儿园的财务管理是烦琐而要求高的专业工作,其刚性大于弹性,所以,用严密的制度来保障财务管理的良好运行是十分必要的。幼儿园的财务制度建设,同样需考虑上级的财务规范和本园的实际需要,针对财务工作的所有环节制定出一系列合理可行的制度,供其相关的岗位责任人遵守。在一所管理较规范的幼儿园里,它的规章制度体系中一定有一些针对财务管理的制度,如财务会计岗位职责、收费管理实施细则、幼儿园财务管理制度、报销制度、资金预算决算制度、审计管理制度等。

建立和健全财务制度,有助于在经济问题上防微杜渐,合理收支,使财务管理有章可循。

5. 任用和培养幼儿园的财务人员

园长和财会人员是幼儿园财务管理的主要责任人。要明确园长在财务管理上的主体身份,不应一味强调会计和出纳的执行者身份,因为在当前幼儿园管理工作中,在经济问题上做决策的显然是园长,而财务人员只是执行者。当然,这两者缺一不可。首先要求园长和财务人员具有良好的思想素质,大公无私,能够成为幼儿园的好管家;其次要求园长懂经济懂经营,有独当一面的经济头脑,财务人员有过硬的专业知识和业务水平。然而,在广大园长的知识结构中,经济管理的知识相对于幼儿教育和儿童心理的知识来说要薄弱得多,所以要主动学习,不断培养和提高自身当家理财的水平。要任用和培训合格的会计和出纳,使他们既懂财务知识,又深知幼儿园工作实际的需要,以便成为园长管理财务的得力助手。有的园长在自己园内发掘品行好、年龄性格合适而身体条件变化后(如喉部开刀,声带受影响)不太适合在班级一线任教的教师,有计划地安排其参加会计知识学习,考取会计资格证,然后调整到会计岗位。幼儿园的财务人员要在工作中加以培养,以促使幼儿园财务人员像幼儿园教师一样不断提高业务水平,既促进她们个人在职业上的成长,也利于幼儿园整体工作的协调发展。

三、幼儿园财务管理的原则和要求

园长要想实现对幼儿园经费的有效管理,应该有较为清晰的思路,并采用正确的方法和途径。使用经费的指导思想显然应是"用之有效",坚持勤俭节约,坚持效果最优化的理财原则,以最小的投入换取最优的收益,不铺张,不浪费。

此外,在政策法规方面,《幼儿园管理条例》第二十四条指出:"幼儿园可以依据本省、自治区、直辖市人民政府制定的收费标准,向幼儿家长收取保育费、教育费。幼儿园应当加强财务管理,合理使用各项经费,任何单位和个人不得克扣、挪用幼儿园经费。"这也从某些角度规定了幼儿园的财务管理。

(一)健全规章,依法办事

财务管理的一个重要特点是政策性强,幼儿园的财务管理同样是细致而烦琐的,需要有既严格又合理的管理制度来规范财务人员的行为。在微观方面,有的幼儿园制定了多达十余项的财务管理细则,以使幼儿园的财务活动有章可循。宏观方面可供幼儿园财务管理做参照的政策法规制度也存在,既有国家共性的,也有幼儿园主办单位制定的,但总的来看,在制度建设方面,还存在不少需要进一步完善之处,如聘用制人员的待遇,不同幼儿园的差异很大,缺乏适应一定辖区的有约束力的制度。比如,某省在对聘用的幼儿园教师的待遇方面没有统一规定,导致同一省内同类型的幼儿园为聘用的青年教师所提供的待遇有较明显的差异。

(二) 做预算要从实际出发,量入为出

每学期初,要根据实际收入和工作的需要,由园长、财会人员一起编制预算。预算由园长把关,财会人员起草,园长审批后报园务委员会和上级主管部门。为了正确地预算,园长和财会人员必须共同研究,充分分析现实情况和一学期中将会面临的用费情况,分清主次轻重,全面安排各种用途,形成决定。注意预算要留有一定的余地,以便解决计划外的特殊需要。在经费的使用方面,园长应量力而行,不盲目攀比,脚踏实地、因地制宜地开展幼儿园的各项工作。

(三) 积极稳妥,留有余地

幼儿园的财务管理,既要考虑到收入的增加,又要严格核实,避免风险,减少赤字隐患。计划安排不能太满,必须留有余地。具体地说,在安排前,先按各项基本数字(包括幼儿园的收入、教职工工资福利、公共经费等)、事业计划、各项标准或专项补助核实上级下达的指标数(或包干数),然后在指标数以内适当地预留少量机动经费,以备预测不足时进行调整。

(四) 勤俭节约,追求效益

勤俭节约是我们的传家宝。现阶段,我国多数地区的幼儿教育经费不足,更应该注意勤俭节约,把有限的资金用到最需要的地方。任何时候都要坚持开源节流、勤俭节约的优良作风,毕竟"家有余粮,心中不慌"。

园长平时应教育全园职工不讲排场、不铺张浪费,在各项具体工作中尽量发挥聪明才智,争取以小的资金投入换来最佳的效果。引导职工认识到,这个过程并不仅仅是节约的过程,也是创造的过程,是体验工作生活乐趣的过程,它能让人自信、开朗、积极。

(五) 民主管理,构建和谐

涉及钱财的事往往是一个单位较为神秘而又敏感的事,善于管理的人总是能将它变成激励员工积极性的利器,反之,则有可能成为内耗的祸首。基本要求是,幼儿园园长应有一颗公正的心,能制定配套合理的、大家能接受的职工经济分配制度、奖惩制度等;另外,实施民主管理,经费的管理要增加工作的透明度,引进民主监督机制。民主管理财务,既有政治上的依据,也有管理心理学的依据。在教育经费的使用上发动群众参与思考,吸纳大家的合理化建议,向全园职工定期公开财务收支,自觉接受职工的监督。只有这样,才能让职工有主人翁意识,才能构建和谐的工作氛围,充分调动职工的工作积极性。

四、幼儿园财务管理人员的职责

在上文"幼儿园财务人员的任用和培养"中,我们谈到园长和财会人员是幼儿园财务管理的主要责任人。园长是财务管理的决策者,专门的会计、出纳是执行者,日常的财务管理工作是靠后者展开的。在不同规模、不同体制的幼儿园里,专业的财

务人员的配备是不一致的,有的私立幼儿园因规模小并不设专门的会计,而由开办者自行处理。严格地说,这是不规范的做法。有的幼儿园聘请一个兼职的会计,规定一个月来园几次,职责是按专业要求做好幼儿园的所有账目。更多的幼儿园是配备在编的专业财务人员,所以在制定幼儿园的制度体系时,一般会有专门针对财务人员的相关制度,如链接11-1、11-2所示。

链接 11-1　幼儿园财务人员岗位职责

一、严格按照上级管理部门的现金管理制度和明文规定办理款项收付,备用金不超额,不挪用,不开空头支票,不遗失支票。

二、做到账目清楚,收支平衡,及时对账,账物相符。

管理好收据、支票、现金等,及时报账,认真做好幼儿伙食费、保育费的收退工作和交账工作。

三、工作人员领用现金、支票经园长批示,签字方可生效。购物发票,必须有经手人、验收人及园长签字方可报销。

四、在经费的使用上预算合理,理清各项来源渠道的经费,专款专用。教工、幼儿伙食账严格分清,每月向家长公布伙食账目。

五、年底前将所有会计资料编号装订成册,存入档案。

链接 11-2　幼儿园财务管理制度

依据《幼儿园工作规程》的要求,考虑本园的实际情况,制定本制度。

一、幼儿园财务管理实行园长负责制,要坚持民主理财,厉行节约,反对浪费。要做到收费有依据,开支有计划。资产不流失,设施无隐患。要定期公布园内财务收支,让教师明白,家长认可,社会满意。

二、财会人员是幼儿园财务管理的直接责任人,必须严格按时定额落实工资待遇,执行《中华人民共和国会计法》的规定,管理好幼儿园的账目、资金和财产。严禁违规票据入账,严防丢失账目、资金和财产。

三、幼儿园每学期由专业财务人员制定财务工作计划,要编制收支计划,经费预算要提交职工和家长代表审议,并接受财务和审计部门的监督检查。

四、幼儿园的经费必须专款专用,重点保证保育、教育的需要,幼儿伙食费要保证全部用于幼儿膳食,每月向家长公开账目。

五、严格按审批标准收费,严禁另立项目收费、超标收费和乱收费。认真落实"一证、一卡、三统一、八不准"的收费规定,增加幼儿园的收费透明度。

六、幼儿园所有资产必须登记入账,明确管理责任。严防损毁或流失,严禁私自变卖资产。

选取上述两例制度,既是希望为幼儿教育专业出身、不太熟悉财务管理要求的相关幼儿园工作人员提供一点启发,更主要的是希望她们在实际的管理行为中用心学习和积累,熟悉幼儿园财务人员到底应承担怎样的职责,进而切实掌握幼儿园财务管理的各方面的内容和要求,以最大限度地发挥财务管理的作用和功能。

总之,办幼儿园多少是有经济效益的。在以往的计划经济体制下,我国大多数园长极少考虑幼儿园的经济运营问题,随着当前经济体制的变化,园长们不得不树立经营意识,努力摸索幼儿园的经济运作规律,提高教育资源的利用率,从而实现办园社会效益和经济效益的统一。

第三节　幼儿园设备设施管理

教育设备设施是指开展教育工作所必需的物质资源,幼儿园教育所需的设备设施是相对多样的,从空间环境到一纸一笔,从教育用品到生活用品,每天都需要必备的物质条件,只有这样才能正常开展幼儿保育教育工作。对幼儿园设备设施的管理是物的管理,是一项较烦琐、需要耐心细致去执行的工作,它是教育管理的一个有机组成部分。

一、幼儿园设备设施管理的对象

幼儿园的教育设备设施可分为两大类,一是设备,二是设施。它们都是开展幼儿园事业所必需的物品,但人们通常人为地将它们略作区分,认为相对于基础设施来看,设备是小型的、可以灵活移动使用的,如多媒体设备、钢琴、教具玩具、餐具等;而设施往往指那些大型的基本建设类的项目及其配套设施,如园舍、场地及场地上固定的大型玩具、专用的幼儿接送车、环境等。以下由大宗到小宗分述幼儿园设施和设备的对象。

(一)园舍、房屋的管理

1. 幼儿园园舍建设中的控制

一定的园舍场所环境是幼儿园得以开展教育活动的先决条件。《幼儿园管理条例》第八条规定:举办幼儿园必须具有与保育、教育的要求相适应的园舍和设施。幼儿园的园舍和设施必须符合国家的卫生标准和安全标准。可见,幼儿园的基本建设是物的管理的一大内容,抓好幼儿园的基本建设工作,总的指导原则是立足于为保教服务,基建及配套设施的选择安排都必须符合幼儿身心发展的规律,遵循幼儿教育的要求。

幼儿园的基建管理应依据国家的有关法规。最新的法规依据有两个:其一是住建部、发改委发布了自2017年1月1日起施行由教育部组织编制的《幼儿园建设标准》。该标准内容先进、完备,全面指导幼儿园园舍建设。其二是2019年1月,教育部、住房和城乡建设部印发的《幼儿园标准设计样图》。认真研究这两份文件,将有助于园长或幼儿园的主办方对幼儿园基本建设进行管理。

这两件文件具有时代性,内容十分丰富,足以成为各类园长管理园舍、房屋的依据,值得认真学习。

2. 房屋使用过程中的维护

对房屋、场地等不动产进行必要的维修保养,是管理财产的必要措施,维修、保养可以延长其使用寿命,确保使用安全,以充分发挥这些教育资源的作用。主管总务后勤工作的园长应带领保管员等总务人员定期或不定期地检查房屋、房顶、墙壁、地面、天花板、门窗及相应的水电、供暖、通风等设施,发现问题及时修缮,更应建立相关的制度,做好预算计划,对园舍实行定期的全面整修,保持房屋及配套设备的完好。

（二）幼儿园环境的管理

1. 幼儿活动环境的创设

幼儿园除园舍用地外，还应留有足够的户外活动场地，以便幼儿充分呼吸新鲜空气，接触阳光，进行身体锻炼。2017年施行的《幼儿园建设标准》要求，"室外地面游戏场地人均面积不应低于 $4m^2$。其中，用游戏场地人均面积不应低于 $2m^2$，分班游戏场地人均面积不应低于 $2m^2$"。户外场地应加以绿化，"幼儿园绿地率不宜低于30%，集中绿地包括专用绿地和自然生物园地，人均面积不应低于 $2m^2$。"户外场地也应美化或建成优美洁净的庭院模式，或建成花园、果园的形式，使幼儿园真正春有花、夏有荫、秋有果、冬有青，真正成为幼儿的生活乐园。户外活动场地更要趣味化、儿童化，设置大中型运动器械，供幼儿攀、爬、钻、滑、跳，设幼儿玩水、玩沙池等，还需要工作人员自己动脑动手，利旧利废，因地制宜地巧妙布置，使幼儿的户外活动内容更丰富，更贴近儿童的心理需要，更能吸引儿童的兴趣，提高活动的实际效果。

2. 场地的安全卫生管理

幼儿园的室内外场地也需相关总务人员勤加管理。户外体育活动场地、游戏场地要种植草坪，保持清洁，没有危险物（如玻璃屑、钢筋、铁钉、尖石块等），以便幼儿开展活动。场地上的大型运动器械也要定期检修，避免年久失修而造成安全事故。户外场地的清洁基本上应做到每天一小扫，每周一大扫，特殊情况需要特殊处理，由清洁工（可以是兼职的）或其他工作人员负责，设卫生包干区、定期检查评比等，室内环境的清洁卫生则主要由各班保育员负责，应坚持天天清洁，日日整齐美观，并且应检查记录，开展评比。总务人员应耐心细致地完成这些工作，为幼儿创造卫生、安全、有利、舒适的成长环境。

（三）幼儿园一般用具和器材的配置和保管

1. 室内主要用具

幼儿用房和工作人员用房的室内都需要大量的用具物品，总务工作者应在园长的领导下配置一切必备的家具、用品，并妥为保管。

幼儿用房主要指活动室、寝室、卫生间等。其中应配置的物品很多。为了规范管理，可参考1992年12月国家教育委员会颁布的《幼儿园玩教具配备目录》，近几年随着经济的发展，各地方陆续推出了适合当地的配备目录，全国性的新配备标准已在研制中。

对于幼儿活动室中应配置的家具和卫生用具等室内较固定的大型设施，也应充分设计，加强适应性，即家具设备的构造、样式、颜色、数量、陈放等，要适合幼儿的生理心理发展水平，便于保教人员的使用，切实地让"物"为人服务。

现在的幼儿活动室里，大多有家电系列，包括空调、电视机、音响、DVD、紫外线空气消毒仪、饮水机等。另外，通常会有钢琴，多媒体教学设备等。幼儿园要坚持量力性原则购置这些物品，充分发挥它们的作用。

在活动室内，幼儿使用率最高的家具物品主要有桌、椅、床、玩具柜、图书架、毛巾架及饮用水设备，对这些物品都应从设计、购买到管理上予以充分考虑，妥善安排保管,以便能最优化地为幼儿服务。

室内用品的设置是为保教工作服务的,应妥善保管,由保管员负责登记建卡,定期检查、修理。同时,还应随保教事业的发展而不断改善室内外环境条件,并及时更新添置教育教学所需的各种教具、用具、玩具,尽可能为保教工作的开展提供物质供给,优化保教条件,提高保教质量。

2. 室外器材

幼儿园的室外应放置一些大型器材,以供幼儿游戏、锻炼之用,诸如各种组合了爬、攀、钻、滑、走等基本动作和锻炼功能的大型玩具。这些器材可以购买,也可以因地制宜地创设。这些室外器材的基本制造材料不外乎金属、木、塑料、麻、尼龙等,靠很多螺丝联系各种部件,在室外风吹日晒,加上利用率也很高,天长日久,难免会出现腐烂、松动破损等问题,所以保管员应该经常对它们进行仔细的检查,消除隐患,避免幼儿在快乐的游戏过程中发生意外事故。

二、幼儿园设备设施管理的主体及任务

(一) 幼儿园设备设施管理的主体

广义上讲,幼儿园所有工作人员都是物的管理的主体,因为基本上每个人的工作都离不开物质条件,领用教学设备的教师、管理班级生活设施的保育员、购买食物的采购员、加工食物的炊事员,以及门卫园丁、司机都是用物的主体。狭义上看,幼儿园设备设施管理的主体是负责总务的副园长、保管员、食堂班长等,她们对幼儿园的设备设施管理负主要责任。各个幼儿园都对这些岗位的工作人员制定了专门的岗位职责,她们是理财用物的关键之一(另外有财会人员),工作要求她们维护集体利益,清正廉明,耐心细致,并且熟悉业务。

(二) 幼儿园设备设施管理的任务

从一般教育管理的经验来看,教育设备设施管理的主要任务大致是相同的,这些任务概括起来,包括以下几方面。

1. 整治环境

幼儿园环境建设有格外重要的意义,年幼儿童的成长受环境的潜在影响十分大,总务人员的主要职责是营造条件良好的物理环境,它是一种积极的教育因素,幼教界流传一句话是"环境会说话",其中包含物质环境与精神环境两方面。干净优美适宜的环境是校园整治的目标。当然了,现在有的幼儿园不仅仅停留在这些基本的方面,而是在此基础上追求建筑的艺术性和环境的独特品位,也即所说的外显的环境特色。

2. 完善设备

不断完善幼儿园的教育教学设备,是后勤园长和保管员的一项经常性任务,应做好教育教学的后勤保障,每学期开学前按科学合理的要求添置齐备,"兵马未到,粮草先行",体现总务工作的先行性。制定合理的制度,让一线教师有序地领用和归还教学设备,在设备使用过程中勤加维护,及时更换、更新设备,以保证教育教学的需要。

3. 管好设施

大的房屋布局安排要合理，教学区、户外活动区、办公区、生活区等功能区域的安排要符合幼儿教育的规律，要有利于幼儿的健康成长；水、电、煤气等设施要妥善管理。特别值得一提的是，现在许多幼儿园配有接送幼儿来园回家的车辆，有的幼儿园是自购的，有的是租赁的，有的仅一台车，有的是一个小车队，这是新时期幼儿园管理的新产物。媒体常有幼儿园接送车的负面报道，这确实是值得每一个拥有接送车的幼儿园重视的管理课题。车辆的质量、日常检查、保养维护、司机的技术和责任心、随车教师在车内对幼儿的管理等，每一个环节都不可马虎大意，要切实为幼儿的生命安全负责。

三、幼儿园设备设施管理的要求

幼儿园的一切用品，应有专人负责，通常设保管员岗位，进行严格的管理，以提高物品、器材在幼儿园工作中的作用，应做到如下的要求。

（一）建立严密的有关物品的管理制度体系

细致周全地考虑物品的进、用、出等各个环节，研究每一个必要的环节并制定相关制度，如资产登记制度、保管制度、出库制度、回收与检销制度和物资盘查制度、物资管理和使用的奖惩制度。对消耗性物品，应确立损耗标准，对无故损坏财产者，应有赔偿制度等，保证物品的充分使用和安全，防止少数人钻政策之空。

（二）严格执行物品管理制度

"有法必依，执法必严"，这是管理的基本要求。幼儿园的物品虽说一般价值不高，但惜物之心也是必须强调的。倡导教职员工像爱惜自家财物一样珍惜幼儿园有限的物质条件，一旦违规就应坚决予以纠正。这既是管理的需要，也是督促教职员工自觉成为幼儿学习榜样的需要。

（三）设立专岗，明确人员职责

幼儿园财产由专人负责，选择一个优秀的管家很重要。园部、班级的物品管理责任应落实到人，责任人及时上报财产使用及消耗情况，并有责任对全园财物的合理管理与使用提供建设性意见。对物资的购置、保养、贮存和使用，管理者要检查监督，经常过问财产的去向，以减少消耗，杜绝浪费。

（四）园长处理好集权与放权的关系

园长对内要信任专门的责任人，保护并调动其工作积极性，同时要当好指挥者和督促者；对外应广泛获取有关物品的信息，以便幼儿园能以最小的代价获得最佳的物的管理效果。

归根结底，幼儿园物的使用要为教育和保育儿童服务，一切举措都应围绕这一根本点而开展。

第四节 幼儿园膳食管理

膳食工作直接关系着幼儿与工作人员的身体健康，幼儿园园长应给予足够的重视,应建立专门的膳食管理领导小组,健全有关制度,引导总务人员与保健医生一起携手做好幼儿园膳食工作。由于幼儿园膳食管理在第九章中结合幼儿的卫生保健工作进行了介绍,这里仅探讨膳食管理中的主要工作思路。

一、建设好幼儿园食堂

幼儿园的食堂(或厨房)是为幼儿提供餐点的部门。保证幼儿膳食管理的质量,前提之一是幼儿园有安全卫生的操作食物的空间,这也是申请开办幼儿园的必要条件。幼儿园食堂(或厨房)内的设备设施要符合工作的需要,尽可能选购现代化的厨房设备,既便于提高操作效率,也便于维护,还可能减少人工的配备。

二、聘用合格的炊事员和采购员

幼儿园膳食质量的好坏与食堂工作人员有着密切的联系。幼儿园要聘用身体健康、人格健全、品德高尚、责任心强、喜爱儿童、具有较强的饮食工作能力的人员,来作为幼儿园的炊事员、采购员和其他食堂工作相关人员。只有人员合格,为幼儿提供合理膳食才有可能。聘用合格的炊事员、采购员之后,还应该注意在工作中给予必要的培训和教育,以不断提高其专业素质和业务水平。

三、成立幼儿园伙食管理委员会

规模较大的幼儿园,应该成立伙食管理委员会,协助园长加强对幼儿园膳食的管理。伙食管理委员会由园长或后勤副园长牵头,成员有幼儿园保健医生、食堂班组负责人、幼儿园财务人员、家长代表、班级教师和保育员代表组成。定期开会,商讨幼儿园的食堂管理方面的事宜,包括幼儿伙食费定价,研究伙食费的收费和退费制度(幼儿园基本上以幼儿的出勤记录为依据,实收伙食费,但是具体操作细则各幼儿园存在差异),制订膳食管理计划,监督和反馈膳食质量,督查伙食费的使用情况等。成立伙食管理委员是幼儿园民主管理的体现,其宗旨是做好幼儿的膳食管理。

四、健全饮食卫生制度和人员工作制度

管理好幼儿园的膳食,必须重视各项食堂工作的制度建立和执行。针对食堂工作的特殊性要求,保证幼儿的饮食安全,各幼儿园应该在执行国家共性制度的基础上,讨论建立适合本园实际的工作制度。其中,国家卫生部、商业部等有关饮食卫生规范要求的食品卫生"五四制"(即有五类规定,每一类中都含有四条具体要求)是主要的制度,必须严格执行。"五四制"即由原料到成品实行"四不"制度(有四条具体要求,下同);成品存放实行"四隔离";用具实行"四过关";环境卫生采取"四定"办法;个人卫生做到"四勤"。

此外,幼儿园还有各自的食堂人员岗位责任制、工作制度、消毒隔离制度、奖惩制度等,既要有健全的制度门类,还要严格督促执行,让制度成为保障幼儿膳食安全和质量的有力工具。

五、抓好日常的幼儿园膳食管理过程

(一) 编制科学、合理的营养食谱

编制食谱是为了使幼儿从每日膳食中得到符合标准的各种营养素,以供其生长、发育的需要。食谱应每周更换一次,要根据市场食品的供应情况进行调整。主要由医务人员、炊事班长、采购员和财会人员负责编制。为加强管理,园长应经常参与食谱的制定过程。制订幼儿食谱应注意:①注意食物的数量和质量标准。选择营养价值较高的各类食品,并搭配得当,使幼儿能够得到足够的热量和营养素。②每天食物中所含蛋白质、脂肪、碳水化合物之间的合理比值是1∶1.4∶5。③每天所需蛋白质中,动物性蛋白质与植物性蛋白质各占半数。④上午要给幼儿吃蛋白质含量丰富的食物,幼儿一天中所需摄取的热量应得到合理的分配,一般按以下比例分配方为合理:

| 早 | 餐 | 25%～30% | 午 | 餐 | 35%～40% |
| 午 | 点 | 10%～15% | 晚 | 餐 | 25%～30% |

(二) 采购员按照食谱采购合格的食品

采购员必须严格按照食谱采购足量的、高质量的食品,不得为图省事而随意更换食品的种类,也不得仅图价格便宜而选购质量不合格的食品,米、面、油、菜等食品的采购必须保证质量,以掐断因误食腐败、过期、不洁食物而发生食物中毒现象的源头。

(三) 炊事员科学地加工烹调

炊事员按照食品烹调办法对食品进行科学加工,不仅要尽可能保证食品烹调过程中最低限度地流失养分,还应注意满足儿童的心理,色香味俱全的同时,也要讲究形状的塑造。

(四) 教师、保育员组织幼儿良好地进餐

合理的进餐方式、和谐的进餐环境可以促进幼儿的食欲,增进健康。进餐前教师、保育员应注意营造进餐的氛围,让幼儿心里有所准备,可以采取多种方式,以引导幼儿对食物的兴趣。进餐前应教育幼儿养成饭前洗手的好习惯。进餐时保持良好的坐姿,不要仰靠在椅背上,不把双肘放在桌上,不要催幼儿加快速度,要给予充足的时间,让幼儿细嚼慢咽。保教人员应注意观察、了解每个幼儿在进食量上的差异,准确地为他们供给和添加饭菜,保证每个孩子吃饱吃好。如果幼儿有挑食现象,教师、保育员应正确引导,切忌急躁。整个进餐的过程应保持轻松、舒缓的氛围。饭后也要教育儿童养成擦嘴、洗手、稍作休息的好习惯。

六、做好膳食分析,促进膳食管理良性循环

膳食分析是由幼儿园保健医生或保健员负责执行的工作。通常是依据幼儿园膳食供给的实际,使用所在区域卫生保健部门(通常是卫生防疫站)提供的统计软件,统计出各项幼儿摄取营养的指标,分析其中的数据分布规律,找出膳食供给的长

处和不足,定期向幼儿园领导和幼儿园伙食管理委员汇报调查结果,然后反馈到食堂,在下一阶段的膳食计划之中部署改进措施。做好膳食分析,需要依靠有效的调查摸底,需要班级教师和保育员配合,园长也应经常深入食堂和班级,了解膳食制作过程和幼儿的食用实情,给予相应的指导。园长应依靠相对科学客观的膳食分析,不断调整膳食的管理细节,促使膳食管理逐步走上良性发展之路。

总之,幼儿园的总务工作要将膳食工作当作重点工作来抓,保证幼儿生命安全和身体健康发育的需要;伙食费专款专用,一定要用在幼儿的营养供给上,每月伙食费若有盈亏,则要依据实际情况做出合理调配,有计划地使用,保证收支平衡。幼儿园应建立伙食管理委员会,形成民主管理和监督机制,委员会成员由食堂负责人、保健医生、班级保教人员及家长参与组成,定期研究改善幼儿伙食的方案,伙食委员会还应责成财会人员定期向家长公布膳食账目,争取家长的监督。

为教职工开设伙食的幼儿园,更要加强食堂的管理。坚持职工膳食与幼儿膳食分开制作。经费上更要分开管理和使用,职工不能侵占幼儿的伙食费,不得做有损于幼儿利益的事情。在这个问题上,园长应该观点鲜明,态度坚决,维护好幼儿和职工双方的利益。

一套昂贵的集中监控设备

2006年,一所条件中等的公立幼儿园,为了提高对全国各班教育教学管理的效率,经研究决定装配一套监控设备,以方便园长在监控室中一目了然地观察各班的实时动态。该套设备预算费用25万元左右,报请上级批准并争取到一定的经费支援。消息传来,全国哗然,教师普遍感觉到巨大的压力,纷纷提出不赞成的意见,认为这笔经费不如用于提高教师待遇或是幼儿保教质量。然而园长认为,这是幼儿园迈向现代化管理的一个重要条件,况且能得到主办单位的资助,此时不装,日后想装也没有机会。于是,不顾部分老师的反对,按计划装配了这一设备。设备装好后果真大大减少了园长去二十多个班逐一查看的时间,提高了效率。然而,不久出现了一件事。某位年轻教师在没有告诉家人朋友的前提下,留下一封信独自出走了,称感觉工作压力过大,在幼儿园班级教师岗位上付出得多,得到的少,对生活失去信心和热情……尽管该老师在外出散心了几天之后最终归来,但此事引来全园上下一阵震惊和反思。

 思考:

1. 你如何看待一些幼儿园装这类监控设备或通过网络让家长和领导随时点击查看班级活动的现象?
2. 你认为十几年前幼儿园的这笔经费是否值得花?其后的问题如何解决?
3. 通过那位教师的事件,你如何认识幼儿园教师的职业倦怠问题?

思考与练习

1. 幼儿园总务工作管理的意义怎样？应遵循哪些原则？
2. 幼儿园总务工作管理包含哪些内容？
3. 幼儿园财务管理的含义是什么？应有怎样的理念和目标？
4. 幼儿园的财务管理可以分解出哪些方面的任务？
5. 幼儿园财务管理的特点和原则有哪些？
6. 为了有效利用幼儿园的经费，园长应注意抓好哪些方面的工作？
7. 幼儿园设备、设施管理者的主要职责有哪些？
8. 管理好幼儿园的设备、设施有哪些要求？
9. 应该如何管好幼儿的膳食？
10. 请结合实际分析幼儿园总务工作人员管理的现状和对策。

第十二章 幼儿园公共关系管理

 **学习目标**

1. 领会幼儿园公共关系的概念、作用、内容和原则。
2. 掌握幼儿园与家长公共关系工作的价值、内容和途径。
3. 领会并能运用幼儿园与社区公共关系的策略。
4. 掌握幼儿园公共关系危机处理的原则和应急方法。

【本章导读】 幼儿园是社会的一个有机细胞,幼儿园管理是一个复杂的系统,许多工作单靠自身力量难以较好完成,必须动员政府机关、家庭、社区、媒体和公众等社会力量参与,整合各种资源,让幼儿园与变化不断的外部环境求得动态平衡,实现幼儿园的可持续发展。从办园体制上看,我国幼儿园公立和私立并存,从数量上看,私立幼儿园多于公立幼儿园。依法登记注册而开办的私立幼儿园是法人单位,公立幼儿园有的是法人单位,有的虽然不是法人单位,但必须开门办园,两种体制的幼儿园都必须接受市场的选择,竞争日趋激烈。幼儿园如果管理不好,保教质量不佳,社会知名度低,将逐渐丧失市场竞争力,不利于其自身的生存和发展。在这样的社会背景下,幼儿园普遍重视对外塑造自身的良好形象,开展必要的公共关系工作,为幼儿园的发展赢取有利的空间。

在本章中,我们从幼儿园公共关系的含义出发,讨论幼儿园公共关系管理的职能和内容,并着重介绍幼儿园应如何处理与家长、社区以及媒体这三大对象之间的关系。

第一节 幼儿园公共关系概述

幼儿园的公共关系是指幼儿园为了更好地发展,与幼儿园外部的个体和群体建立交往的活动。这种活动的本质就是人与人之间的信息交流,它是完善幼儿园管理的重要手段之一,也是《幼儿园园长专业标准》规定的六大职责中"调适外部环境"这条职责的内容。为了追求幼儿园管理效果的最优化,应当把公共关系管理纳入幼儿园管理体系之中。

一、幼儿园公共关系的含义

幼儿园公共关系是公共关系在幼儿园事务中的应用和延伸,它与通常讨论的公共关系有着密切的联系。因此,要理解幼儿园公共关系的含义,首先应该从公共关系的定义入手。

(一) 公共关系

"公共关系"一词源自英文中的 Public Relations。Public 意为"公共的""公开的""公众的",Relations 即"关系"之谓,两词合起来用中文表述便是"公共关系"。随着管理科学在社会、政治、经济、文化、生活等领域的广泛渗透,公共关系学作为一门新兴的管理学分支科学,正被逐步应用于社会工作的各个领域,教育管理领域也重视公共关系的研究及其在教育中的运用。

尽管公共关系学已经成为热门学科,学界对于公共关系定义的争论至今仍未停止。认识角度的不同导致对公共关系内涵理解上的差异,从而产生了多个不同的定义。

国际公共关系协会将公共关系定义为:"一种管理职能,属于一种经常性与计划性的工作,不论公私机构或组织,均通过它来保持与其相关的公众的了解、同情和支持,也就是审度公众的意见,使本机构的政策与措施与之配合,再运用有计划的大量资料,争取建设性的合作,进而获得共同的利益。"[①]国内专家学者对于公共关系的定义比较多,有学者认为,公共关系就是一个产业或组织,为了增进内部及社会公众的信任与支持,为自身事业发展创造最佳的社会关系环境,在分析和处理自身面临的各种内部、外部关系时,所采取的一系列科学的政策与行动;还有学者认为,公共关系学是社会组织为了塑造组织形象,通过传播、沟通来影响公众的科学和艺术。

尽管说法不同,但这些不同定义中有几点是相同的:第一,主体、客体与媒体之间的关系。主体是指企业;客体指社会公众、用户;媒体指新闻媒介,如电视、报纸等。第二,"三体"利害相关,利害一致,这是公共关系活动开展的基础。第三,内求凝聚,外求开拓,志在发展。第四,公共关系的内容是三体之间的关系,公共关系的核心是塑造主体形象,感染、影响客体,达到共鸣的目的。第五,公共关系是一种软性的交往艺术,是人事管理的艺术化。

所以,我们可以认为,公共关系是指某一组织为改善与社会公众的关系,促进公众对组织的认识、理解及支持,达到树立良好组织形象、促进商品销售的目的的一系列公共活动。其本意是促使社会组织、集体或个人与周围的环境之间建立良好的关系。它是一种状态,任何企业或个人都处于某种公共关系状态之中。它又是一种活动,当一个工商企业或个人有意识地、自觉地采取措施去改善和维持自己的公共关系状态时,就是在从事公共关系活动。

(二) 幼儿园的公共关系

幼儿园公共关系是公共关系在幼儿园管理中的延伸,它与通常讨论的公共关系有着密切的联系。计划经济时代,幼儿园都是公立的,依附于国家机关、教育行政机关、企事业单位、部队和村镇等,幼儿园为其主办单位的职工子女服务,较封闭,管理的方法也较简单,无论办园好坏都没有危机感。随着经济体制的改革,幼儿园被推

---

① 邢利娅.幼儿园管理[M].北京:高等教育出版社,2010:39.

向市场,办园质量成为决定幼儿园生存状况的关键因素,打造幼儿园良好的形象和品牌,无疑有助于社会对幼儿园做出积极评价。因此,幼儿园在提高保教质量的同时,也要积极地做好社会宣传工作,处理好各种关系,以获得社会各界的理解和支持,这也是幼儿园公共关系管理工作的作用之一。

幼儿园公共关系指幼儿园为改善与社会公众的关系,促进公众对幼儿园工作的认识、理解及支持,达到树立良好组织形象、提高办园效益的目的而开展的一系列社会实践活动。这个概念中包含了几个要点:第一,幼儿园公共关系的目的是处理好幼儿园与周围社会的关系;第二,开展公共关系的一系列活动应该有目的、有计划、讲究方法;第三,应借助适宜的传播手段来建立互动关系;第四,幼儿园公共关系的理想效果是获得美誉、提高办园质量。

当前,我国幼儿园园长都很重视开展公共关系,很注意与幼儿园外部的个体或群体建立良性互动的关系,这种活动的本质就是人与人之间的信息交流,通过信息交流达到彼此了解、理解、信任和支持的目的,为幼儿园各项工作的开展创造有利的条件。因此,为了追求幼儿园管理效果的最优化,应当把公共关系管理纳入幼儿园管理体系之中,让公共关系成为促进幼儿园管理质量的重要手段之一。

二、幼儿园公共关系的作用

幼儿园的公共关系在幼儿园工作中主要起协调人际关系的作用。幼儿园公共关系的作用包括:积极宣传,树立良好形象;协调各方面关系,优化办园环境;传播与搜集信息,提供决策咨询。

(一) 积极宣传,树立良好形象

在日益激烈的市场竞争下,树立良好形象是组织成功的关键因素,不论幼儿园是新或旧,姓公或姓私,做好对外宣传都很有必要。对于私立幼儿园来说,品牌的意义尤为重要,私立园不仅要努力提高保教水平和服务质量,同时还要尽可能将自己好的方面公之于众,积极开展形象推广活动,以增加广大家长对幼儿园的认识,形成良好的口碑。在信息化的现阶段,宣传的途径非常广泛,幼儿园可根据实际情况选择适合自己的宣传方式。

(二) 协调各方面关系,优化办园环境

协调各方面关系、优化办园环境是幼儿园公共关系的重要作用。一方面,应对内协调好领导与员工、教师与幼儿的关系,营造理解、团结、合作的良好氛围,创设和谐融洽的工作关系,不断增强幼儿园的向心力和凝聚力,以达到同心兴园的目的。另一方面,应对外协调好与外部公众的关系,积极争取上级部门的政策、人力、物力、财力支持,争取家长、社区的有效配合以及企业界、合作者的慷慨捐助,赢得社会文化机构、新闻媒介在信息、舆论方面的有益支持,争取高等院校和教育科研机构的大力支援,这是创造"人和"办园环境的有力保证。

(三) 传播与搜集信息,提供决策咨询

幼儿园通过搜集内部信息(如办园成绩、管理队伍的工作作风和能力、园内舆

论、师资队伍的教学科研状况、幼儿的精神风貌等)和外部信息(如上级部门对幼儿园工作的要求和评价、家长和社区对园风园貌、幼儿园声誉、幼儿园保教质量的评价和期望、新闻媒介对幼儿园的报道、协作单位对幼儿园的态度等)为幼儿园决策层和各管理部门提供公共关系方面的意见和建议,使决策更加科学化、系统化,以帮助幼儿园对复杂、多变的公众环境保持高度的敏感性,维持幼儿园与整个社会环境之间的动态平衡。同时,幼儿园教育实践发展十分迅猛,好的改革经验和方案层出不穷,这些经验和做法需要进行及时宣传和推广,形成良好的舆论环境,进而为幼儿园创建良好形象。

三、幼儿园公共关系的内容

幼儿园公共关系的对象很多,不仅包括对内的与幼儿、教职工之间的关系,更包括对外的与家长、社区、媒体、政府之间的关系。前者是站在园长立场来看的,将幼儿园内部的幼儿和工作人员放在园长的对面来思考。联系到幼儿园管理中的内外协调原则,我们认为,园长与幼儿和教职工的关系是内部协调的关系,而内部协调的问题,在本书的有关章节里已做了阐述。我们在理解幼儿园的公共关系时,将园长与幼儿和教职员工视为一个整体,共同对外展示幼儿园的教育成果和形象。事实上,幼儿园的公共关系绝不是园长一个人的责任。本章将聚焦幼儿园与外部的关系,其中主要探讨如何处理幼儿园与家长、社区以及与媒体这一新兴公共关系对象的关系。

(一) 与家长的公共关系

与家长的公共关系是幼儿园公共关系工作的一个重要方面。幼儿园为家庭提供早期教育服务,而幼儿教育又不仅仅是幼儿园一方的责任,家庭教育对于幼儿的成长、教育也是十分重要的。从这个意义上讲,家长是幼儿园的服务对象,也是幼儿园的合作伙伴。由于幼儿园为家庭提供服务,家长就有权对其所提供的服务进行监督,因此家长是幼儿园工作的监督者;同时,若幼儿园的教育质量高,家长则会起到宣传作用,成为幼儿园口碑的传播者。

(二) 与社区的公共关系

社区在物质文化和精神文化上影响着幼儿园,对于一些社区内的幼儿园来说,社区管理在一定程度上也对幼儿园有所牵制。幼儿园与社区应建立双向服务机制,幼儿园可以充分利用和发掘社区教育资源,也可以向社区提供教育资源,这是幼儿园的文化功能。

(三) 与媒体的公共关系

对于幼儿园来说,媒体既是公共关系途径,又是公共关系对象。信息传播展现出途径广、传播速度快的新特点。"好事不出门,坏事传千里",有了媒体,任何负面消息都有可能在一夜之间传得人尽皆知。而幼儿园如若对这一特点加以利用,则正面效应也是不可小觑的。媒体在幼儿园形象建设中所扮演的角色已经越来越举足轻重。

(四) 与政府及主管部门的公共关系

幼儿园的生存和发展深受国家政策的影响,幼儿园要主动、及时地了解国家以及地方的幼教政策法规,积极学习和领会国家的幼教主张,从而调整幼儿园内部的管理事项。对于幼儿园的开办者和主管部门,园长要积极沟通、汇报,以获得上级主办者对幼儿园工作的理解和支持。

(五) 与小学的公共关系

做好与小学的公共关系工作也是有必要的。幼小衔接问题是幼儿园一直十分重视的问题,幼儿园与小学应彼此多沟通,在学习习惯、教学方式上相互衔接,通过密切互动,来增进双方各方面的了解,帮助幼儿入学时更好地适应小学的学习和生活。

(六) 与姊妹园的公共关系

幼儿园与姊妹园同是专门的幼教机构,工作有很大的同质性,可交流的话题非常多。尽管同行之间存在某种程度的竞争,但真正发生竞争关系的姊妹园很少,这样的情况主要存在于极少数地缘临近或同质化程度很高的幼儿园之间,大多数同行之间关系正常。因此,幼儿园都应该以开放的胸襟,互相学习,资源共享,交流合作,共同进步。

四、幼儿园公共关系活动的原则[①]

幼儿园公共关系旨在与公众之间建立相互信任、支持与合作的关系,并通过公共关系活动,在公众中树立幼儿园信誉,建立良好的社会形象,为幼儿园的生存和发展创造有利的环境。幼儿园的公共关系,因其教育机构的特性,有不同于其他组织的特点,在管理中应遵循以下基本原则。

(一) 儿童利益优先原则

这一原则,是联合国《儿童权利公约》所倡导、现代许多国家处理儿童问题时所遵循的首要原则。我国政府签署并履行《儿童权利公约》,进一步将儿童利益优先原则写入宪法,在民法、婚姻法、收养法、教育法等部门法规中也确认了儿童利益优先的原则。儿童利益优先,就是将儿童的利益最大化,包括国家在制定各项政策、处理涉及儿童的事务中,均应以儿童利益作为优先考虑的前提。幼儿园作为学龄前儿童的教育机构,更应该在各项事务,包括公共关系的管理中遵循、贯彻这一原则。幼儿园处理公共关系的首要指导思想是:一切从儿童的利益出发,从儿童的发展需要出发。

(二) 全员参与原则

从幼儿园公共关系的内容来看,幼儿园的公共关系涉及幼儿园工作的方方面面,无法清晰划分为某一专项工作,也不是几个工作人员能够独自完成的,需要每一个教职员工都参与进来,共同创造组织的良好形象和声誉,向社会展示幼儿园的风

[①] 邢利娅.幼儿园管理[M].北京:高等教育出版社,2010:212-214.

貌和文化。因此要树立"全园公关"的思想，注意引导和激发全体员工的主人翁意识，使其认识和体会到个人与组织的命运是紧密联系在一起的，激发向心力、凝聚力，形成集体荣誉感，勤奋努力，扎扎实实地做好本职工作；明确个人形象是组织形象的缩影，个人行为可能直接影响幼儿园在社会公众中的形象，自觉地以自己的言行努力建设和维护幼儿园的良好形象。

（三）信誉至上原则

信誉是指组织在公众心目中的信用与声誉，它是组织的生命。良好的信用与声誉一定要以出色的工作成绩和和谐的组织气氛作为保证与前提。组织要想在社会公众中树立良好形象，提升信誉，就必须做好自己的本职工作，较好地履行自己所担负的社会职责，这也是组织管理水平与工作质量的体现。具体到幼儿园，就是要完成好双重任务，即教育好幼儿，服务好家长。因此，需要全体教职员工长期共同努力，认真做好日常工作，抓好思想工作与组织建设，与社会公众真诚交往，避免急功近利的做法。良好的信誉有利于幼儿园广结良缘，广招人才，使幼儿园获得良好的生源，争取社会各方的理解、支持与合作，使幼儿园管理工作进入良性循环，从而在激烈的社会竞争中赢得一席之地。

（四）公开开放原则

公共关系强调沟通的双向性和透明度，即公开开放的原则。封闭的管理模式必然导致组织缺乏生机与活力，自然也谈不上与外界关系的发展。组织的公众应该有被告知的权利，即使他们已了解组织的现状。同时，组织要积极关注、及时准确地把握环境的变化，了解公众对组织的新要求与需要，以做出相应的反应。目前，开放的教育与管理也是教育民主化趋向的体现，只有社会公众有了知情权，才可能关注幼儿园和参与幼儿园的活动，并实现有效的社会监督。为此，幼儿园要注重采取多种形式与公众交往，在交往中促进了解，沟通感情，通过各种方式将幼儿园的管理决策、措施，已有的成绩与问题，以及某些事件真相公之于众，对幼儿园状况多做客观宣传。还要与全体教职员工分享公众的意见，使全园上下、园内园外相互理解、相互支持，形成工作的合力。

（五）互利互惠原则

组织在开展公关工作时，互惠互利是基本原则，是让关系的双方达成一致的平台。幼儿园作为公共关系的主体，要注意平衡主客体双方的利益，根据双方利益的共同点，开展平等互利的真诚合作。尤其要坚持教育发展的正确方向，以社会效益为本，不宜片面追求园所的局部利益，在处理自身与社会公众利益关系时，要有长远的战略眼光，始终将公众利益放在首要位置上，树立公众利益第一和为社会服务的观念，并积极履行应尽的社会职责，为社会公众提供有效服务。如此才能保持和提升自己在公众心目中的地位，形成良好的形象，赢得良好的信誉，同时也能为自身的发展和增强竞争实力创造良好条件。

第二节 幼儿园与家长的公共关系

2016年施行的更新版《幼儿园工作规程》指出:"幼儿园应当主动与幼儿家庭沟通合作,为家长提供科学育儿宣传指导,帮助家长创设良好的家庭教育环境,共同担负教育幼儿的任务。"2001年颁布的《幼儿园教育指导纲要(试行)》指出:"家庭是幼儿园重要的合作伙伴。应本着尊重、平等、合作的原则,争取家长的理解、支持和主动参与,并积极支持、帮助家长提高教育能力。"这些政策规定的理论支点是:对孩子的教育不是幼儿园或家庭单方面的责任,它需要幼儿园教育工作者与家长结成同盟,互相支持,资源共享,共同实施对孩子的教育工作,实现家园共育。

正因如此,家长是幼儿园公共关系中的重要因素,是幼儿园公共关系的核心,我们不能忽视其在幼儿园管理工作中的重要作用。家长是幼儿的第一任教师,家庭是幼儿的第一所学校,家长影响着幼儿的生活习惯、生活态度和人格发展。幼儿与家长之间存在血缘关系,且幼儿与家庭成员之间存在着异常密切的接触,在幼儿的成长过程中,家庭教育是不可忽视且不可替代的重要一环。因此,幼儿园应该充分发挥家庭教育的优势,向家长宣传科学的教育理念和教育方法,争取使家长理解幼儿园的教育目标和思路,并积极配合,让家长这一重要的教育力量充分发挥作用。

一、家园共育的价值

幼儿园与家庭之间的公共关系的出发点和归宿是统一的,即营造家园共育的局面。家园共育存在多种价值,基本可概括为:有利于幼儿园与家庭的教育资源互补;有利于实现教育一致性原则;有利于家长增进对孩子的了解,树立责任心。

(一)有利于家长掌握育儿的科学方法

幼儿园是对3—6岁幼儿实施保育和教育的专门机构,教师是专业的幼儿教养人员,幼儿园教师工作的专业性决定了其在幼儿教育策略与方法上相对于家长具有更高的权威性。通过家长工作,幼儿园教师可以对幼儿家长的教养方式和教育观念有所了解,并有针对性地对家长家庭教育中存在的问题给予科学的建议。

教师既是专业的教育工作者,同时又是除家长外,与幼儿相处时间最长的成人。她们对于不同年龄段幼儿的发展状况十分清楚,很容易发现幼儿在五大领域的发展是否存在滞后现象,当发现有此迹象时,可及时与幼儿家长沟通,共同商议解决策略。

(二)有利于改善男女师资结构失衡带来的不利影响

学前教育师资一直存在男女比例失调的问题。虽然现在有些高校学前教育专业为吸引男性学生报考,出台了例如同等分数情况下优先录取的政策;幼儿园方面则是在待遇和实际晋升机制上都对男性幼师有所倾斜,但男性幼师师资数量仍严重不足。许多学前教育专业毕业的男性学生毕业后并不愿意从事幼师工作,即使进入幼儿园之后选择转行的也不少,可谓是培养一批,流失一批。然而,对于儿童心理的研究表明,儿童人格的健全发展既需要来自女性教师的影响,男性教师的作用也同样不可或缺。幼教行业女性一统天下的现状容易导致儿童人格的片面发展,男孩则易出现女性化倾向。而如果男性家长能够积极参与到幼儿教育中来,将很大程度上弱化女性师资过剩所造成的不利影响。

(三)有利于调动家长发挥各自的优势,积极参与幼儿园教育

幼儿家长有着各自不同的经历,从事着不同的职业,知识结构也迥异,他们能够很好地帮助幼儿园完成教学活动,填补幼儿园教师在各领域知识方面的盲区。家长作为志愿者可在不同方面协助幼儿园对幼儿实施教育,比如当医生的家长来幼儿园向幼儿讲述保持良好卫生习惯的重要性,从事科学实验工作的家长来园指导幼儿的科学实践活动,向他们普及简单而有趣的科学知识。

通过家园合作,家长参与到幼儿园日常教学中来,不仅能为幼儿园教师提供与家长沟通的良好机会,而且还能增进教师与家长、孩子之间的感情。

(四)有利于教育一致性原则的实现

苏霍姆林斯基曾说:"儿童只有在这样的条件下才能实现和谐的、全面的发展,就是两个教育者——学校和家庭,不仅要一致行动,向儿童提出同样的要求,而且要志同道合,抱着一致的信念,始终从同样的原则出发,无论在教育的目的、过程上,还是在手段上,都不要发生分歧。"

《幼儿园教师专业标准(试行)》在专业维度上对幼儿园教师提出了"与家长进行有效沟通合作,共同促进幼儿发展"的要求。《幼儿园教育指导纲要(试行)》指导要点中则明确指出:"社会学习是一个漫长的积累过程,需要幼儿园、家庭和社会密切合作、协调一致,共同促进幼儿良好社会性品质的形成。"我国著名幼儿教育家陈鹤琴先生也曾说过:"幼儿教育是一种很复杂的事情,不是家庭一方面可以单独胜任的,也不是幼儿园一方面能单独胜任的,它必定要两方面共同合作方能得到充分的功效。它的成功注定这个孩子的未来。"保持家园教育一致性的重要性可见一斑。

然而,现在的家长很多将希望单方面寄托于幼儿园,认为孩子的教育只在幼儿园里进行,离园之后,家庭对孩子产生影响就不属于教育了。这是十分错误的。幼儿园的教育与家庭教育都十分重要,不可割裂,两者应该保持一致,以便于幼儿养成良好的习惯。

幼儿园在幼儿生活习惯的培养方面倾注了大量心血,幼儿在园的各个环节都对幼儿良好习惯的形成有着潜移默化的影响。譬如,在区域活动中,幼儿将学会与他人合作和分享。而在家中,一些家长过于溺爱自己的孩子,好吃好玩的东西都只给他一个人,遇到自己家孩子和别家孩子发生矛盾就不分缘由地站在自己家孩子这一边,使幼儿园社会性培养的作用大打折扣。又比如中餐环节,幼儿园教师会指导孩子有序排队取餐,尽量不挑食、不剩饭,吃完后餐具要自己摆放到指定区域,养成良好就餐习惯。而幼儿在家时,许多家长只要有菜上桌就给予孩子先吃的特权;只要是孩子爱吃的菜就拼命往孩子碗里夹而不注意膳食的营养搭配;孩子吃饭时注意力不集中,导致饭还没吃完就凉掉;孩子不愿意再吃,家长便将剩饭倒掉等。这些行为

都很不利于幼儿良好习惯的养成,使得孩子在家里一套,在学校又是一套,孩子年龄小,还不懂事,有时还会因此对幼儿园教师产生不满情绪。

通过家园合作,家长会对幼儿园的教学工作及教育目标有更深了解,能够更积极地配合教师的工作,以保证教育一致性的实现。

(五)有利于家长增进对孩子的了解,树立家长的责任心

现代社会,由于社会变化速度快,生活节奏快,年轻的父母往往要面对工作繁忙而与子女的相处时间越来越少的现实。很多父母甚至将年幼的孩子长期放在爷爷奶奶或亲戚家寄养,这样做的后果是容易造成孩子缺失父爱母爱,同时家长对孩子了解过少,随着孩子的成长将很难走进孩子的内心。

幼儿在上幼儿园之后,白天有一半以上的时间在园中度过,因此关于幼儿园中老师、小朋友、当天参加的活动内容、自己受到老师表扬的经历都成为幼儿感兴趣的话题。父母抽时间来园参观,与老师和孩子互动都有利于其了解自己家孩子的成长情况,能够建立与孩子的共同话题;而参与教学工作,为老师提供力所能及的帮助则会使幼儿感到"很有面子",从而产生"我的爸妈真能干"的自豪感,进一步拉近亲子间的距离。

同时,家长来园后与教师的交流,将对幼儿教育知识有更多的了解,认识家庭教育的重要性,提高科学育儿的自觉性。

通过家园合作,家长会树立起责任心,并能事半功倍地构建与幼儿的良好关系。

二、幼儿园家长工作的主要内容

幼儿园与家长应是双向服务的关系,幼儿园的家长工作包括为家长提供有效服务和引导家长参与幼儿教育两方面内容。

(一)为家长提供有效服务

幼儿园教师作为从事幼儿保教工作的专业人员,对幼儿的身心发展规律比一般家长更为了解,对不同年龄阶段、不同性格特点的幼儿教养方式也更清楚。世上没有相同的两片叶子,也没有相同的两个孩子,每个幼儿都是独一无二的。由于先天和后天因素的差别,每个幼儿都会形成不同的性格。教师可以利用自己的专业知识,有针对性地向家长传授科学的教育方法,探讨如何弥补幼儿的缺陷。教师还应通过与家长的沟通,了解幼儿的家庭环境及教育观念,在理解和接纳对方不足之处的同时,设身处地地为家长考虑,为给幼儿营造一个良好的家庭教育环境而出谋划策。

幼儿园教师也要主动了解幼儿家长的需要、愿望和要求,尽量发掘内部潜力,以求更好地发挥幼儿园的社会职能,如可根据实际情况调整班车安排,寒暑假照常收托等。

(二)引导家长参与幼儿教育

幼儿园要争取家长对幼儿园管理工作的配合支持和积极参与。家长参与到幼儿园管理中来,不仅能使其作为教育主体的地位得到有效落实,而且能大大激发家长参与幼儿园工作的热情,使家园互动充满活力。幼儿园应积极探索家长参与幼儿园管理的方式,公开园务,成立家委会。同时,还需重视对家长合理化建议的采纳和落实,因为这是幼儿园可持续发展的必要因素。

幼儿园还要争取家长对幼儿园保教活动的配合支持和积极参与。应注意让家长了解幼儿教育机构的工作情况、教育活动安排、各阶段计划和教育实施重点等,明确他们所需要参与的工作,争取他们的理解和支持。也要征求家长的意见和建议,不断改进工作,提高保教质量。

三、幼儿园家长工作的方法和途径

幼儿园与家长建立良好的关系,让家长充分发挥教育作用的途径有很多,尤其是在当今这个网络等媒介迅速发展的社会大背景下,许多新的交流方式因具有更为高效、便利的优势,正逐步取代传统的交流方式而成为幼儿园与家长之间普遍采用的沟通桥梁。

幼儿园家长工作的途径可以按照个人和集体两种形式来进行分类。

(一)个别形式

个别形式是指幼儿园方与家长针对某一个孩子的情况一对一地交流,这种沟通可以是特意安排的也可以是临时决定的,因此相对于集体形式的交流而言更为灵活和便利。个别形式主要包括家访、电话或网络谈话、制作家园联系册及入园、离园时的沟通交流等。

1. 家访

家访是教师实地考察和了解孩子成长背景的必要环节,是进行针对性教育的基础;是了解关于某个孩子、家庭信息的过程;是教师通过个人素养的展现来赢得家长好感和信任的时机;是教师与孩子、家长进行近距离、点对点相互沟通和相互教育的环节;是教师与孩子、家长建立情感的途径。家访时,家长处于自己熟悉的环境中,心理状态更放松,与教师交流时更容易敞开心扉,能为家园合作奠定良好的基础。

由于种种因素,许多幼儿园越来越不重视家访,认为家访占用过多时间,耗时耗力,不如其他方式交流便利。但事实上,家访是教师能够最深入了解幼儿家庭环境、家庭结构、家庭教育和亲子关系的方式,不应该被摒弃。

家访前,教师要明确家访的目的,从而确定应与家长沟通哪些信息,应采取怎样的方式等。家访的过程中,教师要注意做好观察、询问、倾听和记录四件事,注意孩子家庭状况、家庭结构、孩子的表现等,在谈话过程中应尽量以表扬和鼓励性的语言为主,注意语言应大方得体以及精神状态要饱满,让家长感受到教师的工作热情和对孩子的重视。家访结束后,教师应该对结果做好记录,并针对所发现的问题做出总结,提出在日后教育过程中要实施的方案,以便以后更好地沟通。

2. 入园、离园时的交流

入园、离园时,教师与家长的沟通交流是最便利的途径,这种方式相对随意,同时具有及时的优势。由于入园、离园的时间限制,这种交流的时间通常不会太长,教师与家长交流得更多的是孩子当日的状态、当日在幼儿园的表现等。入园时了解幼儿当天的状态将有利于教师对幼儿采取更有针对性的教育策略,而及时反映幼儿当日出现的问题则有助于家长及时教育纠正。如果幼儿有突出的表现,及时的表扬便能激励幼儿的正向行为。这也是促进家园教育一致性的途径之一。

3. 电话或网络谈话

网络越来越发达,通过电话和网络的交流越发便利快捷。同时,因为越来越多的家长没有时间接送孩子,老人接送孩子入园、离园的情况更普遍,教师与家长的交流机会变少,于是教师常常会通过电话或者网络的方式与家长进行沟通。这种方式节省时间,不过或许存在难以获得即时反馈的问题。

4. 家园联系册

家园联系册也是幼儿园与家长之间建立沟通的重要桥梁。不同于其他交流方式,家园联系册通常以星期为单位,教师和家长每星期填写一次,针对幼儿本星期在幼儿园的表现进行沟通和交流。这种方式留存了幼儿的成长变化,便于观察和对比,也有助于保持家园教育的一致性。

教师在填写家园联系册时应尽可能真实地描述幼儿的状况,多使用表扬、鼓励性的语言,对不同的家长注意使用不同的表达方式。

(二) 集体形式

集体形式主要包括家长会、家长开放日、家长委员会等方式。随着网络通信工具的普及,也有许多幼儿园选择建立 QQ 群、微信群等方式来实现教师与家长之间的交流。集体形式的交流对于教师来说更为便利,也更适合于宣传幼儿园的教育理念等,但相对于个别形式来说通常缺少针对性。

1. 家长开放日

家长开放日活动是向家长全面展示幼儿园生活教育的有利时机,也是实现家园合作共育的重要途径。通过家长开放日活动,家长可以了解幼儿在园时的真实情况;教师能更直观、更自然地将幼儿园教育理念和方式向家长展示;家长能够从中发现问题,对教师的工作给出改进建议,并体会教师劳动的专业性和不易。

在家长开放日之前,要结合当前幼儿发展现状、幼儿园教育的目标以及社会热点问题来确定活动内容,应提前一天打电话给家长询问感兴趣的活动环节并告知需要注意的事项,再根据家长的需求确定场地、人数等,做好周密的活动安排。家长对于教学活动的了解通常不够深入,教师应多设计能让家长参与进来的活动,给家长分配任务,让家长进一步了解幼儿园的教学活动,体验教学活动的乐趣。

2. 家长会

家长会是家长和教师聚在一起进行沟通交流的过程,开家长会的目的在于发挥家园双方的优势,拓宽解决问题的思路,达成教育共识;同时,家长会还是家长间相互学习、分享教育经验的平台。家长会过程中,教师要保证与家长充分互动,而不是"教师讲,家长听"。教师、家长是平等的关系,大家应尽可能畅所欲言,各抒己见。教师不仅要帮助家长创设良好的教育环境,而且要及时听取家长对教育的意见,与家长共同探讨问题,共同解决问题,从家长那里汲取教育经验,共享家园合作的快乐。

3. 家长委员会

《幼儿园工作规程》明确指出:"幼儿园应成立家长委员会。"家长委员会是家长参与幼儿园管理与教育的最常见的组织形式,是家园之间的一座桥梁,是幼儿园与家庭之间、教师与家长之间联系的纽带、沟通的渠道。家长委员会成员由各班教师与家长民主推荐或者自荐产生,应选择具备"四有"条件的家长,即有人品、有态度、有能力、有时间,家长委员会的成员构成上还应注意丰富性,来自不同学历、职业、年龄的代表都应该有,这样才能代表大多数家长的利益。

班级家长委员会成员应在教师的组织下工作,其相关职责主要包括:评价幼儿园工作,听取幼儿园工作汇报;积极宣传正确的教育观念;参与幼儿园管理的相关决策工作;收集家长意见并及时向幼儿园反馈;参与协助教学等。教师应注意发挥指导作用,不可对家长委员会的工作不闻不问,但也要注意干预适当,不应抢夺家长委员会成员分内工作,而要充分发挥家长委员会的自主性。

4. 建立 QQ 群或微信群

网络及手机等即时通信工具的普及也为家园之间的沟通架设了新桥梁。幼儿园可以以班级为单位建立 QQ 群或微信群等,教师可以在群内发布消息,以便家长能了解幼儿园的新动态,家长也可以在群内与教师及其他家长沟通教育观念、教育方法等,在家庭教育中遇到任何问题时也可以通过这种方式向教师或其他家长寻求协助。

家长工作是幼儿园公共关系的主要内容,园长自己一定要重视,并带领全体教职员工在思想上重视幼儿园与家庭的关系。要有制度保证家长工作的开展,各班要制订计划,有条不紊地进行各种类型的家长工作,评价指标要细化,要有激励与处罚制度,从幼儿园内部优化工作人员的言行,提高家长工作的管理效能。

第三节　幼儿园与社区的公共关系

英文"社区"(Community)一词源于拉丁语,原意是亲密的关系和共同的东西。我国学者在 20 世纪 30 年代将其译为"社区"。社区,指的是在一定地域内的人群从事经济、政治、科学文化活动,并由此构成一定的生产关系与社会关系的小社会。人口和地域是构成社区的两个要素。在同一社区内,人们在文化、习俗、信仰、心理和行为方式等方面有许多一致的背景和一致的利益。社区作为组成社会的有机体,可以看作是宏观社会的一个缩影,是幼儿园教育向社会的延伸与拓展。在我国,幼儿园依附于一定的社区中,新的城市小区配套建设的幼儿园也越来越多,其社区特征也很明显。《幼儿园教育指导纲要(试行)》明确提出:"充分利用自然环境和社区的教育资源,扩展幼儿生活和学习的空间。幼儿园同时应为社区的早期教育提供服务。"社区与幼儿园息息相关,依托社区、服务社区是幼儿教育发展的必然趋势。

一、幼儿园与社区合作的价值

社区是幼儿园教育的背景,也是幼儿园取之不尽、用之不竭的教育资源。社区是幼儿最熟悉的生活环境,医院、菜场、学校、邮局、银行、书店、公园、居委会等社区内的方方面面都可能激起幼儿探索的兴趣,可用于幼儿园课程开发的社区资源可谓是五花八门、包罗万象。

充分开发和利用社区教育资源,建立新型的教育体系,已经成为当前幼儿园课程改革的热点。要使幼儿健康成长、幼儿教育顺利进行,必须加强幼儿园与社区的合作。与社区的公共关系是幼儿园公关工作的另一核心,幼儿园与社区合作有利于幼儿园课程资源的拓展,有利于社区科学育儿知识的普及,有利于幼儿园在社区树立良好的形象。

(一) 有利于幼儿园拓展课程资源

所谓幼儿园课程资源是指有利于实现幼儿园课程目标的各种因素的总和。也就是说,凡是有助于幼儿主动学习和全面和谐发展的资源都应该加以开发和利用。我国《幼儿园教育指导纲要(试行)》明确提出:"幼儿园应与家庭、社区密切合作,与小学相互衔接,综合利用各种教育资源,共同为幼儿的发展创造良好条件。"幼儿园置身于社会、社区的大环境中,社区资源是幼儿园教育和管理应当依托的资源,幼儿园教师可以围绕社区中的事物,从中挖掘有教育价值、有新意的主题,再根据幼儿教育目标以及幼儿已有的感性经验,开发出新的课程。

(二) 有利于社区普及科学幼儿教育知识

幼儿园教师是系统学习过学前教育的专门保教人员,她们掌握了科学的幼儿教育观念和方法。幼儿园教师可以利用自己的这一专长,在社区内宣传正确的幼儿教育方法,帮助广大家长更好地关心下一代的成长,关心教育和文化事业发展。家庭是儿童教育的第一场所,家长是孩子的第一任教师,同时也是终身教师。对于孩子的发展来说,家长的作用不言而喻。遗憾的是,很多家长还存在误区,认为教育是幼儿园和学校的专职,家庭只需提供物质及生活上的供给;而有的家长缺乏科学的育儿经验,重视教育但不善于教育。幼儿园通过在社区中设立宣传栏、张贴海报、举办讲座等形式,使社区内的所有家长都能受益,都能树立良好的教育观念,并运用正确的方式方法养育和教育孩子。

(三) 有利于幼儿园在社区中树立良好形象

幼儿园在与社区合作的过程中,能够增强与该社区的联系,既不仅使社区了解幼儿园的情况,也使幼儿园对社区的需求有所了解。社区家庭是幼儿园的主要服务对象,是最重要的"客户",幼儿园与社区建立紧密关系,可以使教师掌握更多在园幼儿的家庭状况,推断出怎样的交谈方式更能使家长接受,以及哪些家庭避讳谈到哪些问题,这样有利于教师与家长建立良好关系。对于孩子还未入园的家长,教师则可以为其入园准备提供指导,为家长宣传正确的早教观念,并与幼儿建立联系,以减轻幼儿初入园的不适应感。通过各种活动,幼儿园在社区能够树立良好口碑,能够保证其生源数量以及质量。

二、幼儿园社区合作的主要内容

幼儿园与社区之间，应该是双向服务的关系。幼儿园可以利用社区的资源及优势来促进幼儿园的发展，提高幼儿教育质量；幼儿园也可以发挥其自身的作用，为社区的早期教育提供优质服务。

（一）利用社区优势发展幼儿教育

幼儿园是社区的一个组成部分，与社区关系密切。这就要求幼儿园必须走出去，主动架起和社区沟通的桥梁。幼儿园可以通过与社区的合作，摆脱孤立的状态，可以充分利用社区的重要资源，广泛组织各方面的社会力量支持幼教事业，发展幼教事业。

社区具有人力和物力双重资源可用，幼儿园可在成功协商的情况下，积极利用社区资源，使其为幼儿教育服务。

（二）发挥幼儿园优势，为社区教育服务

幼儿园作为社区的一部分，既依托于社区而发展，同时也承担着为所在社区服务的功能。要发展幼儿教育，幼儿园必须向社区全方位开放，增加与社区的联系，了解并满足社区多样化的需求，扩大其服务社会的功能。

幼儿园可利用其教育资源，为社区家庭提供教育、娱乐场所设施等方面的服务，在利用社区资源的同时，给社区以力所能及的帮助。

三、幼儿园社区工作的方法与途径

具体来说，幼儿园与社区合作可以通过许多途径来实现。幼儿园可以通过为社区提供开放资源、为社区家庭提供教育咨询和带领幼儿为社区提供公益服务等方式来服务社区；而社区可以给幼儿园提供一些有用的人力、物力资源。双方也可以用协同合作、一起举办节庆活动等方式，来巩固两者之间的双向服务关系。

（一）幼儿园为社区提供开放资源

幼儿园可向社区开放，为社区提供一定的教育条件。幼儿园定期组织社区内散居幼儿参加幼儿园的教育活动，在周末和节假日将幼儿园的玩具、图书向社区散居儿童开放，邀请社区幼儿来参加"六一"庆祝活动，与在园幼儿一起享受节日的快乐。同时，还可向预备入园的幼儿开放，使其提早熟悉幼儿园，增加其对幼儿园的向往。在假期，幼儿园内的活动场地可开放给社区居民锻炼身体。

（二）幼儿园为社区家庭提供教育咨询服务

教师应从单一的幼儿园教师拓展为社区发展所需要的多种角色。幼儿园应发挥自己在幼儿教育中的主导作用，向社区成员宣传教育，向家长介绍正确的教育观念，传授科学的育儿知识。幼儿园可定期为家长举办卫生保健、科学育儿等免费咨询与讲座，帮助家长树立科学的育儿观。如，通过开设专题讲座、办宣传栏、建家园联系册、开家长会、开设家教热线等活动，让家长和社区居民学会促进儿童发展的基

本知识和技能，让更多的人获得新的教育观念，整体改善幼教环境。

（三）幼儿园带领幼儿为社区提供公益服务

幼儿良好行为习惯、品德的养成需要一个相当长的过程。因此，在幼儿萌发主动为社区服务的念头时，我们可引导、启发并相应地带领幼儿开展一系列的社区服务活动。教师可利用节假日让孩子们为社区做力所能及的劳动，如植树节里，可以组织孩子们为花草浇水，为社区清理垃圾等。这样的学习方式比教师单纯借助挂图、录像、木偶教具等方式培养幼儿的社会性品质更有效果。同时，孩子们也用自己独特的方式为社区做了自己的贡献。

（四）幼儿园与社区合作共同举办节庆活动

在"六一"儿童节时，幼儿园可与社区共同主办娱乐活动，让幼儿与社区共享节日的欢乐气氛。活动内容可包括幼儿表演节目、亲子游戏等。这样的活动不仅能宣传幼儿园，而且在众人面前表演也可以使幼儿获得成就感。

（五）利用社区内人力资源对幼儿进行教育

社区与幼儿园合作的另一方式是将社区中愿意参与幼儿教育，并能够为幼儿教育做出贡献的人员请进园内，以助教的身份参与教学活动。例如，社区民警可以进幼儿园向孩子们讲自我保护的方法，请清洁工人讲环保的重要性，请社区医院的医生讲如何预防流行病的发生等，以增长幼儿的见识。

（六）利用社区内物质资源对幼儿进行教育

社区优美的环境、完善的绿化设施都是对幼儿进行教育的可利用资源。例如社区的银杏树落下的叶子，形状如一把小扇子，十分好看，幼儿可捡来作为手工材料，装饰节日卡片。闲置物资、边角料废旧物品，在符合卫生的条件下，也可以变废为宝，如，旧轮胎经过改装可成为幼儿喜欢的秋千，废旧的塑料瓶可做成小花篮。

幼儿园与社区共享资源，和谐发展，符合社会和教育发展的必然趋势。幼儿园既要开门办园，充分挖掘社区中有利于幼儿教育的资源，来改进自己的工作，也要主动适应社区的需求，服务于社区公众，实现幼儿园与社区的双赢局面。

第四节 幼儿园与媒体的公共关系

在经济国际化、网络全球化的当下，主流意识形态已不仅仅靠组织和行政力量来推行，而更多靠新闻媒体、网络媒体来传播。媒体是重要的社会资源，如今的媒体不仅是幼儿园发展与各方公共关系的主要渠道之一，同时也是连接公众和幼儿园的桥梁，以及大众了解园所的主要途径。处理好与媒体的公共关系，学会与媒体合作已成为信息化时代幼儿园的必修课程。

一、幼儿园与媒体公共关系在幼儿园管理中的意义

对于幼儿园来说，媒体不仅是一个间接监督者，媒体对幼儿园来说还有多方面的价值。媒体是一面镜子，可以让幼儿园发现自己管理中的问题；通过媒体，幼儿园

也可以吸取先进的管理办法和教育方式,并能对外树立良好形象。

(一) 发现管理中的问题

如今的媒体开放程度越来越高,各种类型的新闻都成为媒体人的捕捉对象。在人们越来越重视学前教育与优质学前教育资源稀缺的矛盾现状下,媒体也纷纷将更多目光投向了幼儿园。所谓"好事不出门,坏事传千里",特别是对于网络这一新兴媒体来说,负面新闻似乎更有价值,更值得不遗余力地挖掘。

近年来,关于幼儿园幼师"虐童"的新闻层出不穷,由于幼师的疏忽,或对于危急情况处理不当而导致幼儿殒命的新闻也屡见不鲜。作为一个教育工作者,在看到这些触目惊心的新闻,对孩子的不幸遭遇感到痛心和遗憾的同时,是否也应从管理的角度来考虑,是什么导致了这些悲剧的发生,应如何避免这些事件重演呢?而作为一个幼儿园管理者,就更应该反省本幼儿园在管理上是否存在可引发同样悲剧的隐患,有则改之,无则加勉。

通过媒体新闻报道,幼儿园可以从同行身上发现一些自己难以注意到的管理上的通病,从而避免发生类似后果。

(二) 吸收先进的管理办法和教育方式

这是一个信息爆炸的时代,幼儿园不仅可以通过媒体新闻来发现自己的问题,同样也能通过媒体了解同行的优势所在。现在许多幼儿园为了提高品牌知名度,都十分注重利用网络平台,设立自己的网站,或者在一些知名网站投钱打广告,这些都是幼儿园了解他人长处的渠道。所谓"知己知彼,百战不殆",通过网站信息,幼儿园管理者可以向一些开办得比较成功的幼儿园取经,吸收先进的管理办法以及教育方式用以改进本幼儿园,提高本幼儿园的竞争力。

(三) 对外树立良好形象

广告作为媒体的一种,其主要功能是宣传。"酒香不怕巷子深"的传统观念已经无法适应当下越来越激烈的市场竞争了。幼儿园为了生存,必须走出去,积极提高自身的知名度,在公众面前树立良好形象。这样做对于幼儿园的生存发展来说十分必要,良好的形象和较高的知名度能帮助幼儿园吸收更多优秀资源,从而促进办园质量的提高。

二、幼儿园与媒体公共关系的内容

与社区、家庭不同,幼儿园与媒体的公共关系包含宣传推广、个人网络平台建设和疏导危机三个方面。

(一) 宣传推广

所谓媒体,是指传播信息的媒介,主要包括电视、广播、报纸、网络等。首先,幼儿园可根据自身情况向媒体投入资金进行定向宣传。其方式多种多样,如在附近社区张贴海报、在知名幼教网站上发布广告、冠名幼儿广播与电视节目等都是可行的。其次,还有些新颖的方式,不需花费额外资金,却也能获得不错的成效。例如,在电视、电影节目中,请制作方来幼儿园取景,幼儿园负责配合拍摄;让本班幼儿和教师积极参加少儿节目的录制,推荐小朋友参加电视台的才艺比赛,请电视台对幼儿园的特色活动进行报道等。

(二)个人网络平台建设

网络这一新兴媒体是目前发展最迅速的媒体类型,具有蓬勃的生命力。对于当下幼儿园的主要客户群,年轻的"80后""90后"父母来说,网络也是其获得信息的最主要渠道。因此,网络公共关系有着其他类型的媒体所无可比拟的高效性。幼儿园依托网络,建立属于自己的信息发布平台,既是迫切的现实需要,也是大势所趋。

幼儿园目前可用的网络平台有博客主页、微博、微信公众号、个人网站以及一些小视频 APP 等。家长通过这些渠道可以了解幼儿园动态,如活动、食谱、教育内容,还可以与老师及其他家长进行互动交流。此外,除了发布与幼儿园生活相关的信息外,幼儿园也可以多发布一些幼儿家庭教育前沿资讯,以丰富家长的育儿知识。

此类信息平台是幼儿园的"门脸",一个充满创意、内容丰富的公共主页或者网站会给潜在客户群留下良好的印象。家长们会认为幼儿园有着与时俱进的思想观念,再加上公开透明度高、咨询幼儿园具体情况方便,慢慢地,客户群也就会依托网站不断壮大起来。

(三)疏导危机

媒体传播速度极快,对于幼儿园来说是祸也是福。幼儿园可以通过媒体在公众面前塑造良好形象,但也无法避免负面新闻播出后一夜之间家喻户晓的后果。因此,幼儿园要处理好媒体对危机情境的负面影响和积极贡献之间的关系。负面新闻会影响幼儿园声誉,威胁幼儿园的生存。作为管理者,绝不能坐视不管。如果报道内容属实,要尽全力补救,让公众看到幼儿园对于该事故的重视,看到管理者以及教师的责任心。如果存在误会,则要积极解释,让媒体对事件进行正确的报道。要建立有效的公关工作机制,做好危机发生后的传播沟通工作,争取新闻界的理解与合作。

三、幼儿园与媒体公共关系的原则

幼儿园在处理与媒体的公共关系时,应遵循经常性、公开性和及时性三大原则。

(一)经常性

首先,幼儿园要经常关注媒体对于幼儿园行业发展动向的报道,以做到与时俱进、推陈出新。其次,还要与媒体建立合作关系,可通过发新闻稿件、投放广告等方式进行宣传。最后,官方网站、公共主页要做到及时更新动态,为受众提供有效信息。总而言之,幼儿园要利用好媒体这一渠道。

(二)公开性

公开性是幼儿园处理与媒体公共关系时所应遵循的另一原则。幼儿园要对幼儿在园期间的活动、食谱等进行公开,让家长了解孩子在园的真实情况;当遭遇媒体公关危机时,幼儿园还要在保护幼儿的前提下,积极配合媒体的报道,公开具体细节,争取获得大众的了解和谅解,并采取有效措施,尽快解除危机。

(三) 及时性

幼儿园在处理与媒体的公共关系时还应遵循及时性原则。不仅应及时更新自身动态信息,还要通过媒体及时关注幼儿教育事业的发展状况、国家相关政策法规的出台,做到与时俱进。有负面事件发生时,不应拖延、推诿和逃避,而应及时面对,积极商讨解决之道。只有这样,才能显示出幼儿园方面的诚意。

第五节 幼儿园公共关系危机的处理

在当今的信息化时代,资讯四通八达,社会中不可控的因子与日俱增,人们的思想和行为方式也呈现出多元化和个性化趋势。这些使得幼儿园的公共关系管理变得充满变数,各种危机发生的可能性随之增长。公共关系危机是现代幼儿园不得不面临的问题。

一、幼儿园公共关系危机概述

公共关系危机即公关危机,是公共关系学中的新术语。它是指影响组织生产经营活动的正常进行,对组织的生存、发展构成威胁,从而使组织形象遭受损失的某些突发事件。当今,幼儿园的管理者逐渐感受到危机四伏,社会媒体中不时会披露一些幼儿园管理上的负面新闻。这使得每一个园长对幼儿园方方面面的工作都提高了警惕,不愿发生令人遗憾的事。

(一) 幼儿园公共关系危机的类型

危机就是风险事故,幼儿园的危机是指幼儿园内外环境因素所引发的,干扰幼儿园的正常运行、损害幼儿园的师生利益、威胁到幼儿园生存的突发事件或异常状态。在人类社会中,只要有人活动的空间,就潜伏着危机。幼儿园中,幼儿众多而且年幼弱小,自理能力低下,而幼儿园教师上班时,一个人要直接看护的幼儿人数较多。这种条件下,就存在发生突发事件的可能性。这一类危机虽可主要归结为幼儿园内部危机,但是必然涉及家长,自然又引发幼儿园教师与家长之间、家长与幼儿园之间的外部关系危机。幼儿园公共关系危机的主要类型有以下几种。

1. 一般性危机和重大危机

从程度上看,幼儿园公共关系危机可划分为一般性危机和重大危机。

(1) 一般性危机。一般性危机主要是指常见的公共关系纠纷。从某种意义上说,公共关系纠纷还算不上真正的危机,它只是公共关系危机的一种信号、暗示和征兆。只要及时处理,做好工作,公共关系纠纷就不会转化为公共关系危机并造成不可挽回的局面。比如,家长与教师之间产生误会,导致小纠纷,在园长的协调之下,就能很快消除误会,解决矛盾。

(2) 重大危机。所谓重大危机,主要是指幼儿园因重大事故、重大失误、火灾等所造成的严重损失和大纠纷等。常见的有幼儿园校车事故导致幼儿不幸身亡,幼儿园火灾、食物中毒事故带来人身伤害,幼儿园教师严重伤害儿童等负面事件。这类危机必须及时应对,依法处理。

2. 内部公关危机和外部公关危机

从危机同幼儿园的关系程度以及归咎的对象看,公共关系危机可分为内部公关危机和外部公关危机。

(1) 内部公关危机。发生在幼儿园内部的公共关系危机称为内部公关危机。这种危机的发生主要是由幼儿园内部的成员直接造成的,危机的责任主要由幼儿园内部的直接责任人承担。

(2) 外部公关危机。外部公关危机是与内部公关危机相对而言的,它是指发生在幼儿园外部,影响幼儿园的声誉、影响广大幼儿园教师利益或多数家长利益的一种公关危机,外部公关危机的受害者往往是双边的。常见的有:幼儿园与幼儿园之间的恶性竞争,引发冲突;家长在传媒上披露幼儿园的事件,造成不良社会舆论等。

3. 幼儿园与家长、社区、媒体之间的公关关系危机

这一归类,是以幼儿园管理中最常见的公关危机为对象而进行的简单分类,它们可能是一般的也可能是严重的危机,但主要都是外部公关危机。一般来说,家长对幼儿园出现信任危机而发生纠纷是较常见的;幼儿园与社区之间也可能出现不和谐音,而产生局部的公共关系危机;幼儿园与媒体之间则更微妙,媒体无形中是幼儿园的一个监督者,媒体对幼儿园中做得好的工作偶有报道,不过,更多的是报道幼儿园的负面事件,由此引发幼儿园严重的公共关系危机。

(二) 幼儿园公共关系危机的处理原则

处理危机又被称为危机公关,是指应对危机的相关策略和管理活动。危机公关属于非常态的信息传递行为,需要遵循一些基本原则,依据这些原则进行危机公关可以在很大限度上减轻危机的负面效应。危机公关的基本原则主要包括以下几点。

1. 保持坦诚

始终保持坦诚的态度,面对危机不逃避,敢于承担责任,就容易取得家长和社会公众的信任和谅解。危机公关的首要目的也就在于此,保持坦诚是保证危机公关得以有效实施的基本条件。

2. 保证信息的及时性

危机很容易使人产生害怕或恐惧心理,因此保证信息的及时性,让危机有关对象(家长或社会公众)第一时间了解事件的情况,对危机公关至关重要。

3. 保证家长和公众的知情权

随着社会的不断发展,公众对话语权的诉求越来越强烈。当危机发生时,所有与危机有直接关系的家长或其他人,以及关注该危机事件的社会公众都会卷入其中。危机公关的目的不应该是转移他们的视线,而是应该告诉这些直接或间接关注该危机的人们事件真相,使他们能够积极配合,参与到危机管理的工作中来。

4. 重视家长和公众的想法

危机发生后,家长和社会公众所关注的并不仅仅是危机所造成的破坏,或是受害者所得到的补偿,他们更关心的是当事方是否在意他们的想法,并给予足够的重

视。如果他们发现当事方不能做到这些，就很难信任当事方，化解危机也就更加困难了。

5. 保证与媒体的有效沟通

媒体在危机公关中扮演着非常重要的角色，它既是信息的传递者，也是危机事件发展的监督者，所以保证与媒体的有效沟通直接影响了危机公关的走向和结果。

（三）幼儿园危机管理的基本程序

1. 做好幼儿园公共关系危机的预防工作

幼儿园的危机管理思路，第一步是重在预防，即"防患于未然"，在危机预防阶段，园长应首先培养全体教职工的危机意识，健全各项管理制度，要求各岗位教职员工严格执行制度，避免工作失误，消减危机发生的概率。其次，要组建幼儿园危机管理小组，以防危机发生后，找不到责任人；园长临时调度，会导致幼儿园职工慌乱，影响危机应对效率和正常的保教工作。再次，要建立危机监察和预警系统。监察可以由各班组负责人和更多的教职员工进行。预警系统可以分为电子预警和指标预警等，前者通过电子装置采集信息，分析并报警，如幼儿园的火警，后者则是依靠一些指标，设定一个危险标准，经常排查。

以幼儿园与家长之间的公共关系危机的预防为例。家长与幼儿园产生关系危机，原因是多种多样的，不排除偶然的原因，但多数危机的产生有一个变化的过程。多种因素的共振才可能引发一场危机，这些因素包括：家长的育儿观念类型，家长的性格，班级教师的个性和工作方式，幼儿园的保育和教育工作质量，班级幼儿之间的关系等。这就要求园长和教师平时严格按照制度做好各项工作，多了解家长的特点和教育孩子的需要，建立良好的家园合作关系，将关系危机的发生概率降低到最小。

2. 准确地判断危机事件的原因和伤害程度

万一不幸发生了危机事件，幼儿园要迅速反应，进行准确的危机确认，获得第一手的真实信息，正确判断造成危机的原因，判断危机对人或单位的伤害程度，按照危机预防阶段的安排和训练，及时地由发言人发布信息，幼儿园危机管理小组直接面对与事件相关的家长、领导和公众等，进入危机应对阶段。

在危机应对阶段，要按照危机公关的原则，坦诚、负责地处理危机，要真诚沟通，勇于承担责任，积极改错，尽可能降低负面影响。这是一个考验园长社会责任心的艰难过程，也是检验园长和幼儿园职工职业素养和工作能力的过程。只要平时注意学习，认真积累，大多数幼儿园职工是能够妥善应对幼儿园公共关系危机的。

3. 危机消除，工作恢复正常

幼儿园一旦遭受重大危机，师生的身心会受到很大的伤害，幼儿园的财物或许也会有大的损失。在危机应对阶段结束之后，幼儿园工作还要继续，这就是危机消除后的工作恢复阶段。在这个阶段，园长的危机管理转向下列工作：舆论管理；人员身心安抚；各项保教工作按计划继续进行；分析和反思危机事件；处理造成事件的责任人；加强防范，进入下一个危机预防阶段。

幼儿园公关关系的危机管理还有许多要求，这取决于突发事件的性质和复杂程度。上述文字探讨的是幼儿园常见的危机公关思路和举措,很难应对一切危机处理的需要。园长们在工作中,一方面要主动学习较新的危机管理知识,另一方面要留心分析幼儿园危机管理的实际,摸索出多种类型的危机处理对策。

二、幼儿园公共关系危机类型的案例分析

以幼儿园最常见的公共关系危机类型,即幼儿园与家长、社区、媒体公关关系危机为例,运用案例分析法,来探讨幼儿园危机处理方法,是对上述理论介绍的补充和完善,能加深对幼儿园公共关系危机管理的理解。

(一)幼儿园与家长公共关系危机的处理案例

家园共育的实现需要幼儿园与家长双方的配合协调才能实现,而现实生活中,幼儿园与家长之间难免发生误会,带来冲突,导致彼此关系不融洽,甚至产生对立情绪。这种情况的产生与双方在角色、地位和教育观念上的不同有密切关系。

现在的家庭中,祖辈和父母对子女重视程度高,很难接受孩子在园发生身体上的意外,从而对教师的管理失误心生不满,这是幼儿园与家长之间关系紧张的最大导火索。而合格的幼儿教育工作者应能做到换位思考,理解家长的心情,用巧妙的方式化解危机,处理好与家长的关系,形成家园一致的教育合力,促进幼儿健康成长。

案例 12-1

工作第一年的年轻教师带托班时,某家长由于自己的孩子被一教师孩子咬出牙印,要去打此孩子。这位年轻的班主任招架不住,打电话请同班组正在外面学习的班主任教师回来解决。园长立即让班主任教师回去,并且嘱咐说:"第一,坚决阻止。向家长表明态度,我园坚决不允许家长打孩子的现象发生。然后再次向家长强调在家长会上已经达成的共识:幼儿园发生的孩子之间的纠纷,家长都不要直接参与教育其他孩子,要由班级教师协调解决。第二,让班主任立即请咬人孩子的外婆前来道歉,并和教师一起到医院去看望,同时买慰问品给孩子。"如此处理后,家长由开始的情绪激动转变为理解并接受了咬人孩子家长的道歉。当晚,事件似乎比较完满地解决了。园长也随即到班上了解情况。事情发生在午睡起床时,年轻教师正在帮其他孩子穿衣服,没有看到这两个孩子的行为,只是根据以往的经验,推断是园里教师的孩子又惹事了。于是年轻教师就告诉家长,大约是教师的孩子咬了他的孩子。听完汇报后,园长也接纳了年轻教师的推测。

可是,在周六晚上,班主任打电话到园长家,说被咬孩子的家长周一要来找园长评理。原因是孩子咬人后,教师回家打了孩子。孩子非常委屈地说,是被咬孩子先咬他的,他的膀子上也留下了很深的牙印。这位教师觉得很委屈,恰巧,周六上午在园里加班,她就带着自己的孩子到园给班主任看,向班主任抱怨。班主任听后很生气,就立即打电话将此情况告诉了家长。家长听后非常恼火,认为园里的教师一起编造理由合力欺负他们。

园长立即和班主任讨论:"为什么家长已经熄灭的怒火又燃烧起来了呢?如果你是家长,你会怎么想?你认为这样的情况应该怎样处理,家长比较容易接受呢?"最后,园长安慰教师,事情已经发生了,园里会妥善处理的,请她不要担心。周一早上,家长来到园长室评理。经过长时间的沟通后,家长接受了园长的道歉并表示谅解教师的处理方法。

案例启示:

1. 作为教师,在处理家长冲突时,首先要态度诚恳、中立。案例中的班主任由于听了教师家长的一面之词而对被咬的家长横加指责,从而使本已平息的冲突又激化起来了。所以教师在处理家长冲突时一定要持中立态度,切不可偏袒某一方。其次,教师要掌握一定的交流技巧,即使发生了误会,发现事实真相后,也要注意选取合适的时机与家长澄清。

2. 幼儿园平时应建立有效的应急机制。当突发事件发生时,幼儿园所有人员都要意识到这是全园老师共同的事情,都要认真应对,并且每位教职工都应熟悉处置突发事件的原则。

(二)幼儿园与社区公共关系危机案例及分析

幼儿园是社会系统中的一个组成部分,与相关行业与部门存在连带关系,因而不可避免地要与其产生纷繁复杂的互动。随着经济体制的改革,幼儿园被推向了市场。在社区中树立良好形象,对幼儿园的生存与发展有着至关重要的作用。但是,幼儿园与社区之间的不和谐状况时有出现。

星星幼儿园和百灵幼儿园同在一个小区。最近附近大拆迁,加上出现了不少民办幼儿园,生源形势严峻。两家幼儿园成了冤家,并且相互诋毁。百灵幼儿园地理位置优越,生源还能勉强维持,而星星幼儿园位置偏僻,公众知晓程度低,眼看就要撑不下去了。园长觉得这样下去不是办法,于是召集教师群策群力。经过讨论,大家认为本园的硬件和师资都不错,只是因为没有做好宣传工作,于是决定主动出击寻找市场:首先联系街道,提出联名举办一场社区亲子活动,街道负责场地和活动宣传,剩下的事情由幼儿园操办。在活动现场,星星幼儿园组织了各种有趣的亲子游戏,组织骨干教师、保健教师和儿科医生负责回答家长所咨询的专业问题。同时,星星幼儿园还请专人制作了本幼儿园的宣传片和宣传材料,在场内循环播放、派发。现场气氛很热烈,来的人都对星星幼儿园非常满意,很多家长当时就报了名;孩子年龄尚小的家长也要求预约。后来,就连没参加活动的家长听说后也找到星星幼儿园。本次活动可谓"双赢"。园长也尝到了"走出去"的甜头,计划将来与社区进行更多形式的合作。在做好本职工作的同时,园方决定把工作进一步做细,登记园内每个孩子的生日,生日当天赠送幼儿园制作的生日贺卡。通过坚持不懈的努力,星星幼儿园生源爆满,还有不少家长为自己的孩子预约入园时间。通过此事,星星幼儿园体会到了人脉关系的重要性,主动与百灵幼儿园修好,并为其介绍生源。

资料来源:陈群.幼儿园危机管理实务[M].北京:中国轻工业出版社,2009:212.

案例启示:

1. 恶性竞争,得不偿失。面对激烈竞争,为了求生存,各幼儿园是"八仙过海各显神通",有少数园所为了拉生源甚至不择手段。无论是相间的不怀好意还是恶意中伤,甚至不惜成本无底线地打价格战,最终大打出手,目的只有一个——击败对方。这种建立在你死我活基础上的无原则竞争无形中会破坏幼儿园形象,这样做的后果往往是两败俱伤,最终自毁前程。

2. 服务社区,互惠互利。幼儿园与社区合作是幼儿园发展的必要条件和趋势。如何与社区进行互动,实现资源共享和社区服务功能的拓展,整合更多的资源到幼儿园中来,实现跨越式发展,是当前幼儿园所面临的现实问题。拓宽视野、创新管理理念与方式无疑是重要的。

(三)幼儿园与媒体公共关系危机处理案例

媒体对于幼儿园形象的建设有着关键作用,当有损害幼儿园形象的报道出现时,幼儿园园长和教师应冷静对待,积极妥善地处理。

案例12-3

　　某幼儿园新开了蒙台梭利班,很多家长报名。幼儿园按报名先后顺序安排,没有报上的家长不高兴了。三个月过去了,上了蒙班的一些孩子家长感到自己孩子和其他孩子没什么区别,但还要另外收费,心里感到不平衡。于是,有家长打电话到报社。有的说,幼儿园分班把幼儿分成三六九等,伤害了孩子的心灵;还有人说,幼儿园巧立名目乱收费。报纸刊登了家长们所反映的情况。过了几天,报纸又报道说,该幼儿园老师和门口商店串通,强制班上幼儿买其商品。事实上,是老师要上公开课,需要用某种食品的包装盒做幼儿操作的学具,老师怕孩子说不清,于是先买了一个做样子,告诉孩子门口的商店就有。于是,幼儿在离园时让家长到商店买。有不明真相的家长就打电话到报社了。上级教委找园长谈话,要求幼儿园注意影响。周围负面舆论也开始抬头。时值五月,面临招生。幼儿园意识到事态严重,立即组织开会,集思广益,制定对策:联系报社做后续报道,公布事实真相;加强家园沟通机制,公布园长和各班班长电话;设立园长接待日,开设家园信箱,网上开通家长论坛、博客等;将幼儿园相关举措及时告知家长并征求其意见;重视与媒体的关系,在即将到来的"六一"儿童节,举行一场大型活动,邀请相关媒体报道;以后举行大型活动都主动与媒体联系并提供信息;与记者建立密切联系;当报社举办公益活动时,幼儿园为其提供专业支持,比如,组织亲子游戏、育儿咨询服务等。
资料来源:陈群.幼儿园危机管理实务[M].北京:中国轻工业出版社,2009:207.

1. 案例分析:

　　(1) 幼儿园缺乏应对媒体的意识和措施。每当幼儿园出现负面新闻时,不明真相并缺乏专业背景的公众很容易站到弱势群体这边而形成误解,造成负面舆论。在资讯发达的现代社会里,如果不及时加以干预,可能会愈演愈烈,造成不可收拾的局面,带来难以估量的损失。此类现象在现实中并不鲜见。本例中,媒体的第一次报道并未引起园领导的高度重视,以至于事态进一步扩大。

　　(2) 家园沟通不畅是根源。管理是个动态、开放的系统,牵涉到方方面面,一个疏忽加上媒体宣传就可能使所做工作前功尽弃,造成意想不到的后果。幼儿园开设蒙台梭利班,上公开课需要食品包装做幼儿学具,本是正常的业务活动。但因为家园之间没有沟通,没有达成共识,因而形成误会,使一些家长心生不满。

2. 案例启示:

　　(1) 亡羊补牢,为时不晚。幼儿园领导意识到问题的严重性后,采取了一系列积极有效的措施,挽回了幼儿园的声誉。首先,通过媒体公布事实真相。其次,重视与媒体的关系,积极与媒体合作,尽其所能地提供支持,建立彼此间的友好关系,实现"双赢"。

　　(2) 家长工作不容忽视。幼儿园认识到家园工作中的不足,通过多种方式加强家园联系,避免了类似事件的重演。

思考与练习

1. 名词解释:公共关系、幼儿园公关关系。
2. 幼儿园公共关系有哪些主要作用和内容?
3. 幼儿园公共关系应遵循哪些原则?
4. 家园共育有什么价值?

5. 幼儿园开展家长工作有哪些常用方式?
6. 社区幼儿教育的意义有哪些?
7. 幼儿园与家庭相互配合时,应遵循哪些原则?
8. 幼儿园处理公关危机时应遵循哪些原则?
9. 幼儿园公共关系危机处理的程序和措施有哪些?
10. 结合一则媒体报道过的幼儿园负面事件,谈论幼儿园应对危机的对策、效果,并提出建议。

参考文献

一、著作类

(一) 管理学

[1] 彼得·德鲁克.德鲁克管理思想精要[M].李维安,译.北京:机械工业出版社,2007.
[2] 陈容.管人的艺术[M].北京:企业管理出版社,1998.
[3] 陈向明.质的研究方法与社会科学研究[M].北京:教育科学出版社,2000.
[4] 黄大勇.管理学[M].重庆:重庆大学出版社,2010.01.
[5] 姜璐.钱学森论系统科学(讲话篇)[M].北京:科学出版社,2011.
[6] 那国毅.百年德鲁克[M].北京:机械工业出版社,2010.
[7] 苏东水.管理心理学[M].上海:复旦大学出版社,1987.
[8] 王海光.人力资源管理[M].大连:东北财经大学出版社,2008.
[9] 吴今培,李学伟.系统科学发展概论[M].北京:清华大学出版社,2010.
[10] 许文兴.人力资源管理[M].北京:清华大学出版社,2010.
[11] 杨杜,等.管理学研究方法[M].第二版.大连:东北财经大学出版社,2013.
[12] 杨文士,张雁.管理学原理[M].北京:中国人民大学出版社,1994.
[13] 赵麟斌.领导科学新论[M].上海:同济大学出版社,2010.
[14] 周三多,陈传明,鲁明泓.管理学——原理与方法[M].第五版.上海:复旦大学出版社,2011.

(二) 教育管理学

[15] 陈孝彬.教育管理学[M].北京:北京师范大学出版社,1999.
[16] 褚宏启,刘传沛.校长管理智慧[M].北京:教育科学出版社,2011.
[17] 戴维斯,埃里森.学校发展规划[M].陈建华,李丹,潘章亮,译.北京:北京大学出版社,2003.
[18] 范国睿.学校管理的理论与实务[M].上海:华东师范大学出版社,2003.
[19] 黄崴.教育管理学[M].北京:中国人民大学出版社,2009.
[20] 李亦菲,蔡绪银.学校发展规划与校园文化建设[M].天津:天津教育出版社,2008.
[21] 倪梅,陈建华.参与式规划与学校发展[M].北京:北京大学出版社,2010.
[22] 孙绵涛.教育管理学[M].北京:人民教育出版社.2006.
[23] 孙绵涛.教育管理原理[M].广州:广东高等教育出版社,1999.
[24] 孙绵涛.教育行政学[M].北京:高等教育出版社,2006.
[25] 韦毅,洪涛.学校发展规划与特色创建[M].长春:东北师范大学出版社,2009.
[26] 吴志宏,冯大鸣,周嘉方.新编教育管理学[M].上海:华东师范大学出版社,2000.
[27] 吴志宏.教育管理学[M].第3版.人民教育出版社,2006.
[28] 萧宗六,贺乐凡.中国教育行政学[M].北京:人民教育出版社,2004
[29] 萧宗六.学校管理学[M].第三版.北京:人民教育出版社,2003.
[30] 徐建华.优势集成学校管理的真谛[M].上海:上海三联书店,2007.
[31] 张东娇,徐志勇,赵树贤.教育管理学[M].北京:高等教育出版社,2011.

[32] 赵中建.学校文化[M].上海:华东师范大学出版社,2004.
[33] 朱新秤.教育管理心理学[M].北京:中国人民大学出版社,2008.

(三) 学前教育、学前教育管理类

[34] 蔡迎旗.学前教育概论[M].武汉:华中师范大学出版社,2006.
[35] 蔡迎旗.幼儿教育财政投入与政策[M].北京:教育科学出版社,2007.
[36] 杜燕红.学前教育管理学[M].郑州:郑州大学出版社,2012.
[37] 何晓夏.简明中国学前教育史[M].第3版.北京:北京师范大学出版社,2014
[38] 沈立明.学前教育管理[M].武汉:华中师范大学出版社,1987.
[39] 亚德什科,索欣.学前教育学[M].北京师范大学外国教育研究所,译.北京:人民教育出版社,1981.
[40] 闫水金,张燕.学前教育行政与管理[M].长春:东北师范大学出版社,2003.
[41] 杨汉麟,周采.外国幼儿教育史[M].桂林:广西师范大学出版社,1998.
[42] 张燕.学前教育管理学[M].北京:北京师范大学出版社,1995.
[43] 中国学前教育发展战略研究课题组.中国学前教育发展战略研究[M].北京:教育科学出版社,2010.

(四) 幼儿园管理

[44] 蔡华.幼儿园管理[M].长春:东北师范大学出版社,2009.
[45] 陈群.幼儿园危机管理实务[M].北京:中国轻工业出版社,2009.
[46] 程凤春.幼儿园管理的50个典型案例[M].上海:华东师范大学出版社,2011.
[47] 何幼华.幼儿园管理创意设计[M].上海:华东师范大学出版社,2006.
[48] 李艺然.幼儿园管理导读[M].北京:高等教育出版社,2012.
[49] 刘艳珍,马鹰.幼儿园组织与管理[M].北京:北京师范大学出版社,2011.
[50] 吕英.民办幼儿园的创办与管理[M].北京:学苑出版社,2010.
[51] 帕特丽夏·F.荷尔瑞恩,弗娜·希尔德布兰德.幼儿园管理[M].严冷,等译.上海:华东师范大学出版社,2011.
[52] 秦明华,张欣.幼儿园组织与管理[M].上海:复旦大学出版社,2008
[53] 屈玉霞.幼儿园经营与管理[M].第二版.北京:科学出版社,2011.
[54] 王晖晖,李晶.幼儿园管理[M].北京:北京理工大学出版社,2010
[55] 王普华.幼儿园管理[M].北京:高等教育出版社,2005.
[56] 夏拉,安妮·G.多尔西.幼儿园的开办与管理[M].采咏,等译.北京:中国轻工业出版社,2003.
[57] 邢利娅.幼儿园管理[M].北京:高等教育出版社,2010(03).
[58] 闫水金.幼儿园决策与规划[M].上海:华东师范大学出版社,2008.
[59] 张燕.幼儿园管理[M].北京:人民教育出版社,2009.
[60] 朱家雄,张亚军.给幼儿园园长的建议[M].上海:华东师范大学出版社,2010.

二、硕博论文类

[61] 陈春梅.湖南大学幼儿园办园特色研究[D].湖南师范大学硕士论文,2008.
[62] 任建龙.幼儿园组织文化的个案研究[D].福建师范大学硕士论文,2011.
[63] 王雯.我国民办幼儿教育发展的若干问题研究[D].湖北:华中师范大学硕士论文,2002.5.

[64] 徐冬梅.县域学前教育行政管理体制问题研究[D].西南大学硕士论文,2013.
[65] 许丽红.我国民办学前教育的行政规制研究[D].华东政法大学硕士论文,2012.
[66] 尹德琪.幼儿园男教师流失问题个案研究[D].西南大学硕士论文,2013.

注:本书写作过程中还参考了众多政府门户网站、学术期刊及幼儿园网站上的相关文章的观点或素材,此处不一一列举。一并致谢!

北京大学出版社
教育出版中心 精品图书

21世纪高校广播电视专业系列教材
电视节目策划教程（第二版）	项仲平
电视导播教程（第二版）	程 晋
电视文艺创作教程	王建辉
广播剧创作教程	王国臣
电视导论	李 欣
电视纪录片教程	卢 炜
电视导演教程	袁立本
电视摄像教程	刘 荃
电视节目制作教程	张晓锋
视听语言	宋 杰
影视剪辑实务教程	李 琳
影视摄制导论	朱 怡
新媒体短视频创作教程	姜荣文
电影视听语言——视听元素与场面调度案例分析	李 骏
影视照明技术	张 兴
影视音乐	陈 斌
影视剪辑创作与技巧	张 拓
纪录片创作教程	潘志琪
影视拍摄实务	翟 臣

21世纪信息传播实验系列教材（徐福荫 黄慕雄 主编）
网络新闻实务	罗 昕
多媒体软件设计与开发	张新华
播音与主持艺术（第三版）	黄碧云 睢 凌
摄影基础（第二版）	张 红 钟日辉 王首农

21世纪数字媒体专业系列教材
视听语言	赵慧英
数字影视剪辑艺术	曾祥民
数字摄像与表现	王以宁
数字摄影基础	王朋娇
数字媒体设计与创意	陈卫东
数字视频创意设计与实现（第二版）	王 靖
大学摄影实用教程（第二版）	朱小阳
大学摄影实用教程	朱小阳

21世纪教育技术学精品教材（张景中 主编）
教育技术学导论（第二版）	李 芒 金 林
远程教育原理与技术	王继新 张 屹
教学系统设计理论与实践	杨九民 梁林梅
信息技术教学论	雷体南 叶良明
信息技术与课程整合（第二版）	赵呈领 杨 琳 刘清堂
教育技术学研究方法（第三版）	张 屹 黄 磊

21世纪高校网络与新媒体专业系列教材
文化产业概论	尹章池
网络文化教程	李文明
网络与新媒体评论	杨 娟
新媒体概论	尹章池
新媒体视听节目制作（第二版）	周建青
融合新闻学导论（第二版）	石长顺
新媒体网页设计与制作（第二版）	惠悲荷
网络新媒体实务	张合斌
突发新闻教程	李 军
视听新媒体节目制作	邓秀军
视听评论	何志武
出镜记者案例分析	刘 静 邓秀军
视听新媒体导论	郭小平
网络与新媒体广告（第二版）	尚恒志 张合斌
网络与新媒体文学	唐东堰 雷 奕
全媒体新闻采访写作教程	李 军
网络直播基础	周建青
大数据新闻传媒概论	尹章池

21世纪特殊教育创新教材·理论与基础系列
特殊教育的哲学基础	方俊明
特殊教育的医学基础	张 婷
融合教育导论（第二版）	雷江华
特殊教育学（第二版）	雷江华 方俊明
特殊儿童心理学（第二版）	方俊明 雷江华
特殊教育史	朱宗顺
特殊教育研究方法（第二版）	杜晓新 宋永宁等
特殊教育发展模式	任颂羔

21世纪特殊教育创新教材·发展与教育系列
视觉障碍儿童的发展与教育	邓 猛
听觉障碍儿童的发展与教育（第二版）	贺荟中
智力障碍儿童的发展与教育（第二版）	刘春玲 马红英
学习困难儿童的发展与教育（第二版）	赵 微
自闭症谱系障碍儿童的发展与教育	周念丽
情绪与行为障碍儿童的发展与教育	李闻戈
超常儿童的发展与教育（第二版）	苏雪云 张 旭

21世纪特殊教育创新教材·康复与训练系列

特殊儿童应用行为分析（第二版）	李芳 李丹
特殊儿童的游戏治疗	周念丽
特殊儿童的美术治疗	孙霞
特殊儿童的音乐治疗	胡世红
特殊儿童的心理治疗（第三版）	杨广学
特殊教育的辅具与康复	蒋建荣
特殊儿童的感觉统合训练（第二版）	王和平
孤独症儿童课程与教学设计	王梅

21世纪特殊教育创新教材·融合教育系列

融合教育本土化实践与发展	邓猛 等
融合教育理论反思与本土化探索	邓猛
融合教育实践指南	邓猛
融合教育理论指南	邓猛
融合教育导论（第二版）	雷江华
学前融合教育（第二版）	雷江华 刘慧丽

21世纪特殊教育创新教材（第二辑）

特殊儿童心理与教育（第二版）	杨广学 张巧明 王芳
教育康复学导论	杜晓新 黄昭明
特殊儿童病理学	王和平 杨长江
特殊学校教师教育技能	昝飞 马红英

自闭谱系障碍儿童早期干预丛书

如何发展自闭谱系障碍儿童的沟通能力	朱晓晨 苏雪云
如何理解自闭谱系障碍和早期干预	苏雪云
如何发展自闭谱系障碍儿童的社会交往能力	吕梦 杨广学
如何发展自闭谱系障碍儿童的自我照料能力	倪萍萍 周波
如何在游戏中干预自闭谱系障碍儿童	朱瑞 周念丽
如何发展自闭谱系障碍儿童的感知和运动能力	韩文娟 徐芳 王和平
如何发展自闭谱系障碍儿童的认知能力	潘前前 杨福义
自闭症谱系障碍儿童的发展与教育	周念丽
如何通过音乐干预自闭谱系障碍儿童	张正琴
如何通过画画干预自闭谱系障碍儿童	张正琴
如何运用ACC促进自闭谱系障碍儿童的发展	苏雪云
孤独症儿童的关键性技能训练法	李丹
自闭症儿童家长辅导手册	雷江华
孤独症儿童课程与教学设计	王梅
融合教育理论反思与本土化探索	邓猛
自闭症谱系障碍儿童家庭支持系统	孙玉梅
自闭症谱系障碍儿童团体社交游戏干预	李芳
孤独症儿童的教育与发展	王梅 梁松梅

特殊学校教育·康复·职业训练丛书（黄建行 雷江华 主编）

信息技术在特殊教育中的应用	
智障学生职业教育模式	
特殊教育学校学生康复与训练	
特殊教育学校校本课程开发	
特殊教育学校特奥运动项目建设	

21世纪学前教育专业规划教材

学前教育概论	李生兰
学前教育管理学（第二版）	王雯
幼儿园课程新论	李生兰
幼儿园歌曲钢琴伴奏教程	果旭伟
幼儿园舞蹈教学活动设计与指导（第二版）	董丽
实用乐理与视唱（第二版）	代苗
学前儿童美术教育	冯婉贞
学前儿童科学教育	洪秀敏
学前儿童游戏	范明丽
学前教育研究方法	郑福明
学前教育史	郭法奇
学前教育政策与法规	魏真
学前心理学	涂艳国 蔡艳
学前教育理论与实践教程	王维 王维娅 孙岩
学前儿童数学教育与活动设计	赵振国
学前融合教育（第二版）	雷江华 刘慧丽
幼儿园教育质量评价导论	吴钢
幼儿学习与教育心理学	张莉
学前教育管理	虞永平

大学之道丛书精装版

美国高等教育通史	[美]亚瑟·科恩
知识社会中的大学	[英]杰勒德·德兰迪
大学之用（第五版）	[美]克拉克·克尔
营利性大学的崛起	[美]理查德·鲁克
学术部落与学术领地：知识探索与学科文化	[英]托尼·比彻 保罗·特罗勒尔
美国现代大学的崛起	[美]劳伦斯·维赛
教育的终结——大学何以放弃了对人生意义的追求	[美]安东尼·T.克龙曼
世界一流大学的管理之道——大学管理研究导论	程星
后现代大学来临？	[英]安东尼·史密斯 弗兰克·韦伯斯特

大学之道丛书

市场化的底限	[美]大卫·科伯
大学的理念	[英]亨利·纽曼
哈佛：谁说了算	[美]理查德·布瑞德利

麻省理工学院如何追求卓越	[美]查尔斯·维斯特	教育研究方法（第六版）	[美]梅瑞迪斯·高尔等
大学与市场的悖论	[美]罗杰·盖格	高等教育研究：进展与方法	[英]马尔科姆·泰特
高等教育公司：营利性大学的崛起	[美]理查德·鲁克	如何成为学术论文写作高手	[美]华乐丝
公司文化中的大学：大学如何应对市场化压力		参加国际学术会议必须要做的那些事	[美]华乐丝
	[美]埃里克·古尔德	如何成为优秀的研究生	[美]布卢姆
美国高等教育质量认证与评估		结构方程模型及其应用	易丹辉 李静萍
	[美]美国中部州高等教育委员会	学位论文写作与学术规范（第二版）	李 武 毛远逸 肖东发
现代大学及其图新	[美]谢尔顿·罗斯布莱特	生命科学论文写作指南	[加]白青云
美国文理学院的兴衰——凯尼恩学院纪实	[美]P.F.克鲁格	法律实证研究方法（第二版）	白建军
教育的终结：大学何以放弃了对人生意义的追求		传播学定性研究方法（第二版）	李 琨
	[美]安东尼·T.克龙曼		
大学的逻辑（第三版）	张维迎		
我的科大十年（续集）	孔宪铎	**21世纪高校教师职业发展读本**	
高等教育理念	[英]罗纳德·巴尼特	如何成为卓越的大学教师	[美]肯·贝恩
美国现代大学的崛起	[美]劳伦斯·维赛	给大学新教员的建议	[美]罗伯特·博伊斯
美国大学时代的学术自由	[美]沃特·梅兹格	如何提高学生学习质量	[英]迈克尔·普洛瑟等
美国高等教育通史	[美]亚瑟·科恩	学术界的生存智慧	[美]约翰·达利等
美国高等教育史	[美]约翰·塞林	给研究生导师的建议（第2版）	[英]萨拉·德拉蒙特等
哈佛通识教育红皮书	哈佛委员会		
高等教育何以为"高"——牛津导师制教学反思		**21世纪教师教育系列教材·物理教育系列**	
	[英]大卫·帕尔菲曼	中学物理教学设计	王 霞
印度理工学院的精英们	[印度]桑迪潘·德布	中学物理微格教学教程（第三版）	张军朋 詹伟琴 王 恬
知识社会中的大学	[英]杰勒德·德兰迪	中学物理科学探究学习评价与案例	张军朋 许桂清
高等教育的未来：浮言、现实与市场风险		物理教学论	邢红军
	[美]弗兰克·纽曼等	中学物理教学法	邢红军
后现代大学来临？	[英]安东尼·史密斯等	中学物理教学评价与案例分析	王建中 孟红娟
美国大学之魂	[美]乔治·M.马斯登	中学物理课程与教学论	张军朋 许桂清
大学理念重审：与纽曼对话	[美]雅罗斯拉夫·帕利坎	物理学习心理学	张军朋
学术部落及其领地——当代学术界生态揭秘（第二版）		中学物理课程与教学设计	王 霞
	[英]托尼·比彻 保罗·特罗勒尔		
德国古典大学观及其对中国大学的影响（第二版）	陈洪捷	**21世纪教育科学系列教材·学科学习心理学系列**	
转变中的大学：传统、议题与前景	郭为藩	数学学习心理学（第三版）	孔凡哲
学术资本主义：政治、政策和创业型大学		语文学习心理学	董蓓菲
	[美]希拉·斯劳特 拉里·莱斯利		
21世纪的大学	[美]詹姆斯·杜德斯达	**21世纪教师教育系列教材**	
美国公立大学的未来		教育心理学（第二版）	李晓东
	[美]詹姆斯·杜德斯达 弗瑞斯·沃马克	教育学基础	庞守兴
东西象牙塔	孔宪铎	教育学	余文森 王 晞
理性捍卫大学	眭依凡	教育研究方法	刘淑杰
		教育心理学	王晓明
		心理学导论	杨凤云
学术规范与研究方法系列		教育心理学概论	连 榕 罗丽芳
如何为学术刊物撰稿（第三版）	[英]罗薇娜·莫瑞	课程与教学论	李 允
如何查找文献（第二版）	[英]萨莉·拉姆齐	教师专业发展导论	于胜刚
给研究生的学术建议（第二版）	[英]玛丽安·彼得 等	学校教育概论	李清雁
社会科学研究的基本规则（第四版）	[英]朱迪斯·贝尔	现代教育评价教程（第二版）	吴 钢
做好社会研究的10个关键	[英]马丁·丹斯考姆	教师礼仪实务	刘 霄
如何写好科研项目申请书	[美]安德鲁·弗里德兰德等		

家庭教育新论	闫旭蕾 杨萍
中学班级管理	张宝书
教育职业道德	刘亭亭
教师心理健康	张怀春
现代教育技术	冯玲玉
青少年发展与教育心理学	张清
课程与教学论	李允
课堂与教学艺术（第二版）	孙菊如 陈春荣
教育学原理	靳淑梅 许红花
教育心理学	徐凯

21世纪教师教育系列教材·初等教育系列

小学教育学	田友谊
小学教育学基础	张永明 曾碧
小学班级管理	张永明 宋彩琴
初等教育课程与教学论	罗祖兵
小学教育研究方法	王红艳
新理念小学数学教学论	刘京莉
新理念小学音乐教学论（第二版）	吴跃跃

教师资格认定及师范类毕业生上岗考试辅导教材

教育学	余文森 王晞
教育心理学概论	连榕 罗丽芳

21世纪教师教育系列教材·学科教育心理学系列

语文教育心理学	董蓓菲
生物教育心理学	胡继飞

21世纪教师教育系列教材·学科教学论系列

新理念化学教学论（第二版）	王后雄
新理念科学教学论（第二版）	崔鸿 张海珠
新理念生物教学论（第二版）	崔鸿 郑晓慧
新理念地理教学论（第三版）	李家清
新理念历史教学论（第二版）	杜芳
新理念思想政治（品德）教学论（第三版）	胡田庚
新理念信息技术教学论（第二版）	吴军其
新理念数学教学论	冯虹
新理念小学音乐教学论（第二版）	吴跃跃

21世纪教师教育系列教材·语文教育系列

语文文本解读实用教程	荣维东
语文课程教师专业技能训练	张学凯 刘丽丽
语文课程与教学发展简史	武玉鹏 王从华 黄修志
语文课程学与教的心理学基础	韩雪屏 王朝霞
语文课程名师名课案例分析	武玉鹏 郭治锋
语用性质的语文课程与教学论	王元华
语文课堂教学技能训练教程（第二版）	周小蓬
中外母语教学策略	周小蓬
中学各类作文评价指引	周小蓬
中学语文名篇新讲	杨朴 杨旸
语文教师职业技能训练教程	韩世姣

21世纪教师教育系列教材·学科教学技能训练系列

新理念生物教学技能训练（第二版）	崔鸿
新理念思想政治（品德）教学技能训练（第三版）	胡田庚 赵海山
新理念地理教学技能训练（第二版）	李家清
新理念化学教学技能训练（第二版）	王后雄
新理念数学教学技能训练	王光明

王后雄教师教育系列教材

教育考试的理论与方法	王后雄
化学教育测量与评价	王后雄
中学化学实验教学研究	王后雄
新理念化学教学诊断学	王后雄

西方心理学名著译丛

儿童的人格形成及其培养	［奥地利］阿德勒
活出生命的意义	［奥地利］阿德勒
生活的科学	［奥地利］阿德勒
理解人生	［奥地利］阿德勒
荣格心理学七讲	［美］卡尔文·霍尔
系统心理学：绪论	［美］爱德华·铁钦纳
社会心理学导论	［美］威廉·麦独孤
思维与语言	［俄］列夫·维果茨基
人类的学习	［美］爱德华·桑代克
基础与应用心理学	［德］雨果·闵斯特伯格
记忆	［德］赫尔曼·艾宾浩斯
实验心理学（上下册）	［美］伍德沃斯 施洛斯贝格
格式塔心理学原理	［美］库尔特·考夫卡

21世纪教师教育系列教材·专业养成系列（赵国栋 主编）

微课与慕课设计初级教程	
微课与慕课设计高级教程	
微课、翻转课堂和慕课设计实操教程	
网络调查研究方法概论（第二版）	
PPT云课堂教学法	
快课教学法	

其他

三笔字楷书书法教程（第二版）	刘慧龙
植物科学绘画——从入门到精通	孙英宝
艺术批评原理与写作（第二版）	王洪义
学习科学导论	尚俊杰